Zu diesem Buch

«Wenn ein Buch mit dem Satz anfängt: ‹Stellen Sie sich vor, Sie müssen jemandem den Arm brechen›, dann drängt sich Eric Ambler, der Altmeister der subtilen Ironie, zwangsläufig ins Bild. Doch der Satz stammt nicht von Ambler, sondern aus Hugh Lauries Buch ‹Der Waffenhändler›, und es liest sich, als sei Ambler kurz vor Schluß noch auf Speed geraten. Laurie ist also nicht subtil, sondern volldreist, und das Beste ist, daß dieser sarkastisch-flapsige Ton über 408 Seiten durchgehalten, nie ins Parodistische kippt und so der Spannung nicht im Weg steht. Ein brillantes Buch.» (Der Tagesspiegel)

«Scharf, intelligent und zeitgemäß. Ein Comedy-Thriller, der einen laut lachen läßt.»
(The Times Literary Supplement)

Hugh Laurie, geboren 1959 als Sohn eines olympischen Goldmedaillengewinners im Rudern, studierte in Cambridge, wo er durch seine damalige Freundin Emma Thompson seinen späteren Fernsehpartner Stephen Fry (Autor des Romans «Geschichte machen», rororo Nr. 22410) kennenlernte. Laurie ist Schauspieler, Fernsehstar, Regisseur, Musiker und Autor. «Der Waffenhändler» ist sein erster Roman.

Hugh Laurie

DER WAFFEN- HÄNDLER

Roman

Deutsch von
Ulrich Blumenbach

Rowohlt Taschenbuch Verlag

Für meinen Vater

Die Originalausgabe erschien 1996 unter dem Titel
«The Gun Seller» bei William Heinemann Ltd., London

Veröffentlicht im Rowohlt Taschenbuch
Verlag GmbH, Reinbek bei Hamburg,
März 1999
Copyright der deutschen Ausgabe
© 1997 by Haffmans Verlag AG, Zürich
«The Gun Seller»
Copyright © 1996 by Hugh Laurie
Umschlaggestaltung C. Günther/W. Hellmann
Foto: nonstock / Bilderberg;
Gerald Bustamante
Satz Joanna PostScript (PageOne)
Gesamtherstellung Clausen & Bosse, Leck
Printed in Germany
ISBN 3 499 22357 0

TEIL EINS

1

Heut sah ich einen Menschen,
Der zu sterben nicht gewillt war.
P. S. Stewart

Stellen Sie sich vor, Sie müssen jemandem den Arm brechen.

Den rechten oder den linken – spielt keine Rolle. Wichtig ist, Sie müssen ihn brechen, denn wenn nicht ... egal, das spielt auch keine Rolle. Sagen wir einfach, wenn nicht, passiert etwas Furchtbares.

Nun frage ich Sie: Brechen Sie den Arm schnell – knacks, hoppla, 'tschuldigung, kann ich Ihnen beim improvisierten Schienen behilflich sein –, oder ziehen Sie die Sache genüßlich in die Länge, erhöhen ab und zu in winzigen Stufen den Druck, bis der Schmerz rosa und grün und heiß und kalt und ganz generell brüllend unerträglich wird?

Jawohl. Genau. Das Richtige, das einzig Richtige ist, daß Sie es möglichst schnell hinter sich bringen. Brechen Sie den Arm, holen Sie den Brandy, seien Sie ein guter Bürger. Eine andere Antwort gibt es nicht.

Außer.

Außer außer außer.

Was ist, wenn Sie die Person am anderen Armende hassen? Und ich *meine* hassen, *richtig* hassen.

Diese Überlegung mußte ich jetzt in Betracht ziehen.

Ich sage jetzt und meine damals, meine den eben beschriebenen Augenblick; den Sekundenbruchteil, bevor mein Handgelenk die Stelle zwischen meinen Schulterblättern erreichte und mein linker Oberarmknochen in mindestens zwei, vielleicht auch mehr nur noch locker verbundene Stücke zerbrach.

7

Sehen Sie, der Arm, um den es hier geht, gehörte mir. Es geht nicht um den philosophischen Begriff des Arms. Die Knochen, die Haut, die Haare, die kleine weiße Narbe an der Ellenbogenspitze, die ich einer Ecke der Nachtspeicherheizung in der Grundschule von Gateshill verdanke – sie alle gehören mir. Und jetzt muß ich die Möglichkeit in Betracht ziehen, daß der Mann, der hinter mir steht, mein Handgelenk gepackt hält und mit schon fast sexueller Inbrunst an meiner Wirbelsäule hochschiebt, mich haßt. Und ich *meine* Haß, *richtigen* Haß.

Er braucht ewig lange.

Er hieß Rayner. Vorname unbekannt. Mir jedenfalls und daher auch Ihnen, nehm ich an.

Ich vermute, irgendwer irgendwo muß seinen Vornamen gekannt haben – muß ihn darauf getauft, ihn damit zum Frühstück gerufen und ihm beigebracht haben, wie man ihn schreibt –, und jemand anders muß ihn mitsamt der Einladung zu einem Drink durch eine Bar gebrüllt, beim Sex gehaucht oder in das entsprechende Kästchen des Lebensversicherungsformulars geschrieben haben. Ich weiß, daß all das geschehen sein muß. Man kann's bloß nicht glauben.

Rayner war nach meiner Schätzung zehn Jahre älter als ich. Das geht in Ordnung. Damit hab ich keine Probleme. Ich habe herzliche Beziehungen und Nichtarmbruchspakte mit jeder Menge Leute, die zehn Jahre älter sind als ich. Menschen, die zehn Jahre älter sind als ich, sind im großen und ganzen hochachtbar. Aber Rayner war zehn Zentimeter größer als ich, fünfundzwanzig Kilo schwerer und mindestens acht Gewalteinheiten, egal wie Sie die messen, gewalttätiger. Er war häßlicher als ein Parkhaus, hatte einen großen, unbehaarten Schädel, der Löcher und Beulen wie ein Luftballon voller Schraubenschlüssel aufwies, und seine abgeplattete Boxernase, die jemand ihm mit der linken Hand ins Gesicht gezeichnet haben mußte, vielleicht aber auch mit dem linken Fuß, breitete sich in einem mäandrierenden schiefen Delta unter der klobigen Stirnplatte aus.

Und allmächtiger Gott, was für eine Stirn! Ziegelsteine, Messer, Flaschen und vernünftige Argumente waren im Lauf der Zeit wirkungslos von dieser wuchtigen Frontalebene abgeprallt und hatten nur unmerkliche Dellen zwischen den tiefen und weit verteilten Poren hinterlassen. Ich glaube, er hatte die tiefsten und weitestverteilten Poren, die ich je auf einer Menschenhaut gesehen habe, und ich mußte unwillkürlich an den städtischen Golfplatz in Dalbeattie denken, damals nach dem langen und trockenen Sommer '76.

Wenn wir uns nun den seitlichen Erhebungen zuwenden, so sehen wir, daß man Rayner vor langer Zeit die Ohren erst abgebissen und dann wieder an den Schädel gespuckt hatte, denn das linke war eindeutig verkehrt herum angebracht oder umgekrempelt oder sonst einer Prozedur unterzogen worden, jedenfalls starrte man es einige Zeit begriffsstutzig an, bevor man dachte: «Ach, das ist ein Ohr.»

Und um das Maß vollzumachen, falls Sie noch nicht auf den Trichter gekommen sind, trug Rayner eine schwarze Lederjacke über einem schwarzen Rollkragenpullover.

Aber Sie sind natürlich längst auf den Trichter gekommen. Rayner hätte in schimmernde Seide schlüpfen und sich eine Orchidee hinter jedes Ohr klemmen können, und trotzdem hätten verschreckte Passanten ihm erst mal Geld gegeben und sich dann gefragt, ob sie ihm was schuldeten.

Ich schuldete ihm zufälligerweise kein Geld. Rayner gehörte zu dem auserlesenen Völkchen, dem ich überhaupt nichts schuldig war, und wären wir uns etwas sympathischer gewesen, hätte ich ihm und seinen Kameraden ein besonderes Krawattenmuster als Mitgliedsabzeichen vorgeschlagen. Vielleicht ein Motiv mit Wegelagerern.

Aber, wie gesagt, wir waren uns nicht sonderlich sympathisch.

Ein einarmiger Nahkampfausbilder namens Cliff (ich weiß, der Witz hat einen Bart: Ja, er lehrte Nahkampf mit bloßen Händen, obwohl er bloß eine hatte – manchmal ist das Leben eben so) hat mir mal erklärt, daß man sich Schmerz immer selbst zufügt. Andere tun dir etwas an – schlagen dich, stechen auf dich ein oder versuchen, dir den Arm zu brechen –, aber den Schmerz erschaffst du selbst. Deswegen, sagte Cliff, der mal vierzehn Tage in Japan verbracht hatte und sich seither bemüßigt fühlte, seinen wißbegierigen Schützlingen mit derlei Zinnober die Zeit zu stehlen, deswegen steht es jederzeit in deiner Macht, den Schmerz zum Verschwinden zu bringen. Drei Monate später wurde Cliff bei einer Kneipenschlägerei von einer 55jährigen Witwe umgebracht, also werde ich wohl nicht mehr dazu kommen, die Sache klarzustellen.

Schmerz ist ein Ereignis. Er stößt einem zu, und man lindert ihn mit allem, was man gerade auf Lager hat.

Mein einziger Vorteil war, daß ich bislang noch keinen Ton von mir gegeben hatte.

Verstehen Sie mich nicht falsch, das hatte nichts mit Tapferkeit zu tun, ich war einfach noch nicht dazu gekommen. Bis zu diesem Augenblick waren Rayner und ich in verschwitztem Männerschweigen gegen Wände und Möbel geknallt und hatten nur ab und zu gegrunzt, um dem anderen zu zeigen, daß wir noch bei der Sache waren. Aber jetzt, da ich nur noch knapp fünf Sekunden hatte, bis ich entweder in Ohnmacht fiel oder der Knochen endgültig nachgab, hielt ich den idealen Zeitpunkt für gekommen, eine neue Waffe anzuwenden. Und etwas anderes als Lärm fiel mir nicht ein.

Also holte ich tief Luft, richtete mich auf, um sein Gesicht so nah wie möglich hinter mir zu haben, hielt kurz die Luft an und stieß dann das aus, was japanische Kampfsportler *kiai* nennen – Sie würden es wahrscheinlich als sehr lautes Gebrüll bezeichnen, und damit lägen Sie auch nicht so falsch –, einen Schrei von so blendender, schockierender «Was zum Teufel war denn das?»-Stärke, daß ich selbst Angst bekam.

Auf Rayner hatte das so ziemlich den gewünschten Effekt, denn er glitt unwillkürlich zur Seite und lockerte ungefähr eine Zwölftelsekunde lang die Armumklammerung. Ich stieß ihm, so hart ich konnte, den Kopf ins Gesicht, spürte, wie sich die Knorpel seiner Nase der Form meines Hinterkopfs anpaßten und samtige Nässe sich über meine Kopfhaut ausbreitete, dann lupfte ich meinen Absatz in Richtung seiner Leiste, schob ihn innen am Schenkel hoch und vertiefte ihn in ein imposantes Genitalienpaket. Als die Zwölftelsekunde vorbei war, brach Rayner mir nicht mehr den Arm, und ich merkte plötzlich, daß ich schweißnaß war.

Ich trat einen Schritt von ihm zurück, tänzelte auf den Zehenspitzen wie ein sehr alter Bernhardiner und sah mich nach einer Waffe um.

Dieser Profi-Amateur-Kampf über eine Runde à fünfzehn Minuten wurde in einem kleinen, geschmacklos eingerichteten Wohnzimmer in Belgravia ausgetragen. Der Innenarchitekt (oder die Innenarchitektin) hatte vollendet scheußliche Arbeit geleistet, wie das alle Innenarchitekten tun, jedes einzelne Mal, durchweg und ausnahmslos – aber in diesem Fall traf sich seine oder ihre Vorliebe für schwere, bewegliche *Objets* mit der meinen. Mit dem heilen Arm wählte ich einen fünfundvierzig Zentimeter großen Buddha vom Kaminsims und stellte fest, daß die Ohren des kleinen Burschen einen idealen Griff für einhändige Spieler boten.

Rayner kniete inzwischen und kotzte einen chinesischen Teppich voll, dessen Farbe dadurch ausgesprochen an Reiz gewann. Ich ging in Position, zielte, holte mit der Rückhand aus und plombierte ihm mit der Ecke des Buddhasockels die weiche Stelle hinter dem linken Ohr. Ein dumpfes, flaches Geräusch ertönte, wie es nur angegriffenes menschliches Gewebe von sich gibt, und Rayner fiel auf die Seite.

Ich überzeugte mich nicht groß, ob er noch lebte. Das finden Sie vielleicht herzlos, aber so bin ich nun mal.

Ich wischte mir den Schweiß vom Gesicht und ging in die Diele hinüber. Ich wollte horchen, aber selbst wenn sich im Haus oder draußen auf der Straße etwas gerührt hätte, wäre es mir wohl entgangen, denn mein Herz führte sich auf wie ein Preßluftbohrer. Vielleicht lärmte draußen auch wirklich ein Preßluftbohrer. Ich war zu sehr damit beschäftigt, koffergroße Luftbrocken einzuatmen, als daß ich etwas gemerkt hätte.

Ich öffnete die Haustür und spürte sofort kühlen Nieselregen im Gesicht. Er mischte sich mit dem Schweiß und verdünnte ihn, verdünnte den Schmerz im Arm, verdünnte alles, und ich schloß die Augen und ließ es regnen. Es gehörte zum Schönsten, was ich je erlebt hatte. Ihrer Ansicht nach habe ich dann vielleicht ein armseliges Leben hinter mir. Aber schauen Sie, das hängt doch alles vom Kontext ab.

Ich lehnte die Tür an, ging zum Bürgersteig hinunter und zündete mir eine Zigarette an. Schrittweise und unwillig beruhigte sich mein Herz, und nach einiger Zeit folgte ihm mein Atem. Im Arm tobte der Schmerz, und ich wußte, daß er mich einige Tage, wenn nicht Wochen, begleiten würde, aber wenigstens war es nicht der Arm, den ich zum Rauchen brauchte.

Ich ging ins Haus zurück. Rayner lag noch so da, wie ich ihn verlassen hatte, in einer Lache aus Erbrochenem. Er war tot oder schwer verletzt, und beides bedeutete mindestens fünf Jahre. Zehn, wenn ich für schlechte Kinderstube eine Zugabe bekam. Und so wie das hier aussah, war sie schlecht gewesen.

Sehen Sie, ich war schon im Gefängnis. Nur drei Wochen und nur in Untersuchungshaft, aber wenn man zweimal täglich mit einem einsilbigen West-Ham-Fan Schach spielen muß, der HASS auf die eine Hand tätowiert hat und HASS auf die andere – und in dessen Schachspiel sechs Bauern, alle

Türme und zwei Läufer fehlen –, dann lernt man, die kleinen Annehmlichkeiten des Lebens zu schätzen. Beispielsweise, nicht im Gefängnis zu landen.

Ich hing diesen und verwandten Gedanken nach, dachte an all die heißen Länder, die ich nie gesehen hatte, als mir klar wurde, daß dieses Geräusch – dieses leise, dielenknarrende, schabende Kratzgeräusch – definitiv nicht von meinem Herzen herrührte. Ebensowenig von meiner Lunge oder aus anderen Regionen meines geschundenen Körpers. Dieses Geräusch stammte eindeutig aus der Außenwelt.

Jemand oder etwas machte sich an das absolut hoffnungslose Unterfangen, geräuschlos die Treppe herabzukommen.

Ich ließ den Buddha, wo er war, griff nach einem potthäßlichen Tischfeuerzeug aus Alabaster und glitt zur ebenfalls potthäßlichen Tür. Wie man denn eine potthäßliche Tür entwerfen könne, fragen Sie sich? Nun, es ist nicht ganz einfach, zugegeben, aber glauben Sie mir, tüchtige Innenarchitekten schütteln so was vor dem Frühstück aus dem Ärmel.

Ich versuchte die Luft anzuhalten, schaffte es nicht und wartete geräuschvoll. Irgendwo ging Licht an, blieb an, ging wieder aus. Eine Tür öffnete sich, Pause, auch da nichts, schloß sich. Keine Bewegung. Nachdenken. Mal im Wohnzimmer nachschauen.

Ich hörte Stoffrascheln, leises Füßetappen, und plötzlich entkrampfte sich meine Umklammerung des alabasternen Feuerzeugs, und fast erleichtert lehnte ich mich an die Wand. Selbst in meinem verschreckten und verwundeten Zustand hätte ich die Hand dafür ins Feuer gelegt, daß Nina Riccis Fleur de Fleurs einfach kein Kampfgas ist.

Sie blieb in der Tür stehen und sah sich im Zimmer um. Das Licht war aus, aber die Vorhänge standen weit offen, und von der Straße fiel genug Licht herein.

Ich wartete, bis sie Rayner erblickt hatte, bevor ich ihr die Hand auf den Mund preßte.

Wir tauschten die üblichen Nettigkeiten aus, die Hollywood und der Knigge vorschreiben. Sie versuchte zu schreien und mich in die Hand zu beißen, und ich sagte, sie solle still sein, denn ich würde ihr nur weh tun, wenn sie schreie. Sie schrie, und ich tat ihr weh. Reine Routine das Ganze.

Nach einiger Zeit setzte sie sich auf das scheußliche Sofa und hielt sich an einem Wasserglas Brandy fest, wie ich dachte, aber es stellte sich als Calvados heraus, und ich stand an der Tür und stellte mein gewieftes «Psychiatrisch bin ich eins a»-Lächeln zur Schau.

Rayner hatte ich auf die Seite gerollt, in eine Art stabile Seitenlage, damit er nicht an der eigenen Kotze erstickte. Oder der eines anderen, was das anging. Sie wollte aufstehen, mit ihm rumspielen und nachschauen, ob alles in Ordnung war – Kissen, feuchte Umschläge, Bandagen, alles, womit sich der Glotzer besser fühlt –, aber ich sagte, sie solle gefälligst sitzen bleiben, ich hätte schon einen Krankenwagen gerufen, außerdem sei es sowieso besser, ihn in Ruhe zu lassen.

Sie hatte zu zittern begonnen. Es fing in den Händen an, die das Glas festhielten, wanderte zu den Ellbogen und Schultern hoch und wurde jedesmal schlimmer, wenn sie Rayner ansah. Sicher, Zittern ist keine außergewöhnliche Reaktion, wenn man mitten in der Nacht eine Mischung aus Leiche und Kotze auf seinem Teppich vorfindet, aber ich wollte nicht, daß sich ihr Zustand verschlimmerte. Als ich mir am Alabasterfeuerzeug eine Zigarette anzündete – genau, sogar die Flamme war potthäßlich –, versuchte ich, möglichst viele Informationen aufzunehmen, bevor sie dank des Calvados ihr Betriebssystem booten und eine Menge Fragen stellen konnte.

Ihr Gesicht sah ich gleich dreimal im Zimmer: einmal als Foto in einem Silberrahmen auf dem Kaminsims, da trug sie eine Ray Ban und baumelte an einem Skilift; einmal auf einem riesigen und greulichen Ölgemälde, das am Fenster hing und das jemand gemalt haben mußte, der ihr nicht besonders grün war; schließlich und endlich das entschieden schönste Exemplar auf dem Sofa in drei Meter Entfernung.

Sie konnte höchstens neunzehn sein, hatte ein breites Kreuz und langes braunes Haar, das winkte und grüßte, bevor es hinter dem Rücken verschwand. Die hohen, ausgeprägten Wangenknochen ließen orientalisches Blut erahnen, aber die Ahnung schwand, sobald man zu den Augen kam, die rund und groß und leuchtend grau waren. Wenn das geht. Sie trug einen Morgenrock aus roter Seide und einen eleganten Hausschuh mit kunstvoll eingewirkten Goldfäden über den Zehen. Ich schaute mich im Zimmer um, aber sein Partner war nirgends zu sehen. Vielleicht konnte sie sich nur einen leisten.

Sie hustete einen Frosch aus dem Hals.

«Wer ist das?» fragte sie.

Schon bevor sie den Mund aufmachte, hätte ich schwören können, daß sie Amerikanerin war. Zu gesund für alles andere. Und wo kriegen die bloß diese Zähne her?

«Er hieß Rayner», sagte ich und merkte dann, daß das eine recht dünne Antwort war, die ich vervollständigen sollte. «Er war ein sehr gefährlicher Mann.»

«Gefährlich?»

Das schien sie zu beunruhigen, und wer wollte ihr das verdenken? Vermutlich dachte sie gerade, was auch ich gerade dachte: Wenn Rayner gefährlich war und ich ihn getötet hatte, dann machte mich das hierarchiemäßig sehr gefährlich.

«Gefährlich», wiederholte ich und beobachtete sie, als sie wegsah. Sie schien nicht mehr so zu zittern, und das war ein gutes Zeichen. Aber vielleicht marschierte ihr Zittern jetzt auch nur im Gleichschritt mit meinem, so daß es mir weniger auffiel.

«Und ... was hatte er hier zu suchen?» fragte sie schließlich. «Was wollte er?»

«Schwer zu sagen.» Jedenfalls schwer für mich. «Vielleicht war er hinter dem Geld her, vielleicht auch dem Silber ...»

«Soll das heißen ... er hat es Ihnen nicht gesagt?» Ihre Stimme wurde plötzlich laut. «Sie schlagen diesen Mann, ohne zu wissen, wer er war? Was er wollte?»

Trotz des Schocks schienen ihre grauen Zellen ganz schön fix auf Touren zu kommen.

«Ich hab ihm eins übergebraten, weil er mich umbringen wollte», sagte ich. «So bin ich nun mal.»

Ich versuchte ein spitzbübisches Lächeln, erwischte mich dabei im Spiegel über dem Kaminsims und merkte, daß es ziemlich mißglückt war.

«So sind Sie nun mal», wiederholte sie lieblos. «Und wer sind Sie?»

Nun ja. Da galt es, äußerst behutsam aufzutreten. Die Lage war verfahren genug, aber sie konnte eine noch schlimmere Wende nehmen.

Ich versuchte überrascht auszusehen, vielleicht mit einer Prise Gekränktheit.

«Soll das heißen, Sie kennen mich nicht?»

«Genau.»

«Oh. Komisch. Fincham. James Fincham.» Ich streckte ihr die Hand hin. Sie ergriff sie nicht, also verwandelte ich die Bewegung in eine nonchalante Geste, mir durchs Haar zu fahren.

«Das ist ein Name», sagte sie. «Damit weiß ich nicht, wer Sie sind.»

«Ich bin mit Ihrem Vater befreundet.»

Sie dachte kurz darüber nach.

«Geschäftsfreunde?»

«Sozusagen.»

«Sozusagen.» Sie nickte. «Sie heißen James Fincham, Sie sind sozusagen ein Geschäftsfreund meines Vaters, und Sie haben bei uns zu Hause soeben einen Mann ermordet.»

Ich legte den Kopf auf die Seite und versuchte auszudrükken, ganz recht, manchmal ist das Leben eine Hühnerleiter.

Sie bleckte wieder die Zähne.

«Und das ist alles, ja? Das ist Ihr Lebenslauf?»

Ich probierte eine Neuauflage des spitzbübischen Lächelns, hatte aber wieder keinen Erfolg.

«Moment mal», sagte sie.

Sie sah Rayner an und richtete sich plötzlich etwas auf, als wäre ihr gerade ein Gedanke gekommen.

«Sie haben nirgends angerufen, stimmt's?»

Wenn ich's mir so überlegte und alles berücksichtigte, mußte sie doch eher vierundzwanzig sein.

«Sie meinen …» Jetzt geriet ich ins Schwimmen.

«Ich meine», sagte sie, «daß gar kein Krankenwagen kommt. Herrgott.»

Sie stellte das Glas neben ihren Füßen auf dem Teppich ab, stand auf und ging zum Telefon.

«Hören Sie», sagte ich, «bevor Sie irgendwelche Dummheiten machen …»

Ich ging auf sie zu, aber als sie herumwirbelte, wurde mir schlagartig klar, daß Stillstehen vermutlich die klügere Taktik war. Ich hatte keine Lust, mir wochenlang Telefonhörersplitter aus dem Gesicht pulen zu müssen.

«Sie bleiben schön, wo Sie sind, Mr. James Fincham», zischte sie mich an. «Das ist durchaus keine Dummheit. Ich rufe einen Krankenwagen, und ich rufe die Polizei. Dieses Vorgehen wird weltweit empfohlen. Männer mit großen Stöcken kommen her und nehmen Sie mit. Mit Dummheit hat das nichts zu tun.»

«Passen Sie auf», sagte ich, «ich war nicht ganz ehrlich zu Ihnen.»

Sie wandte sich zu mir und kniff die Augen zusammen. Wenn Sie verstehen, was ich meine. Sie kniff sie horizontal zusammen, nicht vertikal. Richtiger wäre vielleicht die For-

17

mulierung, sie verkürzte die Augen, aber so was sagt ja kein Mensch.

Sie kniff die Augen zusammen.

«Verdammt, was meinen Sie mit ‹nicht ganz ehrlich›? Sie haben mir nur zwei Dinge verraten. Und jetzt wollen Sie mir weismachen, eins davon war gelogen?»

Sie hatte mich in die Enge getrieben, das war gar keine Frage. Ich steckte in der Klemme. Andererseits hatte sie bisher nur die erste Neun gewählt.

«Ich heiße wirklich Fincham», sagte ich, «und ich kenne Ihren Vater.»

«Ach nein, und welche Zigarettenmarke raucht er?»

«Dunhill.»

«Hat im ganzen Leben keine Zigarette angerührt.»

Vielleicht war sie doch Ende Zwanzig. Dreißig zur Not. Ich holte tief Luft, während sie die zweite Neun wählte.

«Gut, dann kenn ich ihn eben nicht. Aber ich will Ihnen doch bloß helfen.»

«Klar doch, Sie sind hier, um die Dusche zu reparieren.»

Dritte Neun. Spiel deinen Trumpf aus.

«Jemand will ihn umbringen», sagte ich.

Ein leises Klicken ertönte, und irgendwo fragte irgendwer, was wir wünschten. In Zeitlupe drehte sie sich zu mir und hielt den Hörer vom Gesicht weg.

«Was haben Sie gesagt?»

«Jemand will Ihren Vater umbringen», wiederholte ich. «Ich weiß nicht, wer, und ich weiß nicht, warum. Aber ich will ihn aufhalten. Das ist mein Job, und deswegen bin ich hier.»

Sie sah mich lange und durchdringend an. Im Hintergrund tickte eine potthäßliche Uhr.

«Dieser Mann», ich zeigte auf Rayner, «hatte damit zu tun.»

Ich merkte, daß sie das unfair fand, denn Rayner hatte schlechte Karten, wenn er mir widersprechen wollte; ich fuhr in leiserem Ton fort und sah mich ängstlich um, als fände ich das alles genauso mysteriös und verstörend wie sie.

«Ich weiß nicht, ob er kam, um zu töten», sagte ich, «wir sind kaum zum Plaudern gekommen. Aber unmöglich ist es nicht.» Sie starrte mich weiter an. Die Vermittlung quakte Hallos in die Leitung und versuchte wahrscheinlich schon, den Anruf zurückzuverfolgen.

Sie wartete. Worauf, weiß ich nicht genau.

«Krankenwagen», sagte sie schließlich und ließ mich nicht aus den Augen, dann drehte sie sich ein Stück weg und diktierte die Adresse. Sie nickte, legte den Hörer ganz, ganz langsam auf die Gabel und wandte sich wieder zu mir. Es entstand eine dieser Pausen, bei denen man von Anfang an weiß, daß sie ziemlich lang werden, also klopfte ich mir eine Zigarette heraus und bot ihr das Päckchen an.

Sie kam auf mich zu und blieb stehen. Sie war kleiner, als sie am anderen Zimmerende gewirkt hatte. Ich lächelte noch einmal, sie nahm eine Zigarette aus der Packung, zündete sie aber nicht an. Sie spielte bloß seelenruhig damit herum, und dann richtete sie ein paar graue Augen auf mich.

Ich sage ein Paar. Ich meine ihr Paar. Sie holte kein Paar eines x-beliebigen Menschen aus der Schublade und richtete es auf mich. Sie richtete ihre eigenen großen, blassen, grauen, blassen, großen Augen auf mich. Augen, die einen erwachsenen Mann dazu bringen können, dummes Zeug zu brabbeln. Herrschaftseiten, reiß dich zusammen!

«Sie sind ein Lügner», sagte sie.

Nicht verärgert. Nicht verängstigt. Ganz nüchtern. Sie sind ein Lügner.

«Ich geb's zu», sagte ich, «im allgemeinen schon. Aber in diesem speziellen Moment sage ich rein zufällig die Wahrheit.»

Sie starrte mir weiter ins Gesicht, wie ich das manchmal nach dem Rasieren mache, aber sie schien auch nicht mehr

Antworten zu bekommen als ich. Dann blinzelte sie einmal, und nach diesem Blinzeln war die Situation nicht mehr dieselbe. Etwas wurde entschärft oder abgeschaltet, zumindest aber leicht runtergedreht. Ich atmete auf.

«Warum sollte jemand meinen Vater umbringen?» Sie sprach leiser als vorher.

«Ehrlich, ich weiß es nicht», sagte ich. «Ich habe gerade erst erfahren, daß er Nichtraucher ist.»

Sie sprach einfach weiter, als hätte sie mich gar nicht gehört.

«Verraten Sie mir doch», sagte sie, «woher Sie das alles wissen, Mr. Fincham.»

Jetzt wurde es brenzlig. Richtig brenzlig. Brenzlig hoch drei.

«Man hat mir den Auftrag angeboten», sagte ich.

Sie hielt die Luft an. Will sagen, sie hörte buchstäblich auf zu atmen. Und machte nicht den Eindruck, als wollte sie in nächster Zeit wieder damit anfangen.

Ich sprach mit aller verfügbaren Gelassenheit weiter.

«Jemand hat mir eine Menge Geld angeboten, damit ich Ihren Vater umbringe», sagte ich, und sie runzelte ungläubig die Stirn. «Ich habe abgelehnt.»

Das hätte ich nicht sagen sollen. Auf gar keinen Fall.

Wenn es Newtons Dritten Hauptsatz der Konversation gäbe, dann konstatierte er, daß jede Aussage eine gleichwertige und entgegengesetzte Aussage impliziert. Der Satz, ich hätte abgelehnt, strich die Möglichkeit heraus, ich hätte annehmen können. Was ich im Augenblick nur ungern im Raum stehen hatte. Aber sie fing wieder an zu atmen, also war es ihr vielleicht entgangen.

«Warum?»

«Warum was?»

Ihr linkes Auge hatte einen dünnen Grünstreifen, der von der Pupille aus nach Nordosten verlief. Ich stand da, sah ihr in die Augen und versuchte, ihr nicht in die Augen zu sehen, denn im Moment saß ich schon tief genug in der Patsche. In vielerlei Hinsicht.

«Warum haben Sie abgelehnt?»

«Weil ...», setzte ich an und stockte, denn das durfte keinesfalls schiefgehen.

«Ja?»

«Weil ich keine Leute umbringe.»

Es entstand eine Pause, in der sie das aufnahm und sich auf der Zunge zergehen ließ. Dann warf sie einen Blick auf Rayner.

«Das hab ich Ihnen doch erklärt», sagte ich. «Er hat angefangen.»

Sie starrte mich weitere dreihundert Jahre an, und dann ging sie, anscheinend tief in Gedanken versunken, wieder zum Sofa, wobei sie die Zigarette immer noch zwischen den Fingern hin und her drehte.

«Ehrlich», sagte ich und versuchte, mich und die Situation in den Griff zu bekommen. «Ich bin ein netter Kerl. Ich spende für Oxfam, ich bringe meine Zeitungen zum Altpapier, alles.»

Sie erreichte Rayner und blieb stehen.

«Und wann ist das alles passiert?»

«Na ... eben gerade», stammelte ich wie der letzte Volltrottel.

Sie schloß kurz die Augen. «Ich meine, wann sind Sie gefragt worden?»

«Ach so», sagte ich. «Vor zehn Tagen.»

«Wo?»

«Amsterdam.»

«Holland, stimmt's?»

Das war eine Erleichterung. Da fühlte man sich doch gleich besser. Es ist nett, wenn die Jugend gelegentlich zu einem aufschaut. Muß ja nicht die ganze Zeit sein, gelegentlich reicht schon.

«Genau», sagte ich.

«Und wer hat Ihnen diesen Auftrag angeboten?»

«Nie gesehen. Vorher nicht und nachher auch nicht.»

Sie bückte sich zum Glas, nippte an ihrem Calvados und zog eine Grimasse, nachdem sie ihn schmeckte.

«Und das soll ich Ihnen abkaufen?»

«Na ja ...»

«Ich meine, helfen Sie mir doch mal auf die Sprünge», sagte sie und wurde wieder lauter. Sie nickte in Richtung Rayner. «Wir haben hier einen Mann, der Ihre Behauptung kaum untermauern würde, nehm ich an, und ich soll Ihnen glauben? Warum? Weil Sie so ein hübsches Gesicht haben?»

Ich konnte mir nicht helfen. Ich hätte mir helfen sollen, ich weiß, aber ich konnte einfach nicht.

«Warum nicht?» sagte ich und setzte meinen ganzen Charme aufs Spiel. «Ich würde Ihnen jedes Wort glauben.»

Großer Fehler. Ganz großer Fehler. Eine der haarsträubendsten, lächerlichsten Bemerkungen, die mir in einem an lächerlichen Bemerkungen nicht eben armen Leben je unterlaufen sind.

Sie drehte sich zu mir, plötzlich sehr erbost.

«Den Scheiß können Sie sich sparen.»

«Ich wollte doch bloß sagen ...», sagte ich, war aber froh, daß sie mir über den Mund fuhr, denn ich wußte, ehrlich gesagt, nicht, was ich sagen wollte.

«Ich hab gesagt, sparen Sie's sich. Hier liegt ein Mann im Sterben.»

Ich nickte schuldbewußt, und beide beugten wir uns über Rayner, als erwiesen wir ihm die letzte Ehre. Dann schien sie das Gesangbuch zuzuklappen und zum nächsten Punkt zu kommen. Ihre Schultern entspannten sich, und sie hielt mir das Glas hin.

«Ich heiße Sarah», sagte sie. «Holen Sie mir eine Cola?»

Schließlich rief sie doch die Polizei, und die trudelte ein, als die Rettungsmannschaft den offenbar noch atmenden Rayner gerade auf eine Falttrage schaufelte. Sie summten und hmten, hoben Gegenstände vom Kaminsims hoch, besahen sich die Unterseite und machten durch die Bank den Eindruck, sie wären lieber sonstwo.

Polizisten hören in der Regel nicht gern von neuen Fällen. Das hat nichts mit Faulheit zu tun, aber wie alle anderen Menschen fänden sie gern eine Bedeutung, Zusammenhänge in dem großen Chaos wahllosen Unglücks, in dem sie arbeiten. Wenn sie gerade einen Jugendlichen verfolgen, der Radkappen stibitzt hat, und sie werden zum Tatort eines Massenmords abberufen, dann können sie sich nicht beherrschen und schauen unterm Sofa nach, ob da nicht zufällig Radkappen herumliegen. Sie möchten etwas finden, das mit etwas zusammenhängt, was sie schon gesehen haben und was im Chaos Sinn stiftet. Denn dann können sie sich sagen, dies sei geschehen, weil das geschehen sei. Wenn sie nichts finden – wenn sie bloß wieder einen Haufen Zeugs vorfinden, über den sie Berichte schreiben und Akten anlegen müssen, die sie verlieren und ganz unten in einem Aktenschrank wiederfinden und erneut verlieren und am Ende unter unbekannt verbuchen –, dann sind sie, gelinde gesagt, enttäuscht.

Von unserer Geschichte waren sie sogar besonders enttäuscht. Sarah und ich hatten ein uns glaubhaft erscheinendes Szenario einstudiert, und davon lieferten wir drei Vorstellungen vor Beamten in zunehmender Ranghöhe, zuletzt vor einem entsetzlich jungen Kommissar, der sich mit Namen Brock vorstellte.

Brock saß auf dem Sofa, begutachtete ab und zu seine Fingernägel und nickte sich jugendlich durch die Geschichte des beherzten James Fincham, eines Freundes der Familie, der im Gästezimmer im ersten Stock geschlafen hatte. Er hörte Geräusche, schlich nach unten, um nachzusehen, böser Mann in Lederjacke und schwarzem Rollkragenpulli, nie im Leben gesehen, Kampf, Sturz, o mein Gott, Kopf aufgeschlagen. Sarah Woolf, geb. 29. August 1964, hört Kampflärm, kommt ins Erdgeschoß, sieht die Bescherung. Etwas zu trinken, Kommissar? Eine Tasse Tee? Ein Glas Hohes C?

Ja, natürlich, der Schauplatz trug das Seine dazu bei. Hätten wir dieselbe Geschichte in einer Sozialwohnung in Deptford ausprobiert, hätten wir in Null Komma nichts auf dem Boden der Grünen Minna gelegen und durchtrainierte junge Männer mit kurzen Haaren gefragt, ob es ihnen was ausmachen würde, kurz die Stiefel von unseren Köpfen zu nehmen, während wir uns zurechtkuschelten. Aber im grünen, stuckverzierten Belgravia neigt die Polizei eher dazu, einem Glauben zu schenken. Wahrscheinlich ist das in den Kommunalsteuern inbegriffen.

Während wir unsere Aussagen unterzeichneten, baten sie uns, keine Dummheiten anzustellen und etwa das Land zu verlassen, ohne vorher beim örtlichen Revier Bescheid zu sagen, und rieten uns ganz allgemein, uns bei jeder erdenklichen Gelegenheit als gute Bürger zu erweisen.

Zwei Stunden, nachdem er versucht hatte, mir den Arm zu brechen, war von Rayner, Vorname unbekannt, nur noch ein säuerlicher Geruch übrig.

Ich verließ das Haus und spürte beim Gehen, wie der Schmerz wieder ins Rampenlicht kroch. Ich zündete mir eine Zigarette an und rauchte mich zur Straßenecke, wo ich links in eine Gasse mit Kopfsteinpflaster abbog, an der einst Pferde gehalten worden waren. Heutzutage könnte es sich natürlich nur ein steinreiches Pferd noch leisten, dort zu wohnen, aber ein Hauch von Stallungen hing immer noch über der Gasse, und deswegen hatte ich es nur recht und billig gefunden, dort das Motorrad anzuzäumen. Mit einem Hafersack und etwas Stroh unter dem Hinterrad.

Das Motorrad stand noch da, wo ich es verlassen hatte, was banal klingt, aber das ist es in unseren Tagen nicht mehr.

Wenn man seine Maschine in einer dunklen Gegend abstellt und sie noch da ist, wenn man zurückkommt, selbst wenn man an Vorhängeschloß und Alarmanlage gedacht hat, dann ist das unter Bikern schon ein Gesprächsthema. Erst recht, wenn es sich um eine Kawasaki ZZR 1100 handelt.

Nun würde ich nie im Leben abstreiten, daß die Japaner mit Pearl Habour echt im Abseits standen und daß ihre Vorstellungen von Fischzubereitung ziemlich dürftig sind — aber Menschenskind, von Motorrädern verstehen sie was. Egal in welchem Gang Sie bei dieser Maschine Vollgas geben, es treibt Ihnen die Augäpfel in den Hinterkopf. Gut, für die meisten Menschen mag dieses Gefühl nicht ausschlaggebend sein, wenn es um die Wahl von Nahverkehrsmitteln geht, aber da ich das Motorrad bei einer Runde Backgammon gewonnen hatte, in der ich mit dem unglaublichen Zufallstreffer einer einmaligen 4-1 und drei aufeinanderfolgenden Sechserpäschen zum Durchmarsch angetreten war, machte es mir einen Heidenspaß. Es war schwarz und groß, und selbst ein Sonntagsfahrer stieß damit in andere Galaxien vor.

Ich startete die Maschine, ließ sie einmal aufheulen, um ein paar fetten Belgravia-Finanzbossen den Schlaf zu rauben, und nahm Kurs auf Notting Hill. Es regnete, und ich mußte vorsichtig fahren, also hatte ich reichlich Zeit, mir über das nächtliche Treiben Gedanken zu machen.

Während ich mit dem Motorrad durch die glatten, gelb erleuchteten Straßen gondelte, ging mir eins nicht aus dem Kopf: Sarah, die mich anherrschte, «den Scheiß» könne ich mir sparen. Warum sollte ich ihn mir sparen? Weil ein Sterbender im Zimmer lag.

Konversation à la Newton, sagte ich mir. Impliziert war damit, ich hätte den Scheiß mit vollen Händen verteilen dürfen, wenn kein Sterbender im Zimmer gelegen hätte.

Das ließ mich frohlocken. Ich dachte, wenn ich das nicht gedeichselt bekam, daß sie und ich eines schönen Tages in einem Zimmer standen, in dem keine Sterbenden lagen, dann war mein Name nicht James Fincham.

Was er natürlich nicht war.

2

Lange Zeit bin ich früh schlafen gegangen.
Marcel Proust

Ich kam nach Hause und hörte wie immer den Anrufbeantworter ab. Zwei bedeutungslose Piepser, einmal falsch verbunden, ein Anruf von einem Freund, der im ersten Satz unterbrochen wurde, und dann drei Leute, von denen ich nichts wissen wollte und die ich jetzt zurückrufen mußte.

Herrgott, wie ich diesen Apparat haßte!

Ich setzte mich an den Tisch und sah die Post durch. Einige Rechnungen warf ich in den Mülleimer, bis mir einfiel, daß ich den Mülleimer in die Küche gebracht hatte – ich ärgerte mich, stopfte die restliche Post in eine Schublade und gab den Gedanken auf, die Verrichtung lästiger Haushaltspflichten könne helfen, mir alles zusammenzureimen.

Für laute Musik war es schon zu spät, und die einzige Unterhaltung, die ich in der Wohnung auftreiben konnte, war Whisky, also schnappte ich mir ein Glas und die Flasche Ladyburn, goß mir zwei Wurstfingerbreit ein und ging in die Küche. Ich füllte mit Wasser auf, bis die Dame nicht mehr so brannte, und setzte mich mit einem Taschendiktaphon an den Tisch, weil mir mal jemand erzählt hatte, man bekomme einen klaren Kopf, wenn man laut vor sich hin spreche. Ich fragte, ob man damit auch trübe Tassen klar bekomme, und bekam zu hören, nein, aber es funktioniere bei allem, was einem auf der Seele liege.

Ich legte eine Kassette ein und drückte auf die Aufnahmetaste.

«Dramatis personae», sagte ich. «Alexander Woolf, Vater von Sarah Woolf, Eigentümer eines schnuckeligen georgianischen Hauses in der Lyall Street, Belgravia, Brötchengeber blinder und rachsüchtiger Innenarchitekten, Vorstandsvorsitzender und Generaldirektor von Gaine Parker. Unbekannter Weißer, Amerikaner oder Kanadier, um die Fünfzig. Rayner. Groß, gewalttätig und krankenhausreif geschlagen. Thomas Lang, sechsunddreißig, Flat D, 42 Westbourne Close, ehemals bei den Scots Guards, ehrenvolle Entlassung im Hauptmannsrang. Die bis dato bekannten Fakten sehen folgendermaßen aus ...»

Ich weiß nicht, warum mich Kassettenrecorder immer so sprechen lassen, aber ich kann einfach nicht anders.

«Unbekannter Weißer versucht, sich der Dienste Th. Langs zu versichern zum Zwecke der gesetzwidrigen Tötung von A. Woolf. Lang lehnt dieses Angebot aufgrund von Nettigkeit ab. Prinzipientreue. Anstand. Eben ein Gentleman.»

Ich trank einen Schluck Whisky, betrachtete das Diktaphon und fragte mich, ob ich diesen Monolog wohl jemals einem anderen Menschen vorspielen würde. Ein Steuerberater hatte mir erklärt, der Kauf sei eine günstige Gelegenheit, weil ein Diktaphon steuerlich absetzbar sei. Aber da ich keine Steuern zahlte, kein Diktaphon brauchte und dem Steuerberater über keinen Feldweg traute, betrachtete ich diesen Apparat als eine meiner unvernünftigeren Anschaffungen.

Weiter im Text.

«Lang begibt sich in der Absicht zu Woolfs Haus, ihn über womöglich bevorstehende Mordversuche in Kenntnis zu setzen. Woolf abwesend. Lang beschließt, eine Untersuchung einzuleiten.»

Ich stockte einen Augenblick, und der Augenblick blickte immer länger, also trank ich noch etwas Whisky und legte das Diktaphon beiseite, während ich überlegte.

Die von mir eingeleitete Untersuchung war nicht über das Wörtchen «Was» hinausgekommen – und auch das hatte ich kaum ausgesprochen, als Rayner mir schon einen Stuhl über den Schädel drosch. Ansonsten hatte ich lediglich einen Mann halb totgeschlagen und mich mit dem leidenschaftlichen Wunsch verdrückt, ich hätte auch die andere Hälfte umgebracht. So etwas hat man nicht gern auf Magnetband herumliegen, außer man weiß, was man vorhat. Und ich wußte das erstaunlicherweise nicht.

Ich wußte allerdings genug, um Rayner erkannt zu haben, noch bevor ich seinen Namen erfuhr. Ich möchte nicht behaupten, daß er mich direkt verfolgt hatte, aber ich habe ein gutes Gesichtsgedächtnis – als Ausgleich für mein absolutes Sieb von Namensgedächtnis –, und Rayners Visage war nicht besonders schwer zu merken. Flughafen Heathrow, die Bar der Devonshire Arms auf der King's Road und der Eingang zur U-Bahn-Station Leicester Square waren selbst für einen Volltrottel wie mich ein Aushängeschild.

Ich hatte schon die ganze Zeit im Urin, daß wir uns über kurz oder lang gegenüberstehen würden, hatte mich daher mit einem Besuch bei Blitz Electronics auf der Tottenham Court Road auf schlechte Zeiten vorbereitet und zwei Pfund achtzig für ein dickes, dreißig Zentimeter langes Stromkabel gelöhnt. Biegsam, schwer und besser als jeder Spezialtotschläger, wenn's um die Abwehr von Strauchdieben und Wegelagerern geht. Als Waffe allerdings völlig unbrauchbar, wenn man es – noch in der Originalverpackung – in der Küchenschublade liegenläßt. Dann ist es wirklich äußerst nutzlos.

Was den unbekannten Weißen anging, der mir den Mordauftrag angeboten hatte, so versprach ich mir wenig von dem Versuch, den noch jemals ausfindig zu machen. Vor zwei Wochen war ich in Amsterdam gewesen und hatte den Leibwächter eines Buchmachers aus Manchester gespielt, der partout glauben wollte, er hätte grausame Feinde. Mich hatte er eingestellt, um diese Phantasie zu stützen. Also hielt ich ihm Wagenschläge auf, suchte umliegende Dächer nach Scharfschützen ab, die es gar nicht gab, verbrachte strapaziöse achtundvierzig Stunden mit ihm in irgendwelchen Nachtclubs und sah zu, wie er mit vollen Händen Geld in alle Richtungen bis auf meine verteilte. Nachdem er endlich schlappgemacht hatte, gammelte ich im Hotelzimmer rum und sah mir im Fernsehen Pornos an. Das Telefon klingelte – an einer besonders saftigen Stelle, das weiß ich noch –, und eine Männerstimme fragte, ob ich Lust hätte, in der Hotelbar einen zu trinken.

Ich sah nach, ob der Buchmacher sicher im Bett eingemummelt war, mit einer hübsch warmen Prostituierten, und verdrückte mich in der Hoffnung nach unten, vierzig Flokken zu sparen, indem ich einem alten Kumpel aus der Armee ein paar Drinks aus dem Kreuz leierte.

Wie sich dann herausstellte, gehörte die Stimme am Telefon jedoch einem kleinen Schmerbauch in einem teuren Anzug, und beide waren mir entschieden unbekannt. Ich war auch wenig erpicht darauf, sie kennenzulernen, bis der eine in die Jackettasche des anderen griff und ein Bündel Scheine herauszog, das ungefähr so dick war wie ich.

Amerikanische Geldscheine. Für die man in nachgerade Tausenden von Einzelhandelsläden der ganzen Welt Waren und Dienstleistungen erhält. Der Gnom schob mir einen Hundertdollarschein zu, so daß er mir fünf Sekunden lang richtig sympathisch war, aber dann starb die Sympathie schlagartig.

Er weihte mich in die «Hintergründe» eines Manns namens Woolf ein – wo er lebte, was er machte, warum er das machte und wieviel er damit machte –, und dann erzählte er mir, der Schein auf dem Tisch hätte noch tausend kleine Freunde, die allesamt in meine Taschen wandern könnten, wenn ich Woolf diskrekt beseitigte.

Ich mußte warten, bis unser Ende der Bar leer war, aber das konnte nicht lange dauern. Die Preise waren so gesalzen, daß es weltweit wohl nur ein paar Dutzend Leute gab, die es sich leisten konnten, auf einen zweiten Drink zu bleiben.

Als sich die Bar geleert hatte, lehnte ich mich zu dem Fettsack rüber und hielt ihm einen kleinen Vortrag. Es war ein lahmer Vortrag, aber er hörte trotzdem aufmerksam zu, denn ich hatte unter den Tisch gegriffen und ihn an den Eiern gepackt. Ich erklärte ihm, was ich für ein Mann sei, was er für einen Fehler gemacht habe und wohin er sich sein Geld stekken könne. Dann trennten sich unsere Wege.

Das war alles. Mehr wußte ich nicht, und der Arm tat mir weh.

Ich ging ins Bett.

Ich träumte mancherlei, womit ich Sie nicht genieren möchte, und am Ende stellte ich mir vor, daß ich den Teppich saugen mußte. Ich saugte und saugte, aber ein Fleck auf dem Teppich ging einfach nicht weg.

Dann merkte ich, daß ich wach und der Teppichfleck Sonnenlicht war, weil jemand gerade die Vorhänge aufgerissen hatte. In Windeseile schnellte mein Körper in eine drahtige, straffe Komm-und-hol's-dir-Stellung, das Stromkabel in der Faust und Mordlust im Herzen.

Dann merkte ich, daß ich auch das nur geträumt hatte, daß ich in Wirklichkeit im Bett lag und eine große haarige Hand direkt vor meinem Gesicht sah. Die Hand verschwand und ließ einen dampfenden Becher zurück, der nach einem beliebten Aufguß duftete, der als PG Tips käuflich zu erwerben ist. In jener Windeseile hatte ich mir vielleicht auch ausgerechnet, daß Eindringlinge, die einem die Kehle durchschneiden wollen, kein Teewasser aufsetzen und nicht die Vorhänge aufziehen.

«Spät issen?»

«Es ist jetzt acht Uhr und fünfunddreißig Minuten. Zeit für Eure Cornflakes, Mr. Bond.»

Ich setzte mich im Bett auf und sah zu Solomon hinüber. Er war klein und fröhlich wie immer und trug denselben scheußlichen braunen Regenmantel wie immer, den er sich

auf die Anzeige auf den letzten Seiten des ‹Sunday Express›
hin gekauft hatte.

«Ich darf annehmen, daß du hier bist, um einer Dieb-
stahlsanzeige nachzugehen, ja?» fragte ich und rieb mir die
Augen, bis ich die ersten weißen Punkte sah.

«Was soll den gestohlen worden sein, Sir?»

Solomon nannte jeden «Sir», bis auf seine Vorgesetzten.

«Meine Türklingel», sagte ich.

«Falls Ihr Euch mit Eurem üblichen Sarkasmus auf mein
lautloses Eindringen in diese Wohnung bezieht, so darf ich
Euch daran erinnern, daß ich ein Experte der Schwarzen
Künste bin. Wie dieser Begriff erwarten läßt, muß ich meine
Kunstfertigkeit gelegentlich unter Beweis stellen. Nun seid
ein braver Junge und hüllt Euch in Eure Kluft, ja? Wir sind
spät dran.»

Er verschwand in der Küche, und ich hörte das Einrasten
und Surren meines Toasters aus dem 14. Jahrhundert.

Ich stemmte mich aus dem Bett hoch, zuckte zusammen,
weil ich den linken Arm zu sehr belastete, zog Hemd und
Hose an und ging mit dem Rasierapparat in die Küche.

Solomon hatte am Küchentisch für mich gedeckt und
Toastscheiben in einem Toasthalter drapiert, von dessen Existenz ich gar nichts gewußt hatte. Falls er ihn nicht mitgebracht hatte, aber das erschien mir unwahrscheinlich.

«Noch etwas Tee, Pfarrer?»

«Spät wofür?» fragte ich.

«Ein Gespräch, Master, ein Gespräch. Wie steht's, verfügt
Ihr über eine Krawatte?»

Seine großen brauen Augen blitzten mich hoffnungsvoll
an.

«Zwei», sagte ich, «eine vom Garrick Club, dem ich nicht
angehöre, und mit der zweiten hab ich den Spülkasten vom
Klo an der Wand befestigt.»

Ich setzte mich an den Tisch und sah, daß er irgendwo sogar ein Glas Orangenmarmelade von Keiller's Dundee aufge-

trieben hatte. Ich hatte nie so recht herausbekommen, wie Solomon das anstellte, aber man hätte ihn in einer Mülltonne wühlen lassen können, und notfalls hätte er ein Auto herausgezogen. Der ideale Begleiter für eine Wüstenexpedition.

Vielleicht stand uns eine bevor.

«Und, Master, wovon bezahlt Ihr dieser Tage Eure Rechnungen?» Er parkte seinen halben Hintern auf dem Tisch und sah mir beim Essen zu.

«Du zahlst, hatt ich gehofft.»

Die Marmelade war köstlich, und ich hätte mir gern mehr davon gegönnt, merkte aber, daß Solomon es eilig hatte. Er schaute auf die Uhr und verschwand im Schlafzimmer, wo ich ihn bei der Suche nach einem Sakko im Schrank rumoren hörte.

«Unterm Bett», rief ich ihm nach. Ich griff nach dem Diktaphon auf dem Tisch. Die Kassette war noch da.

Als ich den Tee runterkippte, kam Solomon mit einem zweireihigen Blazer zurück, an dem zwei Knöpfe fehlten. Er hielt ihn mir hin wie ein Kammerdiener. Ich rührte mich nicht vom Fleck.

«Ach, Master», sagte er. «Nun seid doch nicht so störrisch. Erst wenn die Ernte in der Scheuer ist und die Maultiere ruhen.»

«Ich will nur wissen, wohin wir fahren.»

«Die Straße hinab, in einem großen funkelnden Auto. Es wird Euch gefallen. Und auf dem Nachhauseweg bekommt Ihr auch ein Eis.»

Langsam erhob ich mich und zog den Blazer an.

«David», sagte ich.

«Immer noch zu Diensten, Master.»

«Was ist eigentlich los?»

Er machte einen Schmollmund und runzelte leicht die Stirn. Geschmacklos, solche Fragen zu stellen. Ich ließ nicht locker.

«Sitz ich in der Tinte?» fragte ich.

Sein Stirnrunzeln vertiefte sich, dann sah er ruhig und unverwandt zu mir auf.

«Sieht so aus.»

«Sieht so aus?»

«In der Schublade da liegt ein dickes, dreißig Zentimeter langes Kabel. Die Lieblingswaffe des jungen Master.»

«Und?»

Er warf mir ein dünnes Höflichkeitslächeln zu.

«Irgendwer sitzt in der Tinte.»

«Krieg dich wieder ein, David», sagte ich. «Das liegt da schon monatelang. Ich will seit ewigen Zeiten zwei Gegenstände verkabeln, die dicht nebeneinander stehen.»

«Gewiß. Quittung von vorgestern. Noch in der Tüte.»

Wir sahen uns geraume Zeit in die Augen.

«Tut mir leid, Master», sagte er. «Schwarze Kunst. Fahren wir.»

Der Wagen war ein Rover, also war's offiziell. Niemand fährt diese idiotischen Snobmobile mit ihren lächerlichen Holz- und Lederarmaturen, den schlecht verleimten Nähten und Spalten der Inneneinrichtung, wenn's nicht unbedingt sein muß. Und nur für Regierungsangestellte und den Aufsichtsrat von Rover muß es unbedingt sein.

Ich wollte Solomon nicht beim Fahren stören, weil er ein gespanntes Verhältnis zu Autos hatte und es nicht einmal mochte, wenn man das Radio einschaltete. Er trug Fahrhandschuhe, eine Fahrmütze, Fahrbrille und eine Fahrmiene, und er hielt das Lenkrad wie jeder andere Autofahrer während der ersten fünf Sekunden nach Bestehen der Führerscheinprüfung. Aber als wir am Wachwechsel der berittenen Garde vorbeischlichen und bestimmt schon vierzig Stundenkilometer draufhatten, dachte ich, ich riskier's mal.

«Nehme an, es gibt keine Möglichkeit zu erfahren, was ich verbrochen haben soll?»

Solomon sog an den Zähnen, umklammerte das Lenkrad noch fester und mit verbissener Konzentration, weil er gerade mit einem besonders schwierigen, breiten und unbefahrenen Straßenabschnitt zu kämpfen hatte. Nachdem er Geschwindigkeit, Drehzahl, Benzin- und Ölstand, Temperatur, Uhrzeit und seinen Gurt (zweimal) geprüft hatte, entschied er, sich die Antwort leisten zu können.

«Master», sagte er durch zusammengebissene Zähne, «Ihr hättet edel, hilfreich und gut bleiben sollen. Wie Ihr es früher wart.»

Wir bogen auf einen Hof hinter dem Verteidigungsministerium ein.

«Bin ich das nicht mehr?» fragte ich.

«Volltreffer. Ein Parkplatz. Wir müssen gestorben und in den Himmel gekommen sein.»

Trotz der großen Sicherheitshinweise, alle Einrichtungen des Verteidigungsministeriums befänden sich in Alarmstufe Atomversuch, ließen uns die Wachen am Tor durch, ohne mit der Wimper zu zucken.

Mir ist aufgefallen, daß alle britischen Sicherheitsbeamten diese Angewohnheit haben; außer Sie arbeiten zufällig in dem von ihnen bewachten Gebäude, denn in dem Fall prüfen sie Sie von den Zahnfüllungen bis zu den Hosenaufschlägen, um sicherzugehen, daß Sie noch derselbe sind, der das Haus vor einer Viertelstunde verlassen hat, um sich ein Sandwich zu holen. Sobald Sie aber ein wildfremdes Gesicht haben, werden Sie durchgewinkt, denn es wäre, ehrlich gesagt, viel zu blamabel, Ihnen Schwierigkeiten zu machen.

Wenn Sie ein Haus anständig bewacht haben wollen, sollten Sie Deutsche einstellen.

Solomon und ich reisten drei Treppen hoch, ein halbes Dutzend Korridore entlang und mit zwei Liften; zwischendurch trug er meinen Namen in mehrere Listen ein, bis wir eine dunkelgrüne Tür mit der Kennzeichnung C 188 erreichten. Solomon klopfte, und wir hörten eine Frauenstimme, die erst «Moment» und dann «Herein» rief.

Die Wand des Zimmers war einen Meter weit weg. Zwischen Tür und Wand, in diesem unbeschreiblich engen Raum, saß eine junge Frau in einer zitronengelben Bluse an einem Schreibtisch mit Computer, Topfpflanze, Bleistiftbecher, Plüschtier und orangefarbenen Papierstößen. Es wollte mir nicht in den Kopf, wie jemand oder etwas in einem solchen Zimmer arbeiten konnte. Es war, als entdeckte man plötzlich eine Otterfamilie in seinem Schuh.

Falls Ihnen so was schon mal passiert ist.

«Sie werden erwartet», sagte sie und breitete beide Arme schützend über ihren Tisch, aus Angst, wir könnten etwas verschieben.

«Danke, Madam», sagte Solomon und quetschte sich am Tisch vorbei.

«Platzangst?» fragte ich, als ich ihm folgte, und mit etwas mehr Platz hätte ich mich in den Bauch beißen können, denn das bekam sie garantiert fünfzigmal am Tag zu hören.

Solomon klopfte an die Innentür, und wir gingen hinein.

Jeder Quadratmeter, den man im Sekretariat gespart hatte, war im Büro verschwendet worden.

Hier gab es eine hohe Decke, Fenster auf zwei Seiten, vor denen die Tüllgardinen wie in allen Regierungsstellen hingen, und zwischen den Fenstern einen Schreibtisch von der Größe eines Squashfeldes. Hinter dem Schreibtisch sah man einen schütteren Kopf, der sich konzentriert vorbeugte.

Solomon ging zur Mittelrose des Perserteppichs, und ich stellte mich neben seine linke Schulter.

«Mr. O'Neal?» sagte Solomon. «Lang ist da.»

Wir warteten.

O'Neal — wenn das sein richtiger Name war, was ich bezweifelte — sah wie alle Menschen hinter großen Schreibtischen aus. Man sagt immer, Hundebesitzer ähnelten ihren

Hunden, aber ich finde seit jeher, mindestens dasselbe gilt für Schreibtischbesitzer und ihre Schreibtische. Er hatte ein großes, flaches Gesicht mit großen, flachen Ohren und viel Platz zur Aufbewahrung von Büroklammern. Selbst sein Bartmangel paßte zu der blendenden Schellackpolitur. Er saß in teuren Hemdsärmeln da, ein Jackett war nirgends zu sehen.

«Ich dachte, wir hatten halb zehn vereinbart», sagte O'Neal, ohne hoch oder auf die Uhr zu sehen.

Diese Stimme war schlichtweg unfaßbar. Sie bemühte sich um patrizische Lethargie und verfehlte sie meilenweit. Sie war fest und näselnd, und unter anderen Umständen hätte Mr. O'Neal mir leid getan. Wenn das sein richtiger Name war. Was ich bezweifelte.

«Verkehr; tut mir leid», sagte Solomon. «Sind hergekommen, so schnell wir konnten.»

Er sah aus dem Fenster, als wollte er sagen, er habe sein Bestes getan. O'Neal starrte ihn an, warf mir einen Blick zu und widmete sich dann wieder seiner Darbietung «Ich lese brisante Akten».

Da Solomon mich sicher abgeliefert hatte und ich ihm keine Suppe mehr einbrocken konnte, fand ich, daß ich mir ein wenig Gehör verschaffen konnte.

«Guten Morgen, Mr. O'Neal», sagte ich übertrieben laut. Die Worte hallten von den fernen Wänden wider. «Tut mir leid, daß der Zeitpunkt so ungelegen kommt. Mir paßt er übrigens auch schlecht. Am besten sag ich meiner Sekretärin, sie soll mit Ihrer Sekretärin einen neuen Termin ausmachen, ja? Oder noch besser, die beiden gehen zusammen Mittag essen. Da können sie nach Strich und Faden die Welt verbessern.»

O'Neal knirschte kurz mit den Zähnen, dann sah er mich mit etwas an, was er wohl für einen durchdringenden Blick hielt.

Nachdem er das übertrieben hatte, ließ er die Papiere sinken und die Hände auf dem Tischrand ruhen. Dann zog er sie weg und legte sie in den Schoß. Dann ärgerte er sich, weil ich diese komische Prozedur mit angesehen hatte.

«Mr. Lang», sagte er, «sind Sie sich eigentlich im klaren darüber, wo Sie sich befinden?» Er stülpte routiniert die Lippen vor.

«Das bin ich, Mr. O'Neal. Ich befinde mich in Zimmer C 188.»

«Sie sind im Verteidigungsministerium.»

«Mmm. Hübsch ham Sie's. Gibt's hier auch Stühle?»

Er funkelte mich wieder an und gab Solomon ein Zeichen, der daraufhin zur Tür ging und ein imitiertes Regency-Etwas in die Teppichmitte zog. Ich blieb, wo ich war.

«Bitte nehmen Sie Platz, Mr. Lang.»

«Danke, ich stehe lieber», sagte ich.

Das warf ihn endgültig aus der Bahn. In der Schule haben wir dieses Spielchen immer mit einem Erdkundelehrer gespielt. Nach zwei Trimestern ging er ab und wurde Geistlicher auf den Western Isles.

«Was können Sie mir bitte schön über Alexander Woolf sagen?» O'Neal stützte sich mit den Ellbogen auf den Tisch, und ich sah eine sehr goldene Uhr schimmern. Viel zu golden für Gold.

«Welchen?»

Er runzelte die Stirn.

«Was soll das heißen, ‹welchen›? Wie viele Alexander Woolfs kennen Sie denn?»

Ich bewegte die Lippen und mimte Kopfrechnen.

«Fünf.»

Er seufzte gereizt. Schluß jetzt, 4B, setzt euch.

«Der Alexander Woolf, der hier zur Debatte steht», sagte er mit dieser eigentümlichen sarkastischen Pedanterie, auf die früher oder später jeder Engländer hinter einem Schreibtisch verfällt, «besitzt ein Haus in der Lyall Street, Belgravia.»

«Lyall Street. Natürlich.» Ich schlug mir an die Stirn. «Dann sind's sechs.»

O'Neal warf Solomon einen Blick zu, aber von dort war keine Hilfe zu erwarten. Er sah mich erneut mit einem gruseligen Lächeln an.

«Ich frage Sie, Mr. Lang, was wissen Sie über ihn?»

«Er besitzt ein Haus in der Lyall Street, Belgravia», sagte ich. «Hilft Ihnen das weiter?»

Diesmal schlug O'Neal einen anderen Weg ein. Er holte tief Luft und atmete langsam aus, womit er mir vermutlich bedeuten wollte, unter dem pummeligen Äußeren warte eine gutgeölte Mordmaschine, und er sei drauf und dran, über den Tisch zu springen und mir an die Gurgel zu gehen. Es war ein lächerlicher Auftritt. Er griff in eine Schublade, zog einen braungelben Schnellhefter heraus und blätterte unwirsch darin.

«Wo waren Sie gestern abend um halb elf?»

«Vor der Elfenbeinküste surfen», sagte ich, noch bevor er die Frage ganz ausgesprochen hatte.

«Ich habe Ihnen eine ernste Frage gestellt, Mr. Lang», sagte O'Neal. «Ich rate Ihnen schärfstens, sie ernsthaft zu beantworten.»

«Und ich sage, das geht Sie einen feuchten Kehricht an.»

«Meine Aufgabe ...», setzte er an.

«Ihre Aufgabe ist die Verteidigung.» Ich brüllte auf einmal mit voller Stimme und sah aus den Augenwinkeln, daß Solomon sich zu mir gedreht hatte, um meinen Ausbruch nicht zu verpassen. «Und Sie werden dafür bezahlt, daß Sie mein Recht verteidigen, tun und lassen zu können, was ich will, ohne daß ich Unmengen idiotischer Fragen beantworten muß.» Mit normaler Lautstärke fragte ich dann: «Sonst noch was?»

Er antwortete nicht, also kehrte ich ihm den Rücken zu und ging zur Tür.

«Bis die Tage, David», sagte ich.

39

Auch Solomon antwortete nicht. Meine Hand lag bereits auf der Türklinke, als O'Neal das Wort ergriff.

«Lang, bitte nehmen Sie zur Kenntnis, daß ich Sie verhaften lassen kann, sobald Sie dieses Gebäude verlassen.»

Ich drehte mich um und sah ihn an.

«Mit welcher Begründung?»

Plötzlich schmeckte mir das Ganze nicht mehr. Es schmeckte mir nicht, weil O'Neal zum erstenmal seit meinem Eintreten entspannt wirkte.

«Verabredung zum Mord.»

Plötzlich war es ganz still im Zimmer.

«Verabredung?» fragte ich.

Sie wissen, wie das ist, wenn man mitten im Gesprächsfluß ins Stocken gerät. Normalerweise werden die Wörter vom Gehirn zum Mund geschickt, und unterwegs prüft man sie hier und da noch mal, um sicherzugehen, daß es auch wirklich die Wörter sind, die man bestellt hat, und daß sie hübsch eingepackt sind, bevor man sie für den Transport zum Gaumen bündelt, von dem sie schließlich hinaus an die frische Luft gehen.

Aber wenn Sie mitten im Gesprächsfluß ins Stocken geraten, dann hapert es manchmal mit dieser Prüfinstanz.

O'Neal hatte drei Wörter gesagt: «Verabredung zum Mord.»

Eigentlich hätte ich mit ungläubiger Stimme das Wort «Mord» wiederholen müssen; ein sehr kleiner und psychisch gestörter Teil der Bevölkerung hätte sich für das «zum» entschieden; aber das einzige dieser drei Wörter, das ich definitiv nicht hätte wiederholen dürfen, war «Verabredung».

Bei einer Wiederholung des Gesprächs hätte ich natürlich alles anders gemacht. Aber wir wiederholten es nicht.

Solomon sah mich an, und O'Neal sah Solomon an. Ich war mit Wortschaufel und Handfeger beschäftigt.

«Was, zum Teufel, meinen Sie eigentlich? Wenn Sie die Geschichte von gestern abend meinen und meine Aussage gelesen haben, dann sollten Sie eigentlich wissen, daß ich den Mann noch nie im Leben gesehen habe, daß ich in Notwehr gegen versuchte Körperverletzung gehandelt habe und daß er sich im Eifer des Gefechts ... den Kopf aufschlug.»

Plötzlich merkte ich, wie schwach diese Wendung klang.

«Die Polizei», fuhr ich fort, «hatte keine weiteren Fragen und ...»

Ich stockte.

O'Neal lehnte sich im Stuhl zurück und verschränkte die Hände hinter dem Kopf. In beiden Achselhöhlen sah man Schweißflecken in der Größe von 10-Pence-Stücken.

«Ei gewiß, sie konnten ja auch keine weiteren Fragen haben, oder?» sagte er und blickte widerlich selbstzufrieden drein. Er wartete auf meine Entgegnung, aber mir fiel nichts ein, also ließ ich ihn weiterreden. «Denn da wußten sie ja auch noch nicht, was wir jetzt wissen.»

Ich seufzte.

«O Gott, ich bin von dieser Unterhaltung ja so begeistert, ich glaub, ich krieg gleich Nasenbluten. Was haben Sie seither denn so verdammt Wichtiges erfahren, daß Sie mich zu dieser schlechthin grotesken Tageszeit herschleppen lassen?»

«Herschleppen?» fragte er, und seine Augenbrauen schossen zum Haaransatz hoch. Er wandte sich an Solomon. «Haben Sie Mr. Lang *hergeschleppt*?»

O'Neal war urplötzlich maniriert und verspielt geworden, und der Anblick war zum Speien. Solomon war offenbar genauso angewidert wie ich, denn er antwortete nicht.

«Mein Leben verebbt in diesem Zimmer», sagte ich genervt. «Kommen Sie bitte zur Sache.»

«Aber gern», sagte O'Neal. «Wir wissen inzwischen, was die Polizei noch nicht wußte, daß Sie vor einer Woche ein Stelldichein mit einem kanadischen Waffenhändler namens

McCluskey hatten. McCluskey bot Ihnen 100 000 Dollar dafür, Woolf ... auszulöschen. Wir wissen inzwischen, daß Sie in Woolfs Haus hier in London aufgetaucht sind, wo Ihnen ein Mann namens Rayner – alias Wyatt, alias Miller – in die Quere kam, den Woolf ganz legal als Leibwächter eingestellt hatte. Wir wissen, daß Rayner bei dieser Begegnung schwere Verletzungen erlitten hat.»

Mein Magen schien sich auf die Größe und Dichte eines Kricketballs zusammengezogen zu haben. Am Rücken seilte sich dilettantisch ein Schweißtropfen ab.

O'Neal sprach weiter. «Wir wissen, daß im Widerspruch zu der Version, die sie der Polizei gegenüber erzählt haben, bei der Vermittlung gestern abend nicht ein, sondern zwei Notrufe eingegangen sind, der erste wollte nur einen Krankenwagen, der zweite die Polizei. Die Anrufe erfolgten im Abstand einer Viertelstunde. Wir wissen, daß Sie der Polizei aus noch ungeklärten Gründen einen falschen Namen genannt haben. Schließlich und endlich», er sah mich an wie ein schlechter Magier mit einem Hut voller Kaninchen, «wissen wir, daß vor vier Tagen auf Ihrem Konto am Swiss Cottage die Summe von 29 400 Pfund eingegangen ist, was genau 50 000 Dollar entspricht.» Er klappte den Schnellhefter zu und lächelte. «Für den Anfang doch nicht schlecht, oder?»

Ich saß auf dem Stuhl in der Mitte von O'Neals Büro. Solomon war verschwunden und kochte Kaffee für mich und Kamillentee für sich, und die Welt drehte sich etwas langsamer.

«Hören Sie», sagte ich, «es ist doch ganz offensichtlich, daß man mir aus unerfindlichen Gründen etwas anhängen will.»

«Erklären Sie mir doch bitte, warum dieser Schluß so offensichtlich ist, Mr. Lang», sagte O'Neal.

Er war zur Manieriertheit zurückgekehrt. Ich holte tief Luft.

«Also, zunächst einmal kann ich Ihnen versichern, daß ich von dem Geld nichts weiß. Das hätte mir jeder überweisen können, von jeder Bank der Welt. Das ist ein Kinderspiel.»

O'Neal zog eine Riesenshow ab, schraubte seinen Parker Duofold auf und machte sich auf einem Block Notizen.

«Dann ist da die Tochter», sagte ich. «Sie hat den Kampf verfolgt und sich gestern abend bei der Polizei für mich verbürgt. Warum haben Sie die nicht herzitiert?»

Die Tür ging auf, Solomon kam rückwärts herein und balancierte drei Tasen. Er war seinen braunen Regenmantel irgendwo losgeworden und stellte jetzt eine ebenfalls braune Strickjacke mit Reißverschluß zur Schau. Sie ärgerte O'Neal offensichtlich, und selbst ich merkte, daß sie mit dem Rest des Zimmers nicht harmonierte.

«Ich darf Ihnen versichern, daß wir Miss Woolf bei nächstmöglicher Gelegenheit zu befragen gedenken», sagte O'Neal und nippte zimperlich am Kaffee. «Zum gegenwärtigen Zeitpunkt indes sind Sie für die Agenda dieser Abteilung von weit höherem Interesse. Sie, Mr. Lang, wurden gebeten, einen Mord zu verüben. Auf Ihr Bankkonto wurde Geld überwiesen, ob nun mit oder ohne Einwilligung Ihrerseits. Sie tauchten im Haus des potentiellen Opfers auf und brachten fast seinen Leibwächter um. Als nächstes ...»

«Moment mal», unterbrach ich ihn. «Bloß einen gottverdammten Moment mal. Was soll dieser Quatsch von wegen Leibwächter? Woolf war doch gar nicht zu Hause.»

O'Neal starrte mich an und blieb auf widerliche Weise die Ruhe selbst.

«Ich wüßte doch gern», fuhr ich fort, «wie ein Leibwächter einen Leib bewacht, der nicht im selben Haus ist. Per Telefon? Haben wir es hier mit digitaler Leibwacht zu tun?»

«Sie haben das Haus durchsucht, oder, Lang?» fragte O'Neal. «Sie sind in das Haus eingedrungen und haben es nach Alexander Woolf abgesucht, ja?» Ein plumpes Lächeln umspielte seine Lippen.

«Sie hat gesagt, er sei nicht da», sagte ich und ärgerte mich über sein Behagen. «Und überhaupt, lecken Sie mich doch am Arsch.»

Er zuckte leicht zusammen.

«In jedem Fall», sagte er dann, «rechtfertigt Ihre Anwesenheit im Haus unter den gegebenen Umständen den kostbaren Aufwand unserer Zeit und Mühe.»

Ich wurde noch immer nicht schlau daraus.

«Warum?» fragte ich. «Warum Sie und nicht die Polizei? Was ist an Woolf so Besonderes?» Ich sah zwischen O'Neal und Solomon hin und her. «Und da wir grad dabei sind, was ist an mir so Besonderes?»

Das Telefon auf O'Neals Schreibtisch zirpte los, er griff mit geübter Geste danach und schippte das Kabel hinter den Ellbogen, als er den Hörer ans Ohr brachte. Er sah mich an, während er sprach.

«Ach ja? Ja ... wirklich. Danke schön.»

Im Nu lag der Hörer fest eingeschlafen wieder auf der Gabel. O'Neals Handhabung des Telefons verriet, daß hier seine größte Begabung lag.

Er kritzelte etwas auf den Block und winkte Solomon zu sich an den Schreibtisch. Solomon sah auf den Zettel, dann sahen beide mich an.

«Besitzen Sie eine Waffe, Mr. Lang?»

O'Neal stellte diese Frage mit aufgesetzt fröhlichem Lächeln. Möchten Sie lieber am Gang oder am Fenster sitzen?

Langsam, aber sicher wurde mir schlecht.

«Nein.»

«Hatten Sie Zugang zu Waffen gleich welcher Machart?»

«Nein, seit der Armee nicht mehr.»

«Verstehe», sagte O'Neal und nickte bedächtig. Er machte eine lange Pause und konsultierte den Notizblock, um bloß keine Einzelheiten durcheinanderzukriegen. «Dann überrascht es Sie vermutlich, wenn ich Ihnen mitteile, daß in Ihrer Wohnung eine Browning 9 mm mit fünfzehn Patronen gefunden wurde.»

Ich dachte darüber nach. «Mich überrascht viel mehr, daß meine Wohnung durchsucht worden ist.»

«Das lassen Sie mal unsere Sorge sein.»

Ich seufzte.

«Na gut», sagte ich. «Nein, das überrascht mich nicht im mindesten.»

«Was soll das heißen?»

«Das soll heißen, daß ich langsam schnalle, was der heutige Tag noch alles in petto hat.» O'Neal und Solomon sahen mich begriffsstutzig an. «Nun tun Sie doch nicht so», sagte ich. «Jemand, der imstande ist, fast 30 000 Pfund aus dem Fenster zu werfen, damit ich als gedungener Mörder dastehe, wird doch wohl dreihundert übrig haben, damit ich als gedungener Mörder mit einer Mordwaffe dastehe, die ich dingen kann.»

O'Neal spielte einen Augenblick mit seiner Unterlippe, quetschte sie zwischen Daumen und Zeigefinger.

«Wissen Sie, ich hab da ein Problem, Mr. Lang.»

«Ist nicht wahr!»

«Doch, ich glaube schon.» Er ließ die Lippe los, aber sie behielt die Form eines knolligen Schmollmunds bei, als wollte sie gar nicht in ihre Ausgangslage zurück. «Entweder sind Sie ein Killer, oder jemand will Sie als einen dastehen lassen. Dummerweise stützen sämtliche Indizien, über die ich verfüge, beide Möglichkeiten in gleichem Maße. Es ist wirklich schwierig.»

Ich zuckte mit den Schultern.

«Deswegen haben Sie wahrscheinlich so einen großen Schreibtisch bekommen», sagte ich.

Schließlich mußten sie mich laufenlassen. Aus irgendwelchen Gründen wollten sie die Polizei nicht mit einer Klage wegen illegalen Waffenbesitzes behelligen, und meines Wissens verfügt das Verteidigungsministerium über keine eigenen Zellen.

O'Neal bat mich um meinen Paß, und bevor ich mir noch eine Geschichte aus den Fingern saugen konnte, den hätte ich im Wäschetrockner verloren, zog Solomon ihn aus der Gesäßtasche. Ich bekam Anweisung, mich jederzeit zur Verfügung zu halten und sie wissen zu lassen, falls ich wieder von fremden Männern kontaktiert würde. Ich konnte kaum anders als zustimmen.

Als ich das Ministerium hinter mir gelassen hatte und in der für April ungewöhnlichen Sonne durch den St. James Park spazierte, überlegte ich, ob sich für mich irgend etwas änderte, wo ich jetzt wußte, daß Rayner nur seine Arbeit getan hatte. Ich fragte mich auch, warum ich nicht erfahren hatte, daß er Woolfs Leibwächter war. Oder daß der überhaupt einen hatte.

Aber am meisten fragte ich mich, warum auch Woolfs Tochter nichts davon gewußt hatte.

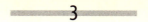

3

Gott und den Arzt verehren wir im Chor,
Doch erst, wenn in Gefahr, und nicht zuvor.
John Owen

Ich muß gestehen, ich bemitleidete mich.
Ich bin es gewohnt, abgebrannt zu sein, und auch die Arbeitslosigkeit ist mehr als nur ein flüchtiger Bekannter. Ich bin von Frauen verlassen worden, die ich liebte, und hatte mitunter wahnsinnige Zahnschmerzen. Aber irgendwie läßt sich nichts davon mit dem Gefühl vergleichen, daß die ganze Welt gegen einen ist.

Ich dachte an Freunde, die ich um Hilfe bitten konnte, aber wie immer, wenn ich mein Sozialleben einer solchen Revision unterzog, merkte ich, daß viel zu viele von ihnen im Ausland waren, tot, mit Leuten verheiratet, die mich nicht ausstehen konnten, oder daß sie, wenn ich's mir recht überlegte, nie echte Freunde waren. Und deswegen fand ich mich plötzlich in einer Telefonzelle am Piccadilly und wollte mich zu Paulie durchstellen lassen.

«Ich fürchte, er ist im Moment im Gericht», sagte eine Stimme. «Kann ich ihm etwas ausrichten?»

«Richten Sie ihm aus, Thomas Lang habe angerufen, und wenn er mich nicht um Punkt ein Uhr bei Simpson's in der Strand zum Essen einlade, sei es mit seiner Justizkarriere aus.»

«Justizkarriere ... aus», notierte sich die Büromaus. «Ich richte es ihm aus, sobald er sich meldet, Mr. Lang. Auf Wiederhören.»

Paulie, mit vollem Namen Paul Lee, und mich verband ein merkwürdiges Verhältnis.

Es war merkwürdig insofern, als wir uns alle paar Monate auf rein sozialer Basis trafen – Pubs, Restaurants, Theater oder Oper, in die er ganz vernarrt war –, und dennoch gaben wir beide freimütig zu, daß wir den anderen nicht im geringsten mochten. Kein Fitzelchen. Wären unsere Emotionen bis zum Haß gediehen, dann könnte man das als ziemlich verquasten Gefühlsausdruck interpretieren. Aber wir haßten uns nicht. Wir mochten uns bloß nicht, das war alles.

Ich fand, daß Paulie ein geltungsbedürftiger, gieriger Schnösel war, und er fand, daß ich eine faule, unzuverlässige Drecksau war. An Positivem ließ sich über unsere «Freundschaft» nur sagen, daß sie auf Gegenseitigkeit beruhte. Wir trafen uns, verbrachten vielleicht eine Stunde miteinander und trennten uns dann mit einem erleichterten «Das wäre Gott sei Dank mal wieder überstanden»-Gefühl, das absolut ausgewogen verteilt war. Während ich für fünfzig Pfund Roastbeef und Bordeaux bekam, gab Paulie zu, daß er für genau fünfzig Pfund Überlegenheitsgefühl bekam, wenn er mein Essen bezahlte.

Ich mußte den Oberkellner um eine Krawatte bitten, und das ließ er mich büßen, indem er mir nur die Wahl zwischen einer roten und einer roten gab, aber um Viertel vor eins saß ich bei Simpson's am Tisch und ließ die Unerfreulichkeiten des Vormittags in einem großen Wodka Tonic schmelzen. Viele Gäste waren Amerikaner, was wohl erklärte, warum der Rindsbraten besser wegging als die Lammkeule. Amerikaner haben sich nie so recht mit der Vorstellung anfreunden können, Schafe zu essen. Vielleicht glauben sie, das wär was für Weicheier.

Paulie erschien Schlag ein Uhr, aber ich wußte, daß er sich für seine Verspätung entschuldigen würde.

«Tut mir leid, daß ich so spät dran bin», sagte er. «Was trinkst du da? Wodka? Hätt ich auch gern.»

Der Kellner schwirrte ab, und Paulie sah sich im Saal um, strich die Krawatte über dem Hemd glatt und schob von Zeit zu Zeit das Kinn vor, um den Druck des steifen Kragens auf die Falten am Hals zu lindern. Sein Haar saß wie immer locker und blitzsauber. Er behauptete, das komme bei den Geschworenen an, aber seine Liebe zum Haar war schon immer Paulies große Schwäche gewesen. Er war, ehrlich gesagt, nicht gerade mit körperlichen Vorzügen gesegnet, aber als Trostpreis für seinen kurzen, untersetzten Hutzelkörper hatte Gott ihn mit einem herrlichen Haarschopf bedacht, den er in verschiedenen Schattierungen wahrscheinlich noch mit achtzig haben wird.

«Cheers, Paulie», sagte ich und kippte etwas Wodka.

«Hi. Wie läuft's?» Paulie sah seinem Gesprächspartner nie in die Augen. Man konnte mit dem Rücken an einer Backsteinmauer stehen, er sah einem trotzdem über die Schulter.

«Immer vorne raus», sagte ich. «Und selbst?»

«Hab den Wichser schließlich doch noch rausgehauen.» Er schüttelte verwundert den Kopf. Ein Mann, den seine eigenen Fähigkeiten ständig überraschten.

«Ich wußte gar nicht, daß du neuerdings Sexualdelikte machst, Paulie.»

Er lächelte nicht mal. Paulie lächelte eigentlich nur am Wochenende.

«Nee», meinte er. «Ich hab dir von dem Typen doch erzählt. Der seinen Neffen mit dem Spaten erschlagen hat. Hab ihn freibekommen.»

«Aber du hast doch gesagt, er sei's gewesen.»

«War er auch.»

«Wie hast du's dann geschafft?»

«Ich hab gelogen, daß sich die Balken bogen», sagte er. «Hast du schon bestellt?»

Während wir auf die Suppe warteten, tauschten wir uns über das berufliche Fortkommen aus. Jeder seiner Triumphe langweilte mich, und jede meiner Schlappen entzückte ihn.

Er fragte, ob ich Geldsorgen hätte, aber wenn, wäre er der letzte gewesen, etwas dagegen zu tun, das war uns beiden klar. Ich erkundigte mich nach gewesenen und geplanten Urlauben. Paulie maß Urlauben große Bedeutung bei.

«Wollen mit 'ner Gruppe ein Boot im Mittelmeer mieten. Tauchen, Surfen, volles Programm. Dreisternekoch, alles.»

«Segel- oder Motorboot?»

«Segelboot.» Er legte die Stirn in Falten und wirkte plötzlich zwanzig Jahre älter. «Obwohl, wenn ich's mir überlege, hat's wahrscheinlich 'n Motor. Aber das wird alles von der Mannschaft erledigt. Und du? Machst du Urlaub?»

«Hatt ich eigentlich nicht vor», sagte ich.

«Na, du bist ja auch immer im Urlaub, oder? Wovon solltest du dir freinehmen?»

«Das hast du schön gesagt, Paulie.»

«Stimmt's etwa nicht? Was hast du seit der Armee eigentlich gemacht?»

«Beratertätigkeit.»

«Da berät mein Arsch ja besser.»

«Der ist aber teurer als ich, Paulie.»

«Kann schon sein. Fragen wir unseren Gastronomieberater doch mal, wo denn die verdammte Suppe abbleibt.»

Als wir uns nach dem Ober umsahen, entdeckte ich meine Verfolger.

An einem Tisch am Eingang saßen zwei Männer, tranken Mineralwasser und wandten sich ab, als ich sie ansah. Der ältere sah aus, als sei er vom selben Designer entworfen worden wie Solomon, und der jüngere eiferte ihm nach. Die beiden machten einen gediegenen Eindruck, und im Moment war ich ganz froh, sie in der Nähe zu haben.

Als die Suppe gekommen war, Paul sie probiert und gerade noch für eßbar befunden hatte, rückte ich näher und beugte mich zu ihm. Ich hatte ursprünglich nicht vorgehabt, mich von ihm beflügeln zu lassen, schließlich war er selbst kaum flügge. Aber fragen kostet schließlich nichts.

«Sagt dir der Name Woolf irgendwas, Paulie?»

«Mensch oder Firma?»

«Mensch», sagte ich. «Amerikaner, glaub ich. Geschäftsmann.»

«Was hat er angestellt? Trunkenheit am Steuer? Mit so was geb ich mich nicht mehr ab. Oder wenn, dann nur für einen Sack Geld.»

«Soweit ich weiß, hat er nichts angestellt», sagte ich. «Hab mich bloß gefragt, ob dir der Name mal untergekommen ist. Die Firma heißt Gaine Parker.»

Paulie zuckte mit den Schultern und zerkrümelte ein Brötchen.

«Ich kann's für dich rausfinden. Wofür brauchst du's?»

«Ich hab 'n Job angeboten bekommen», sagte ich. «Hab ihn zwar abgelehnt, bin aber doch neugierig.»

Er nickte und schob sich ein Stück Brot in die Fresse.

«Ich hab dich vor einigen Monaten für 'n Job vorgeschlagen.»

Mein Suppenlöffel verharrte auf halber Strecke zwischen Teller und Mund. Es paßte nicht zu Paulie, sich in mein Leben einzumischen, schon gar nicht mit einer Gefälligkeit.

«Was für einen Job?»

«'n Kanadier suchte einen Mann fürs Grobe. Leibwächter, irgendwas in der Richtung.»

«Wie hieß er?»

«Weiß ich nicht mehr. Fing mit J an, glaub ich.»

«McCluskey?»

«McCluskey fängt nicht mit J an, oder? Nein, Joseph oder Jacob, mehr in der Art.» Er gab es schnell auf, sich zu erinnern. «Hat er sich gemeldet?»

«Nein.»

«Schade. Dachte, er hätte angebissen.»

«Aber du hast ihm meinen Namen genannt?»

«Nein, ich hab ihm deine verdammte Schuhgröße gegeben. Natürlich hab ich ihm deinen Namen genannt. Allerdings nicht sofort. Erst hab ich ihm ein paar Privatschnüffler vorgeschlagen, die manchmal für uns arbeiten. Die haben etliche Kleiderschränke für Rausschmeißerarbeit, aber von denen wollte er nichts wissen. Suchte was Anspruchsvolleres. Armeevergangenheit, meinte er. Da ist mir außer dir keiner eingefallen. Abgesehen von Andy Hick, aber der verdient in seiner Handelsbank inzwischen zweihundert Riesen im Jahr.»

«Ich bin gerührt, Paulie.»

«Gern geschehen.»

«Wie hast du ihn kennengelernt?»

«Er wollte zu Toffee, und dann mußte ich ran.»

«Toffee ist ein Mensch, darf ich annehmen?»

«Spencer. Der Obermotz. Nennt sich Toffee. Keine Ahnung warum. Vielleicht ist er 'ne Naschkatze.»

Ich überlegte.

«Du weißt nicht zufällig, was er von Spencer wollte?»

«Wer sagt das?»

«Weißt du's?»

«Nein.»

Paulies Blick wanderte über meine Schulter, und ich drehte mich um, weil ich wissen wollte, was es dort zu sehen gab. Die beiden Männer an der Tür waren aufgestanden. Der ältere sprach kurz mit dem Oberkellner, der daraufhin einen Kellner an unseren Tisch schickte. Ein paar Speisende sahen zu.

«Mr. Lang?»

«Das bin ich.»

«Telefon, Sir.»

Ich entschuldigte mich bei Paulie, der einen Finger anleckte und Krümel vom Tischtuch pickte.

Als ich zur Tür kam, war der jüngere Verfolger verschwunden. Ich versuchte Blickkontakt mit dem älteren herzustellen, aber der war in einen anonymen Stich an der Wand versunken. Ich hob ab.

«Master», sagte Solomon, «es ist was faul im Staate Dänemark.»

«Das ist aber schade», sagte ich, «eben war doch alles noch so frisch und knackig.»

Solomon wollte antworten, aber es klickte und knackte, und ich hatte O'Neals Näselstimme in der Leitung.

«Lang, sind Sie das?»

«'woll», sagte ich.

«Das Mädchen, Lang. Die junge Frau, muß ich wohl sagen. Wissen Sie zufällig, wo die im Moment steckt?»

Ich lachte.

«Sie wollen von mir wissen, wo sie ist?»

«Allerdings. Wir haben Schwierigkeiten, sie ausfindig zu machen.»

Ich warf meinem Verfolger, der immer noch den Stich studierte, einen Blick zu.

«Ich kann Ihnen zu meinem Bedauern nicht helfen, Mr. O'Neal», sagte ich. «Schauen Sie, ich verfüge über kein Personal von 9000 Mann und keinen Etat von zwanzig Millionen Pfund, um Leute aufzuspüren und im Auge zu behalten. Aber wissen Sie was? Versuchen Sie's doch mal bei den Sicherheitsbeamten vom Verteidigungsministerium. Die sollen sich auf so was ganz fabelhaft verstehen.»

Aber er hatte schon aufgelegt, bevor ich das Wort «Ministerium» ganz ausgesprochen hatte.

Ich ließ Paulie die Rechnung begleichen und stieg in einen Bus zum Holland Park. Ich war gespannt darauf, in welchem Zustand O'Neals Büttel meine Wohnung hinterlassen hatten, außerdem war ich neugierig, ob wieder kanadische Waffenhändler mit alttestamentarischen Namen Fühlung mit mir aufgenommen hatten.

Solomons Verfolger stiegen in denselben Bus und schauten aus dem Fenster, als sähen sie London zum ersten Mal.

Als wir uns Notting Hill näherten, sprach ich sie an.

«Sie können ruhig mit mir zusammen aussteigen», meinte ich. «Dann brauchen Sie nicht von der nächsten Haltestelle zurückzurennen.» Der ältere tat unbeteiligt, aber der jüngere grinste. Im Endeffekt stiegen wir alle zusammen aus, sie postierten sich auf der gegenüberliegenden Straßenseite, und ich ging ins Haus.

Auch wenn es mir niemand gesagt hätte, wäre mir aufgefallen, daß die Wohnung durchsucht worden war. Ich hatte nicht erwartet, daß sie die Bettwäsche wechseln oder einmal mit dem Staubsauger durch die Wohnung gehen würden, aber ich fand, sie hätten sie ruhig in besserer Verfassung zurücklassen können. Alle Möbel waren verrückt, meine wenigen Bilder hingen schief, und die falsche Bücherordnung in den Regalen war zum Heulen. Sie hatten sogar eine andere CD aufgelegt. Vielleicht hatten sie auch einfach das Gefühl, Professor Longhair eigne sich besser für die Hausdurchsuchung.

Ich fing gar nicht erst mit dem Aufräumen an, sondern ging in die Küche, setzte Wasser auf und fragte laut: «Tee oder Kaffee?»

Im Schlafzimmer raschelte es leise.

«Oder möchten Sie lieber eine Cola?»

Ich kehrte der Tür den Rücken zu, während sich der Kessel dem Kochen entgegenpfiff, aber ich hörte trotzdem, daß sie an der Küchentür auftauchte. Ich löffelte Kaffee in einen Becher und drehte mich um.

Statt des Morgenrocks aus Seide füllte Sarah Woolf jetzt eine ausgewaschene Jeans und ein dunkelgraues Polohemd. Ihr Haar hatte sie locker zurückgebunden, wofür manche Frauen fünf Sekunden und andere fünf Tage brauchen. Farblich auf das Hemd abgestimmt, hielt sie in der Rechten eine Walther Automatik TPH Kaliber .22.

Die TPH ist ein schnuckeliges Ding. Sie hat einen Geradmasseverschluß, ein sechsschüssiges Kastenmagazin und einen 5,7 Zentimeter langen Lauf. Als Waffe ist sie keinen Pfifferling wert, außer man trifft unter Garantie mit dem ersten Schuß Herz oder Gehirn, denn sonst fällt man dem Menschen, auf den man schießt, bloß auf den Wecker. Die meisten Leute haben selbst mit einer nassen Makrele größere Chancen.

«Mr. Fincham», sagte sie, «verraten Sie mir doch, woher Sie wußten, daß ich hier bin?» Sie klang, wie sie aussah.

«Fleur de Fleurs», sagte ich. «Ich hab's meiner Putzfrau zu Weihnachten geschenkt, aber sie benutzt es nie. Also mußten Sie es sein.»

Sie sah sich mit skeptisch hochgezogenen Augenbrauen in der Wohnung um.

«Sie haben eine Putzfrau?»

«Ja, ich weiß», sagte ich. «Die gute Seele ist nicht mehr die Jüngste. Arthritis. Sie putzt nichts unterhalb der Knie oder oberhalb der Schulter. Ich hab versucht, alles Schmutzige in Hüfthöhe zu bringen, aber Sie wissen ja, wie das ist ...» Ich lächelte. Sie lächelte nicht zurück. «Aber wenn ich auch mal was fragen darf, wie sind Sie eigentlich reingekommen?»

«Die Tür stand offen», sagte sie.

Ich schüttelte empört den Kopf.

«Das nenn ich nun wirklich schludrig. Ich werde mich an meinen Abgeordneten wenden müssen.»

«Wie bitte?»

«Diese Wohnung», sagte ich, «ist heute vormittag von Angehörigen des britischen Geheimdienstes durchsucht worden. Profis, die von meinen Steuergeldern ausgebildet worden und nicht mal imstande sind, die Tür ranzuziehen, wenn sie fertig sind. Finden Sie das vielleicht *geheim*? – Ich hab nur Cola Light; tut die's auch?»

Die Pistole zeigte immer noch grob in meine Richtung, war mir aber nicht zum Kühlschrank gefolgt.

«Was haben die denn gesucht?» Sie starrte aus dem Fenster. So wie sie aussah, hatte sie einen ganz schlechten Tag hinter sich.

«Weiß der Geier», sagte ich. «In der unteren Schrankschublade liegt ein indisches Hemd. Vielleicht fällt das neuerdings unter Landesverrat.»

«Haben sie eine Waffe gefunden?» Sie sah mich noch immer nicht an. Der Kessel sprang aus, und ich goß kochendes Wasser in den Becher.

«Ja, haben Sie.»

«Die Waffe, mit der Sie meinen Vater umbringen wollten.»

Ich drehte mich nicht um. Widmete mich ausschließlich meinem Kaffee.

«Eine solche Waffe gibt es nicht», sagte ich. «Die hier gefundene hat mir jemand untergeschoben, damit es so aussieht, als wollte ich damit Ihren Vater umbringen.»

«Na, das hat ja auch geklappt.» Jetzt sah sie mir in die Augen. Die .22er auch. Aber ich hatte mich schon immer der Kälte meiner Blütigkeit gerühmt, also goß ich Milch in den Kaffee und zündete mir eine Zigarette an. Sie brauste auf.

«Arrogantes Arschloch, was?»

«Das kann ich nicht beurteilen. Meine Mami hat mich immer liebgehabt.»

«Ach ja? Ist das für mich vielleicht ein Grund, Sie nicht über den Haufen zu knallen?»

Ich hatte gehofft, sie würde weder Waffen noch Schüsse erwähnen, denn selbst das britische Verteidigungsministerium kann es sich leisten, eine Wohnung anständig zu verwanzen, aber nachdem sie das Thema einmal aufs Tapet gebracht hatte, konnte ich es schlecht ignorieren.

«Kann ich noch was sagen, bevor Sie das Ding da abdrükken?»

«Nur zu.»

«Wenn ich Ihren Vater mit einer Waffe umbringen wollte, warum hatte ich die dann gestern abend nicht dabei, als ich bei Ihnen war?»

«Hatten Sie ja vielleicht.»

Ich schwieg und trank einen Schluck Kaffee.

«Gut gegeben», sagte ich. «Einverstanden, wenn ich sie gestern abend dabeihatte, warum habe ich sie nicht gegen Rayner eingesetzt, als der mir den Arm brechen wollte?»

«Vielleicht haben Sie's ja versucht. Vielleicht wollte er Ihnen deswegen den Arm brechen.»

Mein lieber Scholli, diese Frau machte mich ganz fertig auf der Bereifung.

«Schon wieder gut gegeben. Dann verraten Sie mir bitte noch ein Letztes: Wer hat Ihnen gesteckt, daß hier eine Waffe gefunden wurde?»

«Die Polizei.»

«Weit gefehlt», sagte ich. «Sie haben sich vielleicht als Polizisten ausgegeben, aber sie waren keine.»

Ich hatte überlegt, sie anzuspringen oder ihr den Kaffee ins Gesicht zu kippen, aber das war gar nicht nötig. Hinter ihr sah ich, wie Solomons Verfolger langsam durchs Wohnzimmer glitten, der ältere hielt sich mit beiden Händen an einem großen Revolver fest, der jüngere grinste nur. Ich beschloß, die Mühlen der Gerechtigkeit ein wenig mahlen zu lassen.

«Es spielt keine Rolle, von wem ich das weiß», sagte Sarah.

«Im Gegenteil, ich finde, das spielt eine große Rolle. Wenn ein Vertreter Ihnen die Vorzüge einer Waschmaschine anpreist, dann ist das eine Sache. Aber wenn der Erzbischof von Canterbury sie nicht nur lobt, sondern dazusagt, daß sie den Schmutz auch bei niedrigen Temperaturen entfernt, dann ist das etwas anderes.»

«Was soll das ...?»

Sie hörte sie, als sie nur noch ein paar Schritte entfernt waren, und als sie herumwirbelte, packte der jüngere ihr Handgelenk und bog es sehr gekonnt nach unten vom Körper weg. Sie schrie auf, und die Waffe fiel ihr aus der Hand.

Ich hob sie auf und reichte sie mit dem Kolben voran dem

älteren Verfolger. Eifrig bemüht zu zeigen, daß ich im Grunde ein braver Junge war, was die Welt bloß nicht einsehen wolle.

Als O'Neal und Solomon ankamen, hatten Sarah und ich es uns auf dem Sofa bequem gemacht, die beiden Verfolger spielten Gruppenbild mit Tür, und keinem von uns war nach Konversation zumute. Als dann auch noch O'Neal hin und her sauste, kam mir die Wohnung plötzlich brechend voll vor. Ich bot an, etwas Kuchen zu besorgen, aber O'Neal warf mir seinen grimmigsten «Die Verteidigung des Abendlandes ruht auf meinen Schultern»-Blick zu, also verstummten wir alle und begutachteten unsere Fingernägel.

Nach einer geflüsterten Unterhaltung mit den Verfolgern, die sich daraufhin stillschweigend zurückzogen, schritt O'Neal hierhin und dorthin, besah sich Gegenstände und kräuselte darob die Lippen. Es war überdeutlich, daß er auf etwas wartete, und dieses Etwas befand sich nicht im Zimmer und würde auch nicht zur Tür hereinschreiten, also stand ich auf und ging zum Telefon. Als ich es erreichte, klingelte es. Manchmal ist das Leben eben so.

Ich nahm ab.

«Graduiertenkolleg», sagte eine rauhe Amerikanerstimme.

«Wer spricht bitte?»

«Sind Sie's, O'Neal?» Die Stimme klang leicht verärgert. Man hätte den Mann nur ungern gebeten, einem den Zucker rüberzuschieben.

«Nein, aber O'Neal steht neben mir», sagte ich. «Wer spricht da bitte?»

«Verdammt noch mal, geben Sie mir O'Neal, klar?» sagte die Stimme. Ich drehte mich um und sah, daß O'Neal mit ausgestreckter Hand auf mich zukam.

«Lernen Sie erst mal Manieren», sagte ich und legte auf.

Nach kurzer Totenstille passierte alles auf einmal. Solomon führte mich zum Sofa zurück, nicht direkt grob, aber auch nicht direkt sanft. O'Neal schrie die Verfolger an, die Verfolger schrien sich gegenseitig an, und das Telefon klingelte erneut.

O'Neal schnappte sich den Hörer, fing sofort an mit der Schnur herumzufummeln, scheiterte aber kläglicher als bei den ersten Versuchen, meisterhafte Selbstbeherrschung auszustrahlen. In seiner Welt gab es offenbar sehr viel kleinere Fische als den rauhen Amerikaner am anderen Ende der Leitung.

Solomon schubste mich wieder neben Sarah, die angewidert von mir abrückte. Es ist schon allerhand, in den eigenen vier Wänden von so vielen Menschen gehaßt zu werden.

O'Neal nickte und jahte eine gute Minute lang, dann legte er bedächtig den Hörer auf.

«Miss Woolf», sagte er so höflich er konnte, «Sie sollen sich schnellstmöglich bei einem Mr. Russell Barnes in der amerikanischen Botschaft einfinden. Einer der Herren hier wird Sie fahren.» Er sah beiseite, als erwartete er, sie würde sofort aufspringen und verschwinden. Sarah tat nichts dergleichen.

«Meinetwegen können Sie sich einen Deckenfluter achtkantig in den Arsch rammen», sagte sie.

Ich lachte.

Zufälligerweise lachte sonst keiner, und O'Neal feuerte einen seiner immer berühmteren Blicke auf mich ab. Aber Sarah funkelte ihn immer noch biestig an.

«Ich will wissen, was mit diesem Kerl hier geschieht», sagte sie. Ihr Kopf wies ruckartig in meine Richtung, also hörte ich lieber auf zu lachen.

«Um Mr. Lang werden wir uns kümmern, Miss Woolf», sagte O'Neal. «Sie haben eine Verpflichtung Ihrem Außenministerium gegenüber, also ...»

«Sie sind nicht von der Polizei, stimmt's?» sagte sie. O'Neal blickte sie unbehaglich an.

«Nein, wir sind nicht von der Polizei», sagte er vorsichtig.

«Nun, ich verlange, daß die Polizei herkommt und diesen Mann hier wegen versuchten Mordes verhaftet. Er wollte meinen Vater umbringen, und allem Anschein nach wird er es wieder versuchen.»

O'Neal sah erst sie an, dann mich, schließlich Solomon. Er schien Hilfe von uns zu erwarten, aber ich glaube, er bekam keine.

«Miss Woolf, man hat mich befugt, Sie darüber in Kenntnis zu setzen ...»

Er stockte, als könnte er sich nicht mehr erinnern, ob er wirklich befugt worden war, und wenn ja, ob es dem Fuger Ernst gewesen war. Er rümpfte kurz die Nase und entschied sich dann weiterzumachen.

«Man hat mich befugt, Sie darüber in Kenntnis zu setzen, daß Ihr Vater zum gegenwärtigen Zeitpunkt Gegenstand einer Ermittlung von Regierungsbehörden der Vereinigten Staaten ist, denen meine Abteilung im Verteidigungsministerium zur Seite steht.» Das schepperte zu Boden, und wir saßen alle bloß da. O'Neal sah mich an. «Es liegt im Ermessen dieser beiden Institutionen, ob wir Mr. Lang verhaften oder nicht vielmehr andere Maßnahmen ergreifen, die die Aktivitäten Ihres Vaters betreffen.»

Ich bin kein großer Menschenkenner, aber selbst ich sah Sarah an, daß das ein ziemlicher Schock für sie war. Ihr Gesicht wurde erst aschfahl und dann kalkweiß.

«Was für Aktivitäten?» fragte sie. «Was für eine Ermittlung?»

Ihre Stimme klang unnatürlich. O'Neal schien sich in seiner Haut nicht besonders wohl zu fühlen, und ich wußte, daß er Angst hatte, sie könnte in Tränen ausbrechen.

Schließlich sagte er: «Wir verdächtigen Ihren Vater der Einfuhr illegaler Betäubungsmittel nach Europa und Nordamerika.»

Im Zimmer hätte man eine Stecknadel fallen hören können, und alle sahen Sarah an. O'Neal räusperte sich.

«Ihr Vater ist ein Drogenhändler, Miss Woolf.»

Jetzt war sie mit Lachen an der Reihe.

4

Hier lauert im Gras kaltschlüpfrig die Schlange!
Vergil

Wenn's am schönsten ist, soll man bekanntlich aufhören, aber auch das Häßliche hat irgendwann ein Ende. Die geklonten Solomons rasten mit Sarah in einem der Rover zum Grosvenor Square, und O'Neal bestellte sich ein Taxi, das aber so lange brauchte, daß er sich noch ausgiebig über meine Einrichtung mokieren konnte. Der echte Solomon blieb, um die Becher abzuwaschen, und schlug dann vor, wir sollten uns doch ins Freie begeben und uns etliche warme, nahrhafte Biere einverleiben.

Es war erst halb sechs, aber die Pubs ächzten bereits unter Unmengen junger Männer mit Schlips und Kragen sowie schiefen Schnurrbärten, die über Gott und die Welt schwadronierten. Im Salon des Schwan mit den zwei Hälsen konnten wir einen Tisch ergattern, und Solomon machte ein Riesenschauspiel daraus, in den Hosentaschen nach Kleingeld zu suchen. Ich meinte, er solle es als Spesen deklarieren, und er meinte, ich solle von den 30 000 Pfund bezahlen. Wir warfen eine Münze, und ich verlor.

«Ich bin Euch zu Dank verpflichtet, Master.»

«Cheers, David.» Wir nahmen beide einen langen Zug, und ich zündete mir eine Zigarette an.

Ich erwartete, daß Solomon mit einer Bemerkung zu den Ereignissen der letzten vierundzwanzig Stunden den Anpfiff geben würde, aber ihm schien es vollkommen zu genügen, einfach dazusitzen und zuzuhören, wie sich eine Gruppe von Immobilienmaklern am Nebentisch über Autoalarmanlagen ausließ. Er schaffte es, mir das Gefühl zu geben, der Pubbesuch wäre meine Idee gewesen, und das paßte mir ganz und gar nicht.

«David.»

«Sir.»

«Sind wir dienstlich hier?»

«Dienstlich?»

«Du solltest mit mir einen trinken gehen, stimmt's? Mir auf die Schulter klopfen, mich betrunken machen und herausfinden, ob ich mit Princess Margaret schlafe.»

Es verdroß Solomon zu hören, daß ich den Namen der Royal Family unnützlich führte, und genau das war meine Absicht gewesen.

«Ich soll Euch auf den Fersen bleiben, Sir», sagte er schließlich. «Und ich finde, das macht mehr Spaß, wenn wir am selben Tisch sitzen, das ist alles.» Anscheinend glaubte er, meine Frage wäre damit beantwortet.

«Was ist hier eigentlich los?» fragte ich.

«Los?»

«David, wenn du hier nur Glubschaugen machst und alles nachplapperst, was ich sage, als hättest du dein ganzes Leben in einer Puppenstube gehockt, dann wird das ein ziemlich langweiliger Abend.»

Pause.

«Ziemlich langweiliger Abend?»

«Ach, halt den Rand. Du kennst mich doch, David.»

«Es ist dies in der Tat mein Privileg.»

«Ich war wirklich schon in den verschiedensten Branchen tätig, aber ein Meuchelmörder bin ich nun definitiv nicht.»

«Lange Erfahrung auf diesem Gebiet», er trank noch einen großen Schluck Bier und leckte sich die Lippen, «hat in mir die Erkenntnis reifen lassen, daß niemand definitiv ein Meuchelmörder ist, bis er dann einer wird, Master.»

Ich sah ihn einen Augenblick lang an.

«Ich werde jetzt unflätig, David.»

«Wie es Euch beliebt, Sir.»

«Was zum Teufel soll denn das nun wieder heißen?»

Die Immobilienmakler hatten inzwischen das Thema weibliche Brüste entdeckt, das ihnen reichlich Stoff zur Erheiterung bot. Ich hörte ihnen zu und hatte das Gefühl, hundertvierzig Jahre alt zu sein.

«Es ist genauso wie bei Hundehaltern», sagte Solomon. «‹Mein Hundchen tut niemandem weh›, beteuern sie. Und eines Tages sagen sie dann plötzlich: ‹Also das hat er ja noch nie gemacht.›» Er sah mich an und merkte, daß ich die Stirn runzelte. «Ich meine, nach meinem Dafürhalten kennt im Grunde niemand einen anderen Menschen. Einen Menschen oder einen Hund. Jedenfalls nicht in- und auswendig.»

Ich knallte mein Glas auf den Tisch.

«‹Nach meinem Dafürhalten kennt im Grunde niemand einen anderen Menschen›? Das nenn ich philosophisch. Du willst mir also erzählen, daß du nicht weißt, ob ich imstande bin, für schnöden Mammon einen Mann umzubringen, obwohl wir zwei Jahre praktisch als siamesische Zwillinge verbracht haben?» Ich gebe zu, daß mich das ein wenig aufregte. Und ich bin kein Mensch, der sich schnell aufregt.

«Glaubt Ihr, ich könnte?» fragte Solomon. Das vergnügte Lächeln umspielte noch immer seine Lippen.

«Ob ich glaube, daß du für Geld einen Mann umbringen könntest? Nein, das glaube ich nicht.»

«Seid Ihr Euch sicher?»

«Ja.»

«Dann seid Ihr ein Trottel, Sir. Ich habe einen Mann und zwei Frauen umgebracht.»

Das war mir bekannt. Ich wußte auch, wie sehr es ihn belastete.

«Aber nicht für Geld», sagte ich. «Es war kein Auftragsmord.»

«Ich bin ein Diener Ihrer Majestät, Master. Die Regierung zahlt meine Hypothek ab. Ihr könnt es von allen möglichen

Seiten betrachten, und glaubt mir, ich habe es von allen möglichen Seiten betrachtet: Der Tod dieser drei Menschen hat mir etwas zu beißen verschafft. Noch ein Bier?»

Bevor ich etwas sagen konnte, war er schon mit unseren Gläsern zur Bar unterwegs.

Während ich ihm nachsah, wie er sich den Weg durch die Immobilienmakler bahnte, dachte ich an die Räuber-und-Gendarm-Spiele zurück, die Solomon und ich in Belfast gespielt hatten.

Glückliche Tage, über etliche elende Monate verstreut.

1986 war Solomon mit einem Dutzend anderer Beamter vom Metropolitan Police Special Branch eingezogen worden, um die Reihen der kurzfristig unter die Räder gekommenen Royal Ulster Constabulary aufzufüllen. Nach kurzer Zeit stellte sich heraus, daß er der einzige in der Gruppe war, dessen Flugticket sich gelohnt hatte, und am Ende seiner Dienstzeit war er von nordirischer Seite, die sehr schwer zufriedenzustellen ist, gebeten worden, im Land zu bleiben und den paramilitärischen Loyalisten zur Hand zu gehen. Er hatte eingewilligt.

Einen knappen Kilometer weiter diente ich in ein paar Zimmern über der Freedom Travel Agency den Rest meiner acht Armeejahre ab. Man hatte mich der schneidig so betitelten GR 24 zugeordnet, einer der zahllosen Abteilungen des militärischen Abschirmdienstes, die damals – und wahrscheinlich heute noch – in Nordirland miteinander wetteiferten. Da meine Offizierskollegen fast ausnahmslos mit Eton-Vergangenheit aufwarteten, im Büro Krawatten trugen und am Wochenende zu Moorhuhnjagden nach Schottland flogen, verbrachte ich allmählich immer mehr Zeit mit Solomon, den größten Teil davon wartend in Autos mit kaputten Heizungen.

Alle Jubeljahre stiegen wir aus und machten uns nützlich, und in unseren gemeinsamen neun Monaten erlebte ich Solomon bei einer Reihe beispielloser Bravourstücke. Sie mochten drei Menschenleben gekostet haben, aber Dutzende andere, darunter meines, hatten sie gerettet.

Die Immobilienmakler feixten über seinen braunen Regenmantel.

«Woolf ist eine miese Type, wißt Ihr», sagte er.

Wir waren beim dritten Bier angelangt, und Solomon hatte den obersten Knopf geöffnet. Hätt ich auch gemacht, wenn ich einen gehabt hätte. Der Pub hatte sich inzwischen geleert, und die Leute waren ins Kino oder nach Hause zu ihren Frauen verschwunden. Ich zündete mir die zuvielte Zigarette des Tages an.

«Wegen der Drogen?»

«Wegen der Drogen.»

«Sonst nichts?»

«Ist das nicht schlimm genug?»

«Äh, nein.» Ich sah Solomon an. «Es muß doch mehr dahinterstecken, wenn sich nicht das Rauschgiftdezernat darum kümmert. Was hat deine Abteilung mit ihm zu schaffen? Oder herrscht bei euch einfach Sauregurkenzeit, so daß ihr euch unters gemeine Volk mischen müßt?»

«Ihr habt kein Wort von mir gehört, klar?»

«Aber nie doch.»

Solomon stockte, wog bedächtig seine Worte ab und fand einige davon offenbar ziemlich gewichtig.

«Ein stinkend reicher Mann, ein Industrieller, kommt nach Britannien und sagt, er wolle hier investieren. Im Wirtschaftsministerium reicht man ihm ein Glas Sherry und ein paar Hochglanzbroschüren, und er krempelt die Arme hoch. Erzählt, er wolle diverse Metall- und Plastikwaren produzieren, und ob man was dagegen habe, wenn er in Schottland und Nordostengland ein halbes Dutzend Fabriken hochziehe. In der Handelskammer kippen ein paar Leute vor Begeisterung hintenüber und bieten ihm zweihundert Millionen an Subventionen sowie eine Anliegerparkerlaubnis in Chelsea. Ich weiß nicht genau, was davon mehr wert ist.»

Solomon trank einen Schluck Bier und wischte sich mit dem Handrücken den Mund ab. Er redete sich zunehmend in Rage.

«Einige Zeit vergeht. Der Scheck wird eingelöst, die Fabriken werden gebaut, und in Whitehall klingelt ein Telefon. Ferngespräch aus Washington, D.C. Ob wir wüßten, daß ein reicher Industrieller, der Plastikkram herstelle, überdies im großen Stil mit Opium aus Asien handele? Ach du liebes Lottchen, nein, wüßten wir nicht, herzlichen Dank, daß Sie Bescheid sagen, und grüßen Sie doch bitte Frau und Kinder. Panik. Reicher Industrieller sitzt inzwischen auf einem großen Sack von unserm Geld und hält dreitausend britische Staatsbürger in Lohn und Brot.»

An dieser Stelle schien Solomon die Energie auszugehen, als wäre es zuviel gewesen, seinen Zorn zu beherrschen. Aber ich konnte mich nicht zurückhalten.

«Und?»

«Ein Komitee aus nicht gerade weisen Männern und Frauen steckt die fetten Köpfe zusammen und bekakelt mögliche Strategien. Auf der Liste stehen schließlich Nichtstun, Nichtstun, Nichtstun und ein Notruf mit der Nummer der Firma Horch und Guck. Sicher sind sie nur, daß der letzte Plan ihnen gar nicht schmeckt.»

«Und O'Neal ...?»

«O'Neal bekommt den Job. Observation. Abwehr. Schadensbegrenzung, nennt das vermaledeite Ding, wie Ihr wollt.» Für Solomon fiel «vermaledeit» schon unter Fluchen. «Selbstverständlich hat nichts davon auch nur entfernt mit Alexander Woolf zu tun.»

«Selbstverständlich nicht», sagte ich. «Wo steckt Woolf im Moment?»

Solomon sah auf die Uhr.

«Im Moment sitzt er auf Platz 6C an Bord einer Boeing

747 der British Airways aus Washington nach London. Wenn er Geschmack hat, wählt er das *Beef Wellington*. Er könnte Fisch bevorzugen, aber ich kann es mir nicht recht vorstellen.»

«Und der Film?»

«*Während du schliefst.*»

«Ich bin beeindruckt», sagte ich.

«Gott steckt im Detail, Master. Bloß weil der Job schlecht ist, muß ich ihn noch lange nicht schlecht erledigen.»

Schweigend und entspannt schlürften wir Bier vor uns hin. Aber ich konnte mich noch immer nicht bremsen.

«David?»

«Ich stehe zu Eurer Verfügung, Master.»

«Würde es dir etwas ausmachen, mir zu verklickern, was das Ganze mit mir zu tun hat?» Er sah mich an, als wollte er sagen: «Das müßtest du doch am allerbesten wissen», also ließ ich ihn gar nicht erst zu Wort kommen. «Ich meine, wer will seinen Tod, und warum soll es so aussehen, als ob ich der Mörder wäre?»

Solomon leerte sein Glas.

«Warum weiß ich nicht», sagte er. «Was das ‹Wer› angeht, so haben wir den CIA im Verdacht.»

In der Nacht wälzte ich mich ein bißchen hin, warf mich ein bißchen her und stand zweimal auf, um meinem steuerlich absetzbaren Diktaphon idiotische Monologe über den Spielstand zu halten. Bei der Angelegenheit gab es so manches, was mir nicht aus dem Kopf ging, manches, was mir angst machte, aber hauptsächlich ging mir Sarah Woolf durch den Kopf und wollte absolut nicht stillsitzen.

Ich war nicht in sie verknallt, verstehen Sie mich nicht falsch. Wie denn auch? Schließlich hatte ich nur wenige Stunden in ihrer Gesellschaft verbracht und keine davon unter sonderlich angenehmen Begleitumständen. Nein, ich war definitiv nicht in sie verknallt. Dafür braucht man schon

68

mehr als ein Paar leuchtendgraue Augen und eine lockige, dunkelbraune Mähne.

Heiliger Strohsack.

Um neun Uhr am nächsten Morgen band ich mir die Garrick-Krawatte um, streifte den knopfarmen Blazer über, und um halb zehn klingelte ich bei der Auskunftsstelle der National Westminster Bank am Swiss Cottage. Ich hatte mir keinen genauen Plan zurechtgelegt, dachte aber, es könnte meine Kampfmoral stärken, wenn ich meinem Bankmanager zum ersten Mal in zehn Jahren ins Auge sah, selbst wenn das Geld auf meinem Konto nicht mir gehörte.

Man führte mich in ein Wartezimmer vor dem Büro des Managers und reichte mir einen Plastikbecher mit Plastikkaffee, der viel zu heiß zum Trinken war und eine Hundertstelsekunde später viel zu kalt. Ich wollte ihn gerade hinter einem Gummibaum entsorgen, als ein neunjähriger Rotschopf seinen Kopf aus der Tür streckte, mich in sein Zimmer bat und sich als Graham Halkerston, Filialleiter, vorstellte.

«Was kann ich für Sie tun, Mr. Lang?» fragte er und ließ sich hinter einem jungen Rotschopfschreibtisch nieder.

Ich warf mich im Stuhl ihm gegenüber in Geschäftspositur (oder was ich dafür hielt) und strich meine Krawatte glatt.

«Nun, Mr. Halkerston», sagte ich, «ich komme wegen einer Geldsumme, die unlängst auf meinem Konto eingegangen ist.»

Er sah auf einen Computerausdruck vor sich auf dem Schreibtisch.

«Darf ich annehmen, daß es sich dabei um eine Überweisung vom 7. April handelt?»

«7. April», wiederholte ich langsam und versuchte, die Summe nicht mit den anderen Zahlungseingängen über 30 000 Pfund zu verwechseln, die ich im April verbucht hatte. «Ja», sagte ich, «das muß sie sein.»

Er nickte. «29 411 Pfund und 76 Pence. Möchten Sie das Geld transferieren, Mr. Lang? Wir hätten da verschiedene hochverzinsliche Festgeldkonten anzubieten, die alle Ihre Wünsche befriedigen müßten.»

«Meine Wünsche?»

«Ja. Jederzeit kündbar, wachsende Zinsen, Sechzigtage-bonus, ganz wie Sie wünschen.»

Es hörte sich merkwürdig an, wenn ein Mensch aus Fleisch und Blut solche Worte in den Mund nahm. Bisher hatte ich sie nur auf Reklametafeln gesehen.

«Großartig», sagte ich. «Ganz großartig. Gegenwärtig, Mr. Halkerston, wünsche ich lediglich, daß Sie dieses Geld in einem Zimmer mit einem anständigen Schloß vor der Tür aufbewahren.» Er starrte mich mit leerem Gesicht an. «Mich interessiert vielmehr der Ursprung dieser Überweisung.» Das leere Gesicht wich einer totalen Mattscheibe. «Wer hat mir dieses Geld gegeben, Mr. Halkerston?»

Es war ihm anzusehen, daß unerbetene Spenden im Bank-wesen nicht eben alltäglich waren, und erst nach weiteren Momenten der Leere, gefolgt von Papiergeraschel, stand Halkerston wieder am Netz.

«Die Einzahlung erfolgte in bar», sagte er. «Infolgedessen habe ich keine Unterlagen darüber, wo das Geld herstammt. Wenn Sie sich jedoch einen Augenblick gedulden mögen, kann ich Ihnen eine Kopie des Einzahlungsbelegs beschaf-fen.» Er drückte auf einen Knopf der Sprechanlage und bat nach Ginny, die dann auch brav mit einem Aktendeckel her-einzockelte. Während Halkerston darin blätterte, fragte ich mich, wie Ginny es unter dem Gewicht der über ihr Gesicht verteilten Schminke schaffte, den Kopf geradezuhalten. Dar-unter sah sie vielleicht ganz hübsch aus. Aber vielleicht war sie auch Dirk Bogarde. Ich werde es nie erfahren.

«Da haben wir's», sagte Halkerston. «Das Feld des Auf-traggebers ist frei gelassen worden, aber da steht seine Un-terschrift. Offer. Vielleicht auch Offee. T. Offee, genau.»

Paulies Kanzlei lag in Middle Temple, und ich erinnerte mich dunkel, daß er mir mal erklärt hatte, das liege in der Nähe der Fleet Street, und mit einem schwarzen Taxi fand ich schließlich dorthin. Normalerweise reise ich nicht so aufwendig, aber als ich schon mal in der Bank war, dachte ich, es könnte doch kaum schaden, wenn ich ein paar hundert Pfund meiner Silberlinge als Spesen verballerte.

Paulie selbst war im Gericht bei einem Fall von Unfallflucht und spielte wieder einmal den Bremsklotz an den Mühlen der Gerechtigkeit, deswegen bekam ich keinen Sonderzutritt zur Kanzlei von Milton Crowley Spencer. Statt dessen mußte ich mich der Befragung durch einen Angestellten unterziehen, welcher Beschaffenheit mein «Problem» sei, und als er damit fertig war, fühlte ich mich schlimmer als je zuvor in einer Klinik für Geschlechtskrankheiten.

Nicht daß ich viele Kliniken für Geschlechtskrankheiten von innen gesehen hätte.

Nachdem ich diese Präliminarien hinter mich gebracht hatte, durfte ich in einem Wartezimmer Däumchen drehen, in dem alte Ausgaben von ‹Expressions› auslagen, der Zeitschrift für Inhaber von American-Express-Karten. Ich vertrieb mir also die Zeit mit der Lektüre von Artikeln über Maßhosenschneider in der Jermyn Street, Strumpfwirker in Northampton und Hutzüchter in Panama, wie groß Kerry Packers Chancen waren, in diesem Jahr die Veuve-Clicquot-Polomeisterschaft auf Smith's Lawn zu gewinnen, und frischte überhaupt mein Wissen über all die großen Begebenheiten hinter den Kulissen der Nachrichten auf, bis der Angestellte zurückkam und mir seine keck hochgezogenen Augenbrauen zukommen ließ.

Ich wurde in ein großes, eichengetäfeltes Zimmer geführt, das an drei Wänden Regale mit Elizabeth Regina gegen den Rest der Welt beherbergte und an der vierten eine Reihe von hölzernen Aktenschränken. Auf dem Schreibtisch stand ein Foto von drei Teenagern, die aussahen, als wären sie per Katalog bestellt worden, und daneben ein signiertes Bild von Denis Thatcher. Ich hatte die eigentümliche Tatsache noch nicht ganz verdaut, daß beide Fotos vom Tisch wegzeigten, als sich eine Verbindungstür öffnete und ich mich plötzlich in Spencers Gegenwart befand.

Und was für eine Gegenwart das war. Er war eine vergrößerte Ausgabe von Rex Harrison, hatte graumeliertes Haar, trug eine Lesebrille und ein Hemd, das so strahlend leuchtete, daß es direkt ans Stromnetz angeschlossen sein mußte. Ich sah gar nicht, wie er die Stoppuhr in Gang setzte, als er Platz nahm.

«Tut mir leid, daß ich Sie habe warten lassen, Mr. Fincham. Bitte nehmen Sie doch Platz.»

Er machte eine ausladende Gebärde durchs Zimmer, als sollte ich mir einen Stuhl aussuchen, aber es gab nur einen. Ich setzte mich und sprang wie von der Tarantel gestochen wieder hoch, als der Stuhl den Klageschrei knarzenden, splitternden Holzes ausstieß. Es war so laut und klang so gequält, daß ich mir vorstellte, wie die Leute unten auf der Straße stehenblieben, zu Spencers Fenster hochsahen und überlegten, ob sie einen Bobby rufen sollten. Spencer schien es gar nicht zu registrieren.

«Kann mich gar nicht erinnern, Sie im Club gesehen zu haben», sagte er und lächelte kostspielig.

Unter neuem Aufbrüllen des Stuhls setzte ich mich wieder und versuchte eine Haltung zu finden, die über dem schreienden Holz ein halbwegs vernehmliches Gespräch erlaubte.

«Club?» fragte ich und sah an mir hinab, als er auf meine Krawatte deutete. «Ach, Sie meinen den Garrick?»

Er nickte, immer noch lächelnd.

«Nun ja», sagte ich, «ich komme nicht mehr so oft in die Stadt, wie ich gern würde.» Ich machte eine Geste, die ein paar tausend Morgen in Wiltshire und haufenweise Labradore andeutete. Er nickte, als könnte er sich den Landsitz nur zu gut vorstellen und hätte Lust, zur Jause vorbeizuschauen, wenn er mal wieder in der Gegend wäre.

«Alsdann», sagte er, «was kann ich für Sie tun?»

«Nun, es handelt sich um eine ziemlich delikate ...», begann ich.

Er unterbrach mich aalglatt: «Mr. Fincham, sobald der Tag anbricht, an dem ein Klient oder eine Klientin an mich herantritt und sagt, die Angelegenheit, in der er oder sie mich um Rat ersuche, sei nicht delikat, hänge ich meine Perücke an den Nagel.» Seinem Gesichtsausdruck entnahm ich, daß das als Bonmot aufzufassen war. Mir fiel dazu nur ein, daß es mich wahrscheinlich dreißig Pfund gekostet hatte.

«Na, da bin ich ja beruhigt», sagte ich und nahm den Witz als solchen zur Kenntnis. Wir lächelten uns gemütlich an. «Tatsache ist», nahm ich den Faden wieder auf, «daß ein Freund mir neulich erzählt hat, Sie seien überaus behilflich gewesen, ihm einige Menschen mit außergewöhnlichen Fähigkeiten vorzustellen.»

Die kurze Pause kam nicht ganz unerwartet.

«Verstehe», sagte Spencer. Sein Lächeln verblaßte etwas, er nahm die Brille ab und hob das Kinn um fünf Grad. «Dürfte ich wohl den Namen dieses Freundes erfahren?»

«Im Moment würde ich ihn gern für mich behalten. Er sagte, er habe ... eine Art Leibwächter gebraucht, jemanden, der bereit und imstande sei, ziemlich unkonventionelle Aufträge auszuführen, und Sie hätten ihn mit einigen Namen versehen können.»

Spencer lehnte sich in seinem Sessel zurück und musterte mich. Von Kopf bis Fuß. Mir war klar, daß das Gespräch im Grunde schon vorbei war und er nur noch nach der elegantesten Methode suchte, mich loszuwerden. Nach einer Weile holte er durch die wie in Mamor gemeißelte Nase langsam Luft.

«Womöglich», sagte er, «haben Sie die von uns angebotenen Leistungen mißverstanden, Mr. Fincham. Wir sind eine Anwaltskanzlei. Advokaten. Wir plädieren die Rechtsstreitigkeiten vor Gericht. Das ist unsere Funktion. Wir sind keine Stellenvermittlung, und ich glaube, daß sich an diesem Punkt ein Mißverständnis eingeschlichen hat. Wenn wir Ihrem Freund behilflich sein konnten, so soll es mich freuen. Aber ich hoffe und glaube, daß es mehr mit der von uns angebotenen Rechtsberatung zu tun hatte als mit etwaigen Empfehlungen bezüglich der Einstellung von Personal.» In seinem Mund hatte «Personal» einen ziemlich häßlichen Unterton. «Wäre es nicht einfacher für Sie, Ihren Freund zu kontaktieren, um an die von Ihnen benötigten Informationen zu gelangen?»

«Genau da liegt der Hase im Pfeffer», sagte ich. «Mein Freund ist verreist.»

Es entstand wieder eine Pause, und Spencer zwinkerte langsam. Ein langsames Zwinkern kann merkwürdig beleidigend wirken. Ich muß das wissen, denn ich setzte es selbst ein.

«Sie können gern vom Sekretariat aus telefonieren.»

«Er hat mir keine Nummer dagelassen.»

«Es tut mir leid, Mr. Fincham, aber dann stecken Sie wohl in Schwierigkeiten. Wenn Sie mich jetzt bitte entschuldigen würden ...» Er schob sich die Brille wieder auf die Nase und vertiefte sich in einige Papiere vor sich auf dem Schreibtisch.

«Mein Freund suchte jemanden», sagte ich, «der einen Mord begehen sollte.»

Runter mit der Brille, hoch mit dem Kinn.

«Also wirklich!»

Lange Pause.

«Also wirklich», wiederholte er, «da dies an und für sich bereits eine gesetzwidrige Tat wäre, ist es äußerst unwahrscheinlich, daß er von einem Angestellten dieser Kanzlei auch nur die geringste Unterstützung erhalten hätte, Mr. Fincham ...»

«Er versicherte mir, Sie seien äußerst entgegenkommend gewesen . . .»

«Mr. Fincham, ich möchte offen mit Ihnen sprechen.» Die Stimme war ein ganzes Stück härter geworden, und ich merkte, daß es Spaß machen mußte, Spencer vor Gericht zu erleben. «Ich hege zunehmend den Verdacht, daß Sie hier die Rolle des *agent provocateur* übernommen haben.» Sein Französisch war selbstsicher und makellos. Ach klar, er hatte natürlich eine Villa in der Provence. «Ich weiß nicht, aus welchem Grund», fuhr er fort, «aber es interessiert mich auch nicht übermäßig. Ich weigere mich indes, Ihnen weitere Auskünfte zu erteilen.»

«Oder nur in Gegenwart Ihres Anwalts.»

«Schönen Tag noch, Mr. Fincham.» Brille rauf.

«Mein Freund erzählte mir des weiteren, Sie hätten sogar die Bezahlung seines neuen Angestellten arrangiert.»

Keine Antwort. Ich wußte, daß ich von Mr. Spencer keine Antworten mehr erwarten konnte, aber ich hatte noch keine Lust aufzuhören.

«Mein Freund erzählte auch, Sie hätten das Einzahlungsformular höchstpersönlich unterzeichnet», sagte ich. «Handschriftlich.»

«Ich habe es satt zu hören, was Ihr Freund Ihnen alles erzählt hat, Mr. Fincham. Wie gesagt, schönen Tag noch.»

Ich stand auf und ging zur Tür. Der Stuhl kreischte erleichtert auf.

«Stehen Sie noch zu dem Angebot, Ihr Telefon benutzen zu dürfen?»

Er sah nicht einmal hoch. «Die Kosten des Telefonats werden auf das Honorar aufgeschlagen.»

«Honorar wofür?» fragte ich. «Sie haben mir nicht geholfen.»

«Ich habe Ihnen meine Zeit gewidmet, Mr. Fincham. Wenn Sie sie nicht zu nutzen wissen, haben Sie sich das selbst zuzuschreiben.»

Ich öffnete die Tür.

«Nun, ich danke Ihnen jedenfalls, Mr. Spencer. Ach, übrigens . . .» Ich wartete, bis er hochsah. «Im Garrick gibt es ein häßliches Gerücht, daß Sie beim Bridge schummeln. Ich hab den Jungs gesagt, das sei alles Mumpitz und dummes Zeug, aber Sie wissen ja, wie das ist. Die denken sich halt ihr Teil. Ich dachte, das sollten Sie wissen.»

Billig. Aber was Besseres fiel mir auf die Schnelle nicht ein.

Der Angestellte spürte, daß ich keine große Persona grata war, und warnte mich mürrisch, ich könne im Laufe der nächsten Tage mit ihrer Honorarforderung rechnen.

Ich dankte ihm für seine Güte und wandte mich zum Treppenhaus. Dabei fiel mir auf, daß sich inzwischen jemand anderes auf meinen Trampelpfad durch die alten Ausgaben von ‹Expressions› begeben hatte, der Zeitschrift für Inhaber von American-Express-Karten.

Kleine Schmerbäuche in grauen Anzügen: eine Riesengruppe.

Kleine Schmerbäuche in grauen Anzügen, die ich in einer Amsterdamer Hotelbar an den Eiern gepackt hatte: eine sehr kleine Gruppe.

Winzig, um genau zu sein.

5

Nimm einen Strohhalm und wirf ihn in die Luft,
Daran sollst du erkennen, woher der Wind weht.
John Selden

Jemanden zu verfolgen, ohne daß er es merkt, ist keineswegs der Pipifax, nach dem es im Kino immer aussieht. Ich hatte ein kleines bißchen Erfahrung als Profi-Verfolger und ein großes bißchen Erfahrung mit dem Profi-Zurückkommen ins Büro und der Auskunft «Wir haben ihn verloren». Solange Ihr Ziel nicht doof, tunnelsichtig und fußlahm ist, brauchen Sie mindestens zwölf Männer und eine Funkausrüstung im Gegenwert von 15 000 Pfund, um das anständig über die Bühne zu bringen.

Das Problem bei McCluskey war, daß er, im Jargon gesprochen, ein Spieler war – ein Mann, der weiß, daß er jederzeit verfolgt werden kann, und über gewisse Vorkenntnisse in puncto Gegenmaßnahmen verfügt. Ich durfte nicht riskieren, ihm zu nahe zu kommen, und das ließ sich nur mit Rennen umgehen; auf den geraden Strecken zurückbleiben, volle Pulle aufdrehen, sobald er um eine Ecke bog, aber rechtzeitig stehenbleiben für den Fall, daß er kehrtmachte. Eine Profi-Einheit hätte natürlich von alldem abgeraten, weil man dabei die Gefahr außer acht läßt, daß er jemanden hat, der ihm den Rücken deckt und dem so ein sprintender, schlurfender, schaufensterbummelnder Veitstänzer nach einer gewissen Zeit auffällt.

Der erste Abschnitt war kinderleicht. McCluskey watschelte die Fleet Street runter und dann die Strand weiter, am Savoy überquerte er die Straße und ging in Richtung Norden zum Covent Garden. Dort bummelte er an den Myriaden nutzloser Lädchen vorbei und schaute fünf Minuten lang einem Jongleur vor der Actors Church zu. Erfrischt marschierte er anschließend in flottem Tempo in Richtung St. Martin's Lane, ging zum Leicester Square weiter und täuschte plötzlich an, indem er nach Süden zum Trafalgar Square abbog.

Als wir unten in der Haymarket angekommen waren, troff mir der Schweiß aus allen Poren, und ich hoffte inständig, er würde sich endlich ein Taxi nehmen. Das tat er aber erst in der Lower Regent Street, und ich brauchte qualvolle zwanzig Sekunden, bis ich ein anderes fand.

Ja, natürlich war es ein anderes. Selbst ein blutiger Laie im Verfolgen weiß, daß man nicht in dasselbe Taxi steigt wie der Verfolgte.

Ich ließ mich auf den Sitz fallen und rief dem Fahrer zu: «Folgen Sie dem Taxi dort» und merkte dann erst, wie komisch das im richtigen Leben klingt. Für den Fahrer war das anscheinend ganz alltäglich.

«Sagen Sie», meinte er, «schläft er mit Ihrer Frau oder Sie mit seiner?»

Ich lachte, als wäre das der beste Witz, den ich seit Jahren gehört hätte; das muß man bei Taxifahrern so machen, damit sie einen auf dem kürzesten Weg zum gewünschten Ziel bringen.

McCluskey stieg am Ritz aus, mußte seinem Fahrer aber gesagt haben, er solle das Taxameter laufen lassen. Ich ließ ihm drei Minuten Vorsprung, bis ich seinem Beispiel folgte, aber als ich gerade aussteigen wollte, kam er wieder rausgewetzt, und weiter ging die wilde, verwegene Jagd.

Wir krochen einige Zeit die Piccadilly entlang und bogen dann nach rechts in enge, leere Straßen ab, die ich noch nie gesehen hatte. In dieser Gegend bauten geschickte Gewerbetreibende in Handarbeit Unterwäsche für Inhaber von American-Express-Karten zusammen.

Ich beugte mich vor, um den Fahrer zu instruieren, er solle nicht zu dicht aufschließen, aber er machte das nicht zum ersten Mal oder hatte beim Fernsehen aufgepaßt, jedenfalls hielt er immer Abstand.

McCluskeys Taxi hielt in der Cork Street an. Ich sah, wie er bezahlte, und sagte meinem Fahrer, er solle langsam vorbeifahren und mich zweihundert Meter weiter absetzen.

Das Taxameter zeigte sechs Pfund an, ich reichte dem Fahrer einen Zehnpfundschein durch die Trennscheibe und kam in den Genuß seiner fünfzehnsekündigen Vorstellung von «Ich weiß gar nicht, ob ich das wechseln kann», in der Hauptrolle Lizenz-Besitzer Nr. 99102, bevor ich ausstieg und die Straße zurücklief.

In diesen fünfzehn Sekunden war McCluskey verschwunden. Ich hatte ihn zwanzig Minuten und acht Kilometer weit verfolgt und auf den letzten paar hundert Metern verloren. Wahrscheinlich geschah es mir ganz recht, weil ich beim Trinkgeld so geknausert hatte.

Cork Street besteht samt und sonders aus Kunstgalerien, die meisten mit riesigen Fenstern zur Straße, und mir ist irgendwann aufgegangen, daß Fenster sich zum Hinausgukken ebenso eignen wie zum Hineinsehen. Ich konnte mir schlecht an allen Kunstgalerien die Nase platt drücken, bis ich ihn gefunden hatte, also versuchte ich es auf gut Glück. Ich ging zu der Stelle zurück, wo McCluskey ungefähr ausgestiegen war, und probierte die nächste Tür aus.

Sie war abgeschlossen.

Ich stand da, sah auf die Uhr und überlegte, wann eine Galerie wohl geöffnet sein mochte, wenn sie um zwölf geschlossen war, als eine Blondine in einem adretten schwarzen Hemdkleid aus dem Halbdunkel auftauchte und den Riegel zurückschob. Sie öffnete die Tür mit einem Begrüßungslächeln, und plötzlich hatte ich keine andere Wahl mehr, als einzutreten. Meine Hoffnungen, McCluskey wiederzufinden, schwanden zusehends.

Ich behielt das Schaufenster im Augenwinkel und versank im Halbdunkel der Galerie. Außer der Blondine schien niemand dazusein, was mich nicht weiter überraschte, nachdem ich die Bilder sah.

«Kennen Sie Terence Glass?» fragte sie und reichte mir eine Visitenkarte und eine Preisliste. Sie war ein fürchterlich kultiviertes junges Ding.

«Ja, allerdings», sagte ich. «Drei hab ich übrigens schon.»

Was sollte ich sonst sagen? Manchmal muß man einfach ins Blaue reden, oder?

«Drei was?» fragte sie.

Auch wenn man nicht immer ins Schwarze trifft.

«Gemälde.»

«Gute Güte», sagte sie. «Ich wußte gar nicht, daß er malt. Sarah», rief sie nach hinten, «wußtest du, daß Terence malt?»

Aus der hinteren Galeriehälfte erklang eine kühle amerikanische Stimme. «Terry hat noch nie in seinem Leben gemalt. Der kann doch kaum seinen Namen schreiben.»

Ich sah hoch, als Sarah Woolf gerade durch den Torbogen schritt, eine makellose Schönheit im Pepitakostüm und wieder mit der sanften Bugwelle aus Fleur de Fleurs. Aber sie würdigte mich keines Blickes, sondern sah zum Galerieeingang.

Ich folgte ihrem Blick und sah McCluskey, der in der offenen Tür stand.

«Aber dieser Herr sagt, er habe drei ...», sagte die Blondine lachend.

McCluskey ging zügig auf Sarah zu, seine rechte Hand glitt in den Mantel. Ich schubste die Blondine mit dem rechten Arm beiseite, hörte ihre verhaltenen Proteste, und im selben Augenblick drehte sich McCluskey um und sah mich an.

Als er sich ganz zu mir gedreht hatte, trat ich ihm mit vollem Schwung in den Bauch, und um den Tritt abzuwehren, mußte er die Rechte aus dem Mantel ziehen. Der Tritt er-

80

reichte sein Ziel und hob McCluskey einen Augenblick lang von den Füßen. Er senkte den Kopf und schnappte nach Luft, ich glitt hinter ihn und legte ihm den linken Arm um den Hals. Die Blondine schrie mit vornehmem Genäsel «O mein Gott» und griff hektisch nach dem Telefon auf dem Tisch, aber Sarah blieb einfach mit an den Körper gepreßten Armen stehen. Ich schrie sie an, sie solle weglaufen, aber entweder hörte sie mich nicht, oder sie wollte mich nicht hören. Als ich McCluskeys Hals stärker zudrückte, versuchte er, seine Finger zwischen meine Armbeuge und seine Kehle zu schieben, hatte aber keine Chance.

Ich legte ihm den rechten Ellbogen auf die Schulter und die rechte Hand an den Hinterkopf. Die linke Hand schmiegte sich in die rechte Armbeuge, und fertig: Schaubild (c) im Kapitel «Genickbrechen: Die Grundlagen».

Als McCluskey nach mir trat und stieß, zog ich den linken Unterarm an und schob die rechte Hand vor – er hörte schlagartig auf zu treten. Er hörte auf zu treten, weil er wußte, was ich auch wußte und ihn wissen lassen wollte: Noch ein paar Kilopond Druck, und er war Geschichte.

Ich könnte es nicht beschwören, aber ich glaube, in dem Augenblick muß sich der Schuß gelöst haben.

Ich kann mich nicht erinnern, ob ich mich getroffen fühlte. Ich hörte bloß das trockene Poppen durch die Galerie hallen und roch das verbrannte Zeug, das man heutzutage benutzt.

Erst dachte ich, sie hätte auf McCluskey geschossen, und schrie sie an, ich hätte doch alles im Griff und was sie überhaupt noch hier zu suchen habe, ich sagte ihr doch, sie solle sich aus dem Staub machen. Dann dachte ich, meine Güte, ich schwitz aber doll, weil mir die Suppe schon unterm Gürtel durchsickerte. Ich sah hoch und merkte, daß Sarah ein zweitesmal schießen wollte. Vielleicht hatte sie auch schon. McCluskey hatte sich freigezappelt, und ich fiel anscheinend gegen eins der Bilder.

«Sie dumme Kuh», sagte ich, «ich bin ... auf Ihrer Seite. Das da ist er ... der ... der da will ... Ihren Vater umbringen. Scheiße.»

Das «Scheiße» bezog sich darauf, daß plötzlich alles ganz komisch wurde. Lichter, Geräusche, Bewegungen.

Sarah baute sich vor mir auf, und unter anderen Umständen hätte ich mich vielleicht an ihren Beinen ergötzt. Aber die hatten sich nicht verändert, sondern waren gleich geblieben. Ich hatte nur noch ihre Walther vor Augen.

«Das wäre einigermaßen hirnrissig, Mr. Lang», sagte sie. «Das könnte er auch zu Hause.» Darauf konnte ich mir keinen Reim machen. Hier lief einiges falsch, verdammt falsch, nicht zuletzt die Betäubung in meiner linken Körperhälfte. Sarah kniete sich neben mich und drückte mir die Revolvermündung unters Kinn.

«Das da», sie wies mit dem Daumen auf McCluskey, «ist mein Vater.»

Da ich mich an nichts weiter erinnern kann, nehme ich an, daß ich das Bewußtsein verloren habe.

«Wie fühlen Sie sich?»

Diese Frage bekommt man zwangsläufig zu hören, wenn man in einem Krankenhausbett auf dem Rücken liegt, aber mir wäre es trotzdem lieber gewesen, sie hätte nicht gefragt. Mein Hirn fühlte sich wie Rührei an, bei dessen Anblick man den Ober rufen und Schadensersatz verlangen möchte. Ich hätte es viel sinnvoller gefunden, sie zu fragen, wie ich mich fühlte. Aber sie war Krankenschwester und wollte mich also vermutlich nicht umbringen, deshalb beschloß ich, sie bis auf weiteres zu mögen.

Mit großer Anstrengung riß ich die verklebten Lippen auseinander und krächzte: «Prima.»

«Gut», sagte sie. «Der Doktor kommt gleich mal kurz bei Ihnen vorbei.» Sie tätschelte mir den Handrücken und verschwand.

Ich schloß ein paar Sekunden die Augen, und als ich sie wieder aufschlug, war es draußen dunkel. Ein weißer Kittel beugte sich über mich, und obwohl sein Träger jung genug war, um mein Bankmanager zu sein, nahm ich der Einfachheit halber an, daß er Arzt war. Er gab mir mein Handgelenk zurück, obwohl ich gar nicht gemerkt hatte, daß er es mir weggenommen hatte, und notierte sich etwas auf einem Klemmbrett.

«Wie fühlen Sie sich?»

«Prima.»

Er kritzelte weiter.

«Das sollten Sie aber nicht. Sie sind angeschossen worden und haben eine Menge Blut verloren, aber das ist kein Problem. Sie haben Glück gehabt. Die Kugel ist durch die Achselhöhle gedrungen.» Er sagte das, als wäre die Angelegenheit ganz und gar meine Schuld. War sie ja auch irgendwie.

«Wo bin ich?» fragte ich.

«Im Krankenhaus.»

Er ging.

Später schob eine sehr fette Frau einen Teewagen herein und stellte einen Teller mit etwas Braunem und Übelriechendem auf den Tisch am Bett. Ich konnte mir nicht vorstellen, was ich ihr je getan haben sollte, aber es muß wirklich schlimm gewesen sein.

Anscheinend sah sie ein, daß sie überreagiert hatte, denn eine halbe Stunde später kam sie zurück und nahm den Teller wieder mit. Bevor sie aus dem Zimmer ging, verriet sie mir noch, wo ich war. Im Krankenhaus Middlesex, William-Hoyle-Station.

Mein erster echter Besucher war Solomon. Er kam herein, sah zuverlässig und unverändert aus, setzte sich aufs Bett und warf eine Papiertüte mit Weintrauben auf den Tisch.

«Wie fühlt Ihr Euch?»

So langsam zeichnete sich da ein Muster ab.

«Ich fühle mich», sagte ich, «als wäre ich angeschossen worden, läge zur Genesung in einem Krankenhausbett, und ein jüdischer Polizist säße auf meinem Fuß.» Er rückte ein Stück beiseite.

«Man hört, Ihr hättet Glück gehabt, Master.»

Ich steckte eine Traube in den Mund.

«Glück wie in . . .?»

«Wie in: nur ein paar Zentimeter vom Herzen weg.»

«Oder ein paar Zentimeter vom Danebenschießen. Hängt ganz von der Betrachtungsweise ab.»

Er nickte und überlegte.

«Und Eure?» fragte er dann.

«Und meine was?»

«Betrachtungsweise.»

Wir sahen uns an.

«England sollte gegen Holland mit einer schlichten Viererabwehrkette spielen», sagte ich.

Solomon erhob sich vom Bett und schälte sich aus dem Regenmantel. Ich konnte das gut nachvollziehen, denn die Temperatur mußte um die 36 Grad betragen, und im Zimmer schien viel zuviel Luft zu sein. Sie saß in dichtgedrängten Haufen da, im Gesicht und in den Augen, man hatte das Gefühl, man säße im Berufsverkehr in der U-Bahn und unmittelbar bevor sich die Türen schlossen, hätten sich noch einige Kubikmeter zusätzlich reingedrängelt.

Ich hatte schon eine Schwester gefragt, ob man die Heizung nicht runterdrehen könne, aber sie hatte mir erklärt, die werde von einem Computer in Reading geregelt. Wenn ich zu den Menschen gehörte, die Leserbriefe an den ‹Daily Telegraph› schreiben, dann hätte ich jetzt einen Leserbrief an den ‹Daily Telegraph› geschrieben.

Solomon hängte seinen Mantel an die Tür.

«Nun denn, Sir», sagte er, «ob Ihr es glaubt oder nicht, die Damen und Herren, denen ich mein Gehalt verdanke, haben mich gebeten, Euch eine Erklärung zu entlocken, wie es dazu kam, daß Ihr auf dem Boden einer renommierten Kunstgalerie im West End lagt und eine Kugelwunde in der Brust hattet.»

«Achselhöhle.»

«Achsel-... wenn Euch das konveniert, ...-höhle. Also, verratet Ihr es mir freimütig, Master, oder muß ich Euch ein Kissen aufs Gesicht drücken, bis Ihr kooperiert?»

«Also», sagte ich aus dem Gedanken heraus, wir könnten das Geschäftliche auch gleich hinter uns bringen, «ich nehme an, dir ist bekannt, daß McCluskey Woolf ist.» Das nahm ich natürlich nicht an. Ich wollte bloß tüchtig klingen. Nach Solomons Gesichtsausdruck zu urteilen, war es ihm nicht bekannt gewesen, und ich fuhr fort: «Ich hab McCluskey zur Galerie verfolgt, weil ich dachte, vielleicht will er Sarah dort etwas Unerfreuliches antun. Ich hab ihm einen Tritt in die Magengrube verpaßt, bin von Sarah angeschossen worden und krieg zu hören, der Magengrubenbesitzer sei ihr Vater, Alexander Woolf.»

Solomon nickte bedächtig, wie es seine Art war, wenn er abgefahrene Sachen hörte.

Schließlich sagte er: «Ihr hingegen hieltet ihn für den Mann, der Euch Geld geboten hatte, um Alexander Woolf umzubringen.»

«Genau.»

«Und Ihr nahmt an, Master, wie es in Eurer Lage sicherlich ein jeder getan hätte, daß ein Mann, der Euch bittet, einen anderen zu töten, sich am Ende nicht als dieser andere herausstellt.»

«Auf dem Planeten Erde pflegen wir das nur in den seltensten Fällen so zu handhaben.»

«Hmm.» Solomon war ans Fenster getreten und schien vom Post Office Tower ganz in den Bann gezogen.

«Das ist alles, ja?» fragte ich. «‹Hmm›? Der Bericht des Verteidigungsministeriums wird aus einem ‹Hmm› bestehen, mit Ledereinband, Goldsiegel und vom Kabinett unterzeichnet?»

Solomon antwortete nicht, sondern starrte nur weiter den Post Office Tower an.

«Also», sagte ich, «erzähl: Was wurde aus Vater und Tochter Woolf? Wie bin ich hierhergekommen? Wer hat den Krankenwagen gerufen? Sind sie bei mir geblieben, bis er kam?»

«Habt Ihr schon mal in dem Restaurant da oben an der Spitze gegessen, das sich immerzu dreht und dreht ...?»

«David, Herrgott noch mal ...»

«Die Person, die schließlich den Krankenwagen rief, war ein Mr. Terence Glass, Eigentümer der Galerie, in der Ihr angeschossen wurdet, der inzwischen eine Forderung eingereicht hat, Euer Blut auf Kosten des Ministeriums von seinem Boden entfernen zu lassen.»

«Ich bin gerührt.»

«Euer Leben verdankt Ihr allerdings Green und Baker.»

«Green und Baker?»

«Haben Euch lange verfolgt. Baker hat Eure Blutung mit einem Taschentuch gestoppt.»

Ich war schockiert. Nach der Sause mit Solomon hatte ich angenommen, meine beiden Schatten wären abberufen worden. Ich hatte geschlampt. Gott sei Dank.

«Ein Hoch auf Mr. Baker!» sagte ich.

Solomon wollte mir, wie es schien, noch mehr erzählen, aber die Tür ging auf und unterbrach ihn. O'Neal kam hereingestürzt. Er trat sofort ans Bett, und ich sah ihm an, daß er meine Schußverletzung für eine entzückende Wende der Dinge hielt.

«Wie geht es Ihnen?» fragte er und schaffte es fast, sich das Lächeln zu verkneifen.

«Sehr gut, danke der Nachfrage, Mr. O'Neal.»

Er zögerte und sah etwas enttäuscht aus.

«Soweit ich weiß, haben Sie Schwein gehabt, daß Sie

nicht draufgegangen sind», sagte er dann. «Aber ab sofort werden Sie sich wahrscheinlich wünschen, Sie wären dabei draufgegangen.» Das gefiel ihm. Ich stellte mir vor, wie er den Satz im Fahrstuhl einstudiert hatte. «Das war's dann ja wohl, Mr. Lang. Ich glaube nicht, daß wir diesen Vorfall noch vor der Polizei verbergen können. Sie haben eindeutig und vor Zeugen einen Anschlag auf Woolfs Leben unternommen . . .»

O'Neal stockte, und wir beide sahen uns in Bodenhöhe im Zimmer um, weil wir definitiv einen Hund gehört hatten, der sich erbrach. Dann hörten wir es wieder und merkten, daß es von Solomon stammte, der sich räusperte.

«Mit Verlaub, Mr. O'Neal», sagte Solomon, als er unsere Aufmerksamkeit auf sich gezogen hatte. «Lang handelte aus der Annahme heraus, der Mann, den er angriff, sei in Wirklichkeit McCluskey.»

O'Neal schloß die Augen.

«McCluskey? Woolf wurde identifiziert, er wurde von . . .»

«Ja, gewiß», sagte Solomon begütigend. «Aber Lang versichert, Woolf und McCluskey seien ein und dieselbe Person.»

Langes Schweigen.

«Wie bitte?» sagte O'Neal.

Das überlegene Lächeln war aus seinem Gesicht verschwunden, und plötzlich wäre ich am liebsten aus dem Bett gesprungen.

O'Neal schnaubte kurz und verächtlich. «McCluskey und Woolf sind ein und derselbe?» hakte er nach, und seine Stimme überschlug sich fast. «Sind Sie noch ganz bei Trost?»

Solomon warf mir einen hilfesuchenden Blick zu.

«Darauf läuft es schlicht und ergreifend hinaus», sagte ich. «Woolf ist der Mann, der in Amsterdam an mich herangetreten ist und mir den Auftrag erteilen wollte, einen Mann namens Woolf umzubringen.»

Jetzt war alle Farbe aus O'Neals Gesicht gewichen. Er sah aus wie ein Mann, der gerade gemerkt hat, daß er einen Liebesbrief im falschen Umschlag in den Briefkasten gesteckt hat.

«Aber das ist doch unmöglich», stammelte er. «Ich meine, das ergibt doch keinen Sinn.»

«Das heißt noch lange nicht, daß es unmöglich ist», sagte ich.

Aber O'Neal hörte schon nicht mehr richtig zu. Er war in fürchterlicher Verfassung. Also wandte ich mich an Solomons Adresse.

«Ich weiß, daß ich nur das Dienstmädchen bin», sagte ich, «und hier nichts zu sagen habe, aber ich habe folgende Theorie: Woolf weiß, daß es allerlei Organisationen auf Erden gibt, die ihm den Tod wünschen. Er macht, was jeder machen würde, kauft sich einen Hund, stellt einen Leibwächter ein, verrät niemandem, wo er hinwill, oder erst, wenn er schon da ist, aber», ich sah, wie O'Neal sich zur Konzentration zwingen mußte, «er weiß, daß das nicht reicht. Seine Todfeinde sind Experten, absolute Profis, und über kurz oder lang werden sie den Hund vergiften und den Leibwächter bestechen. Also hat er nur eine Wahl.»

O'Neal starrte mich an. Plötzlich merkte er, daß sein Mund offenstand, und klappte ihn lautstark zu.

«Und die wäre?»

«Entweder trägt er den Krieg ins feindliche Lager», sagte ich, «was unter den uns bekannten Umständen nicht besonders ratsam wäre. Oder er geht mit den Schlägen mit.» Solomon biß sich auf die Lippe. Das war nur recht und billig, denn was ich da sagte, klang ziemlich scheußlich. Aber es war besser als alles, was sie im Moment anzubieten hatten. «Er sucht sich jemanden, bei dem außer Zweifel steht, daß er den Job ausschlägt, und gibt ihm den Job. Er streut das Gerücht, daß man ihm ans Leder wolle, und hofft, daß seine echten Feinde erst mal einen Gang runterschalten, weil sie annehmen, der Job würde auch ohne Risiken und Kosten ihrerseits erledigt.»

Solomon schob wieder Dienst am Post Office Tower, und O'Neal runzelte die Stirn.

«Glauben Sie das wirklich?» fragte er. «Ich meine, halten Sie das wirklich für möglich?» Ich sah ihm an, daß er verzweifelt versuchte, das Problem in den Griff zu bekommen, selbst wenn der Griff beim ersten Ziehen abgehen sollte.

«Ja, ich halte es für möglich. Nein, ich glaube es nicht. Aber ich erhole mich gerade von einer Schußwunde, und mehr hab ich nicht zu bieten.»

O'Neal fing an, im Zimmer auf und ab zu laufen, und fuhr sich mit den Händen durchs Haar. Auch ihm setzte die Hitze zu, aber er hatte keine Zeit, den Mantel abzulegen.

«Gut», sagte er, «vielleicht will jemand Woolfs Tod. Ich kann nicht behaupten, daß es der Regierung Ihrer Majestät das Herz bräche, wenn er morgen einem Bus unter die Räder käme. Gehen wir weiter davon aus, daß er mächtige Feinde hat und daß normale Sicherheitsvorkehrungen nichts nützen. So weit, so gut. Richtig, er kann den Krieg nicht ins feindliche Lager tragen», die Phrase hatte es O'Neal angetan, das merkte man, «also setzt er selber pro forma einen Killer auf sich an. Aber auch das klappt nicht.» O'Neal blieb stehen und sah mich an. «Ich meine, woher wollte er denn wissen, daß es pro forma blieb? Woher wollte er wissen, daß Sie die Sache nicht doch noch durchziehen?»

Ich sah Solomon an, und er wußte, daß ich ihn ansah, drehte sich aber nicht um.

«Man hat mir so was nicht zum ersten Mal angeboten», sagte ich. «Und früher ging's um weit mehr Geld. Ich hab nein gesagt. Vielleicht war ihm das bekannt.»

O'Neal fiel plötzlich wieder ein, daß er mich nicht ausstehen konnte.

«Haben Sie immer nein gesagt?» Ich starrte ihn an, so unerschütterlich ich konnte. «Vielleicht haben Sie sich inzwischen geändert», sagte er. «Vielleicht brauchen Sie auf einmal Geld. Es bleibt ein viel zu großes Risiko.»

Ich zuckte mit den Schultern, und die Achselhöhle durchzuckte Schmerz.

«Kaum», sagte ich. «Er hatte seinen Leibwächter, und bei mir wußte er zumindest, aus welcher Richtung die Bedrohung kam. Rayner hat mich tagelang beschattet, bevor ich ins Haus eingestiegen bin.»

«Aber Sie sind dort eingestiegen, Lang. Sie sind wirklich ...»

«Ich wollte ihn warnen. Ich fand, das war meine Pflicht als guter Bürger.»

«Schon gut. Schon gut.» O'Neal nahm seine Wanderungen wieder auf. «Und wie ‹streut er das Gerücht›, daß ein Killer hinter ihm her sei? Schreibt er das vielleicht an Klowände oder gibt beim ‹Standard› eine Anzeige auf, oder was?»

«Wieso, Sie wußten doch auch davon.» Ich wurde langsam müde. Ich wollte schlafen und vielleicht sogar einen Teller mit etwas Braunem und Übelriechendem.

«Wir sind aber nicht seine Feinde, Mr. Lang», gab O'Neal zu bedenken. «Oder jedenfalls nicht in dieser Hinsicht.»

«Wie haben Sie denn dann herausgefunden, daß ich angeblich hinter ihm her war?»

O'Neal blieb stehen und merkte augenscheinlich, daß er mir längst einige Bände zuviel verraten hatte. Er sah verärgert zu Solomon hinüber, als sei der schuld und habe als Anstandswauwau versagt. Solomon war die Ruhe selbst.

«Ich wüßte nicht, warum wir ihn nicht einweihen sollten, Mr. O'Neil», sagte er. «Er hat ohne eigenes Verschulden eine Kugel in die Brust bekommen. Vielleicht heilt die Wunde schneller, wenn er weiß, wie es dazu kam.»

O'Neal brauchte einen Augenblick, bis er das verdaut hatte, dann wandte er sich an mich.

«Na gut», sagte er. «Wir haben die Information, daß Sie

sich mit McCluskey – oder Woolf – getroffen haben ...» Er haßte das. «Wir haben diese Information von den Amerikanern.»

Die Tür ging auf, und eine Schwester kam herein. Vielleicht war es die, die mir beim ersten Aufwachen die Hand getätschelt hatte, aber einen Eid hätte ich nicht darauf geschworen. Solomon und O'Neal waren Luft für sie, sie trat ans Bett, murkste mit meinen Kissen herum, schüttelte sie auf, stieß sie hin und her und hinterließ sie sehr viel unbequemer, als sie gewesen waren.

Ich sah zu O'Neal hoch.

«Meinen Sie den CIA?»

Solomon lächelte, und O'Neal hätte sich fast naß gemacht.

Die Schwester zuckte nicht mal mit der Wimper.

6

Die Stunde naht, doch nicht der Mann.
Walter Scott

Ich verbrachte sieben Mahlzeiten im Krankenhaus, wie lang das auch sein mag. Ich sah fern, schluckte Schmerztabletten, beendete die nur halb ausgefüllten Kreuzworträtsel in alten Heften von ‹Woman's Own› und stellte mir jede Menge Fragen.

Zunächst: Was ging mich die ganze Sache an? Warum geriet ich in die Schußlinie und wurde von Unbekannten aus mir unerfindlichen Gründen beschossen? Was sprang für mich dabei heraus? Was sprang für Woolf dabei heraus? Was sprang für O'Neal und Solomon dabei heraus? Warum waren die Kreuzworträtsel nur halb ausgefüllt? Waren die Patienten genesen oder gestorben, bevor sie sie beenden konnten? Waren sie ins Krankenhaus gekommen, um sich eine Gehirnhälfte amputieren zu lassen, und war dies der Geschicklichkeitsbeweis des Hirnchirurgen? Wer hatte die Titelseiten der Zeitschriften abgerissen, und warum? Lautete die Antwort auf «keine Frau (4)» wirklich «Mann»?

Aber am wichtigsten: Wer hatte das Bild von Sarah Woolf an die Innenseite der Tür meines Oberstübchens gepinnt, so daß ich sie jedesmal, wenn ich die Tür zum Denken aufriß – beim Nachmittagsfernsehen, beim Rauchen auf dem Klo am anderen Ende der Station, beim Kratzen an einer juckenden Zehe –, vor mir sah und sie mich zugleich anlächelte und anfunkelte? Ich meine, zum aberhundertsten Mal, in diese Frau war ich nun wirklich definitiv *nicht* verknallt.

Ich dachte, Rayner könnte mir vielleicht ein paar dieser Fragen beantworten, und als ich das Gefühl hatte, es ginge mir gut genug, um herumschlurfen zu können, lieh ich mir einen Bademantel und machte mich auf den Weg hinauf zur Barrington-Station.

Als Solomon mir erzählt hatte, Rayner liege ebenfalls im Krankenhaus Middlesex, war ich zumindest einen Augenblick lang überrascht. Es erschien mir als Ironie des Schicksals, daß wir beide uns am Ende in derselben Werkstatt reparieren lassen sollten, nach allem, was wir zusammen durchgemacht hatten. Solomon mußte mich allerdings erst mit der Nase darauf stoßen, daß in London nicht mehr viele Krankenhäuser übrig seien, und wenn man sich irgendwo südlich des Watford Gap weh tut, landet man früher oder später fast zwangsläufig im Middlesex.

Rayner hatte ein Zimmer für sich, direkt gegenüber vom Schwesternzimmer, und war mit jeder Menge Piepskästen verkabelt. Seine Augen waren geschlossen, weil er schlief oder noch im Koma lag, und sein Kopf war mit einem riesigen Trickfilmverband umwickelt, als hätte der Road Runner den Safe einmal zu oft fallen gelassen. Er trug einen blauen Flanellpyjama, in dem er – vielleicht zum ersten Mal seit vielen Jahren – wie ein Kind aussah. Ich stand geraume Zeit an seinem Bett und hatte Mitleid, bis eine Schwester kam und mich fragte, was ich hier zu suchen hätte. Ich meinte, ich suchte so mancherlei, aber gegenwärtig würde ich mich mit Rayners Vornamen begnügen.

Bob, sagte sie. Sie stand an meinem Ellbogen, und ihre Hand lag auf der Klinke. Sie wollte mich loswerden, beugte sich aber meinem Bademantel.

Tut mir leid, Bob, dachte ich.

Da hast du nun nichts als deine Pflicht getan, für die du bezahlt wurdest, und irgend so ein Arschloch kommt des Weges und zieht dir einen Marmorbuddha über die Rübe. Das ist hart.

Ich wußte nur zu gut, daß Rayner nicht gerade ein Chorknabe war. Er war nicht mal der Junge, der den Chorknaben schikaniert. Er war mindestens der große Bruder des Jungen, der den Jungen schikaniert, der den Chorknaben schikaniert. Solomon hatte sich in den Unterlagen des Ministeriums über Rayner informiert und herausgefunden, daß dieser wegen seiner Schwarzmarktaktivitäten bei den Royal Welch Fusiliers rausgeflogen war – unter Bob Rayners Pullover war so gut wie alles, von Armeeschnürsenkeln bis hin zu Saracen-Panzerwagen, durch die Kasernentore gewandert –, aber trotzdem hatte ich ihn verletzt, also hatte ich auch Mitleid mit ihm.

Ich legte die übriggebliebenen Weintrauben von Solomon auf den Tisch neben Bobs Bett und ging.

Männer und Frauen in weißen Kitteln wollten mich überreden, noch ein paar Tage im Krankenhaus zu bleiben, aber ich schüttelte den Kopf und erklärte ihnen, es gehe mir prima. Sie rügten das, und ich mußte ein paar Formulare unterschreiben. Dann zeigten sie mir, wie ich den Verband unter dem Arm wechseln mußte, und schärften mir ein, sofort zurückzukommen, wenn die Wunde sich heiß anfühlte oder zu jucken anfange.

Ich dankte ihnen für ihre Freundlichkeit und lehnte den angebotenen Rollstuhl ab. Er hätte mir auch wenig genützt, denn der Fahrstuhl war außer Betrieb.

Dann schleppte ich mich in einen Bus und fuhr nach Hause.

Meine Wohnung lag noch da, wo ich sie verlassen hatte, kam mir aber kleiner vor als früher. Der Anrufbeantworter hatte keine Nachrichten aufgezeichnet, und der Kühlschrank war leer bis auf den Becher Joghurt und die Selleriestange, die ich von meinem Vormieter übernommen hatte.

Meine Brust schmerzte, wie man mir prophezeit hatte, also legte ich mich aufs Sofa und sah mir ein Rennen in Don-

caster an, mit einem großen Tumbler «Die Dame brennt ja
schon wieder lichterloh» in Reichweite.

Irgendwann muß ich eingedöst sein, denn das Telefon
weckte mich. Ich fuhr hoch, stöhnte auf, weil sich die schmer-
zende Achselhöhle meldete, und griff nach der Whisky-
flasche. Leer. Da ging's mir erst richtig schlecht. Während ich
den Hörer abnahm, sah ich auf die Uhr. Zehn nach acht oder
zwanzig vor zwei. Genauer konnte ich's nicht sagen.

«Mr. Lang?»

Mann. Amerikaner. Klick, surr. Komm schon, dich kenn
ich doch.

«Ja.»

«Mr. Thomas Lang?» Verstanden. Ja, Mike, die Stimme
hab ich in fünf Sekunden. Ich schüttelte den Kopf, um auf-
zuwachen, und spürte etwas hin und her scheppern.

«Wie geht's Ihnen denn, Mr. Woolf?» fragte ich.

Schweigen am anderen Ende. Dann: «Besser als Ihnen,
nach allem, was ich gehört habe.»

«Halb so wild», meinte ich.

«Ach ja?»

«Meine größte Angst im Leben war immer, daß ich meinen Enkelkindern nicht genug Geschichten erzählen könnte.
Meine Erlebnisse mit der Familie Woolf sollten aber bis zu
ihrer Konfirmation reichen.»

Ich glaubte, ihn lachen zu hören, aber vielleicht war es
auch nur ein Knacken in der Leitung. Oder einer von O'Neals
Truppe war über die eigene Wanze gestolpert.

«Passen Sie auf, Lang», sagte Woolf. «Ich möchte, daß
wir uns irgendwo treffen.»

«Ei gewiß möchten Sie das, Mr. Woolf. Was darf's denn
diesmal sein? Möchten Sie mir Geld dafür anbieten, daß ich
Sie sterilisiere, ohne daß Sie es merken? Etwas in der Richtung?»

«Ich möchte Ihnen alles erklären, wenn Sie nichts dagegen haben. Mögen Sie italienische Küche?»

Ich dachte an den Sellerie und den Joghurt und merkte, daß ich italienische Küche sogar sehr gern mochte. Aber es gab da ein Problem.

«Mr. Woolf», sagte ich, «bevor Sie ein Restaurant nennen, sollten Sie Plätze für mindestens zehn Leute reservieren lassen. Ich habe das dumpfe Gefühl, wir haben es hier mit einer Konferenzschaltung zu tun.»

«Kein Problem», sagte er vergnügt. «Direkt neben Ihrem Telefon liegt ein Restaurantführer.» Ich sah tatsächlich ein rotes Taschenbuch auf dem Tisch. *Ewan's Guide to London*. Es sah neu aus, und ich hatte es mir bestimmt nicht gekauft. «Hören Sie genau zu», sagte Woolf, «ich möchte, daß Sie Seite 26 aufschlagen und sich den fünften Eintrag merken. Wir sehen uns dort in einer halben Stunde.»

Ich hörte ein Rascheln in der Leitung und dachte, er hätte aufgelegt, aber dann hörte ich noch einmal seine Stimme.

«Lang?»

«Ja?»

«Lassen Sie den Führer nicht in der Wohnung liegen.»

Ich holte tief und erschöpft Luft.

«Mr. Woolf», sagte ich, «ich bin vielleicht doof, aber ich bin doch nicht doof.»

«Das hoffe ich auch.»

Er legte auf.

Der fünfte Eintrag auf Seite 26 in Ewans umfassender Anleitung, wie man im Großraum London seine Dollars unters Volk bringt, lautete «Giare, 216 Roseland, WC2, Ital., 60 Pers., aircond., Visa, Mast, Amex», gefolgt von drei gekreuzten Löffelpaaren. Kurzes Blättern verriet mir, daß Ewans mit seinem Dreilöffelmotiv ziemlich sparsam umging, ich konnte mich also zumindest auf ein anständiges Abendessen freuen.

Mein einziges Problem war im Moment, wie ich dort hinkommen sollte, ohne ein Dutzend Staatsbeamte in braunen

Regenmänteln ins Schlepptau zu nehmen. Ich wußte zwar nicht, wie Woolf es angestellt hatte, aber wenn er sich schon die Mühe mit dem Restaurantführertrick gemacht hatte (der mir gefiel, das muß ich zugeben), dann mußte er einigermaßen sicher sein, daß er sich bewegen konnte, ohne von fremden Männern belästigt zu werden.

Ich verließ meine Wohnung und ging zur Haustür hinunter. Mein Helm lag oben auf dem Gaszähler neben einem Paar ramponierter Lederhandschuhe. Ich öffnete die Haustür, schob den Kopf hinaus und sah mich auf der Straße um. Nirgends richtete sich eine Gestalt mit Filzhut an einem Laternenpfahl auf und schnippte eine filterlose Zigarette in eine Pfütze. Aber das hatte ich genaugenommen auch nicht erwartet.

Fünfzig Meter links von mir konnte ich einen dunkelgrünen Leyland-Lieferwagen erkennen, dem eine Kautschukantenne aus dem Dach ragte, rechts war auf der anderen Straßenseite ein rot-weiß gestreiftes Straßenbauzelt zu sehen. Beide konnten unschuldig sein.

Ich wich in den Hausflur zurück, setzte den Helm auf, holte den Schlüsselbund aus der Tasche und zog die Handschuhe an. Dann hob ich die Briefkastenklappe in der Haustür an, brachte die Fernbedienung der Motorrad-Alarmanlage in Höhe des Schlitzes und drückte auf den Knopf. Die Kawasaki blinkte mich einmal an und teilte mir mit, ihre Alarmanlage sei jetzt ausgeschaltet, also riß ich die Tür auf und rannte die Straße hinab, so schnell meine Achselhöhle es mir erlaubte.

Die Maschine sprang beim ersten Versuch an, was bei japanischen Motorrädern so üblich ist, ich zog den Choke halb raus, ließ den ersten Gang einrasten und die Kupplung kommen. Ich setzte mich auch drauf, falls Sie schon Angst hatten. Als ich an dem dunkelgrünen Lieferwagen vorbeikam, muß ich schon gut sechzig Stundenkilometer drauf gehabt haben und lachte mich scheckig, als ich mir einen Haufen Männer in Anoraks vorstellte, die die Inneneinrichtung jetzt mit den Ellbogen traktierten und «Scheiße» sagten. Als ich das Ende der Straße erreichte, sah ich im Rückspiegel die Scheinwerfer eines Autos, das hinter mir ausparkte. Es war ein Rover.

In Rufweite der Geschwindigkeitsbegrenzung bog ich nach links in die Bayswater Road ein und hielt an einer Ampel, die in all den Jahren, in denen ich ihr nahe gekommen bin, nicht ein einziges Mal grün gewesen war. Aber das war mir egal. Ich zupfte an den Handschuhen herum und rückte das Visier zurecht, bis ich spürte, daß der Rover auf der Fahrbahn neben mir aufschloß. Ich warf dem Schnurrbartgesicht am Lenkrad einen Blick zu und hätte ihm am liebsten gesagt, er solle nach Hause fahren, denn hier werde es für ihn gleich peinlich.

Als die Ampel auf Gelb sprang, schob ich den Choke wieder rein, gab Gas, bis ich auf 5000 U / min war, und verlagerte mein ganzes Gewicht auf den Benzintank, damit das Vorderrad nicht abhob. Als die Ampel auf Grün sprang, ließ ich die Kupplung kommen und spürte, daß das gigantische Hinterrad der Kawasaki wie ein Dinosaurierschwanz zur Seite ausbrechen wollte, bis es die erforderliche Bodenhaftung fand, um mich die Straße hinabzukatapultieren.

Zweieinhalb Sekunden später hatte ich hundert Sachen drauf, und nach weiteren zweieinhalb Sekunden verschmolzen die Straßenlaternen miteinander, und ich hatte vergessen, wie der Roverfahrer aussah.

Giare war ein überraschend freundliches Restaurant mit weißen Wänden und einem hallenden Kachelboden, der jedes Flüstern in Rufen verwandelte und jedes Schmunzeln in ein dröhnendes Gelächter.

Eine Ralph-Lauren-Blondine mit Kulleraugen nahm mir den Helm ab und führte mich an einen Tisch am Fenster, wo ich ein Tonic Water für mich bestellte und einen großen Wodka gegen den Schmerz in der Achselhöhle. Um mir bis zu Woolfs Ankunft die Zeit zu vertreiben, konnte ich zwischen Ewans Restaurantführer und der Speisekarte wählen. Die Karte war etwas länger, also fing ich damit an.

Die erste Vorspeise ging unter dem Namen «Crostini von geschrotetem Taro an Benatore-Kartoffeln» an den Start und brachte beeindruckende 12 Pfund 65 auf die Waage. Die Ralph-Lauren-Blondine trat wieder an den Tisch und fragte, ob sie mich bei der Speisekarte beraten könne. Ich bat sie um eine Erklärung, was Kartoffeln seien. Sie verzog keine Miene.

Ich wollte soeben die Beschreibung des zweiten Gerichts aufdröseln, die von mir aus auch pochierter Marx Brother bedeuten konnte, als ich Woolf an der Tür entdeckte, der eine Aktenmappe umklammerte, während ein Ober ihm aus dem Mantel half.

Als mir gerade auffiel, daß unser Tisch für drei Personen gedeckt war, tauchte Sarah Woolf hinter ihm auf.

Sie sah – ich hasse dieses Wort – atemberaubend aus. Absolut atemberaubend. Ich weiß, das ist ein Klischee, aber es gibt Momente, da geht einem plötzlich auf, warum Klischees Klischees geworden sind. Sie trug ein schlichtes Kleid aus grüner Seide, und es fiel an ihr herab, wie alle Kleider gern einmal fallen würden, wenn man sie bloß ließe – es straffte sich an den Stellen, wo es sich straffen sollte, und bauschte sich an den Stellen, wo man sich nichts Schöneres als Bauschen vorstellen konnte. Sämtliche Anwesenden verfolgten ihre Reise an den Tisch, und ein Raunen wehte durch den Raum, als Woolf ihr beim Hinsetzen den Stuhl zurechtschob.

«Mr. Lang», sagte Woolf senior, «schön, daß Sie gekommen sind.» Ich nickte ihm zu. «Meine Tochter kennen Sie ja.»

Ich warf Sarah einen Blick zu, aber sie betrachtete stirnrunzelnd ihre Serviette. Selbst ihre Serviette sah besser aus als die aller anderen Gäste.

«Aber natürlich», sagte ich. «Mal überlegen. Wimbledon? Henley? Dick Cavendishs Hochzeit? Nein, ich hab's. Das letzte Mal haben wir uns zu beiden Seiten eines Revolvers getroffen. Wie schön, Sie wiederzusehen.»

Es war freundlich gemeint, sogar als Scherz, aber als sie mich noch immer keines Blickes würdigte, gerann der Satz zu einer Bosheit, und ich wünschte, ich hätte die Klappe gehalten und nur gelächelt. Sarah arrangierte ihr Besteck in eine zweifellos schönere Formation um.

«Mr. Lang», sagte sie, «ich bin mitgekommen, weil mein Vater darum bat, ich möge mich entschuldigen. Ich bin mir keiner Schuld bewußt, aber Sie sind verwundet worden, und das war nicht beabsichtigt. Deswegen tut es mir leid.»

Woolf und ich warteten darauf, daß sie weitersprach, aber mehr schien sie im Augenblick nicht sagen zu wollen. Sie saß einfach nur da und wühlte in ihrer Tasche nach einem Grund, mich nicht anzuschauen. Anscheinend fand sie mehrere, was mich verblüffte, denn die Tasche war ziemlich klein.

Woolf winkte einen Ober heran und wandte sich an mich.

«Hatten Sie schon Gelegenheit, sich die Karte anzusehen?»

«Hab einen Blick drauf geworfen», sagte ich, «und mir sagen lassen, was Sie nähmen, sei ganz ausgezeichnet.»

Der Ober erschien, und Woolf lockerte seine Krawatte.

«Zwei Martinis», sagte er, «sehr trocken, und ...»

Er sah mich an, und ich nickte.

«Wodka Martini», sagte ich. «Unglaublich trocken. Staubig, wenn Sie das hinkriegen.»

Der Ober schob ab, und Sarah sah sich im Saal um, als langweile sie sich jetzt schon. Sie hatte bezaubernde Halssehnen.

«Also dann, Thomas», sagte Woolf. «Was dagegen, wenn ich Sie Thomas nenne?»

«Keine Spur», sagte ich. «Ist ja schließlich mein Vorname.»

«Gut. Thomas. Zunächst: Wie geht es Ihrer Schulter?»

«Prima», sagte ich, und er wirkte erleichtert. «Viel besser als meiner Achselhöhle. Da bin ich nämlich angeschossen worden.»

Zuletzt, zu guter Letzt wandte sie den Kopf und sah mich an. Ihre Augen sahen viel sanfter drein, als sie auftreten wollte. Sie senkte den Kopf etwas, und ihre Stimme klang leise und angeknackst.

«Ich hab Ihnen doch gesagt, daß es mir leid tut», sagte sie.

Ich suchte verzweifelt nach einer Erwiderung, nach etwas Nettem und Sanftem, aber mein Verstand war so vertrocknet wie der letzte Keks nach einer Weltumseglung. Die anschließende Pause hätte unangenehm werden können, wenn sie nicht gelächelt hätte. Aber sie lächelte, und urplötzlich schien unheimlich viel Blut in meinen Ohren zu randalieren, zu stolpern und Dinge auf den Boden zu schmeißen. Ich lächelte zurück, und wir sahen uns einfach weiter an.

«Ich finde, wir sollten festhalten, daß es auch schlimmer hätte ausgehen können», sagte sie.

«Das stimmt natürlich», sagte ich. «Als international anerkanntes Achselhöhlenmodel wäre ich jetzt monatelang arbeitsunfähig.»

Diesmal lachte sie, lachte sich schier kaputt, und ich hatte das Gefühl, ich hätte jede einzelne Olympiamedaille gewonnen, die je geprägt worden war.

Wir begannen mit einer umwerfend köstlichen Suppe, die in einer Schüssel ankam, die ungefähr so groß wie meine Wohnung war. Geredet wurde wenig. Es stellte sich heraus, daß Woolf ebenfalls ein Turfliebhaber war und ich am Nachmittag eines seiner Pferde gesehen hatte, das in Doncaster an den Start gegangen war, also klönten wir ein wenig über Rennen. Als der zweite Gang kam, gaben wir gerade einem hübsch abgerundeten Dreiminüter über die Unberechenbarkeit des englischen Klimas den letzten Schliff. Woolf steckte sich etwas Fleischiges und Soßebedecktes in den Mund und tupfte ihn mit der Serviette ab.

«Schießen Sie los, Thomas», sagte er, «ich schätze, es gibt da so einiges, was Sie mich fragen möchten.»

«Ähm, ja.» Ich tupfte mir ebenfalls den Mund ab. «Ich mag es nicht, daß ich so berechenbar bin, aber was zum Teufel führen Sie eigentlich im Schilde?»

Am Nachbartisch schnappte man hörbar nach Luft, aber weder Woolf noch Sarah verzog eine Miene.

«Verstehe», sagte er und nickte. «Gute Frage. Zuallererst, egal was Ihre Verteidigungstypen Ihnen für Bären aufgebunden haben, ich habe rein gar nichts mit Drogen am Hut. Kein bißchen. Ich habe zuweilen Penicillin bekommen, aber das war alles. Punkt.»

Das reichte mir natürlich nicht. Bei weitem nicht. Am Satzende «Punkt» zu sagen macht einen Satz noch lange nicht unanfechtbar.

«Wie soll ich sagen», meinte ich, «verzeihen Sie mir meinen abgedroschenen englischen Zynismus, aber das gehört doch wohl in die Rubrik ‹Das müssen Sie ja sagen, nicht wahr?›.» Sarah sah mich indigniert an, und ich hatte plötzlich die Befürchtung, den Bogen überspannt zu haben. Aber dann dachte ich, was soll's, schöne Sehnen hin oder her, hier mußten ein paar Dinge aus der Welt geschafft werden.

«Tut mir leid, daß ich das anspreche, bevor Sie richtig loslegen», sagte ich, «aber wenn wir schon hier sind, um unsere Karten auf den Tisch zu legen, dann mach ich das auch.»

Woolf steckte sich wieder eine Gabelvoll in den Mund und hob die Augen nicht vom Teller. Es dauerte einen Augenblick, bis ich schnallte, daß er Sarah antworten ließ.

«Thomas», sagte sie, und ich sah ihr in die Augen. Die waren groß und rund und reichten von einem Ende des Universums zum anderen. «Ich hatte einen Bruder. Michael. Vier Jahre älter als ich.»

Ach du grüne Neune. Hatte.

«Nach dem ersten halben Jahr an der Bates University ist Michael gestorben. Amphetamine, Qualude, Heroin. Er war zwanzig Jahre alt.»

Sie verstummte. Ich mußte etwas sagen. Irgend etwas. Egal was.

«Das tut mir leid.»

Was sollte ich denn sonst sagen? Scheiße? Kann ich mal das Salz haben? Ich merkte, daß ich mich immer tiefer über den Tisch beugte und in ihrer Trauer aufgehen wollte, aber es hatte keinen Sinn. Bei dem Thema bleibt man immer ein Außenseiter.

Schließlich sagte sie: «Ich erzähle Ihnen das aus einem einzigen Grund. Sie sollen einsehen, daß mein Vater», sie sah ihn an, aber er sah nicht von seinem Teller hoch, «zum Drogenhandel so wenig imstande ist wie zum Mondflug. So einfach ist das. Dafür leg ich meine Hand ins Feuer.»

Punkt.

Eine Weile vermieden die beiden jeglichen Blickkontakt mit dem anderen oder mit mir.

«Nun, das tut mir leid», sagte ich erneut. «Das tut mir wirklich sehr leid.»

Einen Augenblick lang saßen wir einfach nur da, eine Zelle des Schweigens mitten im Restaurantgeklapper, dann setzte Woolf plötzlich ein Lächeln auf und wurde richtig lebhaft.

«Danke, Thomas», sagte er. «Aber was passiert ist, ist passiert. Für Sarah und mich sind das olle Kamellen, und wir sind vor langer Zeit darüber weggekommen. Im Moment möchten Sie vermutlich lieber erfahren, warum ich Sie gebeten habe, mich umzubringen.»

Eine Frau am Nebentisch drehte sich um, sah Woolf an und runzelte die Stirn. Das konnte er doch nicht im Ernst gesagt haben. Oder? Kopfschüttelnd wandte sie sich wieder ihrem Hummer zu.

«Kurz und bündig.»

«Nun, nichts einfacher als das», sagte er. «Ich wollte herausbekommen, was für ein Mensch Sie sind.»

Er sah mich an, sein geschlossener Mund bildete eine anmutige Gerade.

«Verstehe», sagte ich und verstand überhaupt nichts. Das hat man nun davon, wenn man darum bittet, Sachverhalte kurz und bündig erklärt zu bekommen. Ich zwinkerte ein paarmal, dann lehnte ich mich zurück und versuchte, pikiert auszusehen.

«Was sprach dagegen, meinen Direx anzurufen?» fragte ich. «Oder eine Exfreundin? Aber das war Ihnen wahrscheinlich alles zu langweilig, ja?»

Woolf schüttelte den Kopf.

«Im Gegenteil», sagte er. «Das hatte ich schon alles hinter mir.»

Das war ein Schock. Ein echter Schock. Ich werde heute noch rot, wenn ich daran denke, wie ich bei den O-Levels in Chemie geschummelt und eine Eins bekommen habe, wo sämtliche Lehrer mit einer Sechs gerechnet hatten. Ich wußte, daß es eines Tages auffliegen würde. Ich wußte es einfach.

«Tatsächlich?» fragte ich. «Und? Wie hab ich abgeschnitten?»

Woolf lächelte.

«Gar nicht mal so schlecht», sagte er. «Einige Ihrer Exfreundinnen halten Sie für eine Nervensäge, aber sonst haben Sie sich wacker geschlagen.»

«Das hört man doch gern», sagte ich.

Woolf fuhr fort, als läse er von einer Liste ab. «Sie sind intelligent. Sie sind zäh. Sie sind ehrlich. Schnelle Karriere bei den Scotch Guards.»

«Scots», korrigierte ich, aber das überhörte er und sprach weiter.

«Und das Beste ist, Sie sind meines Wissens pleite.»

Er lächelte wieder, was mich etwas nervte.

«Sie haben meine Aquarelle vergessen», sagte ich.

«Auch das noch? Ein Tausendsassa. Ich mußte nur noch herausfinden, ob Sie käuflich sind.»

«Klar», sagte ich. «Deswegen die fünfzigtausend.»

Woolf nickte.

Die Sache lief allmählich aus dem Ruder. Ich wußte genau, an irgendeinem Punkt hätte ich den harten Mann markieren und einen Vortrag halten müssen, à la wer ich schließlich sei und wofür, zum Teufel, sie sich eigentlich hielten, daß sie sich anmaßten, in der Vergangenheit eines tollen Kerls wie mir herumzustochern, und sobald ich meinen Pudding ausgelöffelt hätte, könnten Typen wie sie mir wieder gestohlen bleiben – aber irgendwie wollte der richtige Moment einfach nicht antanzen. Obwohl er mich einigermaßen gebeutelt hatte und trotz seines Herumschnüffelns in meinen alten Zeugnissen konnte ich mich nicht dazu durchringen, auf Woolf sauer zu sein. Er hatte etwas, und das mochte ich. Und was Sarah betraf, nun ja. Ansehnliche Sehnen.

Trotzdem konnte man den alten Stahl ja ruhig mal aufblitzen lassen.

«Darf ich raten?» sagte ich und sah Woolf grimmig an. «Kaum hatten Sie rausgefunden, daß ich nicht käuflich bin, versuchten Sie, mich zu kaufen.»

Er zögerte keine Sekunde.

«Genau», sagte er.

Da. Das war's, und dies war der richtige Moment. Ein Ehrenmann hat seine Grenzen, und ich eben auch. Ich warf meine Serviette auf den Tisch.

«Das alles ist äußerst spannend», sagte ich, «und wenn ich ein anderer Mensch wäre, dann wäre ich vielleicht sogar geschmeichelt. Aber jetzt will ich schlicht und einfach wissen, was hier eigentlich gespielt wird. Und wenn ich es nicht auf der Stelle erfahre, dann verschwinde ich von diesem Tisch, aus Ihrem Leben und vielleicht sogar aus diesem Land.»

Ich merkte, daß Sarah mich ansah, behielt aber Woolf im Auge. Er hetzte seine letzte Kartoffel über den Teller und brachte sie in einer Soßenpfütze zur Strecke. Dann legte er die Gabel aus der Hand und sprach sehr schnell.

«Sind Sie über den Golfkrieg im Bilde, Mr. Lang?» fragte er. Ich wußte nicht, was Thomas zugestoßen war, aber die Stimmung war spürbar umgeschlagen.

«Ja, Mr. Woolf, ich bin über den Golfkrieg im Bilde.»

«Nein, sind Sie nicht. Ich setze mein gesamtes Vermögen darauf, daß Sie vom Golfkrieg nicht das klitzekleinste bißchen wissen. Sagt Ihnen der Begriff ‹militärisch-industrieller Komplex› etwas?»

Er redete wie ein Vertreter und versuchte irgendwie, mich in die Enge zu treiben, und ich mußte mich dagegen wehren. Ich trank einen großen Schluck Wein.

«Dwight Eisenhower», sagte ich schließlich. «Ja, sagt mir was. Ich war Teil davon, falls Sie das schon vergessen haben.»

«Mit Verlaub, Mr. Lang, Sie waren ein winzig kleiner Teil davon. Zu klein – tut mir leid, wenn ich das so drastisch sagen muß –, zu klein, um überhaupt zu wissen, wovon Sie ein Teil waren.»

«Ganz wie Sie meinen», sagte ich.

«Jetzt raten Sie doch mal, was die wichtigste Ware auf der ganzen Welt ist. So wichtig, daß die Produktion und der Verkauf aller anderen Waren davon abhängen. Öl, Gold, Nahrungsmittel, na, was meinen Sie?»

«Ich habe das dumpfe Gefühl», sagte ich, «daß Sie auf Waffen hinauswollen.»

Woolf lehnte sich über den Tisch, zu schnell und zu nah für meinen Geschmack.

«Richtig, Mr. Lang», sagte er. «Es ist die größte Industrie der Welt, und jede Regierung der Welt weiß das. Wenn Sie ein Politiker sind und sich mit der Waffenindustrie anlegen, egal in welcher Form, dann wachen Sie am nächsten Morgen auf und sind kein Politiker mehr. Manchmal wachen Sie am nächsten Morgen auch gar nicht mehr auf. Es spielt keine Rolle, ob Sie im Staat Idaho ein Gesetz durchbringen wollen, alle Schußwaffen registrieren zu lassen, oder ob Sie versuchen, den Verkauf der F-16 an die irakische Luftwaffe zu stoppen. Sie treten denen auf die Hühneraugen, und die zertreten Ihnen den Kopf. Punkt.»

Woolf lehnte sich zurück und wischte sich den Schweiß von der Stirn.

«Mr. Woolf», sagte ich, «ich weiß, daß England Ihnen sehr fremdartig vorkommen muß. Ich weiß, daß wir auf Sie den Eindruck einer Nation von Hinterwäldlern machen, die erst am Tag vor Ihrer Landung das Geheimnis des fließend warmen und kalten Wassers entdeckt haben, aber trotzdem muß ich Ihnen mitteilen, daß vieles von dem, was Sie da sagen, mir nicht ganz unbekannt ist.»

«Hören Sie einfach zu, ja?» sagte Sarah, und ich fuhr zusammen, als ich den Ärger in ihrer Stimme hörte. Als ich sie ansah, starrte sie bloß zurück und preßte die Lippen zusammen.

«Haben Sie schon mal was von Stoltois Bluff gehört?» fragte Woolf.

Ich drehte mich zu ihm zurück.

«Stoltois ... nein, ich glaube nicht.»

«Macht nichts», sagte er. «Anatoly Stoltoi war General der Roten Armee. Stabschef unter Chruschtschow. Versuchte seine gesamte Karriere lang, die USA glauben zu machen, die Russen hätten dreißigmal so viele Raketen, wie sie in Wirklichkeit hatten. Das war sein Beruf. Sein Lebenswerk.»

«Hat ja auch funktioniert, oder?»

«Wir waren zufrieden, ja.»

«Und ‹wir› waren ...?»

«Das Pentagon wußte, daß es von A bis Z geflunkert war. Das war bekannt. Aber das hinderte die Amerikaner nicht daran, diesen Bluff als Rechtfertigung für die größte Aufrüstung aller Zeiten zu benutzen.»

Vielleicht lag es am Wein, aber ich hatte den Eindruck, nur äußerst langsam zu kapieren, worauf er eigentlich hinauswollte.

«Klar», sagte ich. «Na, dann woll'n wir mal was dagegen unternehmen, was? Wo ist denn bloß meine Zeitmaschine abgeblieben? Ach, natürlich, nächsten Mittwoch.»

Sarah fauchte etwas und wandte sich vom Tisch ab. Vielleicht hatte sie recht – vielleicht war ich sarkastisch –, aber mein lieber Schwan, wohin führte das denn bloß?

Woolf schloß einen Augenblick die Augen und übte sich in Geduld. «Was braucht die Waffenindustrie Ihrer Meinung nach mehr als alles andere?» fragte er schleppend.

Ich kratzte mich pflichtschuldig am Kopf. «Kunden?»

«Krieg», sagte er. «Konflikte. Auseinandersetzungen.»

Rette sich wer kann, dachte ich. Jetzt kommt die große Theorie.

«Verstehe», sagte ich. «Sie wollen mir verklaren, daß die Waffenindustrie den Golfkrieg angefangen hat.» Ehrlich, höflicher ging's nun wirklich nicht.

Woolf antwortete nicht. Er saß einfach nur da, hatte den Kopf leicht auf die Seite gelegt, sah mich an und fragte sich, ob er womöglich doch an den Falschen geraten sei. Für mich stand das sowieso außer Frage.

«Nein, Scherz beiseite», sagte ich. «Wollen Sie darauf hinaus? Ich möchte wirklich bloß wissen, was Sie denken. Ich will wissen, was die ganze Chose eigentlich soll.»

«Sie haben vermutlich die Fernsehreportagen gesehen», sagte Sarah, während Woolf mich bloß weiter anstarrte. «Selbstlenkgranaten, Patriot-Raketensysteme, den ganzen Kram.»

«Ja, hab ich», sagte ich.

«Bei Waffenmessen auf dem ganzen Globus, Thomas, zeigen die Hersteller dieser Waffen solche Berichte in ihren Werbevideos. Menschen sterben, und sie benutzen das Zeug für Werbespots. Es ist einfach obszön.»

«Genau», sagte ich. «Ganz Ihrer Meinung. Die Welt ist ein einziger Saustall, und wir würden alle viel lieber auf dem Saturn leben. Was hat das alles nun mit mir zu tun?»

Während die Woolfs bedeutungsschwangere Blicke tauschten, versuchte ich krampfhaft, mir das ungeheure Mitleid nicht anmerken zu lassen, das ich für die beiden empfand. Es war überdeutlich, daß sie sich auf eine scheußliche Verschwörungstheorie eingeschossen hatten, mit der Folge, daß sie die besten Jahre ihres Lebens damit vergeuden würden, Zeitungsartikel auszuschneiden und an Seminaren über Schußfelder in Dallas teilzunehmen. Ich konnte mir den Mund fusselig reden und würde sie doch nicht von ihrer fixen Idee abbringen. Am besten schob ich ihnen ein paar Pfund für ihre Klebstoffkasse zu und haute ab.

Ich suchte fieberhaft nach einer anständigen Ausrede für den vorzeitigen Aufbruch, als ich sah, daß Woolf an seiner Aktenmappe herumfummelte – jetzt hatte er sie geöffnet und zog eine Handvoll 18 x 24-Hochglanzfotografien heraus.

Er schob mir die oberste zu, also sah ich sie mir an.

Das Foto zeigte einen Helikopter im Flug. Seine Größe konnte ich nicht beurteilen, aber es war definitiv kein Typ, den ich je gesehen oder von dem ich je gehört hatte. Er hatte zwei Hauptrotoren, die, einen guten Meter auseinander, beide am selben Mast angebracht waren, aber es gab keinen Heckrotor. Im Vergleich zur Gesamtmasse wirkte der Rumpf gedrungen, und Hoheitszeichen waren nirgends zu erkennen. Er war schwarz.

Ich sah Woolf fragend an, aber er reichte mir einfach das nächste Foto. Es war von oben aufgenommen worden, so daß man diesmal einen Hintergrund sah, und der war überraschenderweise städtisch. Der Helikopter oder einer aus derselben Baureihe schwebte zwischen zwei anonymen Büroblöcken, und man konnte erkennen, daß er tatsächlich klein war, vermutlich ein Einsitzer.

Das dritte Foto war eine Nahaufnahme und zeigte den Helikopter am Boden. Es mußte kein Luftwaffenstützpunkt sein, wohl aber irgendein militärischer Komplex, denn am Bombenträger, der hinter der Kabine durch den Rumpf lief, hing eine ganze Reihe ziemlich fieses Zubehör. Hydra-70-mm-Raketen, Hellfire-Luft-Boden-Geschosse, Kaliber-.50-MGs und so weiter. Ein großes Spielzeug für große Jungen.

«Wo haben Sie die her?» fragte ich.

Woolf schüttelte den Kopf. «Das spielt keine Rolle.»

«Doch, ich glaube, es spielt eine», sagte ich. «Ich habe den starken Verdacht, Mr. Woolf, daß Sie diese Fotos nicht haben sollten.»

Woolf warf den Kopf zurück, als verlöre er nun doch langsam die Geduld mit mir.

«Es ist piepegal, wo die herkommen», sagte er. «Wichtig ist, was drauf ist. Das ist eine Maschine von extremer Bedeutung, Mr. Lang, das können Sie mir glauben. Von ganz extremer Bedeutung.»

Ich glaubte ihm. Warum auch nicht?

«Das LH-Programm des Pentagon», sagte Woolf, «ist vor nunmehr zwölf Jahren in die Wege geleitet worden. Es sollte Nachfolger für die Cobras und Super-Cobras entwickeln, die die USAAF und das Marine-Corps seit dem Vietnamkrieg eingesetzt haben.»

«LH?» fragte ich zögernd.

«Leichter Helikopter», antwortete Sarah mit einem «Das weiß doch jeder»-Gesichtsausdruck. Woolf senior sprach weiter.

«Der Hubschrauber hier ist das Ergebnis dieses Programms. Er ist von der Mackie Corporation of America entwickelt worden und speziell für die Terrorismusbekämpfung gedacht. Guerilla-Abwehr. Außerhalb der Beschaffungspläne des Pentagon gibt es dafür einen Markt bei Polizei- und Milizkräften auf der ganzen Welt. Aber bei einem Stückpreis von zweieinhalb Millionen Dollar werden sie nicht viele davon losschlagen.»

«Ja», sagte ich, «kann ich mir vorstellen.» Ich sah mir die Bilder noch einmal an und versuchte, nicht allzu naiv zu klingen. «Warum die zwei Rotoren? Sieht ganz schön kompliziert aus.» Ich erwischte sie dabei, wie sich ansahen, konnte ihren Blick aber nicht einordnen.

«Sie haben von Helikoptern keinen blassen Schimmer, stimmt's?» fragte Woolf schließlich.

Ich zuckte die Achseln.

«Sie sind laut», sagte ich, «und sie stürzen gern ab. Das ist so ziemlich alles.»

«Sie sind langsam», sagte Sarah, «langsam und im Kampf daher sehr verwundbar. Ein moderner Kampfhelikopter erreicht eine Fluggeschwindigkeit von etwa 400 Kilometer pro Stunde.»

Ich wollte gerade sagen, das sei doch ein ganz anständiger Affenzahn, aber sie ließ mich nicht zu Wort kommen: «Ein moderner Jagdbomber braucht für einen Kilometer gerade mal zweieinhalb Sekunden.»

Wenn ich keinen Ober an den Tisch rief und um Papier und Bleistift bat, hatte ich nicht die geringste Chance herauszufinden, ob das nun schneller oder langsamer war als 400 Kilometer pro Stunde, also nickte ich einfach und ließ sie weitermachen.

«Was konventionelle Helikopter so langsam macht», sagte sie nachdrücklich, nachdem sie mein Unbehagen spürte, «ist der Einzelrotor.»

«Natürlich», sagte ich und lehnte mich zurück, um Sarahs beeindruckend fachmännischem Vortrag zu lauschen. Vieles war mir zu hoch, aber wenn ich's richtig verstanden habe, ist der springende Punkt folgender:

Laut Sarah sieht der Querschnitt durch ein Rotorblatt im großen und ganzen genauso aus wie der durch einen Flugzeugflügel. Seine Form erzeugt einen Druckunterschied zwi-

111

schen der Luft, die über ihm, und der, die unter ihm vorbei-strömt, und das erzeugt den Auftrieb. Der Unterschied zum Flugzeugflügel besteht darin, daß beim Vorwärtsflug des Helikopters auf der Rotorhälfte, in der die Flügelblätter sich gegen den Flugwind drehen, ein höherer Auftrieb entsteht als auf der anderen Seite. Je schneller der Helikopter fliegt, desto größer wird diese Auftriebsdifferenz. Irgendwann erzeugt das «rückwärts» drehende Blatt gar keinen Auftrieb mehr, der Helikopter neigt sich nach hinten und fällt vom Himmel. Das, sagte Sarah, sei ein Nachteil.

«Die Mackie-Leute haben daraufhin zwei Rotoren auf einem Koaxialstrahl angebracht, die sich gegenläufig drehen. Gleicher Auftrieb auf beiden Seiten und potentiell doppelt so hohe Geschwindigkeit. Außerdem braucht man keinen Heckrotor mehr, um das freie Drehmoment auszugleichen. Kleiner, schneller, manövrierfähiger. Höchstwahrscheinlich schafft diese Maschine über 650 Stundenkilometer.»

Ich nickte bedächtig, um zu zeigen, daß ich beeindruckt war, aber so beeindruckt nun auch wieder nicht.

«Das ist ja schön und gut», sagte ich, «aber die Javelin-Boden-Luft-Rakete kommt verdammt schnell auf 1600 Stundenkilometer.» Sarah starrte mich an. Wie konnte ich es wagen, ihr bei diesen technischen Daten Paroli zu bieten? «Ich meine», sagte ich, «damit ist doch noch kein Blumentopf gewonnen. Es ist immer noch ein Helikopter, und er kann immer noch abgeschossen werden. Er ist nicht unverwundbar.»

Sarah schloß kurz die Augen und überlegte, wie sie es formulieren sollte, damit es auch der letzte Idiot begriff.

«Wenn der SAM-Schütze gut ist», sagte sie dann, «ausgebildet und auf Zack, dann hat er eine Chance. Aber nur eine. Das Besondere an diesem Hubschrauber ist aber, daß dem Ziel keine Zeit zur Vorbereitung bleibt. Der hat seinem Opfer schon das Maul gestopft, während es sich noch den Schlaf aus den Augen reibt.» Sie starrte mich kampflustig an. Hast du's jetzt gerafft? «Glauben Sie mir, Mr. Lang», fuhr sie fort und bestrafte mich für meine Unverschämtheit, «vor sich sehen Sie den Armeehelikopter der nächsten Generation.» Sie wies mit dem Kopf auf die Fotos.

«Verstanden», sagte ich. «Gut. Na, da müssen die ja mächtig froh sein.»

«Das sind sie, Thomas», sagte Woolf. «Sie sind über diese Maschine sogar sehr froh. Im Moment haben die Jungs bei Mackie nur ein Problem.»

Irgendwer mußte jetzt «Und das wäre?» fragen.

«Und das wäre?» fragte ich.

«Im Pentagon glaubt niemand, daß sie hält, was sie verspricht.»

Ich dachte darüber nach.

«Wieso, können sie nicht um 'ne Testfahrt bitten? 'n paarmal um den Pudding fliegen?»

Woolf holte tief Luft, und ich spürte, daß wir uns endlich dem Hauptthema des Abends näherten.

Langsam sagte er: «Diese Maschine wird sich an das Pentagon und fünfzig Luftwaffen in aller Herren Länder verkaufen, sobald man sie im Einsatz gegen ein großes terroristisches Kommando gesehen hat.»

«Klar», sagte ich. «Sie meinen, die müssen auf die nächsten Olympischen Spiele in München warten.»

Woolf ließ sich Zeit, damit die Pointe besser ankam.

«Nein, das meine ich nicht, Mr. Lang», sagte er. «Sie werden vielmehr die nächsten Olympischen Spiele in München herbeiführen.»

«Warum erzählen Sie mir das alles?»

Wir waren inzwischen beim Mokka angelangt, und die Fotos waren in die Mappe zurückgewandert.

«Ich meine, falls Sie recht haben», sagte ich, «und unter uns gesagt, stecke ich mitten in diesem ‹falls› mit einem Platten und ohne Reserverad fest – aber falls Sie recht haben, was wollen Sie dagegen machen? An die ‹Washington Post› schreiben? Esther Rantzen? Oder was?»

Die beiden Woolfs waren sehr still geworden, und ich wußte überhaupt nicht, warum. Vielleicht hatten sie gedacht, allein die Darlegung der Theorie würde mich überzeugen – sobald ich sie vernommen hätte, würde ich aufspringen, das Buttermesser schleifen und «Tod allen Waffenschmieden!» schreien –, aber mir reichte das vorn und hinten nicht. Wie denn auch?

«Halten Sie sich für einen guten Menschen, Thomas?»

Das kam von Woolf, aber er sah mich noch immer nicht an.

«Nein», sagte ich.

Sarah sah hoch.

«Was dann?»

«Ich halte mich für einen langen Menschen», sagte ich. «Für einen armen Menschen. Einen pappsatten Menschen. Einen Menschen mit einem Motorrad.» Ich stockte und spürte ihren Blick. «Ich weiß nicht, was Sie unter ‹gut› verstehen.»

«So etwas wie auf seiten der Engel», sagte Woolf.

«Es gibt keine Engel», sagte ich schnell. «Tut mir leid, aber es gibt keine.»

Im darauf folgenden Schweigen nickte Woolf bedächtig, als müsse er konzedieren, ja, diese Anschauung lasse sich vertreten, es sei nur leider eine so schrecklich enttäuschende Anschauung. Dann seufzte Sarah und erhob sich.

«Entschuldigt mich», sagte sie.

Woolf und ich grabschten nach unseren Sessellehnen, aber sie hatte schon das halbe Restaurant hinter sich, bevor wir auch nur annähernd standen. Sie ging zu einem Ober, holte flüsternd Erkundigungen ein, dankte ihm mit einem Nicken für die Auskunft und ging auf einen überwölbten Ausgang am Ende des Saals zu.

«Thomas», sagte Woolf, «ich will's mal so sagen. Es gibt

böse Menschen, die drauf und dran sind, böse Dinge zu tun. Wir können sie aufhalten. Wollen Sie uns helfen?» Er hielt inne. Immer inniger.

«Hören Sie, Sie haben meine Frage noch nicht beantwortet», sagte ich. «Was haben Sie eigentlich vor? Sagen Sie mir das klipp und klar. Was spricht gegen die Presse? Oder die Polizei? Oder den CIA? Warum suchen wir uns nicht ein Telefonbuch und etwas Kleingeld und bringen die Sache im Handumdrehen hinter uns?»

Woolf schüttelte gereizt den Kopf und trommelte mit den Fingern auf den Tisch.

«Sie haben mir nicht zugehört, Thomas», sagte er. «Hier geht es um Interessen. Die größten Interessengruppen der Welt. Das Großkapital. Mit dem Großkapital nimmt man es nicht per Telefon auf oder mit ein paar höflichen Briefen an den eigenen Kongreßabgeordneten.»

Ich stand auf und schwankte etwas unter dem Einfluß des Weins. Oder der Unterhaltung.

«Wollen Sie schon los?» fragte Woolf, ohne aufzusehen.

«Vielleicht», sagte ich, «vielleicht.» Offen gesagt, ich wußte nicht, was ich vorhatte. «Aber erst will ich zur Toilette.» Das war wirklich mein dringendster Wunsch, denn ich war verwirrt, und Porzellan hilft mir beim Denken.

Langsam ging ich durchs Restaurant auf den überwölbten Ausgang zu, im Kopf rappelte allerlei unsachgemäß verstautes Handgepäck, das herausfallen und Mitreisende verletzen konnte – was fiel mir eigentlich ein, an Starts und Landebahnen und den Auftakt zu langen Reisen zu denken? Ich mußte hier raus, und zwar so schnell wie möglich. Es war heller Wahnsinn gewesen, mir diese Fotos überhaupt anzusehen.

Ich schwenkte in den überwölbten Ausgang ein, und da stand Sarah in einer Nische vor einem Münztelefon. Sie kehrte mir den Rücken zu und hielt den Kopf gesenkt, so daß er fast an der Mauer ruhte. Ich stand einen Augenblick da und betrachtete ihren Hals und ihr Haar und ihre Schultern und, ja, ich glaube, ich könnte sogar ihre vier Buchstaben abgezählt haben.

«Hey», sagte ich dümmlich.

Sie wirbelte herum, und Sekundenbruchteile lang glaubte ich, echte Furcht auf ihrem Gesicht lesen zu können – wovor, konnte ich mir nicht vorstellen –, dann lächelte sie und hängte ein.

«Und?» fragte sie und kam mir einen Schritt entgegen. «Machen Sie mit?»

Wir sahen uns eine Zeitlang an, dann lächelte ich zurück, zuckte die Achseln und wollte gerade «öhm» sagen, das sage ich nämlich immer, wenn mir die Worte fehlen. Wenn Sie das vor dem Spiegel ausprobieren, werden Sie feststellen, daß Sie für das «ö» die Lippen zu einem Schmollmund vorstülpen müssen – dieselbe Lippenform brauchen Sie beispielsweise fürs Pfeifen. Oder auch fürs Küssen.

Sie küßte mich.

Sie küßte mich.

Ich will damit sagen, daß ich mit vorgestülpten Lippen und umgestülptem Hirn dastand, und sie kam einfach auf mich zu und schleuderte mir ihre Zunge in den Mund. Zuerst dachte ich, sie wäre womöglich über eine Diele gestolpert und hätte im Reflex die Zunge rausgestreckt – aber irgendwie kam mir das nicht sonderlich plausibel vor, außerdem hätte sie die Zunge dann doch wohl zurückgezogen, sobald sie ihr Gleichgewicht wieder hatte, oder?

Nein, zweifellos, sie küßte mich. Genau wie im Kino. Und genau wie nicht in meinem Leben. Ein paar Sekunden lang war ich viel zu überrascht und viel zu sehr aus der Übung, um zu wissen, was jetzt not tat, denn es war sehr lange her, seit ich so was zum letzten Mal erlebt hatte. Hand aufs Herz, wenn mich meine Erinnerung nicht täuscht, muß ich beim letzten Mal Olivenpflücker unter der Herrschaft Ramses III. gewesen sein, und ich weiß nicht mehr, wie ich damals reagiert habe.

Sie schmeckte nach Zahnpasta und Wein und Parfum und nach dem siebten Himmel an einem Sommertag.

«Machen Sie mit?» fragte sie erneut, und der deutlichen Aussprache entnahm ich, daß sie ihre Zunge irgendwann zurückgezogen haben mußte, obwohl ich sie noch im Mund und auf den Lippen spürte und wußte, daß ich sie dort für immer und ewig spüren würde. Ich schlug die Augen auf.

Sie stand da und sah zu mir hoch, und ja, es war eindeutig sie. Es war kein Ober und keine Hutablage.

«Öhm», sagte ich.

Wir saßen wieder am Tisch, und Woolf unterschrieb gerade die Kreditkartenquittung. Vielleicht geschah auch noch anderes auf der Welt, aber ich bekam es nicht mit.

«Danke für das Essen», sagte ich wie ein Roboter.

Woolf machte eine abwehrende Geste und grinste.

«Gern geschehen, Tom», sagte er.

Er freute sich, weil ich ja gesagt hatte. Ja wie in: Ja, ich überleg's mir.

Was ich mir da überlegen sollte, konnte mir anscheinend niemand so genau sagen, aber Woolf genügte es, und im Moment hatten wir alle Grund zur Zufriedenheit. Ich griff nach der Mappe und sah mir die Fotos noch einmal Stück für Stück an.

Klein, schnell und mörderisch.

Ich glaube, auch Sarah freute sich, obwohl sie jetzt so tat, als wäre außer einer anständigen Mahlzeit und einem netten Plausch über Gott und die Welt nichts passiert.

Mörderisch, schnell und klein.

Unter ihrem Gleichmut brodelte vielleicht ein Malstrom von Emotionen, und der Staudamm hielt nur, weil ihr Vater neben ihr saß.

Klein, schnell und mörderisch.

Ich verdrängte den Gedanken an Sarah.

Mit jedem Bild des scheußlichen Geräts, das mir vor

Augen kam, schien ich aus irgend etwas oder von irgendwo zu erwachen. Zu irgend etwas anderem oder irgendwo anders. Ich weiß, es klingt verrückt, aber die Schlichtheit dieser Maschine – ihre Häßlichkeit, ihre von allem Überflüssigen befreite Zerstörungskraft, ihre schiere Gnadenlosigkeit – schien mir von den Fotos in die Hände zu sickern und ließ mir das Blut gefrieren. Vielleicht spürte Woolf, was ich fühlte.

«Es hat noch keinen offiziellen Namen», sagte er und deutete auf die Bilder. «Aber es trägt die vorläufige Bezeichnung *Urban Control and Law-enforcement Aircraft.*»

«UCLA wie in: University of California in Los Angeles», sagte ich.

«Buchstabieren können Sie auch?» fragte Sarah mit dem Anflug eines Lächelns.

«Daher stammt auch der Spitzname dieses Prototyps», sagte Woolf.

«Nämlich?»

Ich bekam keine Antwort, sah hoch und merkte, daß Woolf mir in die Augen sehen wollte.

«Der Graduierte», sagte er.

7

Ein Frauenhaar zieht mehr
als hundert Ochsenpaare.
James Howell

Aus Jux und Tollerei lenkte ich die Kawasaki über das Victoria Embankment. Um den Motor auf Touren zu bringen und meinen Grips auf Trab.

Den Anruf bei mir zu Hause und die häßliche Amerikanerstimme am anderen Ende hatte ich den Woolfs verschwiegen. «Graduiertenkolleg» konnte alles mögliche bedeuten − sogar Graduiertenkolleg −, und auch der Anrufer konnte jeder Hans und Franz gewesen sein. Aber wenn man Verschwörungstheoretiker an den Hacken hat − und Kuß hin, Kuß her, *das* waren meine beiden Hübschen nun ganz eindeutig −, dann muß man ihnen ja nicht noch Extrazufälle liefern, über die sie sich aufplustern können.

Wir hatten das Restaurant in einträchtiger Waffenruhe verlassen. Draußen auf dem Bürgersteig drückte Woolf mir den Arm und sagte, ich solle es überschlafen, woraufhin ich zusammenzuckte, denn ich hatte gerade Sarahs Hintern betrachtet. Als ich dann verstanden hatte, was er meinte, versprach ich es ihm und fragte höflich, wie ich denn mit ihm Kontakt aufnehmen könne. Er zwinkerte und meinte, er werde mich schon finden, obwohl ich darauf keinen gesteigerten Wert legte.

Es gab natürlich einen sehr guten Grund dafür, es mir mit Woolf nicht zu verderben. Er mochte ein Wirrkopf und Spinner sein, und seine Tochter mochte nur ein umwerfend attraktiver, umgekrempelter Kleiderkoffer sein, aber ich konnte nicht bestreiten, daß die beiden sehr charmant waren.

Ich will damit sagen, sie hatten eine anständige Summe ihres Charmes auf mein Konto überwiesen.

Verstehen Sie mich bitte nicht falsch. In der Regel spielt Geld für mich keine große Rolle. Das soll nicht heißen, daß ich zu den Leuten gehöre, die gratis arbeiten; das liegt mir fern. Für meine Leistungen, wenn ich denn etwas leiste, stelle ich eine Rechnung aus, und ich werde sauer, wenn ich den Eindruck habe, daß jemand seine Schulden nicht begleicht. Zugleich glaube ich aber, von mir sagen zu dürfen, daß ich nie geldgierig gewesen bin. Freilich auch nichts unterlassen habe, was mir den – sei's auch noch so kleinen – Genuß verschaffen konnte, mehr von dem Zeug in die Finger zu kriegen. Ein Mensch wie Paulie zum Beispiel (das hat er mir oft genug erzählt) verbringt den größten Teil seiner Tage mit dem Geldscheffeln oder mit dem Pläneschmieden, wie er mehr Geld scheffeln könnte. Paulie ist in der Lage, Unangenehmes zu tun – sogar Unmoralisches –, aber wenn der Scheck am Ende fett genug ist, kratzt ihn das nicht im geringsten. Immer her damit, ist seine Devise.

Ich bin da nun einmal anders. Einfach aus anderem Holz geschnitzt. Das einzig Gute, was mir am Geld je aufgefallen ist, das einzig Positive, was sich über einen ansonsten ziemlich vulgären Gebrauchsartikel sagen läßt, ist, daß man sich dafür Dinge kaufen kann.

Und Dinge gefallen mir alles in allem gut.

Woolfs 50 000 Dollar waren keineswegs der Schlüssel zum ewigen Glück, soviel stand fest. Ich konnte mir davon keine Villa in Antibes kaufen, nicht mal eine für mehr als anderthalb Tage mieten. Aber trotzdem war es eine praktische Sache. Beruhigend. Es brachte mir Zigaretten auf den Tisch.

Und wenn ich noch ein paar Abende in den Kapiteln eines Robert-Ludlum-Romans verbringen und gelegentlich von einer hinreißenden Frau geküßt werden mußte, um an dieses Beruhigungsmittel heranzukommen – also damit konnte ich leben.

Mitternacht war schon vorbei, und auf dem Embankment herrschte nicht mehr viel Verkehr. Die Straße war trocken, und die ZZR brauchte Auslauf, also gab ich im dritten Gang Vollgas und ließ mir noch einmal ein paar Kommandos von Captain Kirk an Mr. Chekov durch den Kopf gehen, während sich das Universum an meinem Hinterrad wieder zusammenklaubte. Ich muß 180 Sachen die Wange gestreichelt haben, als Westminster Bridge in Sicht kam, also betupfte ich kurz die Bremsen und verlagerte mein Gewicht etwas, um die Maschine für die Rechtskurve schräg zu legen. Die Ampel zum Parliament Square sprang auf Grün, und ein dunkelblauer Ford setzte sich in Bewegung, also warf ich noch ein Stück Tempo über Bord, um in der Außenkurve an ihm vorbeizuziehen. Als ich gleichauf mit ihm war und mein Knie schon fast über den Asphalt schubberte, glitt der Ford nach links, und ich richtete mich auf, um einen größeren Bogen zu fahren.

In dem Moment dachte ich noch, er hätte mich einfach nicht gesehen. Da hielt ich ihn noch für einen normalen Fahrer.

Mit der Zeit ist das so eine Sache.

Ich kannte mal einen Piloten bei der *Royal Air Force*, der erzählte, sein Navigator und er hätten hundert Meter über den Auen von Yorkshire aus einem äußerst kostbaren Tornado GR 1 aussteigen müssen. Als Grund dafür nannte er einen «Vogelschlag». (Ich fand die Bezeichnung unfair, weil sie sich so anhörte, als wäre der Vogel schuld; als hätte das kleine Federvieh absichtlich und aus purer Bosheit versucht, zwanzig Tonnen Metall, die knapp unterhalb der Schallgeschwindigkeit in die Gegenrichtung unterwegs waren, einen Kopfstoß zu verpassen.)

Wie dem auch sei, ich will darauf hinaus, daß der Pilot und sein Navigator nach dem Absturz in der Einsatzzentrale saßen und den Ermittlern geschlagene eineinviertel Stunden lang Rede und Antwort stehen mußten, was sie im Moment des Zusammenstoßes gesehen, gehört, gefühlt und getan hatten.

Eine Stunde und fünfzehn Minuten.

Als die Black box, also der Flugschreiber, endlich aus dem Wrack geborgen worden war, stellte sich heraus, daß die Zeit, die zwischen dem Einstieg des Vogels in den Lufteinlauf und dem Ausstieg der Mannschaft verstrichen war, nicht einmal vier Sekunden betrug.

Vier Sekunden, das heißt rums, eins, zwo, drei, Frischluft.

Als ich die Geschichte hörte, wollte ich sie nicht recht glauben, zumal der Pilot ein drahtiger kleiner Fiesling war, mit diesen gruseligen blauen Augen, die Menschen in hervorragender körperlicher Verfassung oft haben. Außerdem war ich die ganze Zeit auf seiten des Vogels.

Aber jetzt glaube ich sie.

Ich glaube sie, weil der Fahrer des Ford nie nach rechts abgebogen ist. Eine Reihe von Leben zog an mir vorbei, und nicht alle waren erfreulich und erfüllt, während er mich von der Straße abbrachte und gegen die Absperrung vor dem House of Commons manövrierte. Bremste ich, bremste er. Gab ich Gas, gab er Gas. Kippte ich das Motorrad ab, um die Kurve zu kriegen, hielt er weiter direkt auf die Absperrung zu und stupste mich mit der Scheibe des Beifahrerfensters an die Schulter.

O ja, von dieser Absperrung könnte ich stundenlang erzählen. Und noch viel länger von dem Augenblick, als mir aufging, daß der Fahrer des Ford keineswegs ein normaler Fahrer war. Er war vielmehr ein ausgezeichneter Fahrer.

Es war kein Rover, und das war ja schon bezeichnend. Er mußte über Funk in Position gebracht worden sein, denn auf dem Embankment hatte mich niemand überholt. Der Beifahrer sah mich an, als ich auf den Ford zukam, und sagte eindeutig nicht «Paß auf, da kommt ein Motorrad», während der Wagen auf mich zuhielt. Er hatte zwei Rückspiegel, was bei keinem Ford je Standardausführung war. Und meine Eier schmerzten. Davon wachte ich auf.

Ihnen ist auf Ihren Reisen sicher schon aufgefallen, daß Motorradfahrer keine Sicherheitsgurte tragen. Das hat Vorteile und Nachteile. Vorteile, weil niemand gern an zweihundertdreißig Kilo glühendheißes Metall geschnallt bleibt, das gerade die Straße langschlittert. Nachteile, weil bei einer Vollbremsung die Maschine anhält und der Fahrer nicht. Er bewegt sich weiterhin in Richtung Norden, bis seine Genitalien mit dem Benzintank kollidieren und ihm Tränen in die Augen schießen, so daß er das Hindernis nicht mehr sieht, dem er mittels Bremsen hatte ausweichen wollen.

Die Absperrung.

Eine robuste, kühle, schmiedeeiserne Absperrung. Eine Absperrung, die es verdient hatte, die Mutter aller Parlamente einzufrieden. Eine Absperrung, die man Anfang 1940 abgerissen hätte, um Spitfires und Hurricanes und Wellingtons und Lancasters daraus zu machen, und wie hieß noch mal das Flugzeug mit dem gespaltenen Höhenleitwerk? War das die Blenheim?

Nur war die Absperrung 1940 natürlich noch gar nicht da. Sie war 1987 gebaut worden, damit die Parlamentsgeschäfte nicht von verrückten Libyern gestört werden konnten, die einen Peugeot-Kombi mit einer Vierteltonne hochexplosivem Sprengstoff vollgestopft hatten.

Diese Absperrung, meine Absperrung, hatte eine Funktion. Sie hatte die Demokratie zu verteidigen. Von Handwerkern namens Ted oder Ned, vielleicht auch Bill, war sie von Hand errichtet worden.

Diese Absperrung war nur etwas für echte Helden.

Ich schlief.

Ein Gesicht. Ein sehr großes Gesicht. Ein sehr großes Gesicht, das nur Haut für ein sehr kleines Gesicht hatte, so daß es überall spannte. Straffe Kiefer, straffe Nase, straffe Augen. Jeder Muskel und jede Sehne in diesem Gesicht schwoll und wogte. Es sah aus wie ein überfüllter Fahrstuhl. Ich zwinkerte, und das Gesicht verschwand.

Vielleicht schlief ich auch eine Stunde, und das Gesicht verschwand in der neunundfünfzigsten Minute. Ich werde es nie erfahren. Statt des Gesichts war nur noch Decke da. Also lag ich in einem Zimmer. Also hatte man mich weggebracht. Als erstes tippte ich auf das Krankenhaus Middlesex, wußte aber sofort, daß das hier ein ganz anderes Paar Stiefel war.

Ich versuchte meinen Körper schrittweise anzuspannen. Vorsichtig, bloß nicht den Kopf bewegen, falls ein Nackenwirbel angeknackst war. Die Füße fühlten sich an wie immer, vielleicht ein bißchen weit weg. Solange sie nicht weiter als eins siebenundachtzig weit weg waren, konnte ich mich nicht beklagen. Das linke Knie beantwortete meine Anfrage postwendend, was ich sehr aufmerksam fand, aber mit dem rechten haperte es. Es fühlte sich dick und heiß an. Darauf kommen wir noch zurück. Oberschenkel. Links okay, rechts nicht ganz. Der Beckengürtel schien heil zu sein, aber das würde ich erst genau wissen, wenn ich ihn belastete. Hoden. Auweia, ein ganz heißes Eisen. Die brauchte ich nicht zu belasten, bei denen wußte ich auch so, daß sie in jämmerlicher Verfassung waren. Ich hatte zu viele davon, und sie taten zu weh. Magen und Brustkorb bekamen eine Zwei minus, und der rechte Arm fiel ganz durch. Rührte sich überhaupt nicht. Der linke allerdings auch nicht, obwohl ich die Hand etwas bewegen konnte. Und da wußte ich, daß ich nicht auf der William-Hoyle-Station lag. Man mag sich in den Krankenhäusern des *National Health Service* heutzutage ja manchmal mit Provisorien behelfen, aber selbst dort werden Patienten nur dann ans Bett gefesselt, wenn man gute

Gründe dafür hat. Hals und Kopf verschob ich bis auf weiteres und schlief so tief und fest, wie das mit sieben Eiern geht.

Das Gesicht war wieder da, straffer als je zuvor. Diesmal kaute es, und die Wangen- und Halsmuskeln standen vor wie Illustrationen in einem Anatomie-Atlas. Es hatte Krümel am Mund, und ab und zu schoß eine kreischrosa Zunge heraus und verschleppte welche in die Mundhöhle.

«Lang?» Jetzt hatte die Zunge im Mund zu tun, fuhr am Zahnfleisch entlang und stülpte die Lippen vor, so daß ich einen Augenblick lang dachte, das Gesicht wollte mich küssen. Ich ließ es warten.

«Wo bin ich?» Erfreut hörte ich, daß meine Stimme ein überzeugend krankes Krächzen hatte.

«Ja», sagte das Gesicht. Hätte es genug Haut gehabt, dachte ich, dann hätte es vielleicht gelächelt. Statt dessen entfernte es sich von meinem Lager, und ich hörte eine Tür aufgehen. Aber sie schloß sich nicht.

«Er ist wach», sagte dieselbe Stimme ziemlich laut, und die Tür schloß sich noch immer nicht. Also beherrschten die Herrscher des Zimmers auch den Flur. Wenn es ein Flur war. Es konnte genausogut die Abschußrampe eines Spaceshuttle sein. Vielleicht lag ich in einem Shuttle und sollte die Welt weit hinter mir lassen.

Schritte. Zwei Mann. Einmal Gummi- und einmal Ledersohlen. Kein Teppich. Lederschritte sind langsamer. Leder ist der Boß. Gummi ist der Lakai, hält Leder die Tür auf und läßt ihm den Vortritt. Gummi ist das Gesicht von eben. Gummigesicht. Leicht zu behalten.

«Mr. Lang?» Leder blieb am Bett stehen. Wenn es ein Bett war. Ich hielt die Augen geschlossen, das Gesicht leicht schmerzverzerrt.

«Wie geht es Ihnen?» Amerikaner. Hab im Moment ständig mit Amerikanern zu tun. Muß am Wechselkurs liegen.

Er ging um das Bett herum, und ich hörte den Staub unter

seinen Schuhen knirschen. Roch sein After-shave. Viel zu stark. Sollten wir Freunde werden, würd ich's ihm sagen. Jetzt noch nicht.

«Als Kind wollt ich immer ein Motorrad haben», sagte die Stimme. «'ne Harley. Mein Dad hat gesagt, die wären zu gefährlich. Als ich dann den Führerschein hatte, hab ich im ersten Jahr vier Unfälle mit seinem Wagen gebaut, bloß um ihm eins auszuwischen. Mein Dad war ein Kotzbrocken.»

Die Zeit verging. Dagegen ließ sich nichts machen.

«Ich glaube, mein Genick ist angebrochen», sagte ich. Ich hatte die Augen weiterhin geschlossen, und das Krächzen kam sehr überzeugend.

«Echt? Tut mir ja so leid. Jetzt erzählen Sie mir mal ein paar Takte, Lang. Wer sind Sie? Was machen Sie? Gehen Sie gern ins Kino? Lieblingsbücher? Waren Sie schon mal bei der Queen zum Tee? Reden Sie schon.»

Ich wartete, bis sich die Schuhe abwandten, und öffnete langsam die Augen. Er war nicht in meinem Blickfeld, also sah ich an die Decke.

«Sind Sie Arzt?»

«Nein, Lang, ich bin kein Arzt», sagte er. «Ich bin ganz bestimmt kein Arzt. Ein Sackgesicht, das bin ich.» Irgendwo im Zimmer kicherte einer, und ich dachte, daß Gummigesicht wohl noch an der Tür stand.

«Wie bitte?»

«Ein Sackgesicht. Das bin ich. Das ist mein Beruf, und das ist mein Leben. Aber hey, reden wir doch mal von Ihnen.»

«Ich brauche einen Arzt», sagte ich. «Mein Genick ...» Tränen schossen mir in die Augen, und ich ließ sie rollen. Ich schnüffelte ein bißchen, verschluckte mich ein bißchen und legte eine klasse Show hin, auch wenn Eigenlob stinkt.

«Soll ich Ihnen mal was sagen?» fragte die Stimme. «Ihr Genick ist mir absolut scheißegal.»

Ich beschloß, ihm nichts von seinem After-shave zu erzählen. Niemals.

«Mich interessiert ganz was anderes», sagte die Stimme. «Und zwar eine ganze Menge ganz was anderes.»

Die Tränen liefen weiter.

«Hören Sie, ich weiß nicht, wer Sie sind oder wo ich bin ...» Ich stockte und versuchte, den Kopf vom Kissen zu heben.

«Verpiß dich, Richie», sagte die Stimme, «vertritt dir mal die Beine.»

Aus der Nähe der Tür kam ein Grunzen, und zwei Schuhe verließen das Zimmer. Ich durfte annehmen, daß Richie in ihnen steckte.

«Sehen Sie, genau so war das auch gedacht, Lang. Sie brauchen nicht zu wissen, wer ich bin, und Sie brauchen nicht zu wissen, wo Sie sind. Die Sache ist, Sie erzählen mir etwas, ich Ihnen nichts.»

«Aber was ...»

«Haben Sie was an den Ohren?» Plötzlich tauchte ein neues Gesicht vor meinem auf. Glatte, gepflegte Haut und Haare wie Paulies. Frisch geföhnt und zu lachhafter Vollkommenheit gekämmt. Der Mann war um die Vierzig und verbrachte wahrscheinlich zwei Stunden täglich auf dem Heimtrainer. Es gab nur ein Wort, das ihm gerecht wurde. Gestriegelt. Er musterte mich prüfend, und so, wie sein Blick auf meinem Kinn verharrte, durfte ich davon ausgehen, daß ich dort eine anständige, spektakuläre Verletzung hatte. Das freute mich, denn mit Narben hat man beim Flirten immer ein Gesprächsthema.

Endlich trafen sich unsere Blicke, und die beiden waren sich von Anfang an nicht grün. «Gut», sagte er und wich zurück.

Es mußte früher Morgen sein. Die einzige Entschuldigung für ein so starkes After-shave war, daß er sich gerade erst rasiert hatte.

«Sie waren mit Woolf weg», sagte der Gestriegelte, «und mit seiner Pfeife von Tochter.»

127

«Ja.»

Eine Pause entstand, und ich wußte, daß er zufrieden mit mir war, denn durch das Lächeln veränderte sich der Klang seines Atems. Hätte ich das abgestritten, falsch verbunden, nix sprechen Englisch, dann hätte er gewußt, daß ich vom Fach war. Wenn ich auspackte, hielt er mich unter Umständen für einen Idioten. Schließlich deutete alles darauf hin.

«Gut. Was dagegen, wenn Sie mir sagen, worüber Sie sich unterhalten haben?»

«Na ja», sagte ich und zog vor Konzentration die Stirn kraus, «er fragte nach meinem militärischen Werdegang. Ich war nämlich in der Army, müssen Sie wissen.»

«Was Sie nicht sagen! Wußte er das, oder haben Sie's ihm gesagt?»

Wieder großes Stirnrunzeln des Idioten.

«Das weiß ich nicht genau. Aber wo Sie jetzt fragen, glaub ich, daß er's schon wußte.»

«Die Schnalle auch?»

«Na, das kann ich doch nicht wissen, oder? Auf die hab ich nicht so geachtet.» Gut, daß ich bei dem Satz nicht am Lügendetektor hing. Die Nadel hätte bis ins Nebenzimmer ausgeschlagen und dort die Balken verbogen. «Er hat mich nach meinen Plänen gefragt, in welcher Branche ich sei. Gibt aber nicht viel her, um ehrlich zu sein.»

«Sind Sie vom Geheimdienst?»

«Was?»

Das kam in einem Ton, der seine Frage eigentlich schon beantwortete, aber er ließ sich nicht beirren.

«In der Army haben Sie doch irische Terroristen bekämpft. Hatten Sie da auch mit dem Geheimdienst zu tun?»

«Du liebe Zeit, nein.» Ich lächelte, als fühlte ich mich geschmeichelt.

«Was gibt's denn da zu lachen?»

Ich schminkte mir das Lächeln ab.

«Nichts, bloß ... ach, Sie wissen schon.»

«Nein, ich weiß nichts. Stellen Sie sich mal vor, deswegen frage ich Sie. Waren Sie beim militärischen Abschirmdienst?»

Ich holte gequält Luft, bevor ich antwortete.

«Ulster funktionierte wie ein eingespieltes Team», sagte ich. «Das ist alles. Egal was dort geschah, es war schon hundertmal passiert. Routine war da ein und alles. Wissen Sie, Leute wie ich rangierten da unter ferner liefen. Ich hab meine Dienstzeit abgerissen. Hab Squash gespielt. Hab mich amüsiert. Spaß gab's nämlich schon.» Ich fürchtete, das sei zu dick aufgetragen, aber anscheinend war ihm das schnurz. «Hören Sie, mein Hals ... Ich weiß nicht, aber irgendwas stimmt damit nicht. Ich brauche wirklich dringend einen Arzt.»

«Er ist ein schlechter Kerl, Tom.»

«Wer?» fragte ich.

«Woolf. Wirklich schlecht. Ich weiß nicht, was er Ihnen von sich erzählt hat. Ich nehme an, daß er Ihnen die sechsunddreißig Tonnen Kokain verheimlicht hat, die er in den letzten vier Monaten nach Europa gebracht hat. Oder hat er die erwähnt?» Ich schüttelte ansatzweise den Kopf. «Nee, hatt ich mir gedacht, daß ihm die entfallen würden. Aber das ist hundertprozentig schlecht, finden Sie nicht auch, Tom? Ich finde schon. Der Teufel ist noch nicht besiegt, er dealt mit Crack und Kokain. Genau. Könnte man 'n Song draus machen. Was reimt sich auf ‹Kokain›?»

«Ruin», sagte ich.

«Genau», sagte der Gestriegelte. Das gefiel ihm. «Ruin.» Die Lederschuhe machten einen Spaziergang. «Pack schlägt sich, Pack verträgt sich, ist Ihnen das schon mal aufgefallen, Tom? Mir schon. Tagaus, tagein. Wahrscheinlich fühlen sie sich unter ihresgleichen am wohlsten, haben gemeinsame Hobbys, dasselbe Sternzeichen, was weiß ich. Hab ich tausendmal gesehen. Tausendmal.» Die Schuhe blieben stehen. «Wenn also ein Typ wie Sie anfängt, mit einem Typen wie

Woolf Händchen zu halten, muß ich ehrlich sagen, dann mag ich Sie nicht mehr besonders.»

«Hören Sie, jetzt reicht's aber», sagte ich bockig. «Von mir hören Sie kein einziges Wort mehr, bevor mich nicht ein Arzt untersucht hat. Ich habe keinen blassen Dunst, wovon Sie da überhaupt reden. Ich weiß über Woolf soviel wie über Sie, nämlich gar nichts, und ich habe die starke Befürchtung, daß mein Genick angebrochen ist.» Keine Reaktion. «Ich verlange einen Arzt», wiederholte ich und gab mir alle Mühe, wie ein britischer Tourist bei der französischen Zollkontrolle zu klingen.

«Ach nein, Tom. Wir wollen doch keinem Arzt die Zeit stehlen.» Seine Stimme blieb ruhig, aber ich spürte, daß er erregt war. Das Leder quietschte, und die Tür ging auf. «Bleib bei ihm. Jede Sekunde. Wenn du auf'n Pott mußt, dann sag mir Bescheid.»

«Moment mal», sagte ich. «Was soll das heißen, Zeit stehlen? Ich bin verletzt. Ich habe Schmerzen, verdammt noch mal.»

Die Schuhe drehten sich zu mir.

«Mag schon sein, Tom, mag schon sein. Aber wer zum Teufel wäscht denn Pappteller ab?»

In meiner Lage ließ sich wenig Positives sagen oder fühlen. Sehr wenig. Aber man sollte sich nach jedem Auftritt, egal ob man angekommen ist oder nicht, grundsätzlich alles noch einmal durch den Kopf gehen lassen, um zu sehen, was sich daraus lernen läßt. Und damit vertrieb ich mir die Zeit, nachdem Richie an der Wand neben der Tür zusammengesackt war.

Erstens, der Gestriegelte wußte viel, und er hatte es schnell erfahren. Also hatte er entweder viel Personal oder gute Verbindungen oder beides. Zweitens, er hatte nicht gesagt: «Dann sag Igor oder einem der anderen Bescheid.» Er hatte gesagt: «Dann sag mir Bescheid.» Was wohl bedeuten mußte, daß der Gestriegelte und Richie allein im Space-shuttle waren.

Drittens, und das war im Moment das wichtigste, war ich der einzige, der ganz genau wußte, daß mein Genick kaum einen Kratzer abbekommen hatte.

8

Soldat wollt' ich werden, und Ruhm war mein Ziel,
Aber Lohn ward mir erst, als die Kugel mich traf.
Charles Dibdin

Wieder verging etwas Zeit. Es mochte auch viel Zeit sein, das war sogar wahrscheinlich, aber seit dem Motorradunfall war ich etwas mißtrauisch geworden, was die Zeit anging und wie sie sich aufführte. Ich kontrollierte gewissermaßen nach jeder Begegnung alle Hosentaschen.

Es gab keine Möglichkeit, in diesem Raum irgend etwas zu messen. Das Licht war künstlich und immer an. Der Geräuschpegel half auch nicht weiter. Wenn ich Milchflaschen im Kasten klirren oder jemanden hätte rufen hören: «‹Evening Standard›, druckfrische Abendausgabe», wäre mir das eine Hilfe gewesen. Aber man kann nicht alles haben.

Der einzige Chronometer, den ich bei mir hatte, war meine Blase, und die teilte mir mit, daß seit dem Restaurantbesuch grob geschätzt vier Stunden verstrichen waren. Was sich nicht mit der After-shave-Feststellung beim Gestriegelten in Einklang bringen ließ. Aber auf diese billigen modernen Blasen ist eben einfach kein Verlaß.

Richie hatte das Zimmer nur einmal verlassen, um sich einen Stuhl zu holen. Während er draußen war, versuchte ich, mich loszureißen, das Laken zusammenzuknoten und mich aus dem Fenster abzuseilen, schaffte es aber nur, mich am Oberschenkel zu kratzen, bevor er zurückkam. Nachdem er es sich gemütlich gemacht hatte, gab er kein Geräusch mehr von sich. Ich nahm an, daß er sich auch was zu lesen mitgebracht hatte, hörte aber kein Umblättern, also war er entweder ein sehr langsamer Leser, oder er begnügte sich damit, einfach die Wand anzustarren. Oder mich.

«Ich muß auf die Toilette», krächzte ich.

Keine Antwort. «Ich hab gesagt, ich muß …»

«Halt den Rand, du Arschloch.»

Das war prima. Was ich Richie gleich antun würde, fiel mir dadurch viel leichter.

«Hören Sie, Sie müssen …»

«Hast du nicht gehört, was ich gesagt hab? Halt den Rand, du Arschloch. Wenn du pissen mußt, piß in die Hose.»

«Richie …»

«Wer hat dir Schwachkopf erlaubt, mich Richie zu nennen?»

«Wie soll ich Sie denn sonst nennen?» Ich schloß die Augen.

«Du nennst mich gar nichts. Du hältst die Klappe. Du bleibst da liegen und pißt. Kapiert?»

«Ich will nicht pissen.»

Ich hörte förmlich, wie sich sein Verstand abrackerte.

«Was?»

«Ich muß scheißen, Richie. Alter britischer Brauch. Wenn Sie im selben Raum sitzen möchten, in dem ich scheiße, ist das Ihre Sache. Ich dachte bloß, es wäre nett, wenn ich Sie warne.»

Richie dachte einige Zeit darüber nach, und ich könnte schwören, daß ich ihn die Nase rümpfen hörte. Der Stuhl scharrte, und die Gummisohlen kamen auf mich zu.

«Du gehst nicht aufs Klo, und du scheißt dir nicht in die Hose.» Das Gesicht tauchte in meinem Blickfeld auf, gestrafft wie eh und je. «Hast du mich verstanden? Du bleibst, wo du bist, und du hältst den Rand, du Arschloch …»

«Sie haben keine Kinder, Richie, oder?»

Er runzelte die Stirn, was für sein Gesicht eine ungeheure Anstrengung sein mußte. Augenbrauen, Muskeln, Sehnen – für diesen einen, etwas dämlichen Gesichtsausdruck waren sie alle gefordert.

«Was?»

«Ich habe zwar offen gestanden keine eigenen, aber ich habe Patenkinder. Und die lassen sich das nicht so einfach verbieten. Das klappt nicht.»

Die Stirnfalten vertieften sich.

«Mann, was quatschst du denn da für 'n Scheiß?»

«Ich meine, ich hab's ja versucht. Wenn Sie Kinder im Auto haben, und eins davon will sein großes Geschäft machen, dann können Sie ihm noch so oft sagen, es soll durchhalten, 'n Korken reindrücken, warten, bis Sie zur nächsten Raststätte kommen, das hilft alles nichts. Wenn der Körper scheißen muß, dann scheißt er.»

Das Stirnrunzeln löste sich etwas auf, was mir lieb war, denn allmählich konnte ich es nicht mehr sehen. Er beugte sich über mich und brachte seine Nase auf eine Linie mit meiner.

«Paß mal auf, du kleiner Scheißer ...»

Weiter kam er nicht, denn beim Wort «Scheißer» zog ich das rechte Knie an, so fest ich konnte, und erwischte ihn an der Wange. Er erstarrte kurz, teils vor Überraschung, teils infolge der Erschütterung. Ich hob das linke Bein und legte es ihm um den Hals. Als ich ihn aufs Bett drückte, gelang es ihm zwar, die linke Hand unter dem Körper hervorzuziehen, und er versuchte, sich damit abzustützen. Aber er hatte keine Ahnung, wie stark Beine sind. Beine sind wirklich sehr stark.

Viel stärker als Kehlen.

Er hielt ziemlich lange durch, das muß ich ihm lassen. Er wehrte sich mit dem üblichen Programm, grabschte nach meinen Eiern, wollte mich ins Gesicht treten, aber um so was erfolgreich durchzuziehen, braucht man Luft, und ich hatte einfach keine Lust, ihm die in ausreichendem Maße zukommen zu lassen. Sein Widerstand wuchs von verärgert über wild bis zur Panik, erreichte seinen Scheitelpunkt und flachte dann zur Bewußtlosigkeit ab. Nach seinem letzten Tritt hielt ich ihn noch gut fünf Minuten lang umklammert, denn ich an seiner Stelle hätte sofort den toten Mann markiert, sobald ich gemerkt hätte, daß das Spiel aus war.

Aber es war ausgeschlossen, daß Richie den toten Mann markierte.

Meine Hände waren mit Riemen gefesselt, die zu entknoten einige Zeit brauchte. An Werkzeugen hatte ich nur meine Zähne zur Verfügung, und als ich endlich fertig war, hatte ich das Gefühl, ich hätte mehrere Container vertilgt. Ich bekam auch einen handfesten Beweis meiner Kinnverletzung, denn als ich das erste Mal eine Schnalle streifte, dachte ich, ich würde durch die Decke gehen. Statt dessen blickte ich an mir hinab und sah Blut auf den Lederriemen, teils dunkel und alt, teils rot und ganz frisch.

Als das geschafft war, fiel ich zurück, keuchte vor Anstrengung und rieb mir die Handgelenke, um den Kreislauf wieder in Gang zu bringen. Dann richtete ich mich auf, schwang behutsam die Füße vom Bett und stellte mich daneben.

Nur wegen der puren Vielfalt der Schmerzen schrie ich nicht laut auf. Sie kamen aus so vielen Richtungen, sprachen so viele Sprachen, trugen eine so verwirrende Fülle folkloristischer Kostüme, daß ich vor lauter Erstaunen volle fünfzehn Sekunden lang den Mund nicht zubekam. Ich umklammerte den Bettrand und kniff die Augen zusammen, bis das Getöse zum Getuschel zurückgegangen war, dann machte ich mich erneut an die Inventur. Egal, womit ich zusammengestoßen war, ich war mit der rechten Seite dagegengestoßen. Das wurde mir von Knie, Oberschenkel und Hüfte zugeschrien, und ihre Schreie waren durch den jüngsten Kontakt mit Richies Kopf noch lauter geworden. Die Rippen fühlten sich an, als wären sie herausgenommen und in der falschen Reihenfolge wieder eingesetzt worden, und meine

Wirbelsäule war zwar ganz bestimmt nirgends gebrochen, aber den Hals konnte ich kaum bewegen. Dann waren da noch meine Eier.

Die hatten sich verändert. Ich war einfach fassungslos, daß sie dieselben Eier sein sollten, die ich ein Leben lang mit mir herumgeschleppt und, ja doch, als meine Freunde angesehen hatte. Sie waren größer, viel größer, und hatten eine völlig falsche Form.

Dagegen gab es nur ein Mittel.

Es gibt eine Technik zur Linderung skrotaler Verstimmungen, mit der jeder Kampfsportler vertraut ist. Man braucht sie häufig in japanischen Dojos, wenn man gegen einen übereifrigen Partner gekämpft und von diesem einen Tritt in die Familienplanung empfangen hat.

Man muß dabei fünfzehn Zentimeter hochspringen und mit durchgedrückten Beinen auf den Hacken landen, um einen Augenblick lang die Wirkung der Schwerkraft auf die Hoden zu erhöhen. Ich verstehe nicht, warum das funktioniert, aber es funktioniert. Genauer gesagt, es funktionierte nicht. Also mußte ich es ein paarmal wiederholen und führte im Zimmer einen Pogo auf, soweit mein rechtes Bein das zuließ, bis der brüllende Schmerz schrittweise, fast unmerklich, nachließ.

Dann bückte ich mich und untersuchte Richies Leiche.

Sein Anzugschild pries die Künste von Falkus, The Fine Tailors, sonst nichts; in der rechten Hosentasche hatte er sechs Pfund und zwanzig Pence und in der linken ein Taschenmesser in Tarnfarben. Er trug ein weißes Nylonhemd und flache Baxter-Schnürschuhe aus ochsenblutrotem Leder. Mehr ließ sich kaum sagen. Nichts an Richie wäre in der Öffentlichkeit aufgefallen oder hätte den Puls eines scharfsichtigen Ermittlers beschleunigt. Kein Busfahrschein. Kein Bibliotheksausweis. Kein Zeitungsausriß mit Kontaktanzeigen, wo ein Name mit rotem Filzstift eingekreist war.

Das einzige, was weitläufig vom Alltäglichen abwich, war

ein Bianchi-Kreuzziehholster, in dem eine brandneue 9-mm-Glock 17 Automatik steckte.

Vielleicht haben Sie irgendwann mal von dem Stuß gehört, der über die Glock verzapft worden ist. Die Tatsache, daß ihr Gehäuse aus einem für die Raumfahrttechnik entwickelten Kunststoff besteht, hat vor einiger Zeit ein paar Journalisten aus dem Häuschen gebracht, weil die Waffe von den Durch-leuchtungsanlagen der Flughäfen womöglich nicht mehr entdeckt werde – was einfach blühender Blödsinn ist. Schlit-ten, Lauf und ein Gutteil der Innenkomponenten sind aus Metall, und sollte auch das noch nicht reichen, lassen sich siebzehn Parabellumpatronen nur schlecht als Nachfüllpak-kungen für Lippenstifte ausgeben. Die Glock zeichnet sich durch ihre hohe Magazinkapazität bei niedrigem Gewicht aus, große Treffsicherheit und eine Verläßlichkeit, die ihres-gleichen sucht. Weswegen keine Hausfrau, die etwas auf sich hält, die Glock 17 missen möchte.

Ich spannte den Schlitten und schob eine Patrone ins Ver-schlußstück. Die Glock hat keine Sicherheitsrast. Sie zielen, drücken ab und rennen um Ihr Leben. Eine Waffe nach mei-nem Geschmack.

Ich öffnete behutsam die Tür zum Flur, und es war kein Spaceshuttle. Es war ein kahler, weißer Flur, von dem sieben weitere Türen abgingen. Alle geschlossen. Am Ende des Flurs befand sich ein Fenster, durch das eine Skyline zu er-kennen war, die zu fünfzig verschiedenen Städten paßte. Es war Tag.

Wenn das Gebäude mal einem Zweck gedient hatte, dann erfüllte es ihn schon lange nicht mehr. Der Flur war schmut-zig und von Abfall übersät – Pappkartons, Papierstapel, Müllsäcke, und in der Mitte lag ein Mountainbike ohne Räder.

Nun ist die Aufklärung eines vom Feind gehaltenen Gebäudes strenggenommen ein Spiel für mindestens drei Spieler. Sechs sind ideal. Der Spieler links vom Geber checkt die Zimmer, zwei weitere unterstützen ihn dabei, und die anderen drei überwachen den Flur. So läuft das. Wenn Sie unbedingt allein spielen müssen, gelten andere Spielregeln. Sie öffnen in Zeitlupe jede Tür, achten dabei ständig auf Ihre Rückendeckung, linsen durch die Scharniere und brauchen für zehn Meter Flur etwa eine Stunde. Das können Sie in jedem Handbuch zu diesem Thema nachlesen.

Ich habe bei Handbüchern nur immer das dumpfe Gefühl, daß der Bursche auf der Gegenseite sie auch gelesen hat.

Ich rannte mit vorgehaltener Waffe volle Kanne im Zickzack den Flur hinab und stieß alle sieben Türen auf. Am anderen Ende warf ich mich unterm Fenster auf den Boden und stellte mich darauf ein, das Magazin auf jeden zu leeren, der den Kopf aus der Deckung streckte. Tat aber keiner.

Dafür standen jetzt die Türen offen, und die erste auf der linken Seite führte ins Treppenhaus. Ich konnte ein Stück Geländer erkennen und darüber einen Spiegel. Ich ging in die Hocke, lief gebückt durch die Tür und richtete die Waffe die Treppe rauf und runter, so drohend ich konnte. Nichts.

Ich zog die rechte Hand zurück und zerschmetterte mit dem Kolben der Glock den Spiegel. Dann nahm ich mir eine der größeren Scherben und schnitt mir die linke Hand daran auf. Aus Versehen, falls Sie sich wundern.

Ich hielt die Scherbe vors Gesicht und schielte auf das Spiegelbild meines Kinns hinab. Die Wunde war eher unschön.

In den Flur zurückgekehrt, besann ich mich jetzt doch auf die Methode der langsamen Aufklärung, kroch an jeden Türrahmen, schob den Spiegel über die Schwelle und inspizierte vorsichtig das ganze Zimmer. Eine umständliche Methode und wahrscheinlich ziemlich überflüssig, denn die Wände bestanden aus wenige Zentimeter dicken Rigipsplatten und hätten wahrscheinlich keinen Kirschkern aufgehalten, den ein müder Dreijähriger mit den Fingern wegschnippt. Aber ich fand es besser, als mich in der Tür aufzubauen und «Huhu?» zu rufen.

Die ersten beiden Zimmer standen dem Flur in nichts nach. Verdreckt und mit Schrott vollgestellt. Dreibeinige Stühle, kaputte Schreibmaschinen und Telefone. Ich dachte gerade, daß es in den größten Museen der Welt nichts gibt, was auch nur annähernd so antik aussieht wie ein zehn Jahre alter Fotokopierer, als ich ein Geräusch hörte. Einen Menschenlaut. Ein Stöhnen.

Ich wartete. Es wiederholte sich nicht, also spielte ich es noch einmal im Kopf ab. Es kam aus dem Nebenzimmer. Stammte von einem Mann. Er vögelte oder er litt. Oder er stellte mir eine Falle.

Ich kroch in den Flur zurück, zur nächsten Tür und preßte mich an die Wand. Ich brachte die Spiegelscherbe vor mir in Position und schob sie hin und her. Auf einem Stuhl mitten im Zimmer saß ein Mann, dem der Kopf auf die Brust gesunken war. Klein, fett, mittleren Alters und an den Stuhl gefesselt. Mit Lederriemen.

Seine Hemdbrust war blutig. Sehr blutig.

Wenn es eine Falle war, dann erwartete die Gegenseite, daß ich jetzt aufsprang und sagte: «Du meine Güte, kann ich Ihnen irgendwie behilflich sein?» Also blieb ich, wo ich war, und ließ weder Mann noch Flur aus den Augen.

Der Mann gab keinen Laut mehr von sich, und der Flur beschränkte sich auf die üblichen Fluraktivitäten. Nach einer vollen Minute des Beobachtens warf ich die Scherbe weg und kroch am Türpfosten vorbei ins Zimmer.

Vielleicht hatte ich schon seit seinem Stöhnen gewußt, daß es Woolf war. Entweder hatte ich die Stimme erkannt oder mir schon die ganze Zeit gedacht, wenn der Gestriegelte mich zu packen bekomme, dann könne Woolf ihm auch keine großen Probleme bereiten.

Oder Sarah, was das anging.

Ich schloß die Tür und verkeilte die Klinke mit einem abgekippten Stuhl. Das würde kaum jemanden aufhalten, aber ich bekam die Chance, drei oder vier Schüsse abzugeben, bevor die Tür aufging. Ich kniete mich vor Woolf und schrie sofort auf, weil mein Knie neue Schmerzen meldete. Ich wich ein Stück zurück und sah zu Boden. Neben Woolfs Füßen lagen sieben oder acht Schrauben oder Muttern in einer Öllache, und ich bückte mich, um sie beiseite zu fegen.

Aber es waren keine Schrauben oder Muttern, und es war kein Öl. Ich kniete auf seinen Zähnen.

Ich löste die Riemen und hob seinen Kopf. Beide Augen waren geschlossen, aber ich konnte nicht feststellen, ob das an seiner Bewußtlosigkeit lag oder weil sein Gesicht um Wangen und Augenhöhlen herum so gräßlich angeschwollen war. Er hatte Blut- und Speichelbläschen am Mund, und sein Atem hörte sich furchtbar an.

«Das wird schon wieder», sagte ich. Aber ich glaubte mir nicht und er wahrscheinlich auch nicht. «Wo ist Sarah?»

Er antwortete nicht, aber ich merkte, daß er das linke Auge öffnen wollte. Er legte den Kopf zurück, und unter einem tiefen Stöhnen platzten ein paar Bläschen. Ich beugte mich vor und ergriff seine Hände.

«Wo ist Sarah?» wiederholte ich, während eine dicke, behaarte Sorgenfaust mir die Kehle zusammenpreßte. Erst rührte er sich nicht, und ich dachte, er hätte das Bewußtsein verloren, aber dann hob sich seine Brust, und er machte den Mund auf, als müßte er gähnen.

«Wie lautet Ihre Entscheidung, Thomas?» Seine Stimme war ein dünnes Rasseln, und sein Atem wurde immer schlimmer. «Sind Sie ...» Er stockte, um Luft zu holen.

Ich wußte, daß er nicht reden durfte. Ich wußte, daß ich

140

ihm sagen mußte, er solle schweigen und seine Kräfte schonen, aber ich schaffte es nicht. Ich wollte, daß er redete. Irgend etwas sagte. Wie schlecht es ihm gehe, wer hinter der ganzen Sache stecke, wo Sarah sei, was er von den Rennen in Doncaster halte. Irgend etwas, das mit Leben zu tun hatte.

«Bin ich was?» fragte ich.

«Sind Sie ein guter Mensch?»

Ich glaube, er lächelte.

Ich verharrte einige Zeit so, sah ihn an und überlegte, was ich machen sollte. Wenn ich ihn bewegte, starb er vielleicht. Wenn ich ihn nicht bewegte, starb er auf jeden Fall. Ich glaube, insgeheim wollte ich sogar, daß er starb, damit ich machen konnte, was ich wollte. Rache nehmen. Weglaufen. Sauer werden.

Und dann ließ ich urplötzlich, fast ohne es zu merken, seine Hände fahren, griff nach der Glock und glitt so tief gebückt wie möglich beiseite.

Denn an der Klinke rüttelte jemand.

Der Stuhl hielt den ersten paar Stößen stand und kippte dann weg, nachdem ein Tritt gegen die Klinke krachte. Die Tür flog auf, und ein Mann erschien, größer als in meiner Erinnerung, weswegen ich ihn erst nach einigen Sekundenbruchteilen als den Gestriegelten erkannte. Er zielte mit einer Waffe in die Zimmermitte. Woolf wollte aufstehen, vielleicht fiel er auch nur nach vorn, dann ertönte ein langes, lautes Krachen, das in einer Folge flacher Knalle verklang, weil ich sechs Schüsse auf Kopf und Rumpf des Gestriegelten abgab. Er stürzte rücklings in den Flur, ich folgte ihm und schoß dem Fallenden noch dreimal in die Brust. Dann trat ich ihm die Waffe aus der Hand und richtete die Glock auf seinen Kopf. Patronenhülsen kullerten durch den Flur.

Ich ging ins Zimmer zurück. Woolf hatte sich zwei Meter von seinem letzten Aufenthaltsort entfernt und lag auf dem Rücken in einer sich ausbreitenden dunklen Pfütze. Ich verstand nicht, wie er so weit gekommen war, bis ich mich umsah und die Waffe des Gestriegelten erkannte.

Es war eine MAC 10. Eine fiese Maschinenpistole im Westentaschenformat, der es ziemlich egal war, wen sie traf, und die ihr dreißigschüssiges Magazin in weniger als zwei Sekunden leeren konnte. Mit dem Großteil der dreißig hatte der Gestriegelte Woolf getroffen, und sie hatten ihn in Stücke gerissen.

Ich bückte mich und schoß dem Gestriegelten noch einmal in den Mund.

Ich brauchte eine Stunde, um das gesamte Gebäude vom Keller bis zum Dach abzusuchen. Als ich fertig war, wußte ich, daß es hinten an High Holborn grenzte, einst eine größere Versicherungsgesellschaft beherbergt hatte und heute so leer stand, wie leere Gebäude halt herumstehen. Was ich einigermaßen erwartet hatte. Schießereien ohne anschließende Polizeisirenen heißen meistens, daß niemand zu Hause ist.

Die Glock mußte ich leider zurücklassen. Ich schleppte Richies Leiche in das Zimmer, wo Woolf lag, legte sie hin, wischte Kolben und Abzug der Glock an meinem Hemd ab und drückte sie Richie in die Hand. Dann griff ich nach der MAC, feuerte die letzten drei Patronen auf ihn ab und legte sie wieder neben den Gestriegelten.

Mein Tableau ergab nicht viel Sinn. Aber das ist im richtigen Leben ja auch nicht anders, und ein verwirrender Tatort ist oft viel überzeugender als ein auf den ersten Blick durchschaubarer. Hoffte ich jedenfalls.

Dann verkroch ich mich im Sovereign, einem schmuddeligen Bed and Breakfast in King's Cross, blieb zwei Tage und drei Nächte dort, bis mein Kinn verschorft war und meine Blutergüsse die schillerndsten Farben angenommen hatten. Vor meinem Fenster dealte die britische Öffentlichkeit mit

Crack, beschlief sich gegen Geld und lieferte sich besoffene Prügeleien, an die sie sich am nächsten Morgen nicht mehr erinnern konnte.

Während ich dort lag, dachte ich viel an Helikopter und Waffen und an Alexander Woolf und an Sarah Woolf und an viele andere interessante Dinge.

Bin ich ein guter Mensch?

9

Gestiefelt, gespornt, jetzt zu Pferd und dann fort!
Browning

Graduierten... was?»
Das Mädchen war hübsch, von der umwerfenden Sorte Schönheit, und ich fragte mich, wie lange sie es in ihrem derzeitigen Job wohl aushalten würde. Ich möchte behaupten, als Empfangsdame in der amerikanischen Botschaft am Grosvenor Square bekommt man ein anständiges Gehalt und Nylonstrümpfe bis Oberkante Unterlippe, aber es muß auch verschnarchter sein als die Etatrede vom vergangenen Jahr.

«Graduiertenkolleg», sagte ich. «Mr. Russell Barnes.»

«Haben Sie einen Termin?»

Ich gab ihr keine sechs Monate. Ich langweilte sie, die Botschaft langweilte sie, die ganze Welt langweilte sie.

«Das will ich hoffen», sagte ich. «Mein Büro hat heute vormittag angerufen und es bestätigen lassen. Man versicherte uns, ich würde abgeholt werden.»

«Solomon war der Name?»

«Genau.» Sie überflog ein paar Listen. «Mit einem m», sagte ich hilfsbereit.

«Und Ihr Büro ist ...?»

«Das, das heute vormittag angerufen hat. Entschuldigen Sie, ich dachte, das hätte ich schon gesagt.»

Sie war sogar zu gelangweilt, um die Frage zu wiederholen. Sie zuckte die Achseln und machte sich an die Ausfertigung eines Besucherausweises.

«Carl?»

Carl war kein gewöhnlicher Carl. Er war CARL. Er war vier Zentimeter größer als ich, stemmte in seiner Freizeit Gewichte und hatte offensichtlich sehr viel Freizeit. Außerdem war er ein United States Marine und trug eine so funkelnagelneue Uniform, daß ich fast einen Schneider erwartete, der an den Knöcheln noch den letzten Saum umlegte.

«Mr. Solomon», sagte die Empfangsdame. «Zimmer 5910. Für Barnes, Russell.»

«Russell Barnes», korrigierte ich, aber die beiden achteten nicht darauf.

Carl schleuste mich durch mehrere ausgeklügelte Sicherheitskontrollen, wo andere Carls mit Metalldetektoren meinen Körper absuchten und meine Garderobe verkrumpelten. Am spannendsten fanden sie meinen Aktenkoffer und zeigten sich besorgt, als er bis auf einen ‹Daily Mirror› leer war.

«Der Koffer dient eigentlich nur als Requisit», erklärte ich leutselig, was ihnen aus irgendeinem Grund reichte. Hätte ich ihnen erklärt, daß ich mit dem Koffer lediglich Geheimdokumente aus ausländischen Botschaften schmuggelte, dann hätten sie mir wahrscheinlich auf die Schulter geklopft und angeboten, ihn für mich zu tragen.

Carl brachte mich zu einem Fahrstuhl und ließ mir den Vortritt. Wir wurden unerträglich leise mit Musik berieselt, und wären wir nicht in einer Botschaft gewesen, hätte ich geschworen, daß es Johnny Mathis mit einer Coverversion von «Bat out of Hell» war. Carl folgte mir, zog eine Plastikkarte durch ein Magnetlesegerät und tippte mit einem picobello behandschuhten Finger eine Nummer in das Tastenfeld darunter.

Während uns der Fahrstuhl nach oben beförderte, bereitete ich mich auf ein haariges Gespräch vor. Ich sagte mir immer wieder, daß ich nur das tat, was einem geraten wird, wenn die Ebbe einen aufs offene Meer hinausreißt. Schwimm mit der Strömung, heißt es, nicht gegen sie. Irgendwo wirst

145

du schon an Land geschwemmt. Wir stiegen im fünften Stock aus, und ich folgte Carl durch einen blankgebohnerten Flur zu 5910 – Vizedirektor Europaforschung, Barnes, Russell P.

Carl wartete, bis ich geklopft hatte, und als die Tür aufging, hätte ich ihm um ein Haar ein paar Pfundmünzen in die behandschuhte Hand gedrückt und ihn gebeten, mir im L'Epicure einen Tisch zu reservieren. Zum Glück kam er mir mit einem leidenschaftlichen Salut zuvor, machte auf dem Absatz kehrt und marschierte mit 110 Schritt pro Minute den Flur hinab.

Russell P. Barnes hatte ganz schön was gesehen von der Welt. Ich bin vielleicht kein großer Menschenkenner, aber ich weiß, daß man das Aussehen eines Russell P. Barnes nicht erreicht, wenn man die Hälfte seines Lebens hinter einem Schreibtisch hockt und in der anderen Hälfte auf Botschaftsempfängen Cocktails schlürft. Er war fast fünfzig, groß und schlank, und Scharen von Narben und Falten kämpften auf seinem sonnenverbrannten Gesicht um die Vorherrschaft. Mein einziger Gedanke war, daß er all das schon war, was O'Neal so verzweifelt anstrebte.

Als ich eintrat, sah er mich kurz über eine Lesebrille hinweg an, las dann aber weiter, wobei er einen teuren Füllfederhalter am Blattrand entlangführte. Jede Faser seines Körpers sprach von toten Vietcong, gutbewaffneten Contras und «General Schwarzkopf nennt mich Rusty».

Er blätterte um und bellte: «Ja.»

«Mr. Barnes», sagte ich, stellte meinen Aktenkoffer am Stuhl ihm gegenüber ab und hielt ihm die Hand hin.

«Steht doch an der Tür.» Er las weiter. Ich hielt ihm weiter die Hand hin.

«Wie geht es Ihnen, Sir?»

Pause. Mit dem «Sir» hatte ich ihn am Haken, das wußte ich. Er schnupperte, nahm die Witterung des Offizierskollegen auf und hob langsam den Kopf. Dann sah er einen langen Augenblick auf meine Hand, bevor er seine ausstreckte. Staubtrocken.

Er wies mit den Augen auf den Stuhl, ich setzte mich und sah das Foto an der Wand. Na bitte, Storming Norman im Tarnpyjama, unter dem Gesicht eine lange handschriftliche Widmung. Auf die Entfernung konnte ich die Schrift nicht entziffern, aber ich hätte meine gesamte Barschaft darauf verwettet, daß da irgendwo die Worte «Arsch» und «aufreißen» standen. Daneben hing ein größeres Foto von Barnes in einer Art Overall und mit einem Pilotenhelm unter dem Arm.

«Britisch?» Er nahm die Brille ab und ließ sie auf den Tisch fallen.

«Bis ins Mark, Mr. Barnes», sagte ich. «Bis ins Mark.» Er meinte natürlich «britische Armee». Wir tauschten ein trockenes, militärisches Grinsen, das dem anderen sagen sollte, wie sehr wir diese fliegenbedeckten Scheißhaufen haßten, die rechtschaffenen Männern die Hände banden und das dann Politik nannten. Als wir genug davon hatten, sagte ich: «David Solomon.»

«Was kann ich für Sie tun, Mr. Solomon?»

«Ich nehme an, Ihr Sekretariat hat Sie informiert, Sir, daß ich zu Mr. O'Neals Ministerium gehöre. Mr. O'Neal hat da ein paar Fragen, bei denen er auf Antworten von Ihrer Seite hofft.»

«Schießen Sie los.» Die Worte gingen ihm leicht über die Lippen, und ich fragte mich, wie oft und in wie vielen verschiedenen Situationen er sie schon gesagt hatte.

«Es handelt sich um das Graduiertenkolleg, Mr. Barnes.»

«Klar.»

Das war's. Klar. Kein «Meinen Sie das Komplott, bei dem sich eine nicht näher spezifizierte Gruppe verschworen hat, ein Terrorkommando mit dem Ziel zu sponsern, den Verkauf von Anti-Terror-Ausrüstung anzukurbeln?» Worauf ich, ehrlich gesagt, gesetzt hatte. Wenn nicht, wäre mir ein schuldbewußtes Zusammenfahren lieb gewesen. Aber «Klar», ohne jede Beilage, war nicht gerade das Gelbe vom Ei.

«Mr. O'Neal hoffte, Sie wären vielleicht so gut, uns mit Ihren neuesten Überlegungen zu diesem Thema weiterzuhelfen.»

«Hoffte er das?»

«Das hoffte er allerdings», sagte ich energisch. «Er hoffte, Sie würden uns Ihre Interpretation der jüngsten Begebenheiten zuteil werden lassen.»

«Um welche jüngsten Begebenheiten soll es sich dabei handeln?»

«Ich möchte zu diesem Zeitpunkt ungern ins Detail gehen, Mr. Barnes. Ich bin sicher, daß Sie dafür Verständnis haben.»

Er lächelte, und hinten in seinem Mund schimmerte etwas golden.

«Haben Sie mit Beschaffung zu tun, Mr. Solomon?»

«Keineswegs, Mr. Barnes.» Ich versuchte, das beklagenswert zu finden. «Meine Frau läßt mich nicht mal im Supermarkt einkaufen.»

Das Lächeln schwand. In den Kreisen, in denen sich Russel P. Barnes bewegte, war die Ehe etwas, was aufrechte Haudegen in ihren eigenen vier Wänden erledigten. Wenn sie so was überhaupt erledigten.

Ein Telefon auf seinem Schreibtisch summte leise, und er riß den Hörer ans Ohr.

«Barnes.» Er griff nach dem Füller und klickte beim Zuhören die Hülle ein paarmal auf und zu. Er nickte und jahte ein paarmal und legte dann auf. Er betrachtete weiterhin den Füller, also war ich anscheinend mit Sprechen an der Reihe.

«Ich darf indes soviel verraten, daß wir uns um das leibliche Wohlergehen», ich hielt kurz inne, um den Euphemismus einwirken zu lassen, «zweier amerikanischer Bürger sorgen, die gegenwärtig auf britischem Boden weilen. Woolf ist ihr Name. Mr. O'Neal wüßte gern, ob Sie an Informationen gelangt sind, die unserem Ministerium dabei behilflich sein könnten, ihren Schutz auch in Zukunft zu gewährleisten.»

Er verschränkte die Arme vor der Brust und lehnte sich in seinem Stuhl zurück.

«Eher freß ich 'nen Besen.»

«Sir?»

«Da heißt es doch immer, wenn man nur lange genug stillsitzt, kommt irgendwann die ganze Welt vorbei.»

Ich machte einen auf verwirrt.

«Es tut mir furchtbar leid, Mr. Barnes, aber ich glaube, ich kann Ihnen nicht ganz folgen.»

«Ist verdammt lange her, seit ich mir auf einen Schlag soviel Blech anhören mußte.»

Irgendwo tickte eine Uhr. Ziemlich schnell. Zu schnell, schien mir, um Sekunden zu zählen. Allerdings befand ich mich hier in einem amerikanischen Gebäude, und vielleicht hatten die Amerikaner beschlossen, daß Sekunden ihnen einfach zu langsam waren, und wie wär's mit 'ner Uhr, die eine Minute in zwanzig Sekunden schafft? Auf die Weise quetschen wir mehr gottverfluchte Stunden in einen gottverfluchten Tag als diese Tommyschwuchteln.

«Verfügen Sie über solche Informationen, Mr. Barnes?» fragte ich halsstarrig.

Aber er ließ sich nicht hetzen.

«Wie soll ich wohl an solche Informationen gelangen, Mr. Solomon? Sie haben doch die ganze Infanterie. Ich erfahre nur, was O'Neal mir mitteilt.»

«Aber, aber», sagte ich, «ich bezweifle, daß das so ganz zutrifft.»

«Tatsächlich?»

Irgendwas war hier faul. Was, war mir ein Rätsel, aber irgend etwas stank hier zum Himmel.

«Lassen wir das mal beiseite, Mr. Barnes», sagte ich,

«nehmen wir einmal an, daß mein Ministerium in bezug auf Infanterie derzeit unterbesetzt ist. Haufenweise Grippefälle. Urlaubszeit. Nehmen wir einmal an, daß unsere Infanterie infolge ihrer gelichteten Reihen die Spur der besagten Personen vorübergehend verloren hat.»

Barnes ließ seine Fingergelenke knacken und beugte sich über den Tisch.

«Also, das kann ich mir überhaupt nicht vorstellen, Mr. Solomon.»

«Ich sage ja auch nicht, daß es so ist», meinte ich. «Ich stelle nur eine Hypothese auf.»

«Gleichviel, dann stelle ich Ihre Prämisse in Frage. Ich habe eher den Eindruck, daß Sie gegenwärtig überbesetzt sind.»

«Entschuldigung, da komme ich nicht ganz mit.»

«Ich habe den Eindruck, Ihr Personal läuft überall herum und beißt sich in den Schwanz.»

Die Uhr tickte.

«Was genau wollen Sie damit sagen?»

«Was genau ich damit sagen will? Wenn Ihre Abteilung es sich leisten kann, für ein und denselben Job gleich zwei David Solomons einzustellen, dann muß sie über einen Etat verfügen, den ich auch gern mal hätte.»

Hoppala.

Er stand auf und kam langsam um den Tisch herum. Nicht bedrohlich, wollte sich bloß mal die Beine vertreten.

«Vielleicht haben Sie ja noch mehr? Vielleicht haben Sie eine ganze Abteilung nur aus David Solomons. Stimmt das?» Er machte eine Pause. «Ich hab bei O'Neal angerufen. David Solomon sitzt momentan im Flugzeug nach Prag, und O'Neal ist offenkundig der Meinung, daß er nur diesen einen David Solomon auf der Gehaltsliste hat. Vielleicht teilen sich all Ihre David Solomons ja ein Gehalt.» Er kam zur Tür und öffnete sie. «Mike, hol ein E-Team her, aber dalli.»

Er drehte sich um, lehnte sich mit verschränkten Armen an den Türpfosten und sah mich an.

«Sie haben rund vierzig Sekunden.»

«Also gut», sagte ich. «Ich heiße nicht Solomon.»

Das E-Team bestand aus zwei Carls, die meinen Stuhl flankierten. Mike hatte sich an der Tür postiert, und Barnes saß wieder hinter seinem Schreibtisch. Ich spielte den geknickten Verlierer.

«Ich heiße Glass. Terence Glass.» Ich versuchte, das so langweilig klingen zu lassen wie irgend möglich. So langweilig, daß niemand je auf die Idee kommen würde, sich so etwas auszudenken. «Ich habe eine Kunstgalerie in der Cork Street.» Ich griff in die Westentasche, fand die Visitenkarte, die die kultivierte Blondine mir gegeben hatte, und reichte sie Barnes. «Hier. Meine letzte. Ja, und Sarah arbeitet eben für mich. Oder hat für mich gearbeitet.» Ich seufzte und sackte noch ein Stück in mich zusammen. Ein Mann, der alles riskiert und alles verloren hatte. «In den letzten Wochen war sie ... ich weiß auch nicht. Sie wirkte beunruhigt. Oder verängstigt. Sie fing an über komische Dinge zu reden. Und dann kam sie eines Tages nicht mehr zur Arbeit. Verschwand einfach. Ich hab rumtelefoniert. Nichts. Ich hab ein paarmal versucht, ihren Vater anzurufen, aber der ist anscheinend auch verschwunden. Schließlich hab ich in ihrem Schreibtisch gekramt, bei ihren persönlichen Siebensachen, und hab einen Schnellhefter gefunden.»

Als ich das sagte, richtete sich Barnes etwas auf, also wollte ich doch mal sehen, ob er sich nicht noch weiter aufrichten konnte.

«GRADUIERTENKOLLEG stand auf dem Umschlag. Erst dachte ich, das hätte was mit Kunstgeschichte zu tun, aber Pustekuchen. Ich hab, ehrlich gesagt, nicht ganz verstanden, worum es ging. Geschäfte. Produktion von irgendwas. Sie hatte sich Notizen gemacht. Ein Mann namens Solomon.

Und Ihr Name stand da. Amerikanische Botschaft. Ich ...
darf ich ganz offen sein?»

Barnes erwiderte meinen Blick. Sein Gesicht bestand nur
noch aus Narben und Falten.

«Erzählen Sie ihr nichts davon», sagte ich. «Ich meine,
ich hab's ihr nie gestanden, aber ... ich liebe sie. Schon seit
Monaten. Deswegen hab ich sie bloß eingestellt. Eigentlich
brauchte ich in der Galerie kein zusätzliches Personal, aber
ich wollte sie in meiner Nähe haben. Ich konnte an nichts
anderes mehr denken. Ich weiß, es klingt erbärmlich, aber
... kennen Sie sie? Ich meine, haben Sie sie schon mal gesehen?»

Barnes antwortete nicht. Er drehte bloß die Karte, die ich
ihm gegeben hatte, in den Händen hin und her und sah
unter einer hochgezogenen Augenbraue Mike an. Ich drehte
mich nicht um, aber Mike mußte in Aktion getreten sein.

«Glass», sagte eine Stimme. «Stimmt.»

Barnes zutzelte an seinen Zähnen und sah aus dem Fenster.
Von der Uhr abgesehen, war es im Zimmer erstaunlich ruhig. Keine Telefone, keine Schreibmaschinen, kein Verkehrs-
lärm. Die Fenster mußten vierfach verglast sein.

«O'Neal?»

Ich sah so vernichtet drein, wie ich konnte.

«Was soll mit dem sein?»

«Wo haben Sie das Zeug über O'Neal her?»

«Der Schnellhefter», ich zuckte die Achseln. «Ich sag
doch, ich hab ihre Unterlagen gelesen. Ich wollte wissen,
was ihr zugestoßen war.»

«Und warum haben Sie das nicht von Anfang an gesagt?
Warum erst dieser ganze Scheiß?»

Ich lachte und sah zu den Carls hoch.

«Man kommt nicht gerade leicht an Sie ran, Mr. Barnes.
Ich hab seit Tagen versucht, Sie ans Telefon zu bekommen. Ich bin jedesmal mit der Visum-Abteilung verbunden
worden. Wahrscheinlich haben die gedacht, ich wollte

Ihnen eine Green card abluchsen. Eine Amerikanerin heiraten.»

Es entstand eine lange Pause.

Es war bestimmt eine der dämlichsten Geschichten, die ich je erzählt habe; aber ich setzte auf Barnes' Machismo, ich setzte sogar sehr darauf. Ich hielt ihn für einen arroganten Mann, der im Ausland gestrandet war, und ich hoffte, daß er sich liebend gern einreden würde, alle Menschen, mit denen er zu tun hatte, wären so dämlich wie meine Geschichte. Wenn nicht noch dämlicher.

«Haben Sie's schon bei O'Neal probiert?»

«Im Verteidigungsministerium behauptet man, dort arbeite niemand dieses Namens, und ich soll lieber bei meinem örtlichen Polizeirevier eine Vermißtenmeldung aufgeben.»

«Und haben Sie das gemacht?»

«Ich hab's versucht.»

«Bei welchem Revier?»

«Bayswater.» Dem würden sie nicht nachgehen. Er wollte bloß sehen, wie schnell meine Antwort kam. «Bei der Polizei bekam ich den Rat, ein paar Wochen zu warten. Die sagten sich wahrscheinlich, sie hätte einen anderen Liebhaber gefunden.»

Auf den war ich richtig stolz. Ich war todsicher, daß er darauf reinfallen würde.

«Einen *anderen* Liebhaber?»

«Na ja ...», ich versuchte, rot zu werden. «Okay. Einen Liebhaber.»

Barnes nagte an der Unterlippe. Ich machte einen so jämmerlichen Eindruck, daß ihm gar nichts anderes übrigblieb, als mir zu glauben. Ich selbst hätte mir geglaubt, und ich stelle hohe Ansprüche.

Er traf eine Entscheidung.

«Wo ist der Schnellhefter jetzt?»

Ich sah hoch, überrascht, daß der Ordner irgend jemanden interessieren konnte.

153

«Immer noch in der Galerie. Warum?»

«Beschreibung?»

«Wie soll ich sagen, es ist eben ... eine Galerie. Zeitgenössische Kunst.»

Barnes holte tief Luft. Er hatte die Schnauze gestrichen voll von mir.

«Wie sieht dieser Schnellhefter aus?»

«Wie jeder Schnellhefter. Karton ...»

«Herrgott noch mal», sagte Barnes. «Welche Farbe?»

Ich dachte einen Augenblick nach.

«Gelb, glaube ich. Ja. Gelb.»

«Mike. Satteln.»

«Moment mal ...» Ich wollte aufstehen, aber ein Carl lehnte sich auf meine Schulter, und ich fand, ich konnte ebensogut sitzen bleiben. «Was haben Sie denn vor?»

Barnes war schon wieder in seine Akten vertieft und würdigte mich keines Blickes.

«Sie werden Mr. Lucas zu Ihrem Betrieb begleiten, und Sie werden ihm den Schnellhefter aushändigen. Klar?»

«Und warum sollte ich, verdammt noch mal?» Ich weiß nicht, wie Kunstgaleristen klingen, aber ich wählte Bockigkeit. «Ich bin hergekommen, um herauszufinden, was meiner Angestellten zugestoßen ist, nicht damit Sie in ihren Habseligkeiten herumwühlen.»

Es war, als hätte er plötzlich entdeckt, daß der letzte Punkt auf seiner Tagesordnung lautete: «Allen noch mal zeigen, wer hier der Boss ist» – obwohl Mike schon zur Tür hinaus war und die Carls soeben gehen wollten.

«Jetzt hören Sie mal gut zu, Sie verdammte Schwuchtel», sagte er. Was ich, ehrlich gesagt, etwas übertrieben fand. Die Carls blieben gehorsam stehen, um das Testosteron zu bewundern. «Zweierlei. Erstens. Solange wir diesen Ordner nicht gesehen haben, wissen wir nicht, ob er zu ihren Habseligkeiten gehört oder nicht vielmehr zu unseren. Zweitens. Je eher Sie tun, was zum Teufel ich Ihnen sage, desto größer ist Ihre Chance, diese Nebelkrähe wiederzusehen. Haben wir uns verstanden?»

Mike war ein netter Kerl. Ende Zwanzig, Ivy League und eine Menge auf dem Kasten. Ich merkte, daß ihm dieser rauhe Wind nicht sehr lag, und darum war er mir um so sympathischer.

In einem hellblauen Lincoln Diplomat, den wir uns unter dreißig identischen Exemplaren auf dem Botschaftsparkplatz ausgesucht hatten, fuhren wir die Park Lane in Richtung Süden. Ich finde es eine Spur zu durchsichtig, daß Diplomaten einen Wagen namens Diplomat benutzen, aber vielleicht brauchen Amerikaner solche Hinweistafeln. Der durchschnittliche amerikanische Versicherungsvertreter gurkt wahrscheinlich in einem Etwas namens Chevrolet Versicherungsvertreter durch die Gegend. Das nimmt einem Mann wenigstens eine Entscheidung im Leben ab.

Ich saß hinten und spielte mit den Aschenbechern, und vorn saß ein Zivilcarl neben Mike. Der Carl hatte einen Hörer im Ohr stecken, dessen Kabel im Hemd verschwand. Gott weiß, wo es hinführte.

«Netter Kerl, dieser Mr. Barnes», sagte ich schließlich.

Mike betrachtete mich im Rückspiegel. Der Carl drehte den Kopf zwei Zentimeter zur Seite, und nach seinem Hals zu urteilen, war mehr auch nicht drin. Ich wollte mich entschuldigen, weil ich ihn vom Hantelstemmen abhielt. «Und gut in seinem Beruf, möcht ich annehmen. Mr. Barnes. Tüchtig.»

Mike warf dem Carl einen Blick zu und überlegte wohl, ob er antworten sollte.

«Mr. Barnes ist in der Tat ein bemerkenswerter Mann», sagte er.

Ich nahm an, daß Mike Barnes haßte. Ich bin sicher, daß ich ihn gehaßt hätte, wenn er mein Chef gewesen wäre. Aber Mike war ein netter, ehrenwerter Profi, der einfach nur loyal

155

sein wollte, und ich fand es nicht ganz fair, in Gegenwart des Carls mehr aus ihm herauszukitzeln. Also widmete ich mich dem Herumfummeln an den elektrischen Scheiben.

Im Grunde genommen war das Auto seinen Aufgaben gar nicht gewachsen – will sagen, es hatte an den Hintertüren normale Schlösser, ich hätte also an jeder beliebigen Ampel aussteigen können. Aber das tat ich nicht, und das wollte ich auch gar nicht. Ich weiß nicht, warum, aber ich wurde plötzlich richtig ausgelassen.

«Bemerkenswert, ja», sagte ich. «Genau das wollte ich sagen. Äh, nein, genau das haben Sie gesagt, aber macht es Ihnen etwas aus, wenn ich es auch sage?»

Ich amüsierte mich königlich. Und das kommt nicht oft vor.

Wir bogen in die Piccadilly ein und fuhren zur Cork Street hoch. Mike klappte die Sonnenblende runter, hinter die er Glass' Visitenkarte geklemmt hatte, und las die Hausnummer ab. Ich war heilfroh, daß er mich nicht danach fragte.

Wir hielten vor Nummer 48, der Carl hatte seine Tür offen und war aus dem Wagen raus, bevor wir noch ganz standen. Er riß mir die Hintertür auf, und als ich ausstieg, sah er die Straße auf und ab. Ich kam mir wie ein Präsident vor.

«48, stimmt's?» fragte Mike.

«Stimmt», sagte ich.

Ich klingelte, und wir warteten. Nach einigen Momenten erschien ein Männlein von gepflegtem Erscheinungsbild und machte sich an den Riegeln und Schlössern der Tür zu schaffen.

«Guten Morgen, meine Herren», sagte er. Äußerst nasale Aussprache.

«Morgen, Vince. Wie geht's dem Bein?» fragte ich und betrat die Galerie.

Der Gepflegte war viel zu sehr Engländer, um zu fragen: «Wer ist Vince? Welches Bein? Und, ganz nebenbei: Was faseln Sie da eigentlich?» Statt dessen trat er höflich lächelnd zurück und bat Mike und Carl hinter mir herein.

Alle vier gingen wir weiter in den Laden und überflogen die Klecksereien. Sie waren richtig scheußlich. Sollte mich wundern, wenn er pro Jahr auch nur eins davon los wurde.

«Wenn Ihnen was gefällt, kann ich Ihnen vielleicht zehn Prozent Rabatt einräumen», meinte ich zum Carl, der ungläubig blinzelte.

Die attraktive Blondine, diesmal in einem roten Hemdkleid, kam aus dem hinteren Teil der Galerie nach vorn und strahlte. Dann erkannte sie mich, und ihr kultiviertes Kinn sank ihr auf die noch kultiviertere Brust.

«Wer sind Sie?» Mike wandte sich an den gepflegten Mann. Der Carl starrte die Gemälde an.

«Ich bin Terence Glass», sagte der Gepflegte.

Es war ein großartiger Augenblick. Ich werde ihn nie vergessen. Da standen nun fünf Menschen, und nur Glass und ich waren imstande, den Mund zu schließen. Mike fand als erster die Sprache wieder.

«Moment mal», sagte er. «Sie sind Glass.» Mit einem verzweifelten Gesichtsausdruck drehte er sich zu mir. Vierzig Jahre Karriere inklusive Pensionsanspruch und zahlreichen Versetzungen etwa auf die Seychellen zogen vor seinen Augen vorbei.

«Tut mir leid», sagte ich. «Strenggenommen nicht wahr.» Ich betrachtete den Fußboden und suchte meinen Blutfleck, konnte aber nichts entdecken. Glass war entweder mit dem Scheuermittel oder aber einer gefälschten Schadenersatzforderung sehr schnell bei der Hand gewesen.

«Stimmt etwas nicht, meine Herren?» Glass spürte, daß Reibereien in der Luft lagen. Schon schlimm genug, daß wir keine saudischen Prinzen waren. Jetzt sah es so aus, als wären wir überhaupt keine Käufer.

«Sie sind der ... Killer. Der Mann, der ...» Die Blondine rang nach Worten.

«Freut mich, Sie wiederzusehen», sagte ich.

«Meine Fresse», sagte Mike und wandte sich an den Carl, der sich an mich wandte.

Er war ein großer Mann.

«Nun ja, tut mir leid, daß es da ein kleines Mißverständnis gibt», sagte ich. «Aber wo Sie jetzt da waren, können Sie doch einfach weggehen.» Der Carl kam langsam auf mich zu. Mike hielt ihn am Arm fest und sah mich säuerlich an.

«Warte. Wenn Sie nicht ... ich meine, ist Ihnen überhaupt klar, was Sie sich damit eingebrockt haben?» Ich glaube, ihm fehlten wirklich die Worte. «Meine Güte.»

Ich wandte mich an Glass und die Blondine.

«Ich schätze, daß Sie sich ein winziges bißchen wundern, was hier eigentlich los ist, aber ich darf Sie beruhigen. Ich bin nicht der, für den Sie mich halten. Ich bin auch nicht der, für den die mich halten. Sie», ich zeigte auf Glass, «sind der, für den die mich halten, und Sie», zur Blondine, «sind die, mit der ich mich gern unterhalten würde, sobald uns die anderen nicht mehr davon abhalten. Noch Fragen?»

Niemand meldete sich. Ich ging mit einer hinauskomplimentierenden Gebärde zur Tür.

«Wir wollen den Ordner», sagte Mike.

«Welchen Ordner?» fragte ich.

«GRADUIERTENKOLLEG.» Er hinkte noch etwas hinter seiner Hochform her. Das wunderte mich nicht.

«Tut mir leid, daß ich Sie enttäuschen muß, aber es gibt keinen Ordner. Ob nun GRADUIERTENKOLLEG draufsteht oder sonst was.» Mike blieb die Spucke weg, und er tat mir wirklich leid. «Passen Sie auf», sagte ich, um ihn wieder aufzumuntern, «ich war im fünften Stock, die Fenster waren doppelt verglast, es war Hoheitsgebiet der Vereinigten Staaten, und der einzige Fluchtweg, der mir einfiel, war die Erwähnung eines Aktenordners. Ich dachte, das würde Ihnen allen am besten gefallen.»

Wieder eine lange Pause. Glass schnalzte mit der Zunge,

als käme es dieser Tage einfach zu oft zu solchen Belästigungen. Der Carl drehte sich zu Mike.

«Soll ich ihn mir schnappen?» Seine Stimme war erstaunlich hoch, fast im Falsett.

Mike nagte an seiner Lippe.

«Um ehrlich zu sein, ist das nicht Mikes Entscheidung», meinte ich. Beide sahen mich an. «Ich will sagen, ich entscheide hier, ob ich – mit Ihren Worten – geschnappt werde oder nicht.»

Der Carl starrte mich an, taxierte mich.

«Schauen Sie», meinte ich. «Ich will offen zu Ihnen sprechen. Sie sind ein kräftiger Bursche, und ich bin sicher, Sie schaffen mehr Liegestütze als ich. Und ich bewundere Sie dafür. Die Welt braucht Menschen, die viele Liegestütze schaffen. Das ist wichtig.» Er hob drohend das Kinn. Red bloß weiter, Mister. Aber immer. «Kämpfen ist jedoch eine andere Kiste. Eine ganz andere Kiste, in der ich mich zufällig sehr gut auskenne. Das heißt keineswegs, daß ich härter oder männlicher bin als Sie. Ich kann das bloß einfach gut.»

Es war unverkennbar, daß sich der Carl bei meinen Worten nicht wohl fühlte. Wahrscheinlich hatte er seine Bildung in der Schule des «Dich mach ich zu Hackfleisch usw.» erworben und konnte darauf, und nur darauf, reagieren.

«Ich meine damit», sagte ich so freundlich ich konnte, «wenn Sie sich nicht bis auf die Knochen blamieren wollen, dann gehen Sie jetzt fort und besorgen sich irgendwo ein anständiges Mittagessen.»

Was sie nach einigem Flüstern und Starren dann auch taten.

Eine Stunde später saß ich mit der Blondine, die im folgenden Ronnie genannt sei, weil ihre Freunde sie so nannten und ich anscheinend gerade einer geworden war, in einem italienischen Café.

Mike war mit eingeklemmtem Schwanz verschwunden,

und der Carl ging mit diesem «Das wirst du mir büßen, Bürschchen»-Blick. Ich hatte ihm fröhlich nachgewinkt, wußte aber, daß ich mein Leben nicht unbedingt für verpfuscht halten würde, wenn ich ihn nie wiedersah.

Ronnie hatte sich meine gekürzte Version der Ereignisse (den Kram mit den ollen Toten hatte ich weggelassen) mit großen Augen angehört und ihre allgemeine Einschätzung meiner Wenigkeit soweit modifiziert, daß sie mich jetzt für einen echt starken Typen hielt, eine Abwechslung, die ich ganz nett fand. Ich bestellte noch eine Runde Kaffee und lehnte mich zurück, um mich in ihrer Bewunderung zu sonnen.

Sie runzelte die Stirn.

«Sie wissen also nicht, wo Sarah jetzt ist?» fragte sie.

«Nicht die Bohne. Sie kann gesund und munter sein und ist nur auf Tauchstation gegangen, oder sie steckt in einer echten Klemme.»

Ronnie lehnte sich zurück und sah aus dem Fenster. Man merkte, daß sie Sarah gern hatte, denn ihre Besorgnis machte ihr richtig zu schaffen. Dann zuckte sie plötzlich die Achseln und trank einen Schluck Kaffee.

«Wenigstens haben Sie ihnen nicht den Ordner gegeben», sagte sie. «Das ist doch was.

Das Risiko geht man nun einmal ein, wenn man den Leuten die Hucke voll lügt. Irgendwann können Sie nicht mehr unterscheiden, was nun wahr ist und was nicht. Was nicht weiter verwunderlich ist.

«Nein, das haben Sie falsch verstanden», erklärte ich ihr freundlich. «Es gibt keinen Ordner. Das hab ich nur gesagt, weil ich wußte, daß sie das prüfen müssen, bevor sie mich verknacken oder in den Fluß werfen oder was die für Leute wie mich in petto haben. Schauen Sie, Leute, die in Büros arbeiten, glauben an Akten. Akten bedeuten ihnen etwas. Wenn man denen erzählt, man hätte einen Aktenordner, dann glauben die einem, weil sie Ordnern große Bedeutung beimessen.» Ich, der Meisterpsychologe. «Aber ich fürchte, der bewußte hier existiert einfach nicht.»

Ronnie setzte sich kerzengerade hin, und ich merkte, daß sie plötzlich ganz aufgeregt war. Auf ihren Wangen tauchten zwei rote Pünktchen auf. Das war ein recht schöner Anblick.

«Doch», sagte sie.

Ich schüttelte den Kopf, um zu prüfen, ob meine Ohren noch da saßen, wo ich sie verlassen hatte.

«Wie bitte?»

«Graduiertenkolleg», sagte sie. «Sarahs Aktenordner. Ich hab ihn gesehen.»

10

Das Feuer glimmt in alter Asche fort.
Chaucer

Ronnie und ich verabredeten uns für halb fünf, wenn die Galerie schloß und die donnernde Stampede der Kunden zuverlässig ausgesperrt worden war, um eine weitere Nacht auf Feldbetten und mit gezückten Scheckheften den Bürgersteig vollzusabbern.

Ich mußte ihre Mithilfe nicht direkt rekrutieren, denn Ronnie war jung und zu allen Schandtaten bereit. Irgendwie spürte sie die Kombination aus guten Werken und großen Wagnissen und konnte der Versuchung nicht widerstehen. Ich erzählte ihr nicht, daß es mir bislang nur Schußwunden und pürierte Eier eingetragen hatte, weil es überdeutlich war, daß Ronnie sich als sehr nützlich erweisen konnte. Erstens hatte ich jetzt kein Fahrzeug mehr, und zweitens habe ich im Lauf der Zeit festgestellt, daß ich viel besser denken kann, wenn ich jemanden dabeihabe, der mir das Denken abnimmt.

Ich schlug ein paar Stunden in der British Library tot und versuchte, möglichst viel über die Mackie Corporation of America in Erfahrung zu bringen. Die meiste Zeit ging dafür drauf, der Funktionsweise des Schlagwortkatalogs auf die Schliche zu kommen, aber in den letzten zehn Minuten, bevor ich gehen mußte, gelang es mir, an die folgenden unschätzbaren Informationen heranzukommen: Mackie war ein schottischer Ingenieur gewesen, der in Zusammenarbeit mit Robert Adams einen *Double-action*-Perkussionsrevolver mit geschlossenem Rahmen entworfen hatte, den die beiden

1851 bei der Weltausstellung in London vorgestellt hatten. Das notierte ich mir gar nicht erst.

In der vorletzten Minute fand ich mich per Querverweis in einem einschläfernd langweiligen Buch wieder, *Die Zähne des Tigers* von einem Major J. S. Hammond (pens.), und entdeckte, daß Mackie eine Firma gegründet hatte, die inzwischen zum fünftgrößten Lieferanten «defensiver Versorgungsgüter» für das Pentagon aufgestiegen war. Das Hauptquartier des Konzerns lag heute im kalifornischen Vensom, und sein letzter angegebener Jahresgewinn vor Steuern hatte mehr Nullen, als auf meinen Handrücken paßten.

Ich war auf dem Rückweg in die Cork Street und bahnte mir einen Weg durch die Nachmittagseinkäufer, als ich die Rufe eines Zeitungsverkäufers hörte. Es ist gut möglich, daß ich zum ersten Mal im Leben tatsächlich verstand, was ein Zeitungsverkäufer sagte. Die anderen Passanten hörten garantiert «Kleinod in Schildpatt geblecht», aber ich brauchte sein Plakat kaum, um zu verstehen, daß er «Drei Tote in Stadtgefecht» rief. Ich kaufte mir das Blatt und las im Weitergehen.

Eine «umfangreiche polizeiliche Ermittlung» war in die Wege geleitet worden, nachdem in einem leerstehenden Bürogebäude mitten in Londons Finanzviertel die Leichen dreier Männer gefunden worden waren, deren Todesursachen ausnahmslos Schußwunden waren. Der Wachmann Dennis Falkes (51, drei Kinder) hatte die bislang nicht identifizierten Leichen entdeckt, als er nach einem Zahnarzttermin seine Streife wieder aufnahm. Der Pressesprecher der Polizei lehnte es ab, über mögliche Mordmotive zu spekulieren, konnte Verbindungen zur Drogenszene anscheinend jedoch nicht ausschließen. Fotos waren nicht abgedruckt worden. Bloß ein weitschweifiger Hintergrundbericht über die in den letzten zwei Jahren in der Landeshauptstadt angestiegene Zahl von Toten infolge von Rauschgiftkriminalität. Ich warf die Zeitung in einen Abfalleimer und ging weiter.

Irgend jemand hatte Dennis Falkes Schweigegeld in die Hand gedrückt, soviel stand fest. Wahrscheinlich hatte der Gestriegelte ihn bezahlt, so daß Falkes, als er zurückkam und seinen Wohltäter erschossen vorfand, keinen Grund mehr hatte, nicht die Polizei zu rufen. Ich hoffte bloß, daß seine Zahnarztgeschichte stimmte. Wenn nicht, würde die Polizei ihm die Hölle heiß machen.

Vor der Galerie wartete Ronnie im Wagen auf mich. Sie fuhr einen knallroten TVR Griffith-Achtzylinder mit Fünf-Liter-Motor und einem Auspuffgesang, der bis nach Peking zu hören war. Damit blieb er eine Spur hinter meiner Idealvorstellung eines Autos für heimliche Überwachungsaktionen zurück, aber (a) konnte ich mir keine Mäkeleien erlauben, und (b) ist es von unbestreitbarem Reiz, wenn man in ein offenes Sportkabrio mit einer wunderschönen Frau am Steuer steigt. Es ist, als stiege man in eine Metapher.

Ronnie war in Bombenstimmung, was nicht heißen mußte, daß sie die Zeitungsmeldung über Woolf nicht zu Gesicht bekommen hatte. Aber selbst wenn sie sie gesehen und wenn sie gewußt hätte, daß Woolf tot war, weiß ich nicht, ob sie das groß gejuckt hätte. Ronnie besaß etwas, was man früher Courage genannt hätte. Jahrhundertelange Zucht, teils in-, teils auswendig, hatte sie mit hohen Wangenknochen und einem Geschmack an Freiheit und Abenteuer bedacht. Ich stellte sie mir mit fünf Jahren vor, wie sie auf einem Pony namens Winston über zweieinhalb Meter hohe Zäune galoppierte und ihr Leben schon vor dem Frühstück siebzigmal aufs Spiel setzte.

Als ich sie fragte, ob sie in Sarahs Schreibtisch in der Galerie etwas gefunden habe, schüttelte sie den Kopf und fragte mir dann die ganze Strecke bis nach Belgravia Löcher in den Bauch. Durch den Lärm des TVR-Auspuffs verstand ich keine einzige, aber an allen vermeintlich passenden Stellen nickte ich oder schüttelte den Kopf.

Als wir die Lyall Street erreichten, schrie ich ihr zu, sie solle einmal ums Karree fahren und ausschließlich auf die Straße schauen. Ich fand eine AC/DC-Kassette, schob sie in den Rekorder und drehte die Lautstärke bis zum Anschlag auf. Verstehen Sie, ich hielt mich an den Grundsatz, je auffälliger man sich benimmt, desto unauffälliger ist man. Wenn ich die Wahl hätte, würde ich zwar sagen, je auffälliger man sich benimmt, desto auffälliger ist man, aber Wahl gehörte zu den Dingen, die mir momentan abgingen.

Not macht selbstbetrügerisch.

Als wir am Haus der Woolfs vorbeikamen, griff ich mir ans Auge und polkte daran herum, denn so konnte ich ausgiebig die Hausfassade betrachten, während ich scheinbar nur eine Kontaktlinse zurechtschob. Das Haus sah leer aus. Allerdings hatte ich auch keine Männer mit Geigenkoffern auf der Eingangstreppe erwartet.

Wir fuhren um den Block, und ich signalisierte Ronnie, sie solle ein paar hundert Meter vom Haus entfernt halten. Sie stellte den Motor ab, und ein paar Augenblicke lang dröhnte mir die plötzliche Stille in den Ohren. Dann wandte sie sich zu mir, und ich sah, daß die roten Punkte auf ihre Wangen zurückgekehrt waren.

«Was machen wir jetzt, Boß?»

Sie fand immer mehr Spaß an der Sache.

«Ich lauf am Haus vorbei und schau mir an, was da so los ist.»

«Gut. Und was mach ich?»

«Mir wär's am liebsten, wenn Sie hier warten könnten», meinte ich. Ihre Miene verdüsterte sich. «Falls wir Reißaus nehmen müssen», ergänzte ich, und sie hellte sich wieder auf. Ronnie griff in ihre Handtasche und nahm eine kleine messingfarbene Dose heraus, die sie mir in die Hand drückte. «Was ist das?» fragte ich.

«Vergewaltigungsalarm. Sie müssen hier oben draufdrücken.»

«Ronnie ...»

«Nehmen Sie schon. Wenn ich das höre, weiß ich, daß Sie 'ne Chauffeurin brauchen.»

Die Straße sah aus wie jede andere, wenn man außer acht ließ, daß hier jedes Haus über zwei Millionen Pfund kostete. Der Wert allein der Autos, die auf beiden Straßenseiten parkten, überstieg wahrscheinlich das Bruttosozialprodukt vieler Kleinstaaten. Ein Dutzend BMWs, ein Dutzend Jaguars und Daimlers, fünf Bentley-Saloons, ein Bentley-Kabrio, drei Aston Martins, drei Ferraris, ein Jensen, ein Lamborghini.

Und ein Ford.

Dunkelblau, Heck mir zugewandt, vor dem Haus, aber auf der anderen Straßenseite, weswegen er mir bei der ersten Runde nicht aufgefallen war. Zwei Antennen. Zwei Rückspiegel. Eine Delle hinter dem linken vorderen Kotflügel. Eine Delle, wie sie ein großes Motorrad bei einer seitlichen Kollision verursachen mochte.

Ein Mann auf dem Beifahrersitz.

Meine erste Reaktion war Erleichterung. Wenn sie Sarahs Haus observierten, dann bestand die Hoffnung, daß sie Sarah noch nicht hatten und sich deswegen das Haus als zweitbestes Ziel ausgesucht hatten. Aber vielleicht hatten sie Sarah auch schon und nur noch mal jemanden vorbeigeschickt, um ihre Zahnbürste zu holen. Falls sie noch Zähne hatte.

Sinnlos, sich darüber den Kopf zu zerbrechen. Ich ging auf den Ford zu.

Falls Sie je in Militärtheorie ausgebildet worden sind, mußten Sie sich unter Umständen auch einen Vortrag über eine Angelegenheit namens Boyd-Schleife reinziehen. Boyd war ein Typ gewesen, der im Koreakrieg eine Menge Zeit mit dem Studium von Luftkämpfen verbracht und typische «Ereignissequenzen» analysiert hatte. Er wollte herausfinden, warum Pilot A Pilot B abschießen konnte, wie sich Pilot B hinterher fühlte und welcher von beiden Kedgeree zum Frühstück gegessen hatte. Boyds Theorie basierte auf der absolut banalen Beobachtung, daß A etwas tat, B darauf reagierte, A etwas anderes tat, B erneut reagierte und so weiter, was zu einer Schleife aus Aktion und Reaktion führte. Der Boyd-Schleife eben. Nicht schlecht, Herr Specht, sollte man denken. Aber sein «Heureka»-Erlebnis, weswegen Boyds Name an Militärakademien auf der ganzen Welt heute noch herumposaunt wird, hatte er erst, nachdem ihm etwas anderes aufging. Wenn B zwei Dinge in der Zeit tun konnte, die er normalerweise für eins brauchte, dann konnte er «eine engere Schleife fliegen», und ergo trugen die Mächte des Lichts den Sieg davon.

Langs Theorie läuft – zu einem Bruchteil der Kosten – so ziemlich auf dasselbe hinaus und lautet: Hau dem andern eins auffe Fresse, bevor er sie wegziehen kann.

Links neben dem Ford blieb ich stehen und sah am Haus der Woolfs hoch. Der Mann im Wagen sah mich nicht an. Was ein Zivilist getan hätte, denn alle Menschen schauen Menschen an, wenn sie nichts Besseres zu tun haben. Ich bückte mich und klopfte an die Scheibe. Er wandte mir den Kopf zu und starrte mich lange an, bevor er sie runterdrehte, aber da wußte ich schon, daß er mich nicht erkannt hatte. Er war Mitte Vierzig und stand auf Whisky.

«Bist du Roth?» bellte ich in meinem besten amerikanischen Akzent – und der ist ziemlich gut, wenn ich das mal sagen darf.

Er schüttelte den Kopf.

«War Roth da?» fragte ich.

«Wer zum Teufel ist Roth?» Ich hatte ihn für einen Amerikaner gehalten, aber er stammte eindeutig aus London.

«Scheiße», sagte ich, richtete mich auf und sah zum Haus hinüber.

«Wer sind Sie?»

«Dalloway», sagte er unwirsch. «Hamse euch gesagt, daß ich komme?» Er schüttelte wieder den Kopf. «Bist du irgendwann ausgestiegen? Habt ihr den Funkspruch verpaßt?» Ich machte Druck, sprach laut und schnell und verwirrte ihn damit. Aber mißtrauisch wurde er nicht. «Habt ihr Nachrichten gehört? Zeitung gelesen, verdammt noch mal? Drei Tote, und Lang war nicht dabei.» Er starrte mich an. «Scheiße», sagte ich wieder, für den Fall, daß er mich beim ersten Mal nicht verstanden hatte.

«Und jetzt?»

Zigarre für Mr. Lang. Ich hatte ihn. Ich kaute eine Weile auf der Lippe und fand, ich könnte es ja mal probieren.

«Du bist nicht allein, oder?»

Er nickte in Richtung Haus.

«Micky ist drinnen.» Er sah auf die Uhr. «Wir wechseln in zehn Minuten.»

«Ihr wechselt jetzt. Ich muß rein. Hat sich schon wer blicken lassen?»

«Niemand.»

«Anrufe?»

«Einer. Mädchenstimme. Vor etwa einer Stunde. Wollte Sarah sprechen.»

«Gut. Gehen wir.»

Ich flog die engere Boyd-Schleife, das stand fest. Erstaunlich, wozu man die Leute bringen kann, wenn man auf Anhieb den richtigen Ton trifft. Er kletterte aus dem Auto, ganz versessen darauf, mir zu zeigen, wie schnell er aus Autos klettern konnte, und folgte mir dann auf dem Fuße, als ich zum Haus ging. Ich zog meinen Wohnungsschlüssel aus der Tasche und blieb abrupt stehen.

«Habt ihr ein Klopfen?» fragte ich, als wir vor der Haustür standen.

«Bitte?»

Ich verdrehte ungeduldig die Augen.

«Ein Klopfen. Ein Signal. Ich hab keine Lust, daß Micky

mir ein Loch in die Brust pustet, sobald ich durch die beschissene Tür da komme.»

«Nee, wir sagen einfach ... ich meine, ich ruf einfach ‹Micky›.»

«Potz Blitz, das nenn ich Scharfsinn», sagte ich. «Wer hat sich das denn wieder ausgedacht?» Ich trug ziemlich dick auf und wollte ihn ärgern, damit er mir erst recht seine Tüchtigkeit unter Beweis stellte. «Mach hinne.»

Er legte den Mund an den Briefkastenschlitz.

«Micky», sagte er und blickte entschuldigend zu mir hoch. «Ich bin's.»

«Ach, verstehe», meinte ich. «So weiß er, daß du es bist. Cool.»

Nach einer Pause wurde der Riegel zurückgeschoben, und ich ging geradewegs ins Haus.

Ich sah Micky kaum an, damit von vornherein klar war, daß er hier nicht zur Debatte stand. Ein schneller Blick verriet mir aber, daß er ebenfalls Mitte Vierzig war und dünn wie ein aufgestellter Parkstrich. Er trug handrückenfreie Lederhandschuhe und einen Revolver, wahrscheinlich auch irgendwelche Klamotten, aber darauf achtete ich nicht weiter.

Es handelte sich um einen kurzläufigen, vernickelten Smith-&-Wesson-Revolver mit innenliegendem Hahn, wodurch man ihn ideal aus der Hosentasche abfeuern konnte. Wahrscheinlich ein Modell Bodyguard Airweight oder so was Ähnliches. Eine hinterhältige Waffe. Nun mögen Sie fragen, ob ich Ihnen eine ehrliche, anständige und gerechte Waffe nennen könne, und das kann ich natürlich nicht. Alle Waffen schleudern Blei auf Leute und haben die Absicht, Schaden anzurichten, aber davon abgesehen haben sie einen mehr oder weniger eigenen Charakter. Und einige sind eben hinterhältiger als andere.

«Du bist Micky?» fragte ich und sah mich dabei eifrig in der Diele um.

«Bin ich.» Micky war Schotte und versuchte wie wild,

169

von seinem Partner ein Zeichen zu bekommen, wer zum Teufel ich sei. Micky konnte problematisch werden.

«Dave Carter läßt grüßen.» Ich bin mit einem Dave Carter zur Schule gegangen.

«Aha. Ja», sagte er. «Klar.»

Volltreffer. Zwei Boyd-Schleifen in fünf Minuten. In schwindelerregendem Triumphgefühl ging ich zum Dielentischchen und griff zum Telefonhörer.

«Gwinevere», sagte ich geheimnisvoll. «Ich bin drin.»

Ich legte den Hörer auf, ging in Richtung Treppe und verfluchte mich insgeheim, weil ich's so fürchterlich übertrieben hatte. Darauf konnten sie nun wirklich nicht reinfallen. Aber als ich mich umdrehte, standen die beiden immer noch lammfromm da, beide mit einem «Sie sind der Boß»-Gesichtsausdruck.

«In welchem Zimmer schläft das Mädchen?» schnauzte ich. Die Lämmer sahen sich nervös an. «Ihr habt doch wohl die Zimmer geprüft, oder?» Sie nickten. «Und? Welches ist das mit den Spitzenkissen und dem Poster von Stefan Edberg? Ist das denn so schwer?»

«Das zweite links», sagte Micky.

«Danke.»

«Aber ...»

Ich blieb wieder stehen.

«Aber was?»

«Da hängt kein Poster ...»

Ich bedachte beide mit einem vernichtenden Blick und ging die Treppe hoch.

Micky hatte recht, es gab kein Poster von Stefan Edberg. Es gab nicht mal viele Spitzenkissen. Acht vielleicht. Aber Fleur de Fleurs lag in der Luft, ein ppm, und plötzlich spürte ich einen körperlichen Stich aus Sorge und Sehnsucht. Zum ersten Mal wurde mir klar, wie sehr ich Sarah vor allem und jedem beschützen wollte.

Das war vielleicht nur ein Haufen altmodischer Maid-in-Not-Blödsinn, und an einem anderen Tag hätte vielleicht ein ganz anderes Thema meine Hormone abgelenkt. Aber in diesem Augenblick, als ich in der Mitte ihres Schlafzimmers stand, wollte ich Sarah retten. Nicht bloß, weil sie gut war, und die Bösen eben nicht, sondern weil ich sie mochte. Weil ich sie sehr mochte.

Genug gesülzt.

Ich ging zum Nachttischchen, nahm den Hörer ab und drückte ein Spitzenkissen auf die Sprechmuschel. Falls eins der Lämmer seinen Mut wiederfand oder auch nur neugierig wurde und Lust bekam, beim Erklärungsnotruf anzurufen, würde ich das hören. Aber durch das Kissen sollten sie mich eigentlich nicht hören.

Als erstes klapperte ich die Wandschränke ab und versuchte herauszufinden, ob größere Teile von Sarahs Kleidern verschwunden waren. Hie und da hing ein leerer Bügel, aber sie reichten nicht für einen geregelten Aufbruch in weit entfernte Weltregionen.

Auf der Frisierkommode wimmelte es von Tiegeln und Pinseln. Gesichtscreme, Handcreme, Nasencreme, Augencreme. Ich fragte mich einen Augenblick, wie schlimm es wohl war, wenn man besoffen nach Hause kam und sich versehentlich die Hände mit Gesichtscreme oder das Gesicht mit Handcreme einrieb.

Die Schubladen der Kommode enthielten noch mehr von dem Zeug. Sämtliche Werkzeuge und Schmiermittel, um eine moderne Formel-1-Frau in Form zu bringen. Aber nirgends ein Schnellhefter.

Ich schob sie wieder zu und ging ins angrenzende Badezimmer. Der seidene Morgenrock, den Sarah bei unserer ersten Begegnung getragen hatte, hing an der Rückseite der Tür. Auf dem Gestell über dem Waschbecken lag eine Zahnbürste.

Ich ging ins Schlafzimmer zurück und sah mich um,

hoffte auf irgendein Zeichen. Also, kein direktes Zeichen – ich erwartete keine mit Lippenstift auf den Spiegel geschmierte Adresse –, aber irgend etwas hatte ich erhofft, etwas, was da sein sollte und nicht da war, oder was nicht da war, obwohl es da sein sollte. Aber es gab kein Zeichen, und trotzdem stimmte etwas nicht. Ich stand mitten im Zimmer und lauschte eine Weile, bevor ich merkte, was es war.

Ich konnte die Lämmer nicht hören. Das stimmte nicht. Die mußten sich doch allerlei zu sagen haben. Schließlich war ich Dalloway, und Dalloway war eben erst in ihr Leben getreten; sie hätten sich über mich unterhalten sollen.

Ich trat ans Fenster und sah auf die Straße hinunter. Die Tür vom Ford stand offen, und es mußte das Bein vom Whiskylamm sein, das da herausragte. Er war am Funkgerät zugange. Ich holte den Telefonhörer vom Bett, legte ihn auf die Gabel zurück und zog dabei in Gedanken die Schublade vom Nachttischchen auf. Es war eine kleine Schublade, aber sie schien mehr zu enthalten als das restliche Zimmer. Ich wühlte zwischen Packungen mit Tempotaschentüchern, Wattebäuschchen, Tempotaschentüchern, Nagelscheren, eine nur halb verzehrte Tafel Suchard-Schokolade, Tempotaschentüchern, Stiften, Pinzetten, Tempotaschentüchern, Tempotaschentüchern – essen Frauen diese blöden Dinger oder was? –, und schließlich fand ich ganz unten in der Schublade ein schweres, in ein Stück Sämischleder eingewickeltes Bündel, das sich ein Nest aus Tempotaschentüchern gebaut hatte. Sarahs bezaubernde kleine Walther TPH. Ich ließ das Magazin herausschnellen und kontrollierte den Spalt an der Seite. Voll.

Ich schob die Pistole in die Tasche, gönnte mir noch einen tiefen Zug Nina Ricci und ging.

An der Lämmerfront hatte sich die Lage grundlegend geändert, seit ich das letzte Mal mit den beiden gesprochen hatte. Eine deutliche Wende zum Schlechteren. Die Haustür stand offen, Micky lehnte neben ihr an der Wand, hatte die rechte Hand in die Hosentasche geschoben, und Whisky sah ich draußen auf der Treppe, wie er die Straße auf und ab sah. Als er mich aus dem ersten Stock herabkommen hörte, drehte er sich um.

«Nichts», sagte ich, bevor mir einfiel, daß ich einen Amerikaner spielte. «Nicht die beschissenste Kleinigkeit. Mach die Tür zu, ja?»

«Zwei Fragen», sagte Micky.

«Ach ja?» fragte ich. «Mach's kurz.»

«Wer zum Teufel ist Dave Carter?»

Ich fand, es hatte nicht viel Sinn, ihm zu erklären, daß Dave Carter in der Schule der Juniorenmeister bei den Fives geworden war und später bei seinem Vater in der Firma für Elektrotechnik in Hove gearbeitet hatte. Also sagte ich: «Und die zweite Frage?»

Micky warf Whisky, der in den Hauseingang getreten war und mir perfekt den Fluchtweg verbaute, einen Blick zu.

«Wer zum Teufel bist du?»

«Dalloway», sagte ich, «soll ich's dir vielleicht aufschreiben? Verdammt, was ist denn plötzlich los mit euch?» Ich schob die rechte Hand in die Hosentasche und sah, daß Micky meinem Beispiel folgte. Falls er sich entschloß, mich umzubringen, würde ich den Schuß nicht einmal hören. Immerhin, ich hatte es geschafft, die Hand in die rechte Hosentasche zu schieben. Zu dumm, daß die Walther in der linken steckte. Langsam zog ich die Hand zur Faust geballt wieder heraus. Mickys Augen folgten meinen Bewegungen wie eine Schlange.

«Goodwin sagt, er habe noch nie von dir gehört. Er habe niemanden hergeschickt. Und niemandem erzählt, daß wir hier seien.»

«Goodwin ist ein faules Arschloch, das von Tuten und Blasen keine Ahnung hat», sagte ich genervt. «Was zum Donnerwetter hat der denn mit der Sache zu tun?»

«Überhaupt nichts», sagte Micky. «Willst du auch wissen, warum?»

Ich nickte. «Ja, will ich allerdings.»

Micky grinste. Er hatte sauschlechte Zähne. «Weil es ihn nicht gibt», sagte er. «Ich hab ihn grad erfunden.»

Künstlerpech. Er kannte seinen Boyd. Wer Rasen sät, wird Mäher ernten.

«Ich frage dich also noch mal», sagte er und kam auf mich zu. «Wer bist du?»

Ich ließ die Schultern sinken. Das Spiel war aus. Ich streckte die Handgelenke in der «Nehmen Sie mich fest, Officer»-Geste aus.

«Du willst meinen Namen wissen?» fragte ich.

«Ja.»

Sie sollten ihn nie erfahren, denn in diesem Moment wurden wir von einem ohrenbetäubenden, unbeschreiblich gellenden Geheul unterbrochen. Der Lärm hallte von Boden und Dielendecke wider und kam doppelt so laut zurück, schüttelte das Hirn durch und vernebelte die Sicht.

Micky zuckte zusammen und wich an die Wand zurück, und Whisky wollte sich die Ohren zuhalten. In der halben Sekunde, die ich dadurch gewann, lief ich auf die offene Tür zu und rammte Whisky die rechte Schulter in die Brust. Er prallte zurück und fiel gegen das Geländer, während ich die Straße nach links mit einer Geschwindigkeit hinabrannte, die ich zuletzt mit sechzehn erreicht habe. Wenn ich nur zwanzig Meter von der Airweight wegkommen konnte, hatte ich eine Chance.

Ich weiß ehrlich gesagt nicht, ob sie auf mich geschossen haben. Nach dem sagenhaften Krach aus Ronnies kleiner Blechdose waren meine Ohren außerstande, derlei Informationen noch zu verarbeiten.

Ich weiß nur, daß sie mich nicht vergewaltigt haben.

11

Es gibt nur eine Sünde, und das ist Dummheit.
Oscar Wilde

Ronnie brachte uns zu ihrer Wohnung in der King's Road zurück, und wir fuhren ein paar dutzendmal in beide Richtungen daran vorbei. Wir fürchteten nicht etwa, observiert zu werden, sondern suchten einen Parkplatz. Um diese Tageszeit bereuen Londoner Autobesitzer (also die Mehrheit aller Londoner) ihren Luxus bitter – die Zeit steht still oder legt den Rückwärtsgang ein oder baut sonst einen Scheiß, der mit den Naturgesetzen dieses Universums nichts am Hut hat –, und die ganzen Werbespots im Fernsehen, wo sexy Sportwagen verlassene Landstraßen entlangkacheln, gehen einem etwas auf den Zeiger. Mir gehen sie natürlich nicht auf den Zeiger, schließlich fahre ich Motorrad. Zwei Räder gut, vier Räder schlecht.

Als sie den TVR endlich in eine Lücke gequetscht hatte, erörterten wir, ob wir zur Wohnung zurück ein Taxi nehmen sollten, fanden aber beide, daß der Abend so lauschig sei und wir Lust auf einen Spaziergang hatten. Oder besser, Ronnie hatte Lust auf einen Spaziergang. Leute von Ronnies Schlag haben immer Lust auf einen Spaziergang, und Leute von meinem Schlag haben immer Lust auf Leute von Ronnies Schlag, also legten wir eine kesse Wandersohle aufs Pflaster.

Unterwegs erzählte ich ihr in knappen Worten von den Ereignissen in der Lyall Street, und sie lauschte in verzücktem Fastschweigen. Sie hing mir auf eine Weise an den Lippen, auf die die Leute, besonders Frauen, normalerweise nicht hängen. Normalerweise lassen sie los, vertreten sich beim Fallen den Fuß, und mir schieben sie dann die Schuld in die Schuhe.

Aber Ronnie war irgendwie anders. Anders, weil sie mich für anders hielt.

Als wir endlich ihre Wohnung erreichten, schloß sie auf, trat beiseite und bat mich mit einer komischen Kleinmädchenstimme vorzugehen. Ich sah sie einen Augenblick an. Es kann sein, daß sie abwägen wollte, wie ernst die Angelegenheit war, als könne sie die ganze Sache oder mich noch nicht recht einschätzen; also setzte ich eine finstere Miene auf und sah mir die Wohnung in einer Manier an, die hoffentlich an Clint Eastwood erinnerte – stieß angelehnte Türen mit dem Fuß auf und öffnete aufs Geratewohl Schränke –, während sie mit rotgepunkteten Wangen im Flur stehenblieb.

In der Küche sagte ich: «O Gott!»

Ronnie stöhnte auf, lief herbei und spähte um den Türpfosten herum.

«Ist das Bolognese?» fragte ich und hielt einen Holzlöffel mit etwas Altem und völlig Verdorbenem hoch.

Ich bekam eine Rüge, aber dann lachte sie befreit auf. Ich lachte auch, und plötzlich klangen wir wie alte Freunde. Enge Freunde. Also mußte ich sie einfach fragen.

«Wann kommt er nach Hause?»

Sie sah mich an, wurde rot und kratzte Bolognesereste aus dem Topf.

«Wann kommt wer nach Hause?»

«Ronnie», sagte ich und ging um sie herum, bis ich mehr oder weniger vor ihr stand. «Du bist wahnsinnig gut gebaut, aber du hast keine Kragenweite 44. Und wenn, würde dir bei einem Haufen ununterscheidbarer Nadelstreifenanzüge ziemlich schnell der Kragen platzen.»

Sie schaute in Richtung Schlafzimmer, die Schränke fielen ihr ein, dann trat sie an die Spüle und ließ heißes Wasser in den Topf laufen.

«Möchtest du was trinken?» fragte sie, ohne sich umzudrehen.

Sie zauberte eine Flasche Wodka herbei, während ich Eiswürfel auf dem Küchenboden verteilte, und schließlich rang sie sich zu der Beichte durch, daß ihr Freund in der City Warentermine verkaufte (was ich mir hätte denken können), nicht jeden Abend bei ihr verbrachte, und wenn, dann kam er nie vor zehn. Ehrlich, hätte ich jedesmal ein Pfund bekommen, wenn eine Frau mir das weismachen wollte, dann hätte ich jetzt bestimmt schon drei zusammen. Beim letzten Mal kam der Freund um sieben zurück − «Also, das hat er noch nie gemacht» − und ging mit einem Stuhl auf mich los.

Ich entnahm ihrer Stimme wie auch ihren Worten, daß in ihrer Beziehung nicht alles eitel Sonnenschein war, und all meiner Neugier zum Trotz hielt ich es für besser, das Thema zu wechseln.

Nachdem wir es uns auf dem Sofa gemütlich gemacht hatten und die Eiswürfel fröhlich in den Gläsern klirrten, erzählte ich ihr etwas ausführlicher von den Ereignissen der letzten Zeit − startete in Amsterdam und landete wieder in der Lyall Street, ließ aber das Stück über Hubschrauber und Graduiertenkollegien aus. Auch so waren es noch genug Heldentaten mit einem Draufgänger in der Hauptrolle, und die Stellen, wo ich fast draufgegangen wäre, schmückte ich aus, damit ihre hohe Meinung von mir nicht sank. Als ich fertig war, zog sie die Stirn kraus.

«Aber den Ordner hast du nicht gefunden», meinte sie enttäuscht.

«Nein», gab ich zu. «Was nicht heißen muß, daß er nicht da ist. Falls Sarah in dem Haus wirklich etwas versteckt hat, dann braucht ein Bauarbeitertrupp eine ganze Woche, um den Laden gründlich zu durchsuchen.»

«Also, ich hab die Galerie auf den Kopf gestellt, und dort ist ganz bestimmt nichts. Sie hat einigen Papierkram liegenlassen, aber das hat alles mit der Arbeit zu tun.» Sie ging zum

177

Tisch und öffnete ihre Tasche. «Ich hab ihren Kalender gefunden, falls dir das was nützt.»

Erst dachte ich, sie wollte mich auf den Arm nehmen. Sie mußte doch genug Agatha Christie gelesen haben, um zu wissen, daß gefundene Kalender eigentlich immer weiterhelfen. Aber Sarahs vielleicht nicht. Ihr Kalender war ein ledergebundenes Werbegeschenk der Mukoviszidose-Stiftung im DIN-A4-Format und verriet mir über seine Eigentümerin nichts, was ich nicht schon geahnt hatte. Sie ging in ihrer Arbeit auf, verabredete sich zum Lunch, schrieb ihre i mit Punkten und nicht mit kleinen Kreisen, malte aber beim Telefonieren Strichkätzchen. Sie hatte in den kommenden Monaten nicht viel vorgehabt, und der letzte Eintrag lautete einfach «CED OK 7.30». Beim Zurückblättern sah ich, daß CED in den letzten Wochen schon dreimal okay gewesen war, einmal um 7.30 und zweimal um 12.15.

«Weißt du zufällig, wer das sein könnte?» fragte ich Ronnie und zeigte ihr den Eintrag. «Charlie? Colin? Carl, Clive, Clarissa, Carmen?» Mir fielen keine Frauennamen mit C mehr ein.

Ronnie überlegte.

«Ob sie die Initiale vom zweiten Vornamen mitgeschrieben hat?»

«Keine Ahnung.»

«Ich meine, wenn jemand Charlie Dummie heißt, schreibt man doch CD, oder?»

Ich blickte wieder auf den Kalender.

«Charlie Etherington-Dunce? Weiß der Geier. Das fällt in dein Ressort.»

«Was soll denn das nun wieder heißen?» Sie fühlte sich erstaunlich schnell auf den Schlips getreten.

«Entschuldigung, ich meinte bloß ... weißt du, ich dachte, du hängst doch immer mit diesen Doppelname-Bindestrichs zusammen ...» Ich verstummte, weil ich sah, daß Ronnie das gar nicht gut verknusen konnte.

«Klar, und ich hab 'ne gestelzte Stimme und 'nen gestelzten Job, und mein Freund arbeitet in der City.» Sie stand auf und schenkte sich noch einen Wodka ein. Mir bot sie keinen an, und ich hatte den starken Verdacht, daß ich hier zum Watschenmann gemacht wurde.

«Hör zu, es tut mir leid», sagte ich. «Ich hab das nicht so gemeint.»

«Ich kann doch nichts dafür, daß ich so spreche, Thomas», sagte sie. «Oder daß ich so aussehe.» Sie kippte einen Schluck Wodka und drehte mir den Rücken zu.

«Was solltest du auch dafür können? Du hörst dich klasse an und siehst noch besser aus.»

«Ach, halt den Schnabel.»

«Sofort», sagte ich. «Aber warum wirst du gleich so sauer?»

Sie seufzte und setzte sich wieder.

«Weil ich's satt habe, darum. Die Hälfte der Leute, mit denen ich zu tun habe, nimmt mich nicht ernst, weil ich so rede, und die andere Hälfte nimmt mich nur ernst, weil ich so rede. Das kann einem ganz schön auf die Nerven gehen.»

«Also, ich weiß, daß das schmierig klingt, aber ich nehme dich ernst.»

«Ehrlich?»

«Natürlich. Unglaublich ernst.» Ich wartete einen Augenblick. «Mir doch scheißegal, daß du 'ne affektierte Schnepfe bist.»

Sie sah mich so lange an, daß ich Angst bekam, ich hätte was Falsches gesagt und sie würde mich gleich mit irgendwelchen Gegenständen bewerfen. Aber dann lachte sie plötzlich, schüttelte den Kopf, und mir fiel ein Stein vom Herzen. Ihr hoffentlich auch.

Gegen sechs klingelte das Telefon, und an der Art, wie Ronnie den Hörer hielt, merkte ich, daß ihr Freund dran war und seine Ankunftszeit bekanntgab. Sie starrte auf den Boden und sagte immerzu nur «Ja», entweder weil ich zuhörte oder weil ihre Beziehung eben dieses Stadium erreicht hatte. Ich griff mir meine Jacke und brachte das Glas in die Küche. Ich spülte und trocknete es ab, falls sie das vergessen sollte. Als ich es grad in den Schrank stellen wollte, kam Ronnie rein.

«Rufst du mal an?» Sie wirkte traurig. Ich vielleicht auch.

«Und ob», sagte ich.

Als ich ging, hackte sie Zwiebeln für den heimkehrenden Warenterminbroker. Ich zog die Wohnungstür hinter mir ins Schloß. Ihre Vereinbarung schien darauf hinauszulaufen, daß sie abends für ihn kochte und er ihr Frühstück machte. Da Ronnie auf mich den Eindruck machte, als wären ein paar Grapefruitschnitze für sie schon eine große Schlemmerei, fürchtete ich, daß sie dabei den kürzeren gezogen hatte.

Männer. Also ehrlich.

Ein Taxi brachte mich über die King's Road ins West End, und um halb sieben trieb ich mich vor dem Verteidigungsministerium herum. Ein paar Polizisten beobachteten argwöhnisch mein Hinundherlaufen, aber ich hatte mich mit Stadtplan und Polaroid bewaffnet und schoß so dusselige Taubenfotos, daß sie beruhigt waren. Der Verkäufer war mißtrauischer gewesen, als ich einen Stadtplan verlangt und hinzugefügt hatte, von welcher Stadt sei egal.

Ansonsten hatte ich mich auf den Trip nicht weiter vorbereitet, und als allerletztes wollte ich mich mit meiner Stimme ins Telefonnetz des Ministeriums einloggen. Ich setzte darauf, daß ich mit meiner Einschätzung richtig lag und O'Neal ein Streber war, und nach den Erfahrungen meines ersten Aufklärungseinsatzes stimmte das auch. Siebter Stock, Eckbüro, und O'Neal arbeitete bis in die Puppen. Die vorgeschriebenen Tüllgardinen, die vor den Fenstern aller «neuralgischen» Regierungsgebäude hängen, verwehren

Teleobjektiven vielleicht den Einblick, aber sie können nicht verhindern, daß Licht auf die Straße fällt.

Es war einmal, in den Tagen der kalten Kriegsbegeisterung, da hatte ein Trottel aus einer höheren Sicherheitszentrale angeordnet, alle «verwundbaren» Büros sollten rund um die Uhr ihr Licht anlassen, damit feindliche Agenten keine Rückschlüsse darauf ziehen könnten, wer wo wie lange arbeitete. Die Idee wurde zunächst mit Kopfnicken und Schulterklopfen und manch einem «Also dieser Carruthers wird es noch weit bringen, das kann ich Ihnen flüstern» aufgegriffen – bis die ersten Stromrechnungen bei den verantwortlichen Rechnungshöfen auf die Matte flatterten, woraufhin man der Idee und Carruthers eilends zeigte, wo der Zimmermann das Loch gelassen hatte.

Um zehn nach sieben verließ O'Neal das Ministerium durch den Haupteingang. Er nickte dem Wachposten zu, der keine Reaktion zeigte, und trat in Whitehalls Abenddämmerung hinaus. Er hatte komischerweise eine Aktentasche dabei – niemand hätte ihn aus dem Gebäude gelassen, wenn er Wichtigeres als ein paar Blatt Klopapier dabeigehabt hätte –, vielleicht gehörte er also zu diesen schrägen Vögeln, für die eine Aktentasche nur ein Requisit ist. Man kann ja nie wissen.

Ich blieb vor dem Ministerium stehen, bis O'Neal ein paar hundert Meter Vorsprung hatte, folgte ihm dann und hatte ausgesprochene Mühe, in seinem unerwartet langsamen Tempo mitzuzockeln. Man hätte denken können, er genieße das Wetter, hätte es da etwas zu genießen gegeben.

Erst nachdem er die Mall überquert hatte und schneller wurde, verstand ich, daß er den Flaneur gemimt, die Rolle des Whitehall-Tigers auf Beutezug gespielt hatte, Herr all dessen, was er überblickt, eingeweiht in brisante Staatsgeheimnisse, von denen jedes einzelne dem gaffenden Durchschnittstouristen die Schuhe auszöge, wenn er oder sie nur davon wüßte. Als er jedoch den Dschungel hinter sich hatte und auf die offene Savanne hinausgetreten war, lohnte sich die Pose nicht mehr, und er ging normal weiter. O'Neal konnte einem leid tun, wenn man dafür Zeit hatte.

Ich weiß nicht, warum, aber ich hatte erwartet, er würde auf dem kürzesten Weg nach Hause gehen. Ich stellte mir ein Reihenhaus in Putney vor, wo eine schwergeprüfte Gattin ihm Sherry und gebackenen Kabeljau vorsetzte und seine Hemden bügelte, während er die Fernsehnachrichten sah, dabei vor sich hin brummte und den Kopf schüttelte, als hätte jeder Satz für ihn eine zusätzliche tiefere Bedeutung. Statt dessen eilte er hinter dem Institute of Contemporary Arts die Treppe zur Pall Mall hoch und verschwand im Travellers Club.

Es war sinnlos, dort mein Glück zu versuchen. Durch die Glastür beobachtete ich, wie O'Neal den Portier bat, in sein Postfach zu gucken, das sich aber als leer erwies, und als ich sah, wie er sich aus dem Mantel schälte und in die Bar ging, wußte ich, daß ich ihn gefahrlos eine Zeitlang allein lassen konnte.

An einem Imbiß am Haymarket kaufte ich mir einen Hamburger mit Pommes, lief eine Weile ziellos durch die Gegend, aß im Gehen und sah zu, wie Menschen in bunten Hemden in Musicals drängten, die lange vor meiner Geburt angelaufen sein mußten. Während ich so dahinbummelte, sank mir Schwermut auf die Schultern, und ich merkte mit einem Ruck, daß ich genau dasselbe tat wie O'Neal – ich sah auf meine Mitmenschen mit dem müden Zynismus des «Ihr armen Narren, wenn ihr bloß wüßtet» herab. Ich riß mich zusammen und warf den Hamburger in einen Mülleimer.

O'Neal kam um halb neun heraus und ging den Haymarket hoch zum Piccadilly Circus. Dort wandte er sich in die Shaftesbury Avenue und bog dann links ab nach Soho hinein, wo das hohe Geschnatter der Theaterbesucher dem tieferen Dröhnen der Szenekneipen und Stripteaselokale wich. Riesige Schnurrbärte mit Männern dahinter lungerten in Hauseingängen und raunten etwas von «sexy Shows», als ich vorbeikam.

O'Neal wurde von den Türstehern genauso angequatscht, aber anscheinend wußte er, wo er hinwollte, und würdigte die Marktschreier keines Blickes. Statt dessen wich er ein paarmal nach links oder rechts aus, sah sich nie um, bis er seine Oase erreichte, The Shala, die er schnurstracks betrat.

Ich lief bis ans Ende der Straße, vertrödelte dort eine Minute und ging dann zurück, um die fesselnde Fassade von The Shala zu bewundern. Die Worte LIVE, GIRLS, EROTIC, DANCING und SEXY waren nach dem Zufallsprinzip um die Tür herum angeordnet worden, als sollte der Passant versuchen, einen Satz daraus zu bilden, und in einem Schaukasten hing ein halbes Dutzend verblichener Fotos von Frauen in Unterwäsche. Neben der Tür lümmelte ein Mädchen in einem hautengen Lederrock, und ich lächelte sie an, als wollte ich sagen, ich käme aus Norwegen und, ja, The Shala hielte ich für den idealen Ort, um mich vom harten Tagwerk des Norwegerseins zu erholen. Ich hätte sie genausogut anschreien können, daß ich gleich mit einem Flammenwerfer hineinstürmen würde, ich bezweifle, daß sie auch nur mit der Wimper gezuckt hätte. Wie denn auch, unter all dem Mascara?

Ich gab ihr fünfzehn Pfund, füllte eine Beitrittserklärung auf den Namen Lars Petersen aus, c/o Sittendezernat, New Scotland Yard, und trabte eine Treppe in den Keller hinab, um mir anzuschauen, wie live, sexy, erotic, dancing und girls The Shala denn nun wirklich war.

Es war eine schäbige Spelunke. Wirklich ganz, ganz schäbig. Die Leitung war in grauer Vorzeit zu der Erkenntnis gelangt, daß das Runterdrehen der Beleuchtung billiger war als Putzen, und ich hatte ständig das Gefühl, die Teppichfliesen würden an meinen Schuhsohlen haftenbleiben. Vor einer kleinen Bühne, auf der drei Mädchen mit glasigen Augen zu lauter Musik herumhoppelten, standen rund zwanzig Tische. Die Decke war so niedrig, daß die größte Hupfdohle mit krummem Rücken tanzen mußte. Aber obgleich alle drei nackt waren und die Musik von den Bee Gees stammte, bewältigten sie die Sache überraschenderweise noch mit einer gewissen Würde.

O'Neal saß an einem Tisch in der ersten Reihe, und das linke Mädchen hatte es ihm anscheinend am heftigsten angetan, ein Geschöpf mit käsigem Gesicht, das meiner Meinung nach eine anständige Fleischpastete brauchte und sich mal richtig ausschlafen sollte. Sie schaute die ganze Zeit auf die gegenüberliegende Wand und lächelte nie.

«Drink.»

Ein Mann mit Furunkeln am Hals beugte sich über den Tresen.

«Whisky, bitte», sagte ich und wandte mich der Bühne zu.

«Fünf Pfund.»

Ich sah ihn wieder an. «Wie bitte?»

«Fünf Pfund für den Whisky. Sie zahlen im voraus.»

«In keinster Weise», sagte ich. «Sie bringen mir den Whisky. Dann zahle ich.»

«Sie zahlen vorher.»

«Vorher rammen Sie sich eine Mistgabel in den Arsch.» Ich lächelte, um der Bemerkung den Stachel zu nehmen. Er brachte mir den Whisky. Ich gab ihm fünf Pfund.

Nach zehn Minuten an der Bar stand für mich fest, daß O'Neal nur der Show wegen hergekommen war. Er sah weder auf die Uhr noch zur Tür und trank seinen Gin mit einer Selbstvergessenheit, die mich davon überzeugte, daß er definitiv Feierabend hatte. Ich trank aus und schlich an seinen Tisch.

«Darf ich raten? Sie ist Ihre Nichte und macht das bloß,

um ein Kapitalpolster anzulegen, denn eigentlich will sie bei der Royal Shakespeare Company einsteigen.» O'Neal drehte sich um und starrte mich an, während ich einen Stuhl heranzog und mich setzte. «Hallöchen», sagte ich.

«Was machen Sie denn hier?» fragte er verärgert. Ich glaube sogar, daß er sich eine Spur genierte.

«He», sagte ich. «Das ist mein Text. Sie müssen jetzt ‹Hallo› sagen, und ich sage dann: ‹Was machen Sie denn hier?›»

«Wo zum Henker haben Sie gesteckt, Lang?»

«Ach, überall und nirgends», sagte ich. «Sie wissen doch, ich bin ein Blatt, das der Herbstwind hier- und dorthin weht. Das muß doch in meiner Akte stehen.»

«Sie sind mir hierher gefolgt.»

«Ts, ts, ts. ‹Gefolgt› ist so ein hartes Wort. Ich bevorzuge ‹Erpressung›.»

«Was?»

«Aber das bedeutet natürlich etwas ganz anderes. Also gut, sagen wir, ich bin Ihnen hierher gefolgt.»

Er sah sich im Raum um und hielt Ausschau nach meinen großen Freunden. Vielleicht suchte er auch seine großen Freunde. Er beugte sich vor und fauchte mich an: «Sie stecken in ganz, ganz großen Schwierigkeiten, Lang. Behaupten Sie nachher nicht, ich hätte Sie nicht gewarnt.»

«Ja, ich glaube, Sie haben recht», sagte ich. «Unter anderem stecke ich tatsächlich in ganz großen Schwierigkeiten. Außerdem stecke ich in einem Stripteaselokal. Mit einem ranghohen Staatsbeamten, der mindestens eine Stunde lang inkognito bleiben möchte.»

Er lehnte sich zurück, und ein eigentümlich gehässiges Grinsen überzog sein Gesicht. Augenbrauen und Mundwinkel wurden hochgezogen. Mir wurde klar, daß ich der Fabrikation eines Lächelns beiwohnte. Frisch aus dem Baukasten.

«Ach du meine Güte», sagte er. «Sie wollen mich ja wirklich erpressen. Gott, ist das primitiv.»

«Ach ja? Das dürfen wir unmöglich zulassen.»

«Ich bin hier verabredet. Und ich habe den Treffpunkt nicht vorgeschlagen.» Er trank seinen dritten Gin aus. «Ich wäre Ihnen zu Dank verpflichtet, wenn Sie mich jetzt Ihrer Gesellschaft entledigen könnten, denn sonst muß ich den Türsteher rufen und Sie hinauswerfen lassen.»

Der Soundtrack war nahtlos in eine laute, aber fade Coverversion von «War, What Is It Good For?» übergegangen, O'Neals Nichte war an den Bühnenrand gekommen und fing an, fast im Takt mit der Musik ihre Vagina vor uns durchzuschütteln.

«Ach, ich weiß nicht», sagte ich. «Mir gefällt es hier ganz gut.»

«Lang, ich warne Sie. Sie haben gegenwärtig äußerst wenig Kredit. Ich habe hier ein wichtiges Treffen, und wenn Sie es stören oder mich anderweitig inkommodieren, dann kündige ich Ihnen den Dispo. Habe ich mich klar genug ausgedrückt?»

«Captain Mainwaring!» sagte ich, «Sie klingen genau wie Captain Mainwaring.»

«Lang, zum letzten Mal ...»

Er verstummte, als er Sarahs Walther sah. Hätte ich an seiner Stelle wahrscheinlich auch getan.

«Ich dachte, Sie hätten mal gesagt, Sie trügen keine Waffe», sagte er nach einiger Zeit. Nervös, aber bestrebt, es sich nicht anmerken zu lassen.

«Ich bin ein Opfer der Mode», sagte ich. «Ich habe läuten hören, daß die in diesem Jahr total angesagt sind, und da mußte ich einfach eine haben.» Ich zog meine Jacke an. Die Nichte war nur einen Meter weg, aber sie starrte weiterhin die andere Wand an.

«Sie können hier unmöglich eine Waffe abfeuern, Lang. Für so durchgedreht halt ich Sie dann doch nicht.»

Ich ballte die Jacke zur Kugel zusammen und schob die Walther in eine Falte.

«Oh, das bin ich aber», sagte ich. «Durch und durch. Früher haben sie mich Thomas Lang, den verrückten Hund, genannt.»

«Ich glaube langsam . . .»

Sein Glas explodierte. Scherben flogen über den Tisch und auf den Boden. Er wurde leichenblaß.

«Mein Gott . . .», stammelte er.

Rhythmus ist alles. Den hat man, oder man hat ihn nicht. Ich hatte bei einem der knallenden Akkorde von «War» abgedrückt und nicht mehr Lärm gemacht als beim Anlecken eines Briefumschlags. Die Nichte hätte wahrscheinlich beim Auftakt gefeuert und alles vermasselt.

«Noch einen Drink?» fragte ich und zündete mir eine Zigarette an, um den Pulvergestank zu überdecken. «Geht auf meine Rechnung.»

«War» endete noch vor Weihnachten, die drei Mädchen trollten sich von der Bühne und wurden von einem Paar ersetzt, dessen Darbietung voll und ganz von Peitschen abhing. Sie waren unübersehbar Bruder und Schwester und mußten zusammen über hundert Jahre alt sein. Wegen der niedrigen Decke war seine Peitsche nur einen Meter lang, aber er schwang sie, als wären es zehn, und karbatschte seine Schwester zu den Klängen von «We Are The Champions». O'Neal nippte keusch an einem neuen Gin and Tonic.

«Also dann», sagte ich und legte die Jacke auf dem Tisch wieder zurecht. «Ich will von Ihnen nur eins wissen.»

«Fahren Sie zur Hölle.»

«Das werde ich ohne Frage, und ich werde dafür sorgen, daß man Ihnen ein Zimmer reserviert. Aber vorher muß ich wissen, was Sie Sarah Woolf angetan haben.»

Er setzte abrupt sein Glas ab und drehte sich völlig entgeistert zu mir.

«Was *ich* ihr angetan habe? Um Himmels willen, wie kommen Sie denn darauf, daß ich ihr etwas angetan habe?»

«Sie ist verschwunden», sagte ich.

«Verschwunden. Aha. Ich nehme an, mit diesem melodramatischen Ausdruck wollen Sie mir bedeuten, daß Sie sie nicht finden können.»

«Ihr Vater ist tot», sagte ich. «Wußten Sie das?»

Er sah mich lange an.

«Ja, wußte ich», sagte er. «Und mich interessiert, woher Sie das wissen.»

«Erst Sie.»

Aber O'Neal wurde langsam aufmüpfig, und obwohl ich ihm mit der Jacke auf den Leib rückte, zuckte er nicht einmal.

«Sie haben ihn umgebracht», sagte er, halb wütend und halb erfreut. «Stimmt doch, oder? Thomas Lang, der unerschrockene Söldner des Schicksals, hat seinen Auftrag erfüllt und einen Mann erschossen. Nun, mein Bester, Ihnen ist hoffentlich klar, daß es eine Heidenarbeit werden dürfte, sich da rauszulavieren.»

«Was verbirgt sich hinter ‹Graduiertenkolleg›?»

Nach und nach wichen Wut und Freude aus seinem Gesicht. Er machte nicht den Eindruck, als ob er antworten wollte, also machte ich einfach weiter.

«Ich sag Ihnen, was ich unter Graduiertenkolleg verstehe», sagte ich, «und Sie benoten meine Genauigkeit auf einer Skala von eins bis zehn.»

O'Neal rührte sich nicht.

«Vor allem hat Graduiertenkolleg für verschiedene Leute verschiedene Bedeutungen. Die eine Gruppe versteht darunter die Entwicklung und Vermarktung eines neuartigen Kampfhubschraubers. Natürlich sehr geheim. Ferner sehr unangenehm. Sehr illegal? Eher weniger. Eine andere Gruppe, und da wird's dann langsam spannend, versteht unter Graduiertenkolleg die Inszenierung eines terroristischen Anschlags, der den Herstellern dieses Hubschraubers erlaubt, ihr Spielzeug von seiner besten Seite zu zeigen. Indem es

Menschen umbringt. Woraufhin sie bei den scharenweise herbeieilenden, begeisterten Käufern ein Vermögen scheffeln können. Sehr geheim, sehr unangenehm und sehr, sehr, sehr hoch zehn illegal. Alexander Woolf bekommt Wind von dieser zweiten Gruppe, will ihr die Suppe versalzen und entpuppt sich als Nervensäge. Also beginnt die zweite Gruppe, zu der eventuell auch bislang unbescholtene Mitglieder geheimdienstlicher Brüderschaften gehören, Woolf auf Stehpartys als Drogenhändler anzuprangern, verleumdet ihn und unterwandert jede Kampagne, die er womöglich anzettelt. Als das nicht reicht, droht sie, ihn umzubringen. Als auch das noch nicht reicht, bringt sie ihn wirklich um. Und vielleicht auch seine Tochter.»

O'Neal gab noch immer keinen Mucks von sich.

«Aber die Leute, die mir bei der ganzen Geschichte am meisten leid tun», sagte ich, «abgesehen von den Woolfs natürlich, sind die, die sich zur ersten Gruppe – nicht illegal – *zählen*, in Wirklichkeit jedoch die ganze Zeit der zweiten Gruppe – sehr illegal – Beihilfe, Begünstigung und Beistand aller Art geleistet haben, ohne es auch nur zu ahnen. Jemand in dieser Lage, sag ich mal, hat nun wirklich das Stinktier beim Schwanz gepackt.»

Jetzt sah er mir über die Schulter. Zum ersten Mal, seit ich an seinen Tisch getreten war, wußte ich nicht, was er dachte.

«Das ist alles», sagte ich. «Ich persönlich fand, es war eine ganz wunderbare Vorstellung, aber jetzt widmen wir uns wieder Judith und den Juroren.»

Er antwortete noch immer nicht. Also drehte ich mich um und folgte seinem Blick zum Lokaleingang, wo einer der Rausschmeißer stand und auf unseren Tisch zeigte. Er nickte und trat beiseite, und die schlanke, kraftstrotzende Gestalt von Barnes, Russell P., trat in den Saal und kam auf uns zu.

Ich erschoß die beiden an Ort und Stelle, nahm den nächsten Flug nach Kanada, wo ich eine Frau namens Mary-Beth heiratete, eine Töpferei aufmachte und darin mein Glück fand.

Zumindest hätte ich das tun sollen.

12

Er hat keine Freude an der Stärke des Rosses
und kein Gefallen an den Schenkeln des Mannes.
Psalm 147.10

Mann, Sie sind ein aalglattes Arschgesicht, Mr. Lang. Ein
mieses Stück Scheiße, wenn Ihnen der Ausdruck was
sagt.»

Barnes und ich saßen wieder einmal in einem Lincoln Diplomat – vielleicht sogar demselben, aber dann mußte jemand seit meinem letzten Besuch die Aschenbecher geleert
haben –, der unter der Waterloo Bridge parkte. Eine be-
leuchtete Litfaßsäule annoncierte die Darbietungen am na-
hegelegenen National Theatre, die Bühnenversion von It
Ain't Half Hot, Mum, inszeniert von Sir Peter Hall. Irgendwas
in der Art.

Mike Lucas saß wieder am Steuer, diesmal mit O'Neal auf
dem Beifahrersitz. Ich war baß erstaunt, daß Mike nicht in
einem Leichensack im Flugzeug zurück nach Washington
lag, aber Barnes wollte ihm nach dem Galeriedebakel in der
Cork Street offenbar noch eine Chance geben. Es war zwar
nicht seine Schuld, aber in seinen Kreisen gab es auch keinen Kausalzusammenhang zwischen Schuld und Stand-
pauke.

Hinter uns parkte ein weiterer Diplomat voller Carls, für
die ich noch einen Sammelbegriff brauchte. Eine Carlsgarbe
vielleicht. Ich hatte ihnen die Walther geschenkt, weil sie sie
offenbar furchtbar gern haben wollten.

«Ich glaube, ich weiß, was Sie damit sagen wollen, Mr.
Barnes», sagte ich, «und ich verstehe es als Kompliment.»

«Es interessiert mich keinen Rattenarsch, wie Sie das verstehen, Mr. Lang. Keinen Rattenarsch.» Er sah aus dem Fen-

ster. «Mann, Sie haben uns vielleicht in die Scheiße geritten.»

O'Neal räusperte sich und drehte sich auf dem Sitz um.

«Mr. Barnes meint damit, daß Sie in eine Operation von beträchtlicher Komplexität hineingestolpert sind, Lang. Es gibt dabei Verästelungen, von denen Sie nicht die geringste Ahnung haben; gleichwohl haben Sie uns durch Ihr Verhalten enorme Schwierigkeiten bereitet.» Mit diesem «Uns» riskierte O'Neal eine ziemlich dicke Lippe, aber Barnes ließ es ihm durchgehen. «Ich glaube, ich darf mit Fug und Recht sagen ...», fuhr er fort.

«Ach, halten Sie doch die Fresse», sagte ich. Er lief rosa an. «Mir bereitet nur eins Sorgen, und das ist Sarah Woolfs Sicherheit. Alles andere ist für mich Nebensache.»

Barnes sah wieder aus dem Fenster.

«Geh nach Hause, Dick», sagte er.

Es entstand eine Pause, und O'Neal sah gekränkt aus. Er wurde ohne Abendbrot ins Bett geschickt, dabei hatte er doch gar nichts angestellt.

«Ich glaube, ich ...»

«Ich hab gesagt, geh nach Hause», sagte Barnes. «Ich meld mich dann.»

Niemand bewegte sich, bis Mike hinübergriff und O'Neal die Tür öffnete. Unter diesen Umständen blieb ihm nichts anderes mehr übrig.

«Leben Sie wohl, Dick», sagte ich. «Es war mir ein unquantifizierbares Vergnügen. Ich hoffe, Sie gedenken meiner mit Wehmut, wenn meine Leiche aus dem Fluß gefischt wird.»

O'Neal zerrte seine Aktentasche hinter sich heraus, knallte die Tür zu und ging, ohne sich umzusehen, die Treppe zur Waterloo Bridge hoch.

«Kommen Sie, Lang», sagte Barnes, «wir machen einen Spaziergang.» Er war schon aus dem Wagen und lief am Embankment entlang, bevor ich etwas sagen konnte. Ich

blickte in den Rückspiegel und merkte, daß Lucas mich ansah.

«Ein bemerkenswerter Mann», sagte ich.

Lucas wandte den Kopf und sah Barnes' sich entfernen-
dem Rücken nach, dann blickte er wieder in den Spiegel.

«Passen Sie auf, ja?» sagte er.

Ich zögerte, die Hand schon am Türhebel. Mike Lucas
klang nicht besonders glücklich. Ganz und gar nicht.

«Auf irgendwas Bestimmtes?»

Er zog die Schultern hoch und hielt die Hand vor den
Mund, damit man seine Lippenbewegungen nicht erkennen
konnte.

«Ich weiß es nicht», sagte er, «ich schwöre bei Gott,
ich weiß es nicht. Aber hier ist irgendeine Kacke am Damp-
fen …» Er verstummte, weil er hörte, wie sich hinter uns
Autotüren öffneten und schlossen.

Ich legte ihm die Hand auf die Schulter.

«Danke», sagte ich und stieg aus. Einige Carls schlender-
ten auf den Wagen zu und drückten ihre Stiernacken heraus.
Zwanzig Meter weiter sah Barnes zu uns her und wartete
wohl, daß ich zu ihm aufschloß.

«Ich glaube, nachts gefällt mir London am besten», sagte
er, als wir in Gleichschritt gefallen waren.

«Mir auch», sagte ich, «der Fluß glitzert dann so schön.»

«Der Fluß kann mich mal», sagte Barnes. «London gefällt
mir nachts am besten, weil man es dann nicht sehen muß.»

Ich lachte, hörte aber gleich wieder auf, weil er es wahrscheinlich ernst meinte. Er wirkte verbittert, und als Hypothese formulierte ich, daß er als Strafe für eine Pflichtverlet-
zung in der Vergangenheit nach London versetzt worden war
und über die ihm widerfahrene Behandlung unaufhörlich
wütete und schäumte. Und das ließ er die Stadt jetzt büßen.

Er unterbrach mein Hypothetisieren.

«O'Neal sagt, Sie hätten da eine kleine Theorie», sagte er.
«Hätten sich da so Ihre Gedanken gemacht. Stimmt das?»

«Allerdings.»

«Na, dann lassen Sie mal hören.»

Und da eigentlich nichts dagegen sprach, legte ich los und hielt ihm denselben Vortrag, den ich O'Neal im Shala gehalten hatte, flocht hier etwas ein und ließ da etwas weg. Barnes hörte ohne großes Interesse zu, und als ich fertig war, seufzte er. Ein langer, müder «Herrgott, was soll ich mit dem bloß machen?»-Seufzer.

«Um nicht um den heißen Brei herumzureden», meinte ich, weil ich aus meinen Gefühlen keinen Hehl machen wollte, «ich finde, Sie sind ein gefährliches, korruptes, verlogenes Stück neun Tage alter Moskitoscheiße. Ich würde Sie jederzeit und mit Freuden umbringen, aber das würde Sarahs Lage wohl nur noch schlimmer machen.» Aber auch das schien ihn nicht groß zu kratzen.

«Aha», sagte er. «Und was Sie mir da grade erzählt haben ...»

«Was soll damit sein?»

«Das haben Sie natürlich alles schriftlich. Haben Kopien an Ihren Anwalt geschickt, Ihre Bank, Ihre Mutter und die Queen, und erst im Fall Ihres Todes darf das alles geöffnet werden. Das übliche Drum und Dran?»

«Selbstverständlich. Wissen Sie, wir haben hier sogar schon Fernsehprogramme.»

«So würd ich diesen Scheiß nicht gerade nennen. Zigarette?» Er holte ein Päckchen Marlboro aus der Tasche und hielt es mir hin. Eine Weile rauchten wir, und ich fand es komisch, daß zwei Männer, die sich aus tiefster Seele haßten, einander plötzlich so vertraut wurden, einfach weil beide an brennendem Papier saugten.

Barnes blieb stehen, stützte sich auf die Balustrade und sah in die schwarzen Schlammfluten der Themse hinunter. Ich blieb ein paar Meter auf Distanz; man kann die Männerfreundschaften schließlich auch übertreiben.

«Okay, Lang. Folgendes», sagte Barnes. «Ich sag das alles

nur einmal, schließlich sind Sie kein Idiot. Sie haben voll ins Schwarze getroffen.» Er schnippte seine Zigarette weg. «Na toll. Dann schlagen wir eben Krach und wirbeln etwas Staub auf. Buhuhu. Was ist denn schon dabei?»

Ich versuchte es auf die ruhige Methode. Wenn das nicht klappte, mußte Plan B herhalten: Schubs ihn in den Fluß und renn um dein Leben.

«Was dabei ist?» fragte ich langsam. «Wir stammen beide aus waschechten demokratischen Ländern, in denen der Wille des Volkes angeblich noch etwas zählt. Und ich habe den Eindruck, daß es gegenwärtig nicht der Wille des Volkes ist, daß seine Regierung durch die Gegend zieht und ihre eigenen oder fremde Bürger abmurkst, nur um im Großmaßstab in die eigene Tasche zu wirtschaften. Nächsten Mittwoch findet das Volk diese Idee vielleicht spitze. Aber momentan ist es sein Wille, daß wir das Wort ‹böse› benutzen, wenn wir solche Aktivitäten diskutieren.» Ich nahm einen letzten Zug und schnippte dann ebenfalls meine Kippe ins Wasser. Ihr Fall schien kein Ende zu nehmen.

«Zu Ihrer hübschen Rede, Lang», sagte Barnes nach einer langen Pause, «hätte ich zwei Anmerkungen. Erstens: Keiner von uns lebt in einer Demokratie. Alle vier Jahre Wahlen abzuhalten ist noch keine Demokratie. Beileibe nicht. Zweitens: Wer hat was davon gesagt, daß wir in die eigene Tasche wirtschaften?»

«Ach natürlich.» Ich schlug mir an die Stirn. «Wie konnte ich das bloß vergessen? Sie spenden den ganzen Erlös aus dem Waffenverkauf dem Kinderschutzbund. Das Ganze ist eine riesige philanthropische Geste, und ich hab's nicht mal gemerkt. Alexander Woolf wird völlig von den Socken sein.» Ich verlor die ruhige Methode langsam aus den Augen. «Aber Moment mal, dessen Eingeweide werden in der City ja grade von der Wand abgekratzt. Vielleicht ist er doch nicht so uneingeschränkt dankbar, wie er gern wäre. Sie, Mr.

Barnes», ich fürchte, ich zielte sogar mit dem Finger auf ihn, «Sie haben doch einen an der Waffel.»

Ich ließ ihn stehen und ging wieder am Fluß entlang. Zwei Carls mit Ohrhörern wollten mir den Weg abschneiden.

«Was glauben Sie denn, wo das alles hinfließt, Lang?» Barnes hatte sich nicht von der Stelle gerührt, er sprach bloß etwas lauter. Ich blieb stehen. «Wenn ein arabischer Playboy im San Martin Valley aufkreuzt und fünfzig M-1-Abrams-Panzer und ein halbes Dutzend F-16 einsackt. Einen Scheck über eine halbe Milliarde Dollar ausstellt. Was glauben Sie, wo das ganze Geld hinfließt? Glauben Sie, ich krieg das? Glauben Sie, Bill Clinton kriegt das? David Letterman, dieser Arsch? Wo fließt das hin?»

«Bitte, bitte, verraten Sie es mir», sagte ich.

«Ich werd's Ihnen verraten, obwohl Sie es längst wissen. Es fließt an das amerikanische Volk. Zweihundertfünfzig Millionen Menschen bekommen dieses Geld.»

Mühsam machte ich mich ans Kopfrechnen. Teile durch zehn, zwei im Sinn ...

«Da bekommt jeder zwei Dollar, stimmt's? Jeder Mann, jede Frau, jedes Kind?» Ich saugte an den Zähnen. «Warum hab ich bloß das Gefühl, daß die Rechnung nicht aufgeht?»

«Hundertfünfzigtausend Menschen», sagte Barnes, «verdanken diesem Geld ihren Job. Mit ihrer Arbeit ernähren sie weitere dreihunderttausend. Und mit einer halben Milliarde können diese Menschen eine Menge Öl, eine Menge Weizen und eine Menge Nissan Micras kaufen. Und die nächste halbe Million Menschen verkauft ihnen die Nissan Micras, und wieder eine halbe Million repariert die Nissan Micras und wäscht die Windschutzscheiben und prüft den Reifendruck. Die nächste halbe Million baut die Straßen, auf denen die beschissenen Nissan Micras fahren, und im Handumdrehen haben Sie zweihundertfünfzig Millionen gute Demokraten, die darauf angewiesen sind, daß Amerika weiterhin das einzige tut, wovon es noch etwas versteht: Waffen bauen.»

Ich starrte in den Fluß hinab, weil mir bei diesem Mann ganz schwindlig wurde. Wo sollte man da denn auch einhaken?

«Wenn es um das Wohlergehen dieser guten Demokraten geht, ist eine Leiche hier und eine Leiche da also zu verschmerzen. Wollen Sie darauf hinaus?»

«Jou. Und jeder einzelne dieser guten Demokraten wird Ihnen das bestätigen.»

«Alexander Woolf wohl kaum, glaube ich.»

«Na toll.»

Ich starrte weiter in den Fluß. Er sah dickflüssig und warm aus.

«Im Ernst, Lang, so toll ist das wirklich nicht. Ein Mann gegen alle. Er wurde überstimmt. Da haben Sie Ihre Demokratie. Und soll ich Ihnen noch was sagen?» Ich drehte mich zu ihm um. Auch er sah mich jetzt an, und auf seinem zerfurchten Gesicht lag der flackernde Widerschein der Theaterreklame. «Es gibt weitere zwei Millionen US-Bürger, die ich noch gar nicht erwähnt habe. Wissen Sie, was die dieses Jahr machen?»

Er kam langsam auf mich zu. Zuversichtlich.

«Sie werden Anwalt?»

«Sie sterben», sagte er. Die Vorstellung schien ihn nicht weiter zu stören. «Sie sterben an Altersschwäche, bei Autounfällen, an Leukämie, Herzinfarkten, Kneipenprügeleien, Abstürzen beim Fensterputzen, scheißegal woran. Zwei Millionen Amerikaner sterben dieses Jahr. Jetzt verraten Sie mir doch mal, ob Sie für jeden einzelnen von denen eine Träne vergießen?»

«Nein.»

«Und warum nicht, zum Donnerwetter? Was ist bei denen anders? Tot ist tot, Lang.»

«Der Unterschied ist, daß ich mit deren Tod nichts zu tun hatte», sagte ich.

«Herrgott noch mal, Sie waren doch Soldat!» Wir standen uns von Angesicht zu Angesicht gegenüber, und er schrie so laut er konnte, ohne daß die Leute aus den Betten fielen. «Sie wurden dazu ausgebildet, Menschen zu töten, damit Ihren Landsleuten kein Haar gekrümmt wird. Stimmt das vielleicht nicht?» Ich wollte antworten, aber er ließ mich gar nicht zu Wort kommen. «Stimmt das, oder stimmt das nicht?» Sein Atem roch seltsam süßlich.

«Das ist eine ganz schlechte Weltanschauung, Rusty. Ehrlich. Ich meine, lesen Sie doch mal ein Buch, um Himmels willen.»

«Demokraten lesen keine Bücher, Lang. Das Volk liest keine Bücher. Das Volk kümmert sich einen feuchten Scheißdreck um Weltanschauung. Das Volk kümmert sich nur um eins und will nur eins von seiner Regierung: ein Einkommen, das immer weiter steigt. Jahraus, jahrein will es ein steigendes Einkommen. Hört es auf zu steigen, besorgt sich das Volk eine neue Regierung. Das will es. Das hat es immer gewollt. Und das, mein Freund, ist Demokratie.»

Ich holte tief Luft. Ich holte sogar mehrmals tief Luft, denn was ich Russell Barnes jetzt antun wollte, konnte zur Folge haben, daß ich längere Zeit gar keine Luft holen würde.

Er ließ mich nicht aus den Augen, wartete auf eine Reaktion, eine Schwäche. Also drehte ich mich um und ging. Die Carls kamen auf mich zu, von jeder Seite einer, aber ich ging weiter, weil ich damit rechnete, daß sie erst eingreifen würden, wenn Barnes ihnen ein Zeichen gab. Nach einigen Schritten meinerseits muß er es gegeben haben.

Der Carl links von mir packte meinen Arm, aber ich bekam ihn ohne weiteres frei, indem ich dem Carl das Handgelenk herumdrehte und so stark nach unten drückte, daß er mit der Bewegung mitgehen mußte. Der andere wollte mich in den Schwitzkasten nehmen, aber ich trat ihm mit voller Wucht auf den Spann und hieb ihm mit der Faust auf den Sack. Er ließ mich los, ich stand zwischen den beiden, sie umkreisten mich, und ich wollte ihnen so unglaublich weh tun, daß sie mich niemals, niemals vergessen würden.

Urplötzlich wichen sie zurück, als wäre nichts gewesen, strichen sich die Mäntel glatt, und ich merkte, daß Barnes etwas gesagt haben mußte, was ich nicht mitbekommen hatte. Er kam zwischen den Carls auf mich zu und blieb erst direkt vor mir stehen.

«Okay, Lang, wir haben's allmählich gerafft», sagte er. «Sie haben den Kanal gestrichen voll von uns. Sie können mich nicht ausstehen, und das bricht mir das Herz. Aber das alles spielt überhaupt keine Rolle.»

Er klopfte sich wieder eine Zigarette aus dem Päckchen. Diesmal bot er mir keine an.

«Lang, wenn Sie uns in die Quere kommen wollen», sagte er und stieß sanft Rauch durch die Nase aus, «sollten Sie sich von vornherein darüber im klaren sein, wen Sie dafür brauchen.»

Er sah mir über die Schulter und nickte jemandem zu.

«Mörder», sagte er.

Dann lächelte er mir zu.

Hallo, dachte ich. Jetzt wird's aber interessant.

Wir fuhren ungefähr eine Stunde die M4 entlang und müssen sie nach meiner Schätzung in der Nähe von Reading verlassen haben. Ich würde Ihnen ja nur zu gern die genaue Abfahrt sagen und die Landstraßennummern, aber da ich den größten Teil der Fahrt auf dem Boden des Diplomat verbrachte und man mir das Gesicht in den Teppich drückte, war der Input an Sinnesdaten etwas eingeschränkt. Der Teppich war dunkelblau und roch nach Zitrone, falls Ihnen das weiterhilft.

In der letzten Viertelstunde fuhren wir etwas langsamer, aber das kann gleichermaßen am Verkehr, am Nebel oder an Giraffen auf der Straße gelegen haben.

Und dann erreichten wir eine Kiesauffahrt, und ich sagte

mir – jetzt dauert's nicht mehr lange. Bei den meisten Auffahrten in England kann man den Kies zusammenkratzen und hat dann mit Müh und Not genug für einen Kulturbeutel voll. Jede Sekunde, dachte ich, bin ich draußen und in Rufweite einer öffentlichen Straße.

Aber das war keine normale Auffahrt.

Die hier wurde länger und länger. Und dann wurde sie länger und länger. Und als ich endlich dachte, wir kämen um eine Kurve und würden gleich anhalten, wurde sie länger und länger.

Schließlich blieben wir stehen.

Dann gaben wir wieder Gas, und die Fahrt wurde länger und länger.

Ich war zunehmend überzeugt davon, daß es sich um gar keine Auffahrt handelte; vielleicht war der Lincoln Diplomat mit phantastischem Fabrikationsgeschick so entworfen worden, daß er sich nach Erreichen seines garantierten Kilometerstandes in winzige Einzelteile auflöste; was ich da von den Felgen wegklacken und springen hörte, waren vielleicht Teile des Fahrgestells.

Dann hielten wir endlich. Ich wußte, daß es diesmal endgültig war, denn der Schuh Größe 47, der auf meinem Nakken gestanden hatte, erwachte soweit zum Leben, daß er sich hinweghob und aus dem Auto schwang. Ich sah hoch und spähte durch die offene Tür.

Das war aber ein großes Haus. Ein sehr großes Haus. Sicher, am Ende einer solchen Auffahrt konnte man kaum ein Reihenhäuschen erwarten; trotzdem war es groß. Ich tippte auf spätes 19. Jahrhundert, aber mit Kopien aus früheren Zeiten, und die französischen Stilelemente hatte man ihm wahrscheinlich gratis nachgeschmissen. Gut, nicht geschmissen, sondern liebevoll hochgezogen und verfugt, verstäbt und gegehrt, abgeschrägt und ausgekehlt, vielleicht sogar von denselben Typen, die die Absperrung vor dem House of Commons errichtet hatten.

Bei meinem Zahnarzt liegen alte Hefte von ‹Country Life› im Wartezimmer rum, also konnte ich mir ungefähr vorstellen, wieviel so ein Landhaus gekostet haben mußte. Vierzig Zimmer, eine Autostunde von London entfernt. Eine Geldsumme, die meine Phantasie überstieg. Die die verstiegenste Phantasie überstieg.

Aus Spaß an der Freud' hatte ich angefangen, die Glühbirnenzahl hochzurechnen, die man für so eine Hütte brauchte, als mich ein Carl am Kragen packte und wie eine Golftasche ohne Schläger aus dem Wagen lupfte.

13

Jeder Mann über vierzig ist ein Halunke.
George Bernard Shaw

Man führte mich in ein Zimmer. Ein rotes Zimmer. Rote Tapeten, rote Vorhänge, rote Teppiche. Man nannte es das Wohnzimmer, obwohl ich nicht verstand, warum man seine Funktionen auf das Wohnen beschränkte. Klar, in einem Zimmer dieser Größe konnte man unter anderem wohnen; man konnte darin aber auch Opern inszenieren, Fahrradrennen veranstalten und ein echt scharfes Frisbeespiel abhalten, alles zur gleichen Zeit und ohne auch nur ein Möbelstück zu verrücken.

In einem so großen Zimmer konnten sich Regenwolken bilden.

Ich stand eine Weile an der Tür herum, sah mir Gemälde an, Unterseiten von Aschenbechern, was man halt so macht, dann wurde mir das langweilig, und ich begab mich zum Kamin auf der anderen Seite. Auf halber Strecke mußte ich Pause machen und mich setzen, man ist ja schließlich nicht mehr der Jüngste. Genau in dem Moment ging eine Flügeltür auf, und ein Carl und ein Hausmeistertyp in graugestreifter Hose und schwarzem Jackett unterhielten sich im Flüsterton.

Beide sahen gelegentlich in meine Richtung, dann nickte der Carl und verließ das Zimmer.

Der Hausmeister kam wie von ungefähr auf mich zu. An der Zweihundertmetermarke rief er:

«Darf ich Ihnen etwas zu trinken anbieten, Mr. Lang?»

Das ließ ich mich nicht zweimal fragen.

«Scotch bitte», rief ich zurück.

Das würde ihm eine Lehre sein.

Bei der Hundertmetermarke blieb er an einem der unzäh-
ligen Tische stehen, öffnete ein silbernes Kästchen und entnahm ihm eine Zigarette, ohne sich erst zu vergewissern, ob
welche drin waren. Er zündete sie an und nahm seine Wan-
derung wieder auf.

Beim Näherkommen sah ich, daß er Mitte Fünfzig war, sa-
longepflegt gutaussehend und daß sein Gesicht einen fremd-
artigen Glanz hatte. Der Widerschein von Stehlampen und
Kronleuchtern zog über seine Stirn, so daß er beim Gehen zu
funkeln schien. Instinktiv wußte ich jedoch, daß das weder
Schweiß noch Talg war; es war einfach ein Glanz.

Als er nur noch zehn Meter vor sich hatte, lächelte er mir
zu und hielt beim Endspurt die Hand ausgestreckt, so daß
ich, ohne es recht zu wollen, hochschnellte, um ihn wie
einen alten Freund zu begrüßen.

Sein Händedruck war warm, aber trocken, er faßte mich
am Ellbogen, führte mich zum Sofa zurück und ließ sich
neben mir nieder, so daß sich unsere Knie fast berührten. Ich
muß schon sagen, wenn er seinen Besuchern immer so auf
den Pelz rückte, lohnte sich das Zimmer für ihn gar nicht.

«Mörder», sagte er.

Pause. Sie verstehen sicher, warum.

«Wie bitte?» fragte ich.

«Naimh Murdah», sagte er und wartete geduldig, während ich im Kopf die Schreibweise zusammenklaubte. «Sehr
erfreut. Wirklich sehr erfreut.»

Er sprach leise und kultiviert. Ich hatte das Gefühl, daß er
ein weiteres Dutzend Sprachen ebenso fließend sprach. Er
schnippte Zigarettenasche in die ungefähre Richtung einer
Schale und beugte sich zu mir.

«Russell hat mir schon viel von Ihnen erzählt. Und ich
muß sagen, ich habe mich sehr auf Sie gefreut.»

Aus der Nähe ließen sich zwei Dinge über Mr. Murdah
sagen: er war nicht der Hausmeister, und der Glanz auf seinem Gesicht war Geld.

203

Er war nicht von Geld verursacht oder mit Geld gekauft worden. Er war schlichtweg Geld. Geld, das Murdah in solchen Mengen und seit so langer Zeit gegessen, getragen, gefahren und geatmet hatte, daß er es inzwischen durch die Poren absonderte. Sie halten das vielleicht für unmöglich, aber das Geld hatte ihn wirklich schön gemacht.

Er lachte.

«Wirklich sehr gefreut, ja. Wissen Sie, Russell ist ein bedeutender Mensch. Wirklich sehr bedeutend. Aber ich glaube, manchmal tut es ihm gut, wenn er frustriert wird. Er hat einen Hang zur Arroganz, würde ich sagen. Und bei Ihnen, Mr. Lang, bei Ihnen habe ich das Gefühl, daß Sie für einen solchen Mann genau der Richtige sind.»

Dunkle Augen. Unaussprechlich dunkle Augen. Mit dunklen Rändern an den Lidern, die nach Make-up aussahen, aber wohl keines waren.

«Sie, glaube ich», sagte Murdah und strahlte immer noch, «Sie frustrieren viele Menschen. Ich könnte mir denken, daß Gott Sie deswegen unter uns gestellt hat, Mr. Lang. Finden Sie nicht auch?»

Ich erwiderte sein Lachen. Weiß der Kuckuck, warum, denn im Grunde hatte er nichts Komisches gesagt. Aber da saß ich nun und gackerte drauflos wie ein betrunkener Vollidiot.

Irgendwo öffnete sich eine Tür, und plötzlich stand ein Dienstmädchen in Schwarz vor uns, das ein Tablett mit Whisky darbot. Wir nahmen jeder ein Glas, und das Dienstmädchen wartete, bis Murdah seinen Malt in Soda ertränkt und ich meinen angefeuchtet hatte. Sie verschwand ohne Lächeln oder Nicken. Ohne einen Laut von sich zu geben.

Ich trank einen tiefen Zug Scotch und fühlte mich fast schon vor dem Schlucken betrunken.

«Sie sind Waffenhändler», sagte ich.

Ich weiß nicht, welche Reaktion ich erwartet hatte, aber irgendeine hatte ich erwartet. Ich dachte, er würde vielleicht zusammenzucken, rot werden, aufbrausen, mich erschießen lassen, Zutreffendes bitte ankreuzen, aber nichts. Nicht mal ein Stocken. Er fuhr fort, als hätte er schon jahrelang gewußt, was ich sagen würde.

«Das bin ich allerdings, Mr. Lang, Gott möge mir vergeben.»

Wow, dachte ich. Das war echte Chuzpe. Ich bin ein Waffenhändler, Gott möge mir vergeben. Das war ungefähr so dick aufgetragen, wie er es hatte.

Er senkte in vorgeblicher Bescheidenheit die Augen.

«Ich kaufe und verkaufe in der Tat Waffen», sagte er. «Erfolgreich, darf ich wohl sagen. Sie mißbilligen das selbstredend, wie übrigens viele Ihrer Landsleute, und das gehört zu den Schattenseiten meines Berufs. Damit muß ich mich nun einmal abfinden.»

Ich vermute, daß er mich aufzog, aber es klang nicht danach. Es klang wirklich so, als ob meine Mißbilligung ihn unglücklich machte.

«Ich habe mit Hilfe verschiedener religiöser Freunde mein Leben und meine Lebensführung einer Prüfung unterzogen, und ich glaube, mich vor Gott verantworten zu können. Um Ihre Frage vorwegzunehmen: Ich glaube, mich nur vor Gott verantworten zu müssen. Macht es Ihnen also etwas aus, wenn wir diesen Punkt ad acta legen?» Er lächelte wieder. Herzlich und mit entwaffnendem Charme. Er sprang wie ein Mann mit mir um, der das Umspringen mit Leuten wie mir gewöhnt war – als wäre er ein umgänglicher Filmstar, und ich hätte ihn im falschen Moment um ein Autogramm gebeten.

«Hübsche Möbel», sagte ich.

Wir unternahmen einen Rundgang durchs Zimmer. Machten einen Spaziergang, schnappten frische Luft, verdauten ein riesiges Mahl, das wir nicht zu uns genommen hatten. Um das Bild abzurunden, brauchten wir nur noch ein paar Hunde, die uns um die Beine sprangen, und ein Gatter, auf das wir uns lehnen konnten. Wir hatten weder noch, also mußten die Möbel herhalten.

«Das ist ein Boulle», sagte Murdah und zeigte auf die große Holzkommode unter meinem Ellbogen. Ich nickte, wie ich immer nicke, wenn man mir Pflanzennamen nennt, und neigte höflich den Kopf zu den verschlungenen Messingintarsien.

«Man nimmt eine Furnierbahn und eine Messingfolie, klebt sie zusammen und sticht das Muster durch beide hindurch. Dort drüben», er zeigte auf eine offensichtlich verwandte Kommode, «sehen Sie einen Contre-Boulle. Verstehen Sie? Ein genaues Negativ. Nichts wird verschwendet.»

Ich nickte nachdenklich, sah zwischen den beiden Kommoden hin und her und versuchte mir auszumalen, wie viele Motorräder ich wohl brauchte, bevor ich anfangen würde, für solchen Kram Geld aus dem Fenster zu werfen.

Murdah hatte vom Spaziergang anscheinend genug und drehte wieder zum Sofa ab. So wie er sich bewegte, schienen ihm die Nettigkeiten allmählich auszugehen.

«Zwei gegensätzliche Ansichten desselben Gegenstands, Mr. Lang», sagte er und nahm sich wieder eine Zigarette. «In gewisser Hinsicht haben diese beiden Kommoden einige Ähnlichkeit mit unserem kleinen Problem, würden Sie das nicht auch so sehen?»

«Selbstverständlich würde ich das auch so sehen.» Ich wartete, aber er wollte das augenscheinlich nicht weiter ausführen. «Allerdings müßte ich zunächst in groben Zügen wissen, wovon Sie überhaupt sprechen.»

Er drehte sich zu mir. Der Glanz war noch ebenso da wie die salongepflegte Attraktivität. Nur das Kumpelige erlosch langsam, flackerte nur noch im Kamin und wärmte niemanden mehr.

«Ich spreche natürlich vom Graduiertenkolleg, Mr. Lang.» Er wirkte überrascht.

«Natürlich», sagte ich.

«Ich habe zusammen mit einer bestimmten Investorengruppe eine Beteiligung übernommen», sagte Murdah.

Er stand vor mir und breitete seine Arme in jener «Willkommen bei meiner Vision»-Geste aus, die heutzutage jeder Politiker draufhat, während ich mich auf dem Sofa zurückgelehnt hatte. Sonst hatte sich nur wenig verändert, bis auf die Tatsache, daß nebenan Fischstäbchen gebraten wurden. Der Geruch paßte nicht ganz zum Zimmer.

«Diese Gruppe», fuhr er fort, «besteht großenteils aus Freunden. Menschen, mit denen ich schon seit vielen, vielen Jahren Geschäfte mache. Diese Menschen vertrauen mir und verlassen sich auf mich. Verstehen Sie?»

Natürlich fragte er mich nicht, ob ich dieses besondere Verhältnis verstünde. Er wollte bloß wissen, ob Worte wie Vertrauen und Verläßlichkeit dort, wo ich herkam, noch eine Bedeutung hatten. Ich nickte, um ihm zu zeigen, doch, notfalls könnte ich sie buchstabieren.

«Als freundschaftliche Geste diesen Menschen gegenüber bin ich ein gewisses Risiko eingegangen. Was ich selten tue.» Das hielt ich für einen Scherz, also lächelte ich, und das schien ihm zu genügen. «Ich habe die Abnahme einer bestimmten Warenmenge persönlich garantiert.» Er verstummte, sah mich an und wartete auf eine Reaktion. «Ich nehme an, Sie sind bereits im Bilde, um Waren welcher Art es sich dabei handelt.»

«Helikopter», sagte ich. Es hatte wenig Sinn, jetzt noch den Trottel zu spielen.

«Helikopter, genau», sagte Murdah. «Ich muß gestehen, daß ich persönlich diese Dinger nicht mag, aber ich habe mir sagen lassen, daß sie sich für bestimmte Aufgaben ganz hervorragend eignen.» Langsam kam er mir etwas schrullig vor – Abneigung gegen die vulgären, öligen Maschinen vorzuschützen, die wahrscheinlich dieses Haus und, wie ich annehmen durfte, noch eine ganze Reihe weiterer finanziert hatten, also wirklich! –, daher entschloß ich mich, die Dinge für Otto Normalverbraucher etwas unverblümter auf den Punkt zu bringen.

«Das tun sie ganz bestimmt», sagte ich. «Ihr neuer Prototyp kann ein normal großes Dorf in knapp einer Minute dem Erdboden gleichmachen. Einwohner inklusive, versteht sich.»

Er schloß einen Augenblick die Augen, als ob allein der Gedanke ihm Schmerzen bereitete, was er vielleicht sogar tat. Wenn auch nicht lange.

«Wie schon gesagt, Mr. Lang, ich gedenke mein Tun nicht vor Ihnen zu rechtfertigen. Es schert mich nicht, welche Verwendung meine Ware letztendlich findet. Meine Freunde und mich beschäftigt vielmehr, daß diese Ware ihre Käufer findet.» Er faltete die Hände und wartete. Als wäre das ganze Problem jetzt meine Sache.

«Dann inserieren Sie doch», sagte ich nach einer Weile. «Auf den letzten Seiten von ‹Woman's Own›.»

«Hm», machte er. Wie sag ich's meinem Kinde? «Sie sind kein Geschäftsmann, Mr. Lang.»

Ich zuckte die Achseln.

«Ich schon, wissen Sie», fuhr er fort. «Sie können mir daher glauben, daß ich mich auf meinem Markt auskenne.» Ihm schien ein Gedanke zu kommen. «Schließlich unterstehe ich mich auch nicht, Sie zu beraten, wie Sie am besten ...» Und dann merkte er, daß er in eine Sackgasse geraten war, denn in meinem Lebenslauf gab nichts zu erkennen, daß ich mich auf irgend etwas besser verstand als andere Menschen.

«Motorrad fahren sollten?» half ich galant aus.

Er lächelte.

«Wenn Sie meinen.» Er setzte sich wieder aufs Sofa. Diesmal etwas weiter weg. «Mein Produkt erfordert, glaube ich, eine etwas sensiblere Herangehensweise als die Annoncenseiten von ‹Woman's Own›. Wenn Sie eine neue Mausefalle herstellen, dann annoncieren Sie sie, ganz wie Sie sagen, als eine neue Mausefalle. Wenn Sie jedoch eine Schlangenfalle verkaufen wollen, müssen Sie zunächst demonstrieren, warum Schlangen so böse Dinger sind. Warum man ihnen Fallen stellen muß. Können Sie mir folgen? Dann erst, viel, viel später kommen Sie mit Ihrem Produkt. Ist das nachvollziehbar?» Er lächelte geduldig.

«Sie wollen also einen terroristischen Anschlag sponsern», sagte ich, «damit Ihr kleines Spielzeug in den Abendnachrichten seinen Zweck erfüllen kann. Das weiß ich doch alles längst. Und Rusty weiß, daß ich es weiß.» Ich sah auf die Uhr und versuchte den Eindruck zu erwecken, als wäre ich in zehn Minuten mit dem nächsten Waffenhändler verabredet. Aber Murdah war kein Mann, der sich hetzen oder bremsen ließ.

«Im Grunde habe ich genau das vor», sagte er.

«Und wo komme ich dabei ins Spiel? Ich meine, jetzt haben Sie mir zwar alles erklärt, aber was soll ich mit dieser Information anfangen? Sie in mein Tagebuch schreiben? Einen Song dazu komponieren? Was?»

Murdah sah mich kurz an, holte tief Luft und atmete sanft und sorgfältig durch die Nase aus, als hätte er mal Atemkurse belegt.

«Sie sollen diesen terroristischen Anschlag für uns durchführen, Mr. Lang.»

Pause. Lange Pause. Schwindelanfälle. Die Wände des riesigen Zimmers rasten auf mich zu und rasten wieder davon, und ich fühlte mich kleiner und mickriger als je zuvor.

«Aha», sagte ich.

Noch eine Pause. Der Fischstäbchengeruch war stärker als je zuvor.

«Darf ich bei der Angelegenheit auch noch ein Wörtchen mitreden?» krächzte ich. Mein Kehlkopf versagte mir aus irgendeinem Grund plötzlich die Gefolgschaft. «Ich meine, wenn ich jetzt beispielsweise sage, ich scheiß auf Sie und Ihren ganzen Freundeskreis, was hätte ich dann bei meinem gegenwärtigen Marktwert ungefähr zu erwarten?»

Jetzt war es an Murdah, auf die Uhr zu schauen. Er schien sich unvermittelt zu langweilen, und das Lächeln auf seinem Gesicht war spurlos verschwunden.

«Ich glaube nicht, daß Sie auf diese Möglichkeit Ihre Zeit verschwenden sollten, Mr. Lang.»

Ich spürte einen kühlen Luftzug im Nacken, verrenkte mir den Hals und sah Barnes und Lucas an der Tür. Barnes sah entspannt aus. Lucas nicht. Murdah nickte, und die beiden Amerikaner traten vor, kamen auf beiden Seiten um das Sofa herum und gesellten sich zu ihm. Sahen mich an. Ohne Lucas eines Blickes zu würdigen, hielt Murdah ihm die offene Hand hin. Lucas klappte sein Revers auf und zog eine Automatik heraus. Eine Steyr, glaube ich. 9 mm. Spielt aber keine Rolle. Er legte sie Murdah behutsam in die Hand und wandte sich dann zu mir, die Augen vom Druck einer Botschaft geweitet, die ich nicht entziffern konnte.

«Mr. Lang», sagte Murdah, «das Wohlergehen zweier Menschen liegt in Ihren Händen. Ihr eigenes natürlich sowie das von Miss Woolf. Ich weiß nicht, wieviel Ihnen Ihre eigene Sicherheit bedeutet, aber meiner Meinung nach ist es Ihre Pflicht und Schuldigkeit, sich um die ihre zu kümmern. Wohlgemerkt, ich möchte, daß Sie sich mit aller Kraft um ihre Sicherheit kümmern.» Plötzlich strahlte er wieder, als hätten wir das Schlimmste hinter uns. «Aber ich verlange von Ihnen selbstverständlich nichts ohne guten Grund.»

Während er sprach, spannte er den Hahn, hob das Kinn und hielt die Waffe locker in der Hand. Der Schweiß spritzte mir aus den Handflächen, dafür spielte meine Kehle Dürrezone. Ich wartete. Was hätte ich auch sonst tun sollen?

Murdah sah mich einen Augenblick an. Dann stand er auf, drückte Lucas die Pistolenmündung an die Kehle und feuerte zweimal.

Es ging so schnell, war so unerwartet und absurd, daß ich eine Zehntelsekunde lang lachen wollte. Eben standen da drei Männer, dann machte es peng, peng, da waren's nur noch zwei. Es war ehrlich komisch.

Ich merkte, daß ich mich naß gemacht hatte. Nicht viel. Aber es reichte.

Ich zwinkerte einmal und sah, daß Murdah Barnes die Waffe gereicht hatte, und dieser gab jemandem an der Tür hinter meinem Kopf ein Zeichen.

«Warum hat er das getan? Wie kann jemand etwas so Gräßliches tun?»

Das hätte meine Stimme sein sollen, war es aber nicht. Es war Murdahs. Leise und beherrscht, die Ruhe selbst. «Das war gräßlich, Mr. Lang», sagte er. «Einfach gräßlich. Gräßlich, weil es dafür keinen Grund gab. Und wir müssen stets versuchen, den Tod zu begründen. Finden Sie nicht auch?»

Ich sah zu seinem Gesicht hoch, konnte mich aber nicht darauf konzentrieren. Es kam und verschwand, genau wie seine Stimme, die mir gleichzeitig im Ohr und in weiter Ferne klang.

«Ich möchte es folgendermaßen ausdrücken: Er hatte zwar keinen Grund zu sterben, aber ich hatte einen Grund zu töten. So wird schon eher ein Schuh draus, glaube ich. Ich habe ihn getötet, weil ich Ihnen, Mr. Lang, etwas demonstrieren wollte. Eine einzige Sache.» Er hielt inne. «Ich wollte Ihnen demonstrieren, daß ich es tun kann.»

Er sah auf Lucas' Leiche hinab, und ich folgte seinem Blick. Die Leiche bot ein scheußliches Bild. Die Mündung war der Haut so nah gewesen, daß die Explosionsgase die Kugel ins Fleisch getrieben, die Wunde gräßlich verschmaucht und aufgetrieben hatten. Ich konnte den Anblick nicht lange ertragen.

«Verstehen Sie, worauf ich hinauswill?»

Er beugte sich vor und hatte den Kopf auf die Seite gelegt.

«Dieser Mann war ein akkreditierter amerikanischer Diplomat», sagte Murdah, «ein Angestellter des Außenministeriums der USA. Ich bin sicher, daß er viele Freunde hatte, eine Frau, vielleicht sogar Kinder. Dann sollte man es doch nicht für möglich halten, daß so ein Mann einfach verschwindet, oder? Ohne jede Spur?»

Vor mir bückten sich Männer, ihre Jacken raschelten, während sie sich mit Lucas' Leiche zu schaffen machten. Ich zwang mich dazu, Murdah zuzuhören.

«Ich möchte, daß Sie der Wahrheit ins Gesicht sehen, Mr. Lang. Und die Wahrheit ist, wenn ich ihn verschwinden lassen möchte, dann verschwindet er. Ich erschieße hier einen Mann, in meinem Haus, ich lasse ihn meinen Teppich vollbluten, weil ich es so wünsche. Und niemand kann mich daran hindern. Keine Polizisten, keine Geheimagenten, keine Freunde von Mr. Lucas. Und Sie schon gar nicht. Habe ich mich klar genug ausgedrückt?»

Ich sah wieder zu ihm hoch, und diesmal konnte ich sein Gesicht deutlicher erkennen. Die dunklen Augen. Den Glanz. Er rückte seine Krawatte zurecht.

«Mr. Lang», sagte er, «habe ich Ihnen einen Grund gegeben, über Miss Woolfs Sicherheit nachzudenken?»

Ich nickte.

Sie fuhren mich auf den Teppich des Lincoln gedrückt nach London zurück und setzten mich irgendwo südlich der Themse an die Luft.

Ich überquerte die Waterloo Bridge und ging den Strand entlang, blieb bisweilen unmotiviert stehen, warf achtzehnjährigen Bettlern eine Münze zu und wünschte mir, daß dieser Wirklichkeitsabschnitt nur ein Traum sein möge, stärker als ich mir je gewünscht habe, ein Traum möge Wirklichkeit werden.

Mike Lucas hatte gesagt, ich solle aufpassen. Mit dieser Warnung war er ein Risiko eingegangen. Ich kannte den Mann nicht und hatte ihn nicht darum gebeten, dieses Risiko einzugehen, trotzdem hatte er es getan, weil er ein Profi mit Anstand im Leib war, der die Orte nicht mochte, an die ihn seine Arbeit brachte, und nicht wollte, daß ich ebenfalls dort endete.

Peng, peng.

Es gab kein Zurück. Die Welt ließ sich nicht anhalten.

Ich tat mir leid. Mike Lucas tat mir leid, auch die Bettler taten mir leid, aber am meisten tat ich mir selbst leid, und das mußte ein Ende haben. Ich machte mich auf den Nachhauseweg.

Meine Wohnung mußte ich nicht mehr meiden, denn all die Leute, die mir in der letzten Woche auf die Pelle gerückt waren, hatten mir inzwischen die Haut abgezogen. Die Aussicht, im eigenen Bett zu schlafen, war so ziemlich das Beste, was mir jetzt passieren konnte. Also marschierte ich forschen Schritts in Richtung Bayswater und versuchte, die Angelegenheit von der heiteren Seite zu betrachten.

Einfach war das nicht, und ich bin keineswegs sicher, daß ich die Aufgabe gemeistert habe, aber ich versuch's jedesmal mit dieser Methode, wenn die Welt aus den Fugen gerät. Denn was besagt die Behauptung schon, die Welt sei aus den Fugen geraten? Im Vergleich wozu? Sie können sagen: Im Vergleich zur Welt vor ein paar Stunden oder vor ein paar Jahren. Aber darum geht es überhaupt nicht. Wenn zwei Autos ohne Bremsen auf eine Steinmauer zurasen, und das eine prallt Sekundenbruchteile vor dem anderen dagegen, dann kann man doch nicht im Ernst behaupten, während dieser Sekundenbruchteile sei das zweite Auto besser dran als das erste.

Tod und Verderben sind uns im Leben pausenlos auf den Fersen und wollen uns zur Strecke bringen. Für gewöhnlich verfehlen sie uns. Jede Menge Meilen auf der Autobahn, ohne daß uns ein Vorderreifen platzt. Jede Menge Viren durchschlittern unsere Körper, ohne sich irgendwo festzubeißen. Jede Menge Klaviere stürzen auf den Gehweg, den wir vor einer Minute entlanggegangen sind. Oder vor einem Monat, spielt eh keine Geige.

Wenn wir also nicht jedesmal auf die Knie fallen und Dankesgesänge anstimmen wollen, wenn das Verderben mal wieder danebengehauen hat, dann hat auch das Flennen keinen Sinn, wenn es mal richtig gezielt hat. Ob nun auf uns oder jemand anders. Denn wir können es mit nichts vergleichen.

Außerdem sind wir sowieso alle tot oder wurden nie geboren, und in Wirklichkeit ist die Realität eh nur ein Traum.

Sehen Sie? Das ist die heitere Seite.

14

Die Freiheit schläft, sie ist verzagt,
Doch pulst sie und erbebt,
Sobald ein zürnend Herz ihr klagt.
Dann zeigt sie, daß sie lebt.

Thomas Moore

Als ich in meine Straße einbog, parkten dort zwei Fahrzeuge, die ich nicht erwartet hatte. Das eine war meine Kawasaki, blutverkrustet und mit blauen Flecken, aber sonst in ganz anständiger Verfassung. Das andere war ein knallroter TVR.

Ronnie hatte sich den Mantel bis unters Kinn gezogen und war am Steuer eingeschlafen. Ich öffnete die Beifahrertür und setzte mich neben sie. Sie schreckte hoch und sah mich von der Seite an.

«'n Abend», sagte ich.

«Hallo.» Sie blinzelte ein paarmal und sah auf die Straße. «Um Gottes willen, wie spät ist es denn? Mir ist eiskalt.»

«Viertel vor eins. Möchtest du mit reinkommen?»

Sie überlegte einen Augenblick.

«Du gehst aber ganz schön ran, Thomas.»

«*Ich* geh ganz schön ran?» fragte ich. «Na ja, wie man's nimmt, nich'?» Ich öffnete die Tür wieder.

«Wie man was nimmt?»

«Ich meine, bist du hierhergefahren, oder hab ich meine Straße um dein Auto herumgebaut?»

Sie überlegte noch ein bißchen.

«Für 'ne Tasse Tee könnt ich einen Mord begehen.»

Wir saßen wortlos in der Küche, tranken unseren Tee und rauchten. Ronnie war in Gedanken versunken, und über den Dilettantendaumen gepeilt hätte ich gesagt, daß sie geweint haben mußte. Oder sie hatte mit dem Mascara die epilepti-

215

schen Anfälle der Neuen Wilden imitiert. Ich bot ihr einen Scotch an, aber sie lehnte dankend ab, also goß ich mir die letzten vier Tropfen ein, fest entschlossen, sparsam damit umzugehen. Ich versuchte, mich auf Ronnie zu konzentrieren und nicht an Lucas, Barnes oder Murdah zu denken, denn sie war aufgewühlt, und ich saß bei mir in der Küche. Die anderen nicht.

«Thomas, kann ich dich mal was fragen?»

«Klar.»

«Bist du schwul?»

Also ehrlich. Und das beim Aufschlag. Vorher muß man doch über Filme und Theaterstücke und den letzten Ski-urlaub sprechen. Den ganzen Klumpatsch.

«Nein, Ronnie, bin ich nicht», sagte ich. «Du etwa?»

«Nein.»

Sie starrte in ihren Becher, aber ich hatte Teebeutel genommen, also waren dort keine Antworten zu finden.

«Was ist denn mit − Dingenskirchen?» fragte ich und zündete mir eine Zigarette an.

«Philip? Der schläft. Oder läßt sich irgendwo vollaufen. Weiß ich doch nicht. Interessiert mich auch nicht besonders.»

«Aber Ronnie. Das sagst du doch bloß mir zuliebe.»

«Tu ich gar nicht. Philip ist mir scheißegal.»

Es hat etwas überaus Faszinierendes, wenn eine kultivierte Frau Schimpfwörter benutzt.

«Du bist beschwipst», sagte ich.

«Wir haben uns getrennt.»

«Du bist beschwipst, Ronnie.»

«Kann ich heut nacht bei dir schlafen?» fragte sie.

Ich kniff mich in den Arm. Um sicherzugehen, daß ich mir das nicht bloß einbildete, kniff ich mich noch einmal.

«Du willst bei mir schlafen?» fragte ich.

«Ja.»

«Du meinst nicht bloß, du willst zur selben Zeit wie ich schlafen, du meinst auch, im selben Bett?»

216

«Bitte!»

«Ronnie ...»

«Ich behalt auch meine Sachen an, wenn's sein muß. Thomas, ich möchte nicht noch einmal ‹Bitte› sagen. Das ist katastrophal für das Ego einer Frau.»

«Es ist optimal für das Ego eines Mannes.»

«Ach, sei doch still.» Sie verbarg ihr Gesicht im Becher. «Ab sofort kannst du mir gestohlen bleiben.»

«Ha!» sagte ich. «Hat geklappt.»

Schließlich standen wir auf und gingen ins Schlafzimmer.

Sie behielt ihre Sachen übrigens an. Ich meine übrigens auch. Wir lagen nebeneinander auf dem Bett und starrten eine Weile an die Decke, und als ich fand, daß die Weile langsam langweilig wurde, griff ich mit einer von meinen Händen nach einer von ihren. Die von ihr war warm und trocken und ganz prima zum Greifen.

«Woran denkst du?»

Ich weiß ehrlich gesagt nicht mehr, wer von uns das zuerst gefragt hat. Wir beide müssen es bis Sonnenaufgang rund fünfzigmal gefragt haben.

«Nichts.» Das sagten wir auch ganz schön oft.

Kurzum: Ronnie war nicht glücklich. Ich kann nicht sagen, daß sie ihre Lebensgeschichte nur so herausgesprudelt hätte. Sie kam vielmehr in einzelnen Brocken, mit langen Pausen dazwischen, wie bei Mitgliedern von Secondhandbuchclubs, aber als es zwischen Nachtigall und Lerche zum Schichtwechsel kam, war ich um einiges schlauer.

Sie war das mittlere von drei Kindern, und die meisten Leute würden an diesem Punkt schon sagen: «Na ja, dann ist das ja auch kein Wunder», aber ich bin auch eins, und mich hat das nie groß gejuckt. Ihr Vater arbeitete in der City und zerschlug das Angesicht der Elenden, und die beiden Brüder, die Ronnie flankierten, entwickelten sich offenkundig in dieselbe Richtung. Als Ronnie noch ein Teenager

war, hatte ihre Mutter die Leidenschaft für die Hochsee-
fischerei entdeckt, diesem Hobby seither sechs Monate jähr-
lich auf allen sieben Weltmeeren gefrönt, und Ronnies Vater
legte sich Liebhaberinnen zu. Wo er sie hinlegte, sagte sie
nicht.

«Woran denkst du?» Sie diesmal.

«Nichts.» Ich.

«Komm schon.»

«Weiß nicht. Hab bloß so ... ins Blaue gedacht.»

Ich streichelte ihr die Hand.

«An Sarah?»

Ich wußte, daß sie das früher oder später fragen würde.
Obwohl ich mir Mühe gegeben hatte, den Return immer
schön flach zu halten und Philip nicht mehr zu erwähnen,
damit sie den Ball nicht ins Netz donnerte.

«Unter anderem. Anderen, meine ich.» Ich drückte ihr
die Hand. «Machen wir uns doch nichts vor, ich kenne die
Frau ja kaum.»

«Sie mag dich.»

Ich mußte lachen.

«Das halte ich für unwahrscheinlich hoch zehn. Bei unserer ersten Begegnung dachte sie, ich wollte ihren Vater umbringen, und bei der letzten hat sie den ganzen Abend lang
versucht, mir eine weiße Feder für Feigheit vor dem Feind
anzuheften.»

Das mit der Küsserei wollte ich mir lieber für später auf-
heben.

«Welchem Feind?» wollte Ronnie wissen.

«Das ist eine lange Geschichte.»

«Du hast eine angenehme Stimme.»

Ich drehte ihr auf dem Kissen den Kopf zu.

«Ronnie, wenn man hierzulande sagt, etwas sei eine
lange Geschichte, gibt man damit höflich zu verstehen, daß
man nicht darüber reden möchte.»

Ich wachte auf. Was möglicherweise bedeutete, daß ich eingeschlafen war, aber wann, war mir ein Rätsel. Ich hatte nur einen Gedanken: Das Haus steht in Flammen.

Ich sprang aus dem Bett und raste in die Küche, wo Ronnie in einer Pfanne Speck abfackelte. Der Rauch vom Herd tobte ausgelassen zwischen all den Sonnenstrahlen herum, die durchs Fenster fielen, und irgendwo in der Nähe plapperte Radio 4 vor sich hin. Sie hatte sich mein letztes sauberes Hemd unter den Nagel gerissen, was mich etwas verdroß, denn eigentlich hatte ich das für besondere Anlässe zurückgelegt – den 21. Geburtstag meines Enkelsohns zum Beispiel –, aber es stand ihr, also ließ ich fünf gerade sein.

«Wie magst du deinen Speck?»

«Knusprig», log ich, nachdem ich ihr über die Schulter gesehen hatte. Etwas anderes blieb mir kaum noch übrig.

«Du kannst Kaffee kochen, wenn du willst», sagte sie und kümmerte sich wieder um die Pfanne.

«Kaffee. Kommt sofort.» Ich wollte eine Dose Nescafé aufschrauben, aber Ronnie nickte tadelnd zur Anrichte hinbüer, wo nachts die Einkaufsfee vorbeigeschaut und alle möglichen Leckerbissen abgeladen hatte.

Ich öffnete den Kühlschrank und sah das Leben eines wildfremden Menschen vor mir. Eier, Käse, Joghurt, Steaks, Milch, Butter, zwei Flaschen Weißwein. Haufenweise Kram, der sich in sechsunddreißig Jahren noch nie in einen meiner Kühlschränke verirrt hatte. Ich ließ den Wasserkessel vollaufen und schaltete ihn ein.

«Erinner mich dran, daß ich dir das Geld zurückgebe», sagte ich.

«Sei doch nicht kindisch.» Sie versuchte am Pfannenrand einhändig ein Ei aufzuschlagen und verwandelte es in etwas, was jeder Hund verschmäht hätte. Und ich hatte nicht mal einen Hund.

«Mußt du denn nicht in die Galerie?» fragte ich und löffelte dabei Melford's Dark Roasted Breakfast Blend in einen Filter. Ich fand das alles höchst seltsam.

«Ich hab angerufen. Hab Terry erzählt, mein Wagen müsse in die Werkstatt. Die Bremsen hätten versagt, und ich wisse nicht, wie sehr ich mich verspäten würde.»

Ich ließ mir das kurz durch den Kopf gehen.

«Aber wenn deine Bremsen versagt hätten, wärst du doch schneller dagewesen, oder?»

Sie lachte und stellte mir einen Teller mit schwarzem, weißem und gelbem Zeug hin. Es sah unsagbar aus und schmeckte köstlich.

«Danke Thomas.»

Wir gingen im Hyde Park so für uns hin, und nichts zu suchen war unser Sinn. Wir hielten Händchen und ließen wieder los, als wäre Händchenhalten die einfachste Sache von der Welt. Die Sonne schaute in der Stadt vorbei, und London zeigte sich von seiner besten Seite.

«Danke wofür?»

Ronnie sah auf den Boden und kickte nicht vorhandene Steinchen weg.

«Daß du letzte Nacht nicht versucht hast, mit mir zu schlafen.»

«Gern geschehen.»

Ich war wirklich aufgeschmissen, was ich davon halten sollte. Hatte sie das Gespräch damit eingeleitet, oder war es schon zu Ende? «Danke fürs Danken», sagte ich noch, damit es endgültiger klang.

«Ach, sei doch still.»

«Nein, ohne Flachs», meinte ich. «Ich find das toll. Ich zieh permanent los und versuch, mit Millionen Frauen nicht zu schlafen, und normalerweise krieg ich dafür kein Dankeschön. Ist also mal was anderes.»

Wir spazierten weiter. Eine Taube flog uns entgegen und drehte in letzter Sekunde ab, als hätte sie plötzlich gemerkt, daß sie uns mit jemandem verwechselt hatte. Durch die Rotten Row trotteten ein paar Pferde mit Männern in Tweedjakken im Sattel. Wahrscheinlich Gardetruppen der Queen. Die Pferde sahen ganz intelligent aus.

«Hast du im Moment jemanden?» fragte Ronnie.

«Darf ich annehmen, daß sich deine Frage auf Frauen bezieht?»

«Der Kandidat hat hundert Punkte. Schläfst du mit jemandem?»

«Mit ‹schlafen› meinst du vermutlich …?»

«Wenn du nicht sofort meine Frage beantwortest, ruf ich die Polizei.» Sie lächelte. Meinetwegen. Ich hatte sie zum Lächeln gebracht, und das war ein schönes Gefühl.

«Nein, Ronnie, ich schlafe zur Zeit mit keiner Frau.»

«Einem Mann?»

«Auch nicht mit Männern oder Tieren. Mit Nadelholzgewächsen übrigens auch nicht.»

«Warum nicht, wenn ich fragen darf? Und auch, wenn ich nicht darf?»

Ich seufzte. Das wußte ich selbst nicht so genau, aber ihr das zu sagen würde meinen Kopf kaum aus der Schlinge ziehen. Ich plapperte einfach drauflos, ohne im Grunde zu wissen, was dabei herauskommen würde.

«Weil Sex mehr Unglück als Lust bereitet», sagte ich. «Weil Mann und Frau nicht das gleiche wollen, und am Ende ist immer einer enttäuscht. Weil ich selten darum gebeten werde und es nicht ausstehen kann, wenn ich darum betteln muß. Weil ich's nicht besonders gut kann. Weil ich mich ans Alleinleben gewöhnt habe. Weil mir keine Gründe mehr einfallen.» Ich holte Luft.

«Gut», sagte Ronnie. Sie drehte sich um und ging rückwärts weiter, damit sie mein Gesicht besser sehen konnte. «Welcher davon ist der eigentliche Grund.»

«B», sagte ich nach einigem Nachdenken. «Wir wollen nicht das gleiche. Männer wollen mit einer Frau schlafen.

Dann wollen sie mit einer anderen Frau schlafen. Und dann mit der nächsten. Dann wollen sie Cornflakes essen und eine Runde pofen, und dann wollen sie mit einer anderen Frau schlafen, und wieder einer anderen, bis sie nicht mehr ins Bett, sondern in die Kiste hüpfen. Frauen dagegen», hier mußte ich meine Worte sorgfältig wählen, da ich ein Geschlecht beschrieb, dem ich nicht angehörte, «Frauen wollen eine Beziehung. Sie kriegen sie vielleicht nicht oder erst, wenn sie mit vielen Männern geschlafen haben, aber darauf läuft es letztlich hinaus. Das ist ihr Ziel. Männer haben keine Ziele. Nicht von Natur aus. Deswegen basteln sie sich Zielscheiben, stellen sie am Ende von Schießplätzen auf, und dann erfinden sie den Krieg. Oder sie versuchen, reich zu werden, oder lassen sich sonst einen Blödsinn einfallen, um die Tatsache zu kaschieren, daß sie keine echten Ziele haben.»

«Und dieser Quatsch mit Soße soll der große Unterschied sein?» fragte Ronnie.

«Ja – obwohl es da auch noch den kleinen Unterschied gibt.»

«Glaubst du denn allen Ernstes, daß ich eine Beziehung mit dir will?»

Kitzlig. Schmetterball direkt vom Netz aus.

«Keine Ahnung, Ronnie. Ich maße mir kein Urteil darüber an, wonach du dich im Leben sehnst.»

«Noch mehr Quatsch mit Soße. Reiß dich doch mal am Riemen, Mann.»

«Hilfst du mir dabei?»

Ronnie blieb stehen. Dann grinste sie.

«Das klingt schon besser.»

Wir fanden eine Telefonzelle, und Ronnie rief in der Galerie an. Sie erzählte Terry, die Rennerei wegen des Wagens habe sie so geschlaucht, daß sie sich am Nachmittag erst mal hinlegen müsse. Dann liefen wir zum Auto zurück und fuhren zu Claridges essen.

Ich wußte, daß ich Ronnie über kurz oder lang in einige Geschehnisse einweihen mußte sowie in einiges, was noch geschehen mochte. Dabei mußte ich wahrscheinlich etwas lügen, um meinet- und um ihretwillen, außerdem mußte ich dabei über Sarah sprechen. Und deswegen zögerte ich es möglichst lange hinaus.

Ich mochte Ronnie sehr. Wäre sie die Maid in Not gewesen, die in der schwarzen Burg auf dem schwarzen Berg verschmachtete, hätte ich mich in sie verliebt. Das war sie aber nicht. Sie saß auf der anderen Tischseite, schnatterte wie ein ganzer Gänseschwarm, bestellte einen Senfkohlsalat zu ihrer Seezunge à la Dover, während hinter uns in der Lobby ein Streichquartett in österreichischen Trachten Mozart zupfte und fiedelte. Ich suchte den Saal nach meinen Verfolgern ab und wußte, daß inzwischen mehr als ein Team hinter mir her sein konnte. Mir fielen keine flagranten Kandidaten ins Auge, es sei denn, der CIA war dazu übergegangen, siebzig-jährige Witwen zu rekrutieren, die aussahen, als hätten sie sich etliche Tüten Mehl übers Gesicht gekippt.

Der Gedanke, verfolgt zu werden, beunruhigte mich ohnehin weniger als der, belauscht zu werden. Wir hatten uns spontan für Claridges entschieden, also konnten sie keine Abhörgeräte installiert haben. Ich saß mit dem Rücken zum Saal, auch Richtmikrofone konnten also nicht viel aufschnap-pen. Ich schenkte uns beiden ein großes Glas süffigen Pouilly-Fuissé ein, den Ronnie gewählt hatte, und begann meinen Vortrag.

Als erstes erzählte ich ihr, daß Sarahs Vater tot war und daß ich seinen Tod mit angesehen hatte. Ich wollte das Schlimm-ste so schnell wie möglich hinter mich bringen, sie ins kalte Wasser schubsen und dann langsam wieder herausziehen, damit sich ihre angeborene Courage berappeln und sie das alles verarbeiten konnte. Außerdem wollte ich nicht, daß sie den Eindruck bekam, ich hätte Angst, denn das wäre uns beiden keine große Hilfe gewesen.

Sie schluckte alles. Das heißt, bis auf ihre Seezunge, die blieb unberührt und mit einem «Was hab ich denn Falsches gesagt?»-Ausdruck auf dem Teller liegen, bis ein Kellner sie abräumte.

Als ich fertig war, hatte das Streichquartett Mozart abserviert und war zur Titelmelodie von *Superman* übergegangen, und die Weinflasche steckte kopfüber im Kühler. Ronnie starrte stirnrunzelnd aufs Tischtuch. Ich wußte, daß sie am liebsten aufgesprungen und telefoniert oder jemanden verprügelt oder auf der Straße herumgebrüllt hätte, die Welt sei ein Scheißladen, und wie überhaupt noch jemand essen, einkaufen, lachen und so tun könne, als sei sie das nicht. Ich wußte das, weil es mir keinen Deut besserging, seit ich mit angesehen hatte, wie Alexander Woolf von einem Idioten mit einer MP durch ein Zimmer geschleudert worden war. Schließlich sprach sie, und ihre Stimme bebte vor Zorn.

«Und du hast da eingewilligt? Du willst tun, was sie dir sagen?»

Ich sah sie an und zuckte mit den Schultern.

«Ja, Ronnie, werd ich. Ich hab zwar keine Lust dazu, aber ich glaube, die Alternativen sind noch schlimmer.»

«Nennst du das vielleicht einen Grund?»

«Ja, allerdings. Aus diesem Grund tun die meisten Menschen etwas. Wenn ich keine gute Miene zum bösen Spiel mache, bringen sie wahrscheinlich Sarah um. Ihren Vater haben sie bereits umgebracht, also erledigen die so was offenbar mit links.»

«Aber dabei sterben doch Menschen.» Sie hatte Tränen in den Augen, und wenn nicht genau in diesem Moment der Weinkellner gekommen wäre und versucht hätte, uns noch eine Flasche Pouilly anzudrehen, hätte ich sie wahrscheinlich umarmt. So griff ich nur über den Tisch nach ihrer Hand.

«Die Menschen sterben auf jeden Fall», sagte ich und haßte mich, weil ich wie Barnes bei seinem widerlichen Vortrag klang. «Wenn ich es nicht mache, suchen sie sich einen anderen oder eine andere Methode. Das Ergebnis ist dasselbe, aber Sarah ist dann tot. So sind die nun mal.»

Sie sah wieder auf den Tisch, und wir wußten beide, daß ich recht hatte. Trotzdem ging sie alles noch einmal durch wie jemand, der eine lange Reise vor sich hat, noch einmal die ganze Wohnung kontrolliert. Gas abgedreht, Fernsehstecker rausgezogen, Kühlschrank abgetaut.

«Und was wird aus dir?» fragte sie nach einiger Zeit. «Wenn die nun einmal so sind, was werden sie dir dann antun? Sie werden auch dich ermorden, oder? Egal ob du ihnen hilfst oder nicht, am Ende werden sie dich ermorden.»

«Sie werden es jedenfalls versuchen, Ronnie. Das muß ich zugeben.»

«Und was hast du alles nicht zugegeben?» kam es wie aus der Pistole geschossen, aber ich glaube, sie meinte es nicht so, wie es klang.

«Man versucht nicht zum erstenmal, mich umzubringen, Ronnie», sagte ich, «aber man hat's noch nie geschafft. Ich weiß, daß du mich für einen Trottel hältst, der nicht mal imstande ist, den Einkauf zu erledigen, aber in anderer Hinsicht kann ich ganz gut auf mich selbst aufpassen.» Ich machte eine Pause, um zu sehen, ob sie lächelte. «Wenn alles andere den Bach runtergeht, such ich mir 'ne piekfeine Tussi mit Sportwagen, und die kann dann auf mich aufpassen.»

Sie sah hoch und lächelte fast.

«Davon hast du doch schon eine», sagte sie und zog ihre Brieftasche heraus.

Während wir beim Essen saßen, hatte es angefangen zu regnen, und da Ronnie bei ihrem TVR das Verdeck nicht hochgeklappt hatte, pesten wir voll Stoff durch Mayfair, um ihre Sitzbezüge aus feinstem Connollyleder zu retten.

Ich kämpfte mit den Verschlüssen am Verdeck und versuchte herauszufinden, wie ich wohl die fünfzehn Zentimeter zwischen Rahmen und Windschutzscheibe überbrücken sollte, als ich eine Hand auf der Schulter spürte. Ganz locker bleiben, sagte ich mir.

«Sieh mal einer an, wen haben wir denn da?» fragte eine Stimme.

Ich richtete mich langsam auf und musterte den Sprecher. Er hatte ungefähr meine Statur und annähernd mein Alter, war aber wesentlich reicher. Sein Hemd stammte aus der Jermyn Street, sein Anzug aus der Savile Row und seine Stimme aus einer unserer teureren Privatschulen. Ronnie tauchte aus dem Kofferraum auf, wo sie die Persenning verstaut hatte.

«Philip», sagte sie, womit ich im großen und ganzen auch gerechnet hatte.

«Verd..., wer ist das?» fragte Philip und ließ mich nicht aus den Augen.

«Sehr erfreut, Philip.»

Ich versuchte nett zu bleiben. Ehrlich, ich tat, was ich konnte.

«Verpiß dich», sagte Philip. Er drehte sich zu Ronnie. «Ist das die Arschgeige, die mir den ganzen Wodka weggesoffen hat?»

Ein Touristenknäuel in bunten Anoraks blieb stehen, lächelte uns drei an und hoffte, daß wir echte Busenfreunde waren. Ich hoffte das auch, aber manchmal ist Hoffnung eben nicht genug.

«Philip, nun sei doch nicht so kleinkariert.» Ronnie warf den Kofferraum zu und kam ums Auto herum. Das Kräftefeld verlagerte sich etwas, und ich versuchte mich aus der Gruppe davonzustehlen. In eine voreheliche Szene verwickelt zu werden hatte mir gerade noch gefehlt, aber Philip wollte von meinem Abgang nichts wissen.

«Scheiße, Mann, wo willst du denn plötzlich hin?» fragte er und hob das Kinn noch ein Stück.

«Weg.»

«Philip, laß doch.»

«Du kleiner Scheißer. Wofür hältst du dich eigentlich, verdammt noch mal?» Er packte mich mit der rechten Hand am Jackenaufschlag. Er hielt ihn fest, aber nicht so fest, als wäre er völlig versessen darauf, sich mit mir zu prügeln. Was mich aufatmen ließ. Ich sah erst seine Hand und dann Ronnie an. Ich wollte ihr die Chance geben, die Rauferei noch abzublasen.

«Philip, bitte sei doch kein Narr.»

Was so ziemlich das Dümmste war, was sie sagen konnte. Wenn ein Mann mit Volldampf in eine Ecke zurücksetzt, dann ist der Anreiz, auf die Bremse zu treten, denkbar gering, wenn eine Frau ihm sagt, er sei ein Narr. Ich an seiner Stelle hätte mich entschuldigt, ihm die Wange gestreichelt, gelächelt oder sonstwas unternommen, um den Adrenalinstrom umzulenken.

«Ich hab dich was gefragt», sagte Philip. «Wofür hältst du dich eigentlich? Bedienst dich aus meiner Bar, schiebst in meiner Wohnung 'ne Nummer?»

«Bitte lassen Sie mich los», sagte ich. «Sie zerknautschen mir die Jacke.» Vernünftig, wissen Sie. Nichts von wegen «Dir zieh ich die Hammelbeine lang», «Gleich gibt's Senge» oder «Dir hau ich die Plomben aus den Beißerchen» und was man bei der Konfliktbewältigung im Alltag sonst noch alles verspricht. Ausschließlich aufrichtige Sorge um meine Jacke. Von Mann zu Mann.

«Deine Jacke ist mir so was von scheißegal, du kleines Arschloch.»

Sehen Sie. Erst nachdem alle diplomatischen Kanäle ausprobiert und für nicht schiffbar befunden worden waren, griff ich zur Gewalt als dem letzten Mittel.

Erst trat ich einen Schritt auf ihn zu, aber er drückte dagegen, was alle Leute instinktiv tun. Dann ging ich mit seinem Gegendruck nach hinten, streckte damit seinen Arm und machte einen Ausfallschritt, so daß er das Handgelenk verdrehen mußte, um die Jacke weiter festhalten zu können. Ich legte meine Hand auf seine, damit er nicht losließ, und mit dem anderen Arm drückte ich ganz sachte auf seinen Ellbogen. Falls Sie sich für so was interessieren, das ist eine Aikidotechnik namens Nikkyo, und man kann damit ohne große Kraftanstrengung einfach phantastischen Schmerz zufügen.

Er ging in die Knie und wurde aschfahl, sank dem Gehweg entgegen und versuchte verzweifelt, den Druck auf sein Handgelenk zu senken. Ich ließ los, bevor seine Knie den Boden berührten, weil ich mir dachte, je mehr er das Gesicht wahren konnte, desto weniger Grund hatte er, noch mal auf mich loszugehen. Außerdem hatte ich keine Lust, daß Ronnie sich neben ihn kniete und ihm den Rest des Nachmittags «Heile, heile, Segen» vorsang.

«'tschuldigung», sagte ich mit unsicherem Lächeln, als wüßte ich selbst nicht recht, was da eben passiert ist. «Haben Sie sich weh getan?»

Philip massierte sich die Hand und warf mir einen haßerfüllten Blick zu, aber uns beiden war klar, daß er nicht noch mal anfangen würde. Auch wenn er nicht genau wußte, ob ich ihn mutwillig so zugerichtet hatte.

Ronnie trat zwischen uns und legte Philip freundlich eine Hand auf die Brust.

«Du hast das in den völlig falschen Hals bekommen, Philip.»

«Ach ja?»

«Ja, hast du. Wir kennen uns rein geschäftlich.»

«Da ist drauf geschissen. Du vögelst mit ihm. Ich bin doch kein Idiot.»

Ob der letzten Aussage hätte zwar jeder Vertreter der Anklage in wütendes Protestgeheul ausbrechen müssen, aber Ronnie drehte sich bloß halb herum und zwinkerte mir zu.

«Das ist Arthur Collins», sagte sie und wartete, bis Philip endlich die Stirn in Falten legte. «Er hat das Triptychon gemalt, das wir in Bath gesehen haben, weißt du noch? Das hat dir doch so gut gefallen.»

Philip sah erst Ronnie an, dann mich, dann wieder Ronnie. Die Erde drehte sich ein gutes Stück weiter, während wir darauf warteten, daß diese Information in seinem geistigen Schrebergarten ausreifte. Zum Teil war es ihm peinlich, daß er sich geirrt haben sollte, aber zum viel größeren Teil war er erleichtert, daß er sich auf einen anständigen Grund stürzen konnte, mich nicht verkloppen zu müssen – ich sag euch, Jungs, da steh ich nun, will den Torfkopp grad auf die Matte schicken, er winselt schon um Gnade, da stellt sich raus, ich hab die falsche Adresse erwischt. Der Typ hat 'nen ganz andern Film drin. Grölendes Gelächter. Philip, du bist echt 'n Brüller.

«Der mit den Schafen?» fragte er, rückte seine Krawatte zurecht und lockerte mit einem geübten Schlenker die verrutschten Manschetten. Ich sah Ronnie an, aber hier war ich auf mich gestellt.

«Engel, um genau zu sein», sagte ich. «Aber viele Leute halten sie für Schafe.»

Mehr wollte er anscheinend gar nicht wissen, und ein Grinsen überzog sein Gesicht.

«Herrje, es tut mir so leid. Sie müssen ja Gott weiß was von mir denken. Ich dachte ... na, das spielt jetzt auch keine Rolle mehr, was? Es gibt da einen Typen ... ach, ist ja auch egal.»

Er hatte noch allerlei in der Art auf Lager, aber ich breitete einfach die Arme aus, um ihm zu zeigen, dafür hätte ich vollstes Verständnis, schließlich machte ich selber diesen Fehler drei-, viermal am Tag.

«Würden Sie uns wohl einen Moment entschuldigen, Mr. Collins?» fragte Philip und faßte Ronnie am Arm.

«Aber immer doch», sagte ich. Philip und ich waren jetzt ein Herz und eine Seele.

Sie setzten sich ein paar Meter ab, und ich merkte plötzlich, daß ich seit mindestens fünf Minuten keine Zigarette mehr geraucht hatte, also holte ich das nach, ohne lange zu fackeln. In einiger Entfernung drückten sich auf dem Trottoir immer noch die bunten Anoraks herum. Ich winkte hinüber und gab ihnen zu verstehen, ganz recht, London sei ein echt heißes Pflaster, aber sie sollten sich dennoch unverdrossen einen schönen Tag machen.

Philip bemühte sich bei Ronnie um Schadensbegrenzung, das war offensichtlich, aber ich hatte den Eindruck, er spielte die «Ich vergebe dir»-Karte aus statt der ungleich stärkeren «Bitte, vergib mir»-Karte, mit der man meiner Erfahrung nach viel mehr Stiche macht. Ronnies Mund verzog sich zu halb duldender, halb gelangweilter Form, und ab und zu warf sie mir einen Blick zu, der wohl zeigen sollte, wie sehr sie das alles nervte.

Ich erwiderte ihr Lächeln, als Philip gerade in die Tasche griff und einen Umschlag hervorzog. Lang und dünn. Ein Flugticket. Ein «Komm, wir machen uns ein schönes Wochenende mit ganzen Schubkarren voll Sex und Champagner»-Ticket. Er drückte es Ronnie in die Hand und küßte sie auf die Stirn, noch ein Fehler, winkte Arthur Collins zu, dem angesehenen Maler aus dem West Country, und war über alle Berge.

Ronnie sah ihm nach und schlenderte dann zu mir rüber.

«Engel», sagte sie.

«Arthur Collins», sagte ich.

Sie betrachtete das Ticket und seufzte. «Er meint, wir sollten uns noch eine Chance geben. Unsere Beziehung sei etwas Besonderes, Rhabarber, Rhabarber.»

Ich machte «Aha», und wir musterten eine Zeitlang den Fußweg.

«Und er führt dich also nach Paris aus, ja? Find ich ja eher abgeschmackt, wenn du meine Meinung wissen willst.»

«Prag», sagte Ronnie, und bei mir klingelte was. Sie klappte den Umschlag auf. «Prag ist das neue Venedig, behauptet er.»

«Prag», sagte ich und nickte. «Ich hab mir sagen lassen, in dieser Jahreszeit läge das in der Tschechoslowakei.»

«In der Tschechischen Republik, genaugenommen. Da war Philip sehr pingelig. Slowakien ist vor die Hunde gegangen und nicht halb so schön. Philip hat Zimmer in einem Hotel in der Nähe vom Marktplatz gebucht.»

Sie betrachtete wieder das offene Ticket, und ich hörte, wie ihr der Atem stockte. Ich folgte ihrem Blick, konnte aber keine Taranteln erkennen, die ihr den Ärmel hochkrabbelten.

«Stimmt was nicht?»

«CED», sagte sie und klappte den Umschlag zu.

Ich sah sie verdutzt an.

«Was ist mit dem?» Ich begriff nicht, worauf sie hinauswollte, obwohl es immer noch klingelte. «Weißt du plötzlich, wer das ist?»

«Der war OK, stimmt's?» sagte Ronnie. «Laut Sarahs Kalender ist CED OK, hab ich recht?»

«Recht hast du.»

«Recht hab ich.» Sie reichte mir das Ticket. «Schau dir mal die Linie an.»

Ich schaute.

Vielleicht hätte ich es längst wissen müssen. Vielleicht wußte das alle Welt außer Ronnie und mir. Der Reiseroute zufolge, die man bei Sunline Travel für Ms. R. Crichton ausgedruckt hatte, kürzt man die Verkaufsstelle der staatlichen Fluggesellschaft der neuen Tschechischen Republik mit dem Akronym CEDOK ab.

15

**Der Krieg achtet den Sieger nicht;
er kennt keine Gewinner, sondern nur Verlierer.**
Neville Chamberlain

Die zwei Stränge meines Lebens verflochten sich also in Prag.

Sarah war nach Prag entschwunden, und nach Prag schickten mich auch die Amerikaner zur ersten Etappe der sogenannten Operation Ballast. Ich erklärte ihnen anatomisch präzise, wohin sie sich diesen Namen stecken könnten, aber entweder hatte ein hohes Tier ihn vorgeschlagen, oder der ganze Papierkrieg war schon fertig, jedenfalls gaben sie keinen Fingerbreit nach. Sie heißt Ballast, und damit basta, Tom.

Die Operation selbst war – zumindest offiziell – eine Aktion von der Stange: Unterwanderung einer Terroristengruppe mit nachfolgender Verwüstung ihres Lebens sowie der Existenzen ihrer Unterstützer, Geldgeber, Sympathisanten und Lebenspartner, soweit sich das machen ließ. Also nichts Weltbewegendes. Geheimdienste in aller Herren Länder versuchen so was alle naselang mit mehr oder weniger Erfolg.

Am zweiten Strang, dem Sarahstrang, dem Barnes-, Murdah- und Graduiertenkollegstrang, baumelte das Ziel, Helikopter an fiese Diktaturen zu verkaufen, und diesem Strang gab ich meinen eigenen Namen. Ich nannte ihn Pfui Spinne.

Beide Stränge verflochten sich in Prag.

Ich sollte am Freitag abend fliegen, also standen mir sechs Tage Einsatzvorbereitung bei den Amerikanern bevor und fünf Nächte Teetrinken und Händchenhalten mit Ronnie.

Das Knäblein Philip flog an dem Tag nach Prag, an dem ich ihm fast das Patschehändchen gebrochen hätte; er mußte

232

bei den Salonrevolutionären einige hochkarätige Geschäfte unter Dach und Fach bringen. Ronnie ließ er verwirrt und ziemlich elend zurück. Bevor ich in ihr Leben trat, war es vielleicht keine nervenkitzelnde Achterbahn gewesen, aber auch nicht gerade ein Jammertal, und der unvermittelte Sprung in eine Welt voller Terroristen und Attentäter in Kombination mit einer rasant zerbröselnden Beziehung half einer Frau nicht gerade, sich ganz entspannt im Hier und Jetzt zu fühlen.

Einmal hab ich sie geküßt.

Die Ballastinstruktionen wurden in einer roten Ziegelvilla aus den Dreißigern außerhalb von Henley erteilt. Sie hatte rund zweieinhalb Quadratkilometer Parkettboden, jedes dritte Einzelbrett war durch die Feuchtigkeit verzogen, und nur bei einer Toilette funktionierte die Spülung.

Sie hatten Möbel mitgebracht, ein paar Stühle, Schreibtische und Feldbetten, und sie wahllos über das ganze Haus verteilt. Die meiste Zeit verbrachte ich im Salon, sah mir Dia-Shows an, lauschte Tonbändern, büffelte Verfahren der Kontaktaufnahme und studierte das Leben als Landarbeiter in Minnesota. Es wäre übertrieben, diese Tage mit meiner Schulzeit zu vergleichen, denn als Jugendlicher hatte ich nie so hart arbeiten müssen, aber trotzdem kam mir die Atmosphäre merkwürdig vertraut vor.

Ich fuhr jeden Tag mit der Kawasaki hinaus, die auf ihre Kosten repariert worden war. Ich sollte zwar in der Villa übernachten, aber ich behauptete, vor meiner Abreise müsse ich London noch einmal in vollen Zügen genießen, und das schien ihnen einzuleuchten. Amerikaner zollen dem Patriotismus noch Respekt.

Das Personal wechselte ständig, unterschritt aber nie ein Minimum von sechs Leuten. Es gab ein Mädchen für alles namens Sam, Barnes kam gelegentlich vorbei, und in der Küche hockten ein paar Carls, tranken Kräutertee und machten Klimmzüge an den Türrahmen. Dann gab es die Spezialisten.

Der erste nannte sich Smith, was so unwahrscheinlich war, daß ich es ihm abkaufte. Er war ein fülliges Männchen mit Brille und enger Weste, das ständig von den Sechzigern und Siebzigern schwärmte, der Blütezeit des Terrorismus, wenn man in Smiths Branche arbeitete – damals verfolgte man offensichtlich die Baaders, Meinhofs und verschiedene andere Rotarmisten um die ganze Welt wie ein Teenager, der die Tournee der Jackson Five mitfährt. Poster, Sticker, Fotos mit Autogrammen, der ganze Klimbim.

Die marxistischen Revolutionäre hatten Smith jedweder Illusion beraubt. Die meisten hatten das Handtuch geworfen und sich Anfang der achtziger Hypotheken und Lebensversicherungen besorgt, obwohl man sich bei Italiens Roten Brigaden noch gelegentlich wiedertraf, um die alten Lieder zu singen. Der Sendero Luminoso und dergleichen in Mittel- und Südamerika waren alles andere als sein Bier. Sie waren das, was Jazz für einen Motown-Fan ist, also kaum der Rede wert. Ich ließ ein paar, wie ich glaubte, verräterische Fragen nach der IRA fallen, aber da schmunzelte Smith nur geheimnisvoll und wechselte das Thema.

Dann kam Goldman, groß und schlank, der die Tatsache genoß, daß er seine Arbeit nicht genoß. Goldman war ein Etikettefreak. Für ihn gab es überall Richtig und Falsch, vom Telefonauflegen bis zum Briefmarkenanlecken, und er duldete nicht die geringste Abweichung. Nach einem Tag unter diesem Tutor kam ich mir vor wie Eliza Doolittle.

Goldman erklärte mir, von nun an solle ich auf den Namen Durrell hören. Ich fragte ihn, ob ich mir nicht selber einen Namen aussuchen könne, und er sagte, nein, Durrell stehe schon in allen Akten der Operation Ballast. Ich fragte, ob er schon mal was von Tipp-Ex gehört habe, aber er sagte, das sei ein dämlicher Name und ich solle mich gefälligst an Durrell gewöhnen.

Travis lehrte Selbstverteidigung, aber als er hörte, wir hätten nur eine Stunde Zeit, seufzte er, sagte nur «Augen und Genitalien» und ging.

Am letzten Tag kamen die Planer; zwei Männer und zwei Frauen, wie Bankangestellte gekleidet und mit riesigen Aktentaschen. Ich versuchte mit den Frauen zu flirten, aber die gingen nicht darauf ein. Bei dem kleinen Mann hätte ich vielleicht mehr Glück gehabt.

Louis, der große Mann, war der netteste der vier und redete am meisten. Er schien sich in seiner Materie auszukennen, obwohl ihm nicht zu entlocken war, woraus genau seine Materie bestand, was nur verdeutlichte, wie gut er sich in ihr auskannte. Er nannte mich Tom.

Das Ganze ließ natürlich nur einen Schluß zu. Ballast war von langer Hand vorbereitet worden, und diese Leute hatten sich nicht erst gestern hingesetzt und im *Was ist was im internationalen Terrorismus?* geschmökert. Dieser Zug hatte sich schon vor Monaten in Bewegung gesetzt, lange bevor man mich an Bord gehievt hatte.

«Tom, sagt Ihnen der Begriff Kintex etwas?» Louis schlug die Beine übereinander und beugte sich wie ein zweiter David Frost zu mir.

«Nein, Louis», sagte ich, «ich bin ein unbeschriebenes Blatt.» Ich zündete mir eine weitere Zigarette an, um alle Anwesenden zu ärgern.

«Das macht nichts. Als erstes sollten Sie sich klarmachen — aber ich nehme an, das wissen Sie längst —, daß es auf der Welt keine Idealisten mehr gibt.»

«Bis auf Sie und mich, Louis.»

Eine der Frauen sah auf die Uhr.

«Genau, Tom», sagte er. «Bis auf Sie und mich. Aber die Freiheitskämpfer, Partisanen und Architekten der neuen Morgenröte, dieser ganze Kram ist zusammen mit den Schlaghosen im Orkus der Geschichte verschwunden. Terroristen sind heutzutage Geschäftsmänner.» Hinter ihm räusperte sich eine Frau. «Und Geschäftsfrauen. Und der Terror bietet einem modernen Jugendlichen vielversprechende Berufsaussichten. Wirklich. Gute Aussichten, weite Reisen, Spesenkonto, frühzeitige Pensionierung. Wenn ich einen Sohn hätte, würd ich ihm entweder Jura oder Terrorismus empfehlen. Und machen wir uns doch nichts vor. Terroristen richten vielleicht weniger Schaden an.»

Das war ein Scherz.

«Jetzt fragen Sie sich vermutlich, wo das ganze Geld herkommt?» Er zog die Augenbrauen hoch, und ich nickte wie ein Moderator im Schulfunk. «Nun, es gibt die Bösen, die Syrer, Libyer und Kubaner, die Terror immer noch als Staatsbetrieb ansehen. Sie stellen dann und wann große Schecks aus, und wenn daraufhin jemand bei einer amerikanischen Botschaft eine Scheibe einschmeißt, freuen sie sich wie die Schneekönige. Aber die haben sich in den letzten zehn Jahren eher rar gemacht. Heutzutage ist Profit das ein und alles, und wenn es um Profit geht, führen alle Wege nach Bulgarien.»

Er lehnte sich zurück, was einer der Frauen das Stichwort gab, vorzutreten und von einem Klemmbrett abzulesen, obwohl sie ihr Referat offenkundig auswendig konnte und das Klemmbrett nur als moralische Unterstützung mitgebracht hatte.

«Kintex», begann sie, «ist vorgeblich eine staatliche Handelsagentur, die von Sofia aus tätig wird, wo 529 Angestellte Import-Export-Geschäfte abwickeln. Im verborgenen hat Kintex über achtzig Prozent Marktanteil im Rauschgifthandel zwischen dem Mittleren Osten, Westeuropa und Nordamerika, wobei im Gegenzug des öfteren legale und illegale Waffenlieferungen an Guerillagruppen im Mittleren Osten stattfinden. Auf dem gleichen Weg wird Heroin an ausgewählte mittel- und westeuropäische Dealerringe verschoben. Das Personal besteht bei diesen Aktionen in den seltensten Fällen aus Bulgaren, obwohl man in Varna und Burgas am Schwarzen Meer auf Lagerraum und Unterkünfte zurückgreifen kann. Unter einem neuen Tarnnamen, Globus, sorgt Kintex neben anderen auch für die Geldwäsche der Rauschgiftgewinne aus ganz Europa, tauscht Bargeld gegen Gold und Edelsteine und verteilt über eine Unternehmenskette in der Türkei und Osteuropa Geldmittel an seine Kunden.»

Sie sah Louis an und wollte wissen, ob sie fortfahren solle, aber Louis sah mich an, merkte, daß ich glasige Augen bekam, und schüttelte unmerklich den Kopf.

«Nette Gesellschaft, was?» sagte er. «Die Leute haben auch Mehmet Ali Agca die Knarre in die Hand gedrückt.» Das sagte mir nun rein gar nichts. «Hat '81 auf Papst Johannes Paul geschossen. Brachte es auf einige Schlagzeilen.»

Ich machte «Ah ja» und wackelte ein wenig mit dem Kopf, um zu zeigen, daß ich schwer beeindruckt war.

«Bei Kintex kriegt man alles unter einem Dach, Tom», fuhr er fort. «Wenn man die Welt mal so richtig aufmischen, ein paar Staaten ruinieren und ein paar Millionen Menschen das Leben vergällen will, schnappt man sich einfach die Kreditkarte und schneit bei Kintex rein. Keiner macht's billiger.»

Louis lächelte, aber ich spürte, daß er vor rechtschaffenem Zorn glühte. Also sah ich mich im Raum um, und − ja, war es denn die Möglichkeit? − auch die anderen drei Köpfe umwaberte das Feuer heiligen Eifers.

«Und Kintex», fragte ich in der verzweifelten Hoffnung, ich möge ein Nein zu hören bekommen, «sind die Leute, mit denen sich Alexander Woolf verbündet hatte?»

«Genau», sagte Louis.

Und in diesem schrecklichen Moment ging mir ein Licht auf: Keiner der Anwesenden, nicht einmal Louis, hatte auch nur den blassesten Schimmer, worum es sich beim Graduiertenkolleg in Wirklichkeit handelte − oder was Operation

Ballast in letzter Instanz erreichen sollte. Diese Leute glaubten wirklich und wahrhaftig, daß sie einen heiligen Krieg gegen den Rauschgiftterrorismus führten, zum Wohl von Onkel Sam und Tantchen Rest der Welt. Für sie ging es um Feld-Wald-und-Wiesen-Arbeit des CIA, und ihnen war kein Haken bekannt. Sie schleusten mich in eine zweitklassige Terroristengruppe ein und hofften schlicht und einfach, ich würde an meinen freien Abenden zur Telefonzelle runterflitzen und sie knüppeldick mit Namen und Adressen beliefern.

Blinde Fahrlehrer wollten mir das Autofahren beibringen: diese Erkenntnis ging mir ziemlich an die Nieren.

Sie erklärten mir den Unterwanderungsplan, und ich mußte jedes Detail bis zum Erbrechen wiederholen. Wahrscheinlich machten sie sich Sorgen, daß ein Engländer wie ich sich nur einen Gedanken auf einmal merken konnte, und als ihnen aufging, daß ich die Sache problemlos geschnackelt hatte, klopften sie sich gegenseitig auf die Schultern und sagten immer wieder: «Gut gemacht.»

Nach einem ekelhaften Abendessen aus Fleischklößchen mit Lambrusco, das ein mitgenommener Sam servierte, packten Louis und sein Troß ihre Aktentaschen, schüttelten mir unter inhaltsschwerem Nicken die Hand, stiegen in ihre Autos und machten sich auf den Weg zum goldenen Topf am Ende des Regenbogens. Ich winkte ihnen nicht nach.

Statt dessen sagte ich den Carls, ich würde einen Spaziergang machen, und durchquerte den Garten hinter der Villa. Eine Wiese führte zum Fluß hinab, wo sich die schönste Aussicht der ganzen Themse bot.

Der Abend war warm, und am Ufer gegenüber promenierten junge Pärchen und alte Herrchen mit Hund. Einige Kajütboote hatten in der Nähe festgemacht, das Wasser gluckste leise gegen ihre Rümpfe, und ihre Bullaugen erglänzten in gedämpftem und einladendem Gelb. Lachen tönte herüber, und ich roch ihre Dosensuppen.

Ich steckte tief in der Scheiße.

Barnes traf kurz nach Mitternacht ein und hatte sich seit unserer ersten Begegnung stark verändert. Das Brooks-Brothers-Outfit hatte er in den Schrank zurückgehängt, und jetzt sah er aus, als wollte er schnellstmöglich mit dem ersten Bombenangriff in den nicaraguanischen Dschungel eindringen. Khakihose, dunkelgrünes Twillhemd, Red-Wing-Stiefel. Die Frack-Rolex war einer Militäruhr mit Leinenarmband gewichen. Ich hatte den Eindruck, er wäre drauf und dran, vor einen Spiegel zu treten und sich Tarnfarbe ins Gesicht zu klatschen. Es war zerfurchter als je zuvor.

Er ließ die Carls wegtreten, und wir setzten uns in den Salon, wo er eine kleine Flasche Jack Daniels, ein Päckchen Marlboro und ein Zippofeuerzeug in Tarnfarben auspackte.

«Wie geht's Sarah?» fragte ich.

Es war eine dämliche Frage, aber ich mußte sie stellen. Schließlich tat ich das alles nur ihretwegen – und sollte sich herausstellen, daß sie heute morgen vor einen Bus gelaufen oder an Malaria gestorben wäre, dann würde ich auf der Stelle aussteigen. Barnes würde es mir natürlich nicht ins Gesicht sagen, falls ihr etwas zugestoßen wäre, aber vielleicht zeigte er ja irgendeine verräterische Reaktion.

«Prima», sagte er. «Ihr geht's prima.»

Er goß zwei Gläser mit Bourbon voll und schubste eins über das Parkett zu mir.

«Ich will sie sprechen», sagte ich. Er zuckte mit keiner Wimper. «Ich will von ihr hören, daß es ihr gutgeht. Daß sie gesund und munter ist.»

«Ich sag doch, es geht ihr prima.» Er trank einen Schluck.

«Klar, das sagen Sie», sagte ich, «aber Sie sind ja auch ein Psychopath, der das Klopapier nicht wert ist, mit dem man sich nach dem Kotzen den Mund abgewischt hat.»

«Ich mag Sie auch nicht besonders, Thomas.»

Wir saßen uns gegenüber, tranken Whiskey und rauchten Zigaretten, aber die Stimmung von Führungsoffizier und Agent war nicht sonderlich entspannt, sie verkrampfte sich sogar zusehends.

«Wissen Sie, was Ihr Problem ist?» fragte Barnes nach einiger Zeit.

«O ja, ich kenne mein Problem sogar ziemlich gut. Es bezieht seine Klamotten vom Survival-Versand und sitzt mir gegenüber.»

Er tat, als hätte er nichts gehört. Vielleicht hatte er nichts gehört.

«Ihr Problem ist, daß Sie Brite sind, Thomas.» Er fing an auf seltsame Weise den Kopf kreisen zu lassen. Gelegentlich knackte etwas im Nacken, aber das fand er anscheinend ganze angenehm. «Wo Sie schiefliegen, da liegt dieser ganze gottverlassene Pißpott von Insel schief.»

«Moment mal», sagte ich. «Einen vollen, wohlgeründeten Moment mal. Haben Sie einen Knick in der Optik, oder was? Ein Amiwichser will mir verklickern, wo dieses Land schiefliegt?»

«Keinen Mumm, Thomas. Sie haben keinen Mumm. Und Ihr Land auch nicht. Vielleicht hatten Sie mal welchen und haben ihn verbummelt. Das weiß ich nicht, und das geht mir auch am Arsch vorbei.»

«Ganz vorsichtig, Rusty», sagte ich. «Vielleicht muß ich Ihnen erst noch beibringen, daß man hierzulande unter ‹Mumm› unter anderem Ritterlichkeit und Fairneß versteht. Bei uns hält man aber nichts von der amerikanischen Bedeutung, wo einem gleich einer abgeht, wenn man große Töne spuckt und ‹Delta› und ‹Erstschlag› und ‹Arsch aufreißen› sagt. Da liegt ein gewichtiger kultureller Unterschied. Und mit kultureller Unterschied meine ich keine verschiedenen Wertvorstellungen», fügte ich hinzu, weil mein Blut sich langsam, aber sicher dem Siedepunkt näherte, «sondern wir meinen, daß Sie sich eine Drahtbürste in den Arsch rammen können.»

Da lachte er. Nicht ganz die gewünschte Reaktion. Ich hatte vielmehr gehofft, er würde auf mich losgehen, so daß ich ihm ein Ding auf den Kehlkopf verpassen und leichten Herzens in die Nacht hinausfahren konnte.

«Schön, Thomas», sagte er, «ich hoffe, das hätten wir damit ins reine gebracht. Hoffentlich fühlen Sie sich jetzt besser.»

«Viel besser, danke der Nachfrage», sagte ich.

«Ich mich auch.»

Er stand auf, schenkte mir nach und warf mir dann Zigaretten und Feuerzeug in den Schoß.

«Thomas, offen gestanden können Sie Sarah im Moment weder sehen noch sprechen. Es ist schlichtweg unmöglich. Andererseits erwarte ich nicht von Ihnen, daß Sie für mich auch nur einen Finger krumm machen, bevor Sie sie gesehen haben. Wie steht's? Können Sie damit leben?»

Ich trank einen Schluck Whiskey und klopfte mir eine Zigarette aus der Packung.

«Sie haben sie gar nicht, stimmt's?»

Er lachte wieder. Das mußte ich ihm noch irgendwie austreiben.

«Das hab ich auch nie behauptet, Thomas. Was glauben Sie denn? Daß wir sie irgendwo an ein Bettgestell gefesselt haben? Mensch, Sie wollen uns doch nicht für dumm verkaufen, oder? Das ist unser Beruf, wissen Sie, und wir sind doch nicht von gestern.» Er setzte sich wieder auf den Stuhl, nahm die Halslockerungsübungen wieder auf, und ich hätte ihm zu gern dabei geholfen. «Sarah befindet sich an einem sicheren Ort, wo wir sie jederzeit erreichen können. Aber da Sie so ein braves englisches Bübchen sind, müssen wir das derzeit nicht. Okay?»

«Nein, nicht okay.» Ich drückte die Zigarette aus und stand auf. Barnes schien das nicht zu beunruhigen. «Ich bekomme sie zu sehen und überzeuge mich davon, daß es ihr gutgeht, oder ich steige aus. Ich steige nicht nur aus, ich bring Sie vielleicht auch noch schnell um, einfach um zu zeigen, wie sehr ich aussteige. Okay?»

Ich ging langsam auf ihn zu. Ich hatte angenommen, er würde die Carls rufen, aber das war mir schnuppe. Notfalls brauchte ich nur wenige Sekunden – wohingegen die Carls eine gute Stunde brauchten, um ihre Lachnummern von Körper durchstarten zu lassen. Dann sah ich, warum er so locker blieb.

Er hatte die Hand in die Aktentasche neben seinem Stuhl geschoben, und als er sie wieder herauszog, sah ich einen metallischen Schimmer. Es war eine große Waffe, die er auf dem Oberschenkel balancierte und die auf meine knapp drei Meter entfernte Magengrube zeigte.

«Mann, o Mann, Jiminy Grille», sagte ich. «Ihnen geht ja gleich einer ab, Mr. Barnes. Das ist doch nicht etwa eine Colt Delta Elite, die Sie da im Schoß haben?»

Diesmal antwortete er nicht. Sah mich bloß an.

«Zehn Millimeter», sagte ich. «Die ideale Waffe für Leute, die entweder einen mickrigen Schwanz haben oder null Selbstvertrauen, ins Schwarze zu treffen.» Ich fragte mich, wie ich diese drei Meter überwinden sollte, ohne vorher einen Volltreffer einzustecken. Leicht war es nicht, unmöglich aber auch nicht. Vorausgesetzt, man hatte Mumm. Vorher und nachher.

Er mußte meine Gedanken gelesen haben, denn er spannte den Hahn. Ganz langsam. Er gab ein ordentliches Klicken von sich, das kann ich nicht bestreiten.

«Sie wissen wahrscheinlich, was ein Glaser-Sicherheitsgeschoß ist, Thomas?» Er sprach leise, fast verträumt.

«Nein, Rusty», sagte ich. «Ich weiß nicht, was ein Glaser-Sicherheitsgeschoß ist. Hört sich nach einer 1a-Gelegenheit für Sie an, mich zu Tode zu langweilen, statt mich zu erschießen. Nur weiter so.»

«Beim Glaser-Sicherheitsgeschoß besteht die Patronen-spitze aus einem Kupfernäpfchen mit feinem, in Teflon ein-geschmolzenem Bleischrot.» Er wartete, bis das bei mir an-gekommen war, denn er wußte genau, daß ich mir darunter etwas vorstellen konnte. «Beim Auftreffen entlädt dieses Ge-schoß fündundneunzig Prozent seiner Energie auf das Ziel. Keine Durchschüsse, keine Querschläger, bloß Zerstörung in Hülle und Fülle.» Er unterbrach sich und trank einen Schluck Whiskey. «Ganz, ganz große Löcher im Körper.»

Wir müssen eine ganze Zeit so verharrt haben. Barnes ko-stete den Whiskey, ich kostete das Leben. Ich merkte, daß ich schwitzte, und meine Schulterblätter fingen zu zittern an.

«Na gut», sagte ich. «Dann bring ich Sie eben ein ander-mal um.»

«Das hört man doch gern», sagte Barnes nach einer lan-gen Pause, aber der Colt blieb, wo er war.

«Mir große Löcher zu verpassen hilft Ihnen auch nicht weiter.»

«Tut mir aber auch nicht weiter weh.»

«Ich muß mit ihr reden, Barnes», sagte ich. «Ihretwegen bin ich hier. Wenn ich nicht mit ihr reden kann, hat das alles keinen Sinn.»

Weitere hundert Jahre vergingen, und ich fragte mich, warum Barnes eigentlich lächelte. Ich wußte weder warum noch wann er damit angefangen hatte. Es war wie im Kino vor dem Hauptfilm, wenn man sich fragt, ob die Lichter wirklich endlich ausgehen.

Und dann traf es mich. Streichelte mich, genauer gesagt. Nina Riccis Fleur de Fleurs, ein ppm.

Wir saßen unten am Fluß. Nur wir beide. Irgendwo patrouil-lierten die Carls, aber Barnes hatte ihnen Anweisung gegeben, auf Abstand zu bleiben, und daran hielten sie sich. Der Mond stand am Himmel, sein silbernes Licht lag über dem Fluß und ließ Sarahs Gesicht in milchigem Glanz aufleuchten.

Sie sah erschreckend und bildschön aus. Sie hatte Gewicht verloren und mehr geweint, als gut für sie war. Sie hatte erst vor zwölf Stunden erfahren, daß ihr Vater tot war, und im Augenblick wünschte ich mir bloß, sie in den Arm zu nehmen. Aber das hätte alles verdorben. Ich weiß nicht, warum.

Wir saßen schweigend nebeneinander und sahen aufs Wasser hinaus. Auf den Kajütbooten waren die Lichter gelöscht worden, und auch die Enten hatten sich längst zur Ruhe begeben. Auf beiden Seiten der Mondlichtbahn stand der Fluß schwarz und stumm.

«Also», sagte sie.

«Ja», sagte ich.

Wieder langes Schweigen, während wir überlegten, was es zu besprechen gab. Es war wie eine große Zementkugel, die man unbedingt hochheben muß. Man kann um sie herumgehen und sie sich von allen Seiten ansehen, nur ein Griff ist nirgends zu finden.

Sarah ergriff die Initiative.

«Mal ehrlich. Sie haben uns kein Wort geglaubt, stimmt's?»

Sie lachte fast, also hätte ich fast geantwortet, sie habe mir ja auch nicht geglaubt, daß ich ihren Vater nicht umbringen wollte. Ich konnte es gerade noch runterschlucken.

«Stimmt, hab ich nicht», sagte ich.

«Sie haben das Ganze für eine Posse gehalten. Zwei durchgedrehte Amerikaner, die nachts Gespenster sehen.»

«So in etwa.»

Sie fing wieder an zu weinen, und ich saß da und wartete das Ende des Unwetters ab. Dann zündete ich zwei Zigaretten an und gab ihr die eine. Sie sog heftig daran und schnippte alle paar Sekunden nicht vorhandene Asche in den Fluß. Ich beobachtete sie, ohne es mir anmerken zu lassen.

«Sarah», sagte ich. «Es tut mir sehr leid. Das Ganze. Was passiert ist. Und Sie tun mit leid. Ich würde ...» Mir fiel beim besten Willen nicht ein, was ich sagen wollte. Ich hatte bloß das Gefühl, ich müßte irgend etwas sagen. «Ich würde das gern irgendwie in Ordnung bringen. Ich meine, ich weiß, daß Ihr Vater ...»

Sie sah mich an und lächelte, als wollte sie sagen, ich solle mir keine Sorgen machen.

«Aber es gibt immer noch die Wahl», blubberte ich weiter, «zwischen richtigem und falschem Handeln, egal, was passiert ist. Und ich möchte das Richtige tun. Verstehen Sie das?»

Sie nickte, was ich verdammt nett von ihr fand, denn ich hatte keine Ahnung, worauf ich hinauswollte. Ich hatte zuviel zu sagen und zuwenig Hirn, um es vorher zu sortieren. Mein Kopf glich einem Paketschalter drei Tage vor Weihnachten.

Sie seufzte.

«Er war ein guter Mann, Thomas.»

Was sollte man dazu sagen?

«Ganz bestimmt», sagte ich. «Ich mochte ihn.» Was ja auch stimmte.

«Bis vor einem Jahr war mir das gar nicht klar», sagte sie. «Bei den eigenen Eltern fragt man sich das irgendwie nicht, oder? Ob sie gut oder böse sind. Sie sind eben einfach da.» Sie stockte. «Bis sie nicht mehr da sind.»

Wir starrten eine Weile aufs Wasser hinaus.

«Leben Ihre Eltern noch?»

«Nein», sagte ich. «Mein Vater starb, als ich dreizehn war. Herzinfarkt. Und meine Mutter vor vier Jahren.»

«Oh, das tut mir leid.» Diese Frau war mir ein Rätsel. Wie konnte sie bloß in diesem Schlamassel noch höflich sein?

«Nicht so schlimm», meinte ich. «Sie war achtundsechzig.»

Sarah lehnte sich an mich, und ich merkte, daß ich ganz leise gesprochen hatte. Ich weiß nicht genau, warum. Vielleicht aus Rücksicht auf ihre Trauer, vielleicht wollte ich mit meiner lauten Stimme auch nur das bißchen Beherrschung nicht durchlöchern, das sie sich aufgebaut hatte.

«Haben Sie eine Lieblingserinnerung an Ihre Mutter?»

Das war keine traurige Frage. Sie klang wirklich neugierig, als wollte sie eine schöne Kindheitsgeschichte von mir hören.

«Lieblingserinnerung.» Ich überlegte einen Augenblick. «Jeden Abend zwischen sieben und acht.»

«Was war da?»

«Dann trank sie einen Gin Tonic. Punkt sieben. Nur einen. Und eine Stunde lang war sie die glücklichste und fröhlichste Frau, die ich je gesehen habe.»

«Und danach?»

«Traurig», sagte ich. «Anders kann man das nicht sagen. Meine Mutter war eine sehr traurige Frau. Sie war traurig wegen meines Vaters und wegen sich selbst. Wäre ich ihr Hausarzt gewesen, ich hätte ihr täglich sechs Gin Tonic verordnet.» Einen Augenblick dachte ich, ich müßte weinen. Aber es verging wieder. «Und bei Ihnen?»

Sie mußte nicht lange überlegen, aber sie wartete trotzdem, ging es in Gedanken durch und lächelte.

«Ich habe keine glücklichen Erinnerungen an meine Mutter. Als ich zwölf war, hat sie angefangen, ihren Tennislehrer zu vögeln, und im nächsten Sommer war sie verschwunden. Das Beste, was uns überhaupt passieren konnte. Mein Vater», sie schloß die Augen, weil die Erinnerung noch so lebendig war, «hat meinem Bruder und mir Schach beigebracht. Als wir acht oder neun waren. Michael war gut und hat unheimlich schnell begriffen. Ich war auch nicht schlecht, aber Michael war viel besser. Aber solange wir lernten, hat mein Vater immer ohne Dame gespielt. Er hat immer schwarz gespielt und immer ohne Dame. Auch als Michael und ich besser und besser wurden, hat sich das nie geändert. Sogar als Michael ihn in zehn Zügen matt setzen konnte, hat er noch ohne Dame gespielt. Irgendwann hätte auch Michael auf seine

246

Dame verzichten können und hätte trotzdem noch gewonnen. Aber mein Dad machte einfach so weiter, verlor ein Spiel nach dem anderen und spielte nie mit einem vollen Figurensatz.»

Sie lachte vergnügt, legte sich rücklings ins Gras und stützte sich auf die Ellbogen.

«Zu Dads fünfzigstem Geburtstag hat Michael ihm eine schwarze Dame in einem Holzkästchen geschenkt. Er weinte. Komisches Gefühl, wenn man seinen eigenen Vater weinen sieht. Aber ich glaube, wenn er sah, wie wir lernten und stärker wurden, hat er sich einfach so wahnsinnig gefreut, daß er dieses Gefühl nicht verlieren wollte. Er wollte, daß wir gewinnen.»

Und dann strömten die Tränen plötzlich in riesigen Wellen, brachen über ihr zusammen und schüttelten ihren zarten Körper durch, bis sie kaum mehr atmen konnte. Ich legte mich neben sie, nahm sie in die Arme und drückte sie, um alles Böse von ihr fernzuhalten.

«Schon gut», sagte ich. «Wird ja alles gut.»

Aber es wurde natürlich nicht gut. Nicht mal annähernd.

16

Behende schmeicheln ihre ew'gen Lippen
Und können doch nur frommen Irrtum nippen.
Edward Young

Beim Flug nach Prag wurde Bombenalarm ausgelöst. Es gab keine Bombe, aber jede Menge alarmierte Gesichter.

Wir richteten uns gerade auf unseren Plätzen ein, als die Stimme des Piloten aus dem Lautsprecher drang und uns anwies, das Flugzeug schleunigst zu verlassen. Nichts von wegen «Meine Damen und Herren, im Namen von British Airways» oder so. Einfach nur: «Machen Sie, daß Sie rauskommen.»

Wir lungerten in einem fliederfarbenen Saal herum, mit zehn unterzähligen Stühlen, ohne Berieselungsmusik, und man durfte nicht rauchen. Ich rauchte trotzdem. Eine uniformierte Frau mit dickem Make-up wollte es mir untersagen, aber ich erklärte ihr, ich sei Asthmatiker und die Zigarette sei ein Bronchienerweiterungsmittel auf Kräuterbasis, das mir der Arzt für Streßsituationen verordnet hatte. Daraufhin haßten mich alle, die Raucher noch mehr als die Nichtraucher.

Als wir uns endlich ins Flugzeug zurückschoben, sahen alle unter ihren Sitzen nach, weil sie befürchteten, der Spürhund könnte ausgerechnet an diesem Tag Schnupfen gehabt haben und irgendwo stünde die kleine schwarze Reisetasche, die von allen Durchsuchungsbeamten übersehen worden war.

Es gab mal einen Mann, der zum Psychiater ging, weil seine Flugangst ihn buchstäblich bewegungsunfähig machte. Seine Phobie basierte darauf, daß sich seiner Meinung nach in jedem Flugzeug, das er bestieg, eine Bombe befand. Der Psychiater versuchte, diese Phobie zu kurieren, aber weil ihm das nicht gelang, schickte er seinen Patienten zu einem Statistiker. Dieser gab ein paar Zahlen in einen Taschenrechner ein und eröffnete dem Mann, die Chancen, daß sich bei seinem nächsten Flug eine Bombe an Bord befinde, stehe eine halbe Million zu eins dagegen. Das machte den Mann auch nicht glücklicher, denn er blieb der felsenfesten Überzeugung, er würde genau dieses eine von fünfhunderttausend Flugzeugen erwischen. Also zog der Statistiker erneut seinen Rechner zu Rate und fragte dann: «Na gut, würden Sie sich denn besser fühlen, wenn die Chancen zehn Millionen zu eins dagegen stünden?» Der Mann meinte, ja, natürlich. Daraufhin sagte der Statistiker: «Die Chancen, daß sich an Bord Ihres nächstes Flugzeugs zwei Bomben befinden, die nichts miteinander zu tun haben, stehen genau zehn Millionen zu eins dagegen.» Der Mann war verwirrt und fragte: «Das ist ja schön und gut, aber inwiefern hilft mir das weiter?» Der Statistiker antwortete: «Ganz einfach. Nehmen Sie eine Bombe mit an Bord.»

Das erzählte ich einem Geschäftsmann aus Leicester, der in seinem grauen Anzug neben mir saß, aber er fand das gar nicht komisch. Statt dessen rief er eine Stewardeß und sagte, er fürchtete, ich hätte eine Bombe im Gepäck. Ich mußte der Stewardeß die Geschichte noch einmal erzählen und schließlich auch noch dem Kopiloten, der nach hinten kam und sich mit bösem Gesicht neben mich hockte. Ich werde mich hüten, in Zukunft noch mal Konversation zu machen.

Vielleicht hatte ich es falsch eingeschätzt, wie Flugpassagiere auf Bombendrohungen reagieren. Kann schon sein. Plausibler ist allerdings die Erklärung, daß ich der einzige Mensch an Bord war, der wußte, woher der falsche Alarm stammte und was er bedeutete.

Er war der tapsige Eröffnungszug der Operation Ballast.

Der Prager Flughafen ist etwas kleiner als das Schild FLUG-
HAFEN PRAG vor dem Terminal. Angesichts der kolossalen,
stalinistischen Ausmaße des Schilds fragte ich mich, ob es
womöglich vor Einführung der Funknavigation aufgestellt
worden war, damit die Piloten es schon vom Atlantik aus erkennen konnten.

Drinnen dann – na ja: Ein Flughafen ist ein Flughafen ist
ein Flughafen. Egal auf welchem Flughafen der Welt man
sich befindet, gibt es Steinböden für die Kofferkulis, gibt es
Kofferkulis, und gibt es Vitrinen mit Krokodilledergürteln,
die auch in tausend Jahren Zivilisation niemand kaufen
wird.

Daß Tschechien dem sowjetischen Rachen entronnen war,
war den Beamten der Einwanderungsbehörde noch unbekannt. Sie saßen in ihren Glaskästen, und mit jedem angewi-
derten Augenaufschlag vom Paßfoto zum dekadenten Impe-
rialisten vor ihnen fochten sie den kalten Krieg noch einmal
aus. Ich war der Imperialist, und ich hatte den Fehler began-
gen, ein Hawaiihemd anzuziehen, das meine Dekadenz
wahrscheinlich noch betonte. Nächstesmal weiß ich's besser. Aber vor dem nächsten Mal findet vielleicht auch jemand den Schlüssel zu den Glaskästen und erklärt den armen
Saftsäcken, daß sie sich den kulturellen und ökonomischen
Stellraum jetzt mit Euro-Disney teilen. Ich beschloß, den
tschechischen Ausdruck für «Du fehlst mir so» zu lernen.

Ich tauschte etwas Geld und verließ das Flughafen-
gebäude, um mir ein Taxi zu rufen. Der Abend war kühl,
und die großen, stalinistischen Pfützen auf dem Parkplatz,
die die neuen blauen und grauen Neonreklamen am Himmel widerspiegelten, ließen ihn noch kühler wirken. Als ich
um die Ecke des Terminals bog, sprang mich der Wind zur
Begrüßung an, leckte mir mit nach Diesel riechendem Regen
das Gesicht, hüpfte mir dann ausgelassen um die Schienbeine und zerrte an meinen Hosen. Ich blieb einen Augenblick lang stehen, ließ die Fremdheit des Ortes auf mich wir-

ken und wußte nur zu gut, daß ich in jeder Hinsicht vom Regen in die Traufe gekommen war.

Zu guter Letzt fand ich ein Taxi und erklärte dem Fahrer in fließendem Englisch, daß ich zum Wenzelsplatz wolle. Diese Bitte klingt, wie ich inzwischen weiß, genauso wie die tschechische Wendung für «Ich bin ein schwachköpfiger Tourist, bitte nehmen Sie mein ganzes Geld». Das Taxi war ein Tatra und der Fahrer ein Arschloch; er fuhr schnell und gut und summte fröhlich vor sich hin wie ein Mann, der gerade im Lotto gewonnen hat.

Der Wenzelsplatz gehört zum Schönsten, was ich je in irgendeiner Stadt gesehen habe. Er ist gar kein Platz, sondern ein breiter Boulevard, der von der Anhöhe des riesigen, alles überragenden Nationalmuseums in die Altstadt hinabführt. Auch wenn ich gar nichts über die Stadt gewußt hätte, hier wäre mir aufgegangen, wieviel Bedeutung er hat. Auf einem Kilometer graugelben Steins hatte sich kübelweise alte und neue Geschichte ereignet, und das roch man heute noch. *L'air du temps de Praha.* Prager Frühlinge, Sommer, Herbste und Winter waren ins Land gegangen und würden wohl wiederkommen.

Als der Fahrer sagte, wieviel Geld er haben wollte, brauchte ich einige Zeit für die Erklärung, daß ich sein Taxi nicht kaufen, sondern nur die viertelstündige Fahrt bezahlen wolle. Er sagte, das sei ein Limousinenservice, oder jedenfalls sagte er «Limousine», und zuckte immerzu mit den Schultern, aber schließlich war er bereit, seine Forderungen auf das nur noch Astronomische zu reduzieren. Ich zerrte meine Tasche aus dem Wagen und machte mich auf den Weg.

Die Amerikaner hatten gesagt, ich solle mir selbst eine Bleibe suchen, und die beste Methode, wie ein Mann auszusehen, der seit Ewigkeiten nach einer Unterkunft sucht, besteht darin, Ewigkeiten nach einer Unterkunft zu suchen. Also setzte ich mich in Trab und tourte in rund zwei Stunden in Prag 1 herum, dem ältesten Bezirk der Altstadt. Sechsundzwanzig Kirchen, vierzehn Galerien und Museen, eine Oper – wo der junge Mozart den *Don Giovanni* uraufgeführt hatte –, acht Theater und ein McDonald's. Vor einem dieser Gbäude stand eine fünfzig Meter lange Schlange.

Ich machte in einigen Kneipen Station, um Lokalkolorit aufzunehmen, das in großen geraden Gläsern serviert wurde, auf denen BUDWEISER stand. Außerdem wollte ich wissen, wie der moderne Tscheche leibt und lebt, was er anzieht und woran er sich ergötzt. Die meisten Kellner hielten ich für einen Deutschen, ein leicht verzeihlicher Irrtum, denn die Stadt war voll von denen. Sie reisten in Zwölfergruppen, mit Rucksäcken und dicken Schenkeln und nahmen beim Gehen die gesamte Straßenbreite ein. Aber für die meisten Deutschen ist Prag mit einem schnellen Panzer ja nur ein paar Stunden weg, da ist es nicht weiter verwunderlich, wenn sie die Stadt wie ihren Vorgarten behandeln.

In einem Café am Fluß bestellte ich Eisbein mit Knödeln, folgte danach der Empfehlung eines walisischen Paars vom Nebentisch und spazierte über die Karlsbrücke. Mr. und Mrs. Wales schworen, sie habe eine sensationelle Konstruktion, aber ich verdanke es Tausenden von Straßenmusikanten, die sich auf jedem Quadratmeter Brüstung breitmachten und Songs von Bob Dylan sangen, daß ich davon nichts zu Gesicht bekommen habe.

Schließlich nahm ich im Zlata Praha Logis, einer schmuddeligen Pension in Burgnähe auf dem Berg. Die Wirtin ließ mir die Wahl zwischen einem großen schmutzigen Zimmer und einem kleinen sauberen, und ich nahm das große schmutzige, weil ich dachte, putzen könnte ich ja selber. Als sie weg war, merkte ich, wie idiotisch das war. Ich habe selbst die eigene Wohnung nie geputzt.

Ich packte die Tasche aus, legte mich aufs Bett und

rauchte. Ich dachte an Sarah, an ihren Vater und an Barnes. Ich dachte an meine Eltern, an Ronnie, Helikopter, Motorräder, Deutsche und Hamburger bei McDonald's.

Ich dachte an allerlei.

Gegen acht wachte ich auf und lauschte den Geräuschen der Stadt, die sich aufraffte und sich zur Arbeit schleppte. Der einzige mir unbekannte Lärm stammte von den Straßenbahnen, die durch die Pflasterstraßen und über die Brücken rumpelten und zischten. Ich überlegte, ob ich das Hawaiihemd anbehalten sollte oder nicht.

Um neun stand ich auf dem Marktplatz und wurde von einem kleinen, schnurrbärtigen Mann belästigt, der mir eine Stadtrundfahrt in einer Pferdekutsche aufschwatzen wollte. Wahrscheinlich sollte mich die putzige Authentizität seines Fahrzeugs rumkriegen, aber schon auf den ersten Blick sah es der unteren Hälfte eines kleinen Jeeps ähnlich, bei dem der Motor entfernt und die Scheinwerfer durch eine Deichsel ersetzt worden waren. Ich sagte zwölfmal «Nein danke» und einmal «Verpiß dich».

Ich suchte nach einem Café mit Coca-Cola-Sonnenschirmen über den Tischen. Das hatten sie mir eingetrichtert. Tom, wenn du auf den Platz kommst, siehst du ein Café mit Coca-Cola-Schirmen. Was sie nicht gesagt oder gewußt hatten, war, daß der Vertreter von Coca-Cola in dieser Weltgegend ungemein tüchtig gewesen und seine Sonnenschirme im Umkreis von hundert Metern bei mindestens zwanzig Lokalen losgeworden war. Der Camel-Vertreter hatte nur zweimal Glück gehabt, also lag er wahrscheinlich irgendwo tot im Bach, während sein Kollege bei Coca-Cola mit Messingorden überhäuft wurde und vor dem Hauptquartier in Georgia seinen eigenen Parkplatz bekam.

Nach zwanzig Minuten fand ich es endlich. Das Nikolaus. Zwei Pfund für eine Tasse Kaffee.

Mein Befehl lautete, mich drinnen hinzusetzen, aber es

war ein sonniger Vormittag, und ich hatte keine Lust zu tun wie mir befohlen, also setzte ich mich nach draußen mit Blick auf den Platz und die vorbeimarschierenden Deutschen. Als ich Kaffee bestellte, sah ich zwei Männer, die aus dem Café traten und sich an einen Nachbartisch setzten. Beide waren jung, durchtrainiert und trugen Sonnenbrillen. Keiner sah in meine Richtung. Wahrscheinlich hatten sie drinnen schon stundenlang gewartet und sich hübsche Ausgangspositionen für das Treffen gesucht, und ich hatte ihnen den ganzen Spaß verdorben.

Ausgezeichnet.

Ich rückte meinen Stuhl zurecht, schloß eine Weile die Augen und ließ die Sonne zwischen den Krähenfüßen hereinkrabbeln.

«Master», sagte eine Stimme, «ein seltenes und köstliches Vergnügen.»

Ich schlug die Augen auf und sah eine Gestalt im braunen Regenmantel, die auf mich herabblickte.

«Ist hier noch frei?» fragte Solomon. Er setzte sich an meinen Tisch, ohne eine Antwort abzuwarten.

Ich starrte ihn an.

«Hallo, David», brachte ich endlich heraus.

Ich klopfte mir eine Zigarette aus dem Päckchen, während er einen Kellner an den Tisch winkte. Ich warf einen Blick zu den beiden Sonnenbrillen hinüber, aber immer, wenn ich mich zu ihnen drehte, sahen sie möglichst weit von mir weg.

«*Kava, prosim*», sagte Solomon in einem anscheinend ganz passablen Akzent. Dann wandte er sich an mich. «Guter Kaffee, schreckliches Essen. Das schreib ich auf all meine Postkarten.»

«Das bist du nicht», sagte ich.

«Nein? Wer ist es dann?»

Ich starrte ihn weiter an. Das kam alles so unerwartet.

«Ich will's mal so sagen», sagte ich. «Bist du das?»

«Meint Ihr, bin ich es, der hier sitzt, oder bin ich es, den Ihr hier treffen sollt?»

«David.»

«Beides, Sir.» David lehnte sich zurück, damit der Kellner den Kaffee abstellen konnte. Er probierte und schnalzte anerkennend mit den Lippen. «Ich habe die Ehre, für die Dauer Eures Aufenthalts in diesem Territorium als Euer Ausbilder agieren zu dürfen. Ich denke, Ihr werdet mir beipflichten, daß diese Verbindung Früchte tragen wird.»

Ich nickte zu den Sonnenbrillen hinüber.

«Gehören die zu dir?»

«Ganz recht, Master. Ihnen ist das zwar gar nicht recht, aber das macht nichts.»

«Amerikaner?»

Er nickte.

«Bis auf die Knochen. Diese Aktion ist sehr, sehr konzertiert. Die konzertierteste seit langer Zeit, um genau zu sein. Eine gute Sache, alles in allem.»

Ich überlegte.

«Aber warum haben sie mir nichts davon gesagt?» wollte ich wissen. «Sie wußten doch, daß ich dich kenne, warum haben sie mir also nichts davon gesagt?»

Er zuckte die Achseln.

«Sind wir nicht alle nur Zähne auf den Rädern einer gigantischen Maschine, Sir?»

Ei gewiß.

Natürlich hätte ich Solomon am liebsten alles gefragt.

Ich wollte mit ihm ganz an den Anfang zurückgehen – alles rekonstruieren, was wir über Barnes, O'Neal, Murdah, Ballast und Graduiertenkollegien wußten –, damit wir in dem ganzen Chaos vielleicht einen eigenen Standort triangulieren und vielleicht sogar eine Fluchtroute abstecken konnten.

Aber einige Gründe sprachen dagegen. Große, stramme Gründe, die sich ganz hinten im Klassenraum meldeten, auf ihren Stühlen herumzappelten und sich partout nicht abwimmeln ließen. Wenn ich ihm alles erzählte, was ich vermeintlich wußte, würde Solomon entweder das Richtige oder das Falsche tun. Das Richtige würde Sarah und mich höchstwahrscheinlich umbringen und den Lauf der Dinge trotzdem nicht ändern. Es konnte ihn verlangsamen oder zu einem Wiederholungsspiel an einem neu festgesetzten Tag auf einem anderen Spielfeld führen, aber nicht ändern. An das Falsche wollte ich gar nicht erst denken. Denn das Falsche implizierte, daß Solomon zur gegnerischen Mannschaft gehörte, und wenn man diesen Gedanken zu Ende denkt, kennt niemand einen anderen Menschen.

Also hielt ich vorläufig die Klappe und hörte zu, und Solomon setzte mir das Kleingedruckte auseinander, wie ich die nächsten achtundvierzig Stunden verbringen sollte. Er sprach schnell, aber konzentriert, und wir kamen in neunzig Minuten zügig voran, weil er im Gegensatz zu den Amerikanern zum Glück nicht in jedem zweiten Satz «Das ist jetzt sehr wichtig» sagte.

Die Sonnenbrillen tranken Cola.

Den Nachmittag hatte ich frei, und da es vermutlich für längere Zeit mein letzter freier Nachmittag sein würde, verschwendete ich ihn auf das ausschweifendste. Ich trank Wein, las alte Zeitungen, hörte mir in einem Freiluftkonzert irgendwas von Mahler an und ergab mich überhaupt dem Dolcefarniente.

In einer Bar lernte ich eine Französin kennen, die für eine Softwarefirma arbeitete, und fragte sie, ob sie mit mir schlafen würde. Sie zuckte nur auf französisch mit den Schultern, was wohl nein heißen sollte.

Acht Uhr war die anberaumte Zeit, also trödelte ich bis zehn nach in einem Café herum, schubste noch eine Portion

Eisbein mit Knödeln über den Teller und rauchte wie ein Schlot. Ich zahlte und trat in den kühlen Abend hinaus, und die Aussicht auf Action brachte meinen Puls endlich auf Trab.

Ich wußte, daß ich keinen Grund zur guten Laune hatte. Ich wußte, daß meine Aufgabe so gut wie aussichtslos war, daß der vor mir liegende Weg lang und steinig war und praktisch keine Tankstelle besaß und daß meine Chancen, mein Leben siebzig Jahre währen zu sehen, in den Keller abgesackt waren.

Trotzdem hatte ich aus unerfindlichen Gründen gute Laune.

Am Treffpunkt wartete Solomon mit einer Sonnenbrille auf mich. Mit einer von den beiden Sonnenbrillen, meine ich. Nur daß er jetzt natürlich keine Sonnenbrille trug, weil es dunkel war, also mußte ich schnell einen neuen Namen für ihn kreieren. Nach einigen Augenblicken angestrengten Nachdenkens fiel mir Keine Sonnenbrille ein. In meinem Stammbaum muß sich ein Cree-Indianer eingenistet haben.

Ich entschuldigte mich dafür, daß ich so spät dran sei, Solomon lächelte und sagte, sei ich gar nicht, und ich ärgerte mich. Dann kletterten wir alle drei in einen schmutzigen, grauen Mercedes Diesel, Keine Sonnenbrille klemmte sich hinters Lenkrad, und wir verließen die Stadt auf der Hauptstraße nach Osten.

Nach einer halben Stunde hatten wir den Stadtrand von Prag hinter uns gelassen, die Straße hatte sich auf zwei halbwegs flotte Spuren verengt, und wir ließen es ruhig angehen. Ein Strafzettel wegen überhöhter Geschwindigkeit ist so ziemlich die dümmste Methode, eine Undercover-Aktion auf ausländischen Boden zu vermasseln, und Keine Sonnenbrille schien diese Lektion gelernt zu haben. Solomon und ich ließen gelegentlich eine Bemerkung über die Landschaft fallen, wie grün sie doch sei und wie sie stellenweise an

Wales erinnere – ich habe allerdings keine Ahnung, ob einer von uns mal dort gewesen war –, aber davon abgesehen sprachen wir nicht viel, sondern malten Bilder auf die beschlagenen Scheiben, während draußen Europa vorbeizog. Solomon malte Blumen und ich Mondgesichter.

Nach einer Stunde tauchten die ersten Wegweiser nach Brno auf, was immer wie ein Schreibfehler aussieht und wie ein Sprachfehler klingt, aber ich wußte, daß wir nicht so weit wollten. Wir bogen nach Norden in Richtung Kostelec ab und dann fast sofort wieder nach Osten auf eine noch schmalere Straße, die gar keine Schilder mehr aufwies. Mehr läßt sich dazu kaum sagen. Wir schlängelten uns etliche Kilometer durch einen schwarzen Kiefernwald, dann schaltete Keine Sonnenbrille auf Standlicht um, was uns verlangsamte. Nachdem wir einige Kilometer auf diese Weise hinter uns gebracht hatten, knipste er das Licht ganz aus und sagte, ich solle meine Zigarette ausdrücken, «Das Scheißding versaut mir die Nachtsicht».

Und dann waren wir plötzlich da.

Man hatte ihn im Keller eines Bauernhofs festgehalten. Wie lange, wußte ich nicht – ich wußte nur, daß man ihn nicht mehr lange festhalten würde. Er hatte ungefähr mein Alter, ungefähr meine Größe und früher, als man ihm noch etwas zu essen gegeben hatte, auch ungefähr mein Gewicht. Man sagte, er heiße Ricky und käme aus Minnesota. Man sagte nicht, daß er Todesangst hatte und so schnell wie möglich nach Minnesota zurückwollte, aber das war auch nicht nötig. Das stand in seinen Augen, so klar und deutlich etwas in seinen Augen stehen kann.

Ricky war mit siebzehn ausgestiegen. Aus der Schule ausgestiegen, aus seinem Elternhaus ausgestiegen, so ziemlich überall ausgestiegen, wo ein junger Mann aussteigen kann – aber dann war er ganz schön fix in einige andere Sachen eingestiegen, alternative Angelegenheiten, bei denen er sich wohl gefühlt hatte. Jedenfalls am Anfang.

Im Moment fühlte sich Ricky alles andere als wohl; wahrscheinlich, weil er es geschafft hatte, sich in eine dieser Situationen zu bringen, wo man nackt im Keller eines unbekannten Hauses in einem fremden Land hockt und von Fremden angestarrt wird, deren eine Hälfte einen geraume Zeit gequält hat, während die andere Hälfte darauf wartet, daß sie an die Reihe kommt. Ich wußte, daß Bilder aus Tausenden von Filmen über die Leinwand von Rickys Hirnkino flackerten, in denen der Held, in derselben Zwangslage gefesselt, den Kopf mit frechem Spott in den Nacken wirft und seinen Peinigern rät, sich ins Knie zu ficken. Ricky hatte zusammen mit Millionen geistesverwandten Jugendlichen im Dunkeln gesessen und sich brav die Lehre reingezogen, daß echte Männer so den Widrigkeiten des Daseins trotzten. Erst wird eingesteckt, später ausgeteilt.

Aber da er nicht besonders helle war – so intelligent wie ein Schmetterling, der Frost bekommen hat, oder was denen in Minnesota dazu einfällt –, hatte Ricky die entscheidenden Vorteile außer acht gelassen, die seine Zelluloidgötter ihm gegenüber hatten. Im Grunde ist es nur ein Vorteil, aber der ist alles entscheidend. Der Vorteil ist, daß die Filme nicht Realität sind. Ehrlich. Sind sie nicht.

Im wirklichen Leben, und es tut mir leid, wenn ich da liebevoll gehegte Illusionen zerstören muß, im wirklichen Leben sagen Männer in Rickys Lage niemandem, er solle sich ins Knie ficken. Sie spotten nicht frech, sie spucken niemandem ins Auge, und ganz entschieden, hundertprozentig, definitiv befreien sie sich nicht mit einem Sprung durchs Fenster. Sie stehen vielmehr stocksteif da, zittern, flennen und plärren, sie plärren buchstäblich nach ihrer Mama. Ihnen läuft die Nase, die Beine klappern und sie greinen. So sind die Männer, alle Männer, und so ist das richtige Leben.

Tut mir leid, aber so ist das nun mal.

Mein Vater hatte im Garten Erdbeerbeete unter einem Netz. Dann und wann sah ein Vogel etwas Dickes, Rotes und Süßes auf dem Boden und dachte sich, er könne ja mal unters Netz krabbeln, eine Frucht klauen und die Biege machen. Und dann und wann konnte der Vogel Punkt eins und zwei der Tagesordnung abhaken – kein Problem, klappte wie am Schnürchen –, nur Punkt drei ging regelmäßig in die Binsen. Die Vögel verhedderten sich in den Netzmaschen, schilpten und schlugen mit den Flügeln, mein Vater sah vom Kartoffelgraben hoch, pfiff mich herbei und sagte, ich solle den Vogel losmachen. Vorsichtig. Schnapp ihn dir, mach das Netz los, laß ihn fliegen.

Im gesamten Kindheitsuniversum gab es keine schlimmere Aufgabe.

Angst jagt Angst ein. Kein anderes Gefühl ist so angsteinjagend mit anzusehen. Ein wutentbranntes Tier ist eine Sache und oft genug eine ziemlich erschreckende Sache, aber ein Tier voller Panik – dieses schlotternde, stierende, flatternde Bündel gefiederter Panik – ist etwas, was ich nie wieder sehen wollte.

Und jetzt stand ich da und sah es wieder.

«Verfluchter kleiner Scheißer», sagte ein Amerikaner, der in die Küche kam und geradewegs zum Wasserkocher ging.

Solomon und ich sahen uns an. Seit Ricky weggebracht worden war, hatten wir zwanzig Minuten am Tisch gesessen, ohne ein Wort zu wechseln. Ich wußte, daß er genauso erschüttert war wie ich, und er wußte, daß ich es war, also saßen wir bloß da, ich starrte die Wand an, und er kratzte mit dem Daumennagel Schrammen in seinen Stuhl.

«Was wird jetzt aus ihm?» fragte ich und starrte weiter die Wand an.

«Braucht Sie nicht zu jucken», sagte der Ami und löffelte Kaffee in eine Kanne. «Juckt bald keinen mehr.» Ich glaube, er lachte, als er das sagte, bin mir aber nicht sicher.

Ricky war ein Terrorist. So sahen die Amerikaner ihn, und deswegen haßten sie ihn. Sie haßten sowieso alle Terroristen, aber Ricky war auch noch ein amerikanischer Terrorist, und dafür haßten sie ihn am meisten. Das mochten sie einfach nicht. Bis Oklahoma City war das Bombenlegen in der Öffentlichkeit für den Durchschnittsamerikaner eine schnurrige europäische Tradition, so wie Stierkampf oder Moriskentanz. Und wenn es mal außerhalb von Europa auftrat, dann garantiert weiter im Osten, bei den Kameltreibern, den verdammten Turbanheinis, den Söhnen und Töchtern des Islam. Supermärkte und Botschaften in die Luft zu jagen, hohe Staatsdiener aufs Korn zu nehmen, Jumbos mal nicht des Geldes wegen zu entführen, all das war entschieden unamerikanisch und unminnesotisch. Aber mit Oklahoma City wurde vieles anders und alles schlimmer, und nun mußte Ricky für seine Überzeugung einen hohen Preis zahlen.

Ricky war ein amerikanischer Terrorist, und er hatte seine Landsleute im Stich gelassen.

Als der Morgen graute, war ich wieder in Prag, ging aber nicht ins Bett. Oder besser, ich ging zum Bett, legte mich aber nicht hin. Ich setzte mich mit einem sich füllenden Aschenbecher und einer sich leerenden Packung Marlboro auf den Bettrand und starrte die Wand an. Hätte ich einen Fernseher im Zimmer gehabt, dann hätte ich vielleicht ferngesehen. Vielleicht auch nicht. Eine zehn Jahre alte, deutsch synchronisierte Folge von *Magnum* reißt einen ungefähr genauso vom Hocker wie eine Wand.

Man hatte uns gesagt, die Polizei komme um acht, aber dann hörte ich schon kurz nach sieben den ersten Stiefel auf der untersten Stufe. Die kleine List sollte vermutlich für schlaftrunkene Überraschung meinerseits sorgen, falls ich die nicht überzeugend genug markieren konnte. Diese Leute trauen einem aber auch gar nichts zu.

Man hatte ein rundes Dutzend geschickt, alle in Uniform,

ziemliche Großkotze, die die Tür eintraten, schrieen und Sachen durchs Zimmer kickten. Der Leithammel sprach ein bißchen Englisch, aber offensichtlich nicht genug, um «Das tut weh» zu verstehen. Sie schleiften mich die Treppe runter und an der kreidebleichen Wirtin vorbei – wahrscheinlich hatte sie gedacht, die Tage, in denen ihre Gäste im Morgengrauen von der Polizei abgeholt wurden, gehörten der Vergangenheit an –, und weitere verstrubbelte Köpfe linsten mir nervös durch die Türritzen nach.

Auf der Wache wurde ich einige Zeit in einem Zimmer festgehalten – ohne Kaffee, ohne Zigaretten, ohne ein freundliches Gesicht –, und dann wurde ich nach weiterem Geschrei, einigen Stößen und Püffen in die Rippen in eine Zelle gesperrt, null Gürtel, null Schnürsenkel.

Insgesamt verstanden die was von ihrem Handwerk.

In der Zelle steckten zwei weitere Insassen, beides Männer, die nicht aufstanden, als ich hereinkam. Der eine hätte wahrscheinlich auch nicht aufstehen können, wenn er es noch so sehr gewollt hätte, da er stockbesoffener war, als ich es je gewesen bin. Er war um die Sechzig und bewußtlos, jede Pore seines Körpers dünstete Alkohol aus, und sein Kopf war ihm so weit auf die Brust gesunken, daß man fast die Existenz einer Wirbelsäule bezweifelte, die ihn noch zusammenhielt.

Der andere Mann war jünger, dunkler, trug ein T-Shirt und eine Khakihose. Er musterte mich einmal vom Scheitel bis zur Sohle und zurück, dann fuhr er fort, seine Hand- und Fingergelenke knacken zu lassen, während ich den Besoffenen aus dem Stuhl wuchtete und ihn wenig zartfühlend in die Ecke legte. Dann setzte ich mich dem T-Shirt gegenüber und schloß die Augen.

«Deutscher?»

Ich wußte nicht, wie lange ich geschlafen hatte, denn man hatte mir auch die Uhr weggenommen – wahrscheinlich für den Fall, daß ich mir eine Methode ausdachte, mich daran aufzuhängen –, aber nach dem tauben Gefühl in den Arschbacken zu urteilen, mindestens ein paar Stunden.

Die Schnapsleiche war verschwunden, und das T-Shirt hockte jetzt neben mir.

«Deutscher?» wiederholte er.

Ich schüttelte den Kopf und schloß wieder die Augen, trank einen letzten Schluck von mir, bevor ich in einen anderen Menschen hinüberwechselte.

Ich hörte, wie sich das T-Shirt kratzte. Langes, langsames, nachdenkliches Kratzen.

«*American?*» fragte er.

Ich nickte, immer noch mit geschlossenen Augen, und ein merkwürdiger Friede durchdrang mich. Wie leicht es doch ist, ein anderer zu werden.

Das T-Shirt behielt man vier Tage da, mich zehn. Ich durfte nicht rauchen oder mich rasieren, und der Koch tat sein möglichstes, mir auch das Essen zu verleiden. Ein paarmal verhörte man mich wegen des Bombenalarms beim Flug aus London, dann wieder sollte ich mir Fotos anschauen – zwei oder drei waren ihnen besonders wichtig, später, als sie sich zunehmend langweilten, legte man mir ganze Alben mit Fotos von Straftätern vor –, aber ich veranstaltete ein großes Trara und sah gar nicht hin, und wenn man mich schlug, versuchte ich zu gähnen.

Am zehnten Abend brachte man mich in ein weißes Zimmer, fotografierte mich aus hundert verschiedenen Richtungen, dann gab man mir Gürtel, Schnürsenkel und Armbanduhr zurück. Man bot mir sogar ein Rasiermesser an, aber da der Griff schärfer als die Klinge aussah und mein Bart mir bei der Metamorphose wie gerufen kam, lehnte ich ab.

Draußen war es dunkel, kalt und dunkel, und ein schwacher Regen à la «Eigentlich hab ich null Bock, heute abend zu regnen» fiel. Ich ging langsam, als wäre mir der Regen genauso egal wie alles andere, was das Leben auf Erden mir zu bieten hatte, und hoffte, daß ich nicht so lange warten mußte.

Ich mußte überhaupt nicht warten.

Es war ein dunkelgrüner Porsche 911, und es war keine intellektuelle Glanzleistung, ihn auszumachen, denn Porsches waren auf den Straßen von Prag so dünn gesät wie ich. Er juckelte hundert Meter neben mir her, dann entschloß er sich zu irgendwas, raste ans Ende der Straße und hielt an. Als ich auf vielleicht zehn Meter herangekommen war, wurde die Beifahrertür geöffnet. Ich wurde langsamer, sah mich nach allen Seiten um und bückte mich, um mir den Fahrer anzuschauen.

Er war Mitte Vierzig, hatte einen kantigen Unterkiefer und schick ergrauendes Haar, und die Marketingfritzen von Porsche hätten ihn bestimmt liebend gern als «unseren typischen Kunden» vorgestellt, falls er je ihr Kunde gewesen war, was ich mir angesichts seines Berufs nicht recht vorstellen konnte.

Aber im Moment sollte mir sein Beruf natürlich noch unbekannt sein.

«Kann ich Sie mitnehmen?» fragte er. Konnte überall herstammen – stammte wahrscheinlich überall her. Er sah, wie ich mir ihn oder sein Angebot durch den Kopf gehen ließ, also lächelte er, um letzteres zu bekräftigen. Sehr gute Zähne.

Ich warf einen Blick auf den winzigen Rücksitz, auf den sich das T-Shirt gequetscht hatte. Jetzt trug er freilich kein T-Shirt mehr, sondern ein grellrotes, frisch gebügeltes Etwas. Er genoß kurz meine Überraschung, dann nickte er mir zu – halb «Hallo», halb «Mach endlich» –, und nachdem ich eingestiegen war, ließ der Fahrer in einer spielerischen Bewegung die Kupplung kommen und trat aufs Gas, so daß ich Schwierigkeiten hatte, die Tür zu schließen. Die beiden amüsierten sich anscheinend ganz köstlich darüber. Das

T-Shirt, dessen Name ganz bestimmt nicht Hugo war und nie gewesen war, hielt mir ein Päckchen Dunhill unter die Nase, ich nahm mir eine und drückte auf den Zigarettenanzünder am Armaturenbrett.

«Wo soll's denn hingehen?» fragte der Fahrer.

Ich zog die Schultern hoch und fragte: «Wie wär's mit der Stadtmitte?», aber es war völlig egal. Er nickte und summte weiter vor sich hin. Puccini, glaub ich. Kann auch Take That gewesen sein. Ich saß da, rauchte und sagte nichts, als passierte mir so etwas alle Tage.

«Ach, übrigens», sagte der Fahrer schließlich, «ich heiße Greg.» Er lächelte, und ich dachte, wie solltest du auch sonst heißen?

Er nahm eine Hand vom Lenkrad und hielt sie mir hin. Wir schüttelten uns kurz, aber freundlich die Hände, und ich wartete etwas, einfach um zu zeigen, daß ich mein eigener Herr war und sprach, wenn ich Lust dazu hatte und keine Sekunde früher.

Nach einiger Zeit drehte er sich zu mir. Ein drängender Blick. Nicht mehr so freundlich. Also antwortete ich.

«Ich heiße Ricky», sagte ich.

TEIL ZWEI

17

Das ist doch nicht Ihr Ernst!
John McEnroe

Ich bin jetzt Teil einer Kolonne. Eines Kollektivs. Und einer Kaste. Wir kommen aus sechs Nationen, drei Kontinenten, vier Religionen und zwei Geschlechtern. Wir sind ein glücklich Volk von Brüdern, mit einer Schwester, die auch glücklich ist und ihr eigenes Badezimmer hat.

Wir arbeiten hart, spielen hart, trinken hart und schlafen sogar hart. Wir sind einfach hart. Wenn wir mit Waffen umgehen, dann wissen wir, wie man mit Waffen umgeht, und wenn wir Politik diskutieren, dann sehen wir die Dinge global.

Wir waren Das Schwert der Gerechtigkeit.

Wir wechseln alle paar Wochen das Camp, und bisher wurden wir mit allen Wassern Libyens, Bulgariens, South Carolinas und Surinams gewaschen. Mit dem Trinkwasser sieht das natürlich ganz anders aus; das beziehen wir in Plastikflaschen, die genauso wie Schokolade und Zigaretten zweimal pro Woche eingeflogen werden. Gegenwärtig scheint sich das Schwert der Gerechtigkeit auf Badoit «mit wenig Kohlensäure» geeinigt zu haben, weil es damit der sprudelnden und der stillen Fraktion entgegenkommt.

Ich muß zugeben, daß die letzten Monate bei uns allen Veränderungen bewirkt haben. All die Plackereien von Sport, Nahkampftraining, Kommunikationsdrills, Ausbildung an der Waffe und taktische sowie strategische Planung haben wir zunächst ungehalten, argwöhnisch und mit scheelen Augen über uns ergehen lassen. Das ist nun vorbei, darf ich zum

Glück sagen, und an seiner Stelle ist echter und formidabler Korpsgeist erblüht. Wir haben Witze, die nach der tausendsten Wiederholung alle verstehen; wir hatten Liebeleien, die freundschaftlich im Sande verlaufen sind; wir kochen reihum und loben uns gegenseitig mit Nicken und «Mmmms» für unsere jeweiligen Spezialitäten. Ich darf wohl sagen, daß meine mit am meisten Anklang findet: Hamburger mit Kartoffelsalat. Das Geheimnis ist das rohe Ei.

Wir haben jetzt Mitte Dezember und stehen vor der Abreise in die Schweiz, wo wir ein bißchen Ski laufen, ein bißchen entspannen und einen holländischen Politiker ein bißchen erschießen wollen.

Wir haben unseren Spaß, leben gut und kommen uns wichtig vor. Was kann man mehr vom Leben wollen?

Unser Anführer – sofern wir das Konzept hierarchischer Strukturen überhaupt zulassen – heißt Francisco; Francis für die einen, Cisco für die anderen, der Wärter für mich in meinen Kassibern an Solomon. Francisco sagt, daß er in Venezuela geboren wurde, als fünftes von acht Kindern, und daß er früher Kinderlähmung hatte. Ich glaube nicht, daß er sich das aus den Fingern saugt. Die Kinderlähmung ist wohl der Grund seines verkümmerten rechten Beins und des Bühnenhinkens, das ganz nach seiner Laune kommt und geht – und danach, wieviel er gerade von dir fordert. Latifa hält ihn für ungemein attraktiv, und da mag was dran sein, wenn man auf meterlange Wimpern und Olivenhaut steht. Er ist klein und muskulös, und wenn ich die Rolle Byrons zu besetzen hätte, käme Francisco bestimmt in die engere Wahl; nicht zuletzt, weil er einfach ein grandioser Schauspieler ist.

Für Latifa ist Francisco der heldenhafte große Bruder – weise, sensibel und versöhnlich. Für Bernhard ist er der grimmige, unerschütterliche Profi. Für Cyrus und Hugo ist er der hitzige Idealist, für den auch die beste der Welten niemals gut genug ist. Für Benjamin ist er der umsichtige Wissenschaftler, denn Benjamin glaubt an Gott und braucht bei jedem Schritt eine Rückversicherung. Und für Ricky, den bärtigen Anarchisten mit den langen Vokalen aus Minnesota, ist Francisco der kumpelhafte, Bier trinkende Rock-'n'-Roll-Abenteurer, der jede Menge Bruce-Springsteen-Texte auswendig kann. Und er wird allen Rollen gerecht.

Wenn es dahinter einen echten Francisco gibt, dann habe ich ihn, glaube ich, nur einmal während eines Fluges aus Marseille nach Paris gesehen. Unsere Devise lautet paarweise reisen, aber getrennt sitzen, und ich hatte ein halbes Dutzend Reihen hinter Francisco einen Platz am Gang, als ein vielleicht fünf Jahre alter Junge, der vorn im Passagierraum saß, plötzlich zu brüllen und zu zetern anfing. Seine Mutter machte seinen Gurt los und lief mit dem kleinen Kerl durch den Gang zur Toilette, als das Flugzeug in ein Luftloch absackte und der Junge gegen Franciscos Schulter taumelte.

Francisco schlug ihn.

Nicht doll. Und nicht mit der Faust. Hätte man mir als Anwalt den Fall übertragen, hätte ich es vielleicht so hinbiegen können, daß er den Jungen nur kräftig geschubst hatte, damit er seinen Halt wiederfand. Aber ich bin kein Anwalt, und Francisco hat ihn unzweideutig geschlagen. Ich glaube, außer mir hat es niemand gesehen, und der Junge war so erschrocken, daß er aufhörte zu weinen; aber diese instinktive Zieh-Leine-Reaktion einem Fünfjährigen gegenüber verriet mir eine ganze Menge über Francisco.

Mehr oder minder – und jeder Mensch hat weiß Gott mal einen schlechten Tag – kommen wir sieben wirklich gut miteinander aus. Ehrlich. Wir pfeifen bei der Arbeit.

Das eine Haar in der Suppe, das unseren Ruin hätte herbeiführen können, wie es den Ruin so gut wie jedes kooperativen Unterfangens der Menschheitsgeschichte herbeigeführt hat, ist einfach nicht aufgetaucht. Denn wir, Das Schwert der Gerechtigkeit, die Architekten einer neuen Weltordnung und Bannerträger der Freiheit, wir teilen uns durchweg und generell den Abwasch.

Ich glaube, das ist noch nie dagewesen.

Das Dorf Mürren — keine Autos, keine Abfälle, keine Zahlungsrückstände — liegt im Schatten dreier hoher und berühmter Berge: der Jungfrau, des Mönchs und des Eiger. Wenn Sie Sagengut einen Reiz abgewinnen können, interessiert Sie vielleicht, daß man sich erzählt, der Mönch in der Mitte verteidige die Tugend der Jungfrau, wenn der Eiger ihr mit seinem Zeiger auf den Leib rücken wolle — und diese Tätigkeit übt er erfolgreich und augenscheinlich ohne große Mühe schon seit dem Oligozän aus, als sich diese drei Felsbrocken mit unbarmherziger Geologik ins Sein rempelten und knufften.

Mürren ist ein kleines Dorf ohne große Wachstumschancen. Da es nur per Hubschrauber und Seilbahn zu erreichen ist, sind die Wurst- und Biermengen beschränkt, die man den Berg hinaufschaffen kann, um Einwohner und Besucher bei Kräften zu halten, und im großen und ganzen finden die Einheimischen das auch gut so. Es gibt drei große Hotels, ein rundes Dutzend kleinere Pensionen und hundert verstreute Bauernhöfe und Chalets, ausnahmslos mit diesen übertrieben hohen Giebeldächern versehen, durch die jedes Gebäude in der Schweiz aussieht, als läge es größtenteils unter der Erde. Was wahrscheinlich auch stimmt, wenn man an die Schweizer Manie für Atombunker denkt.

Obwohl das Dorf von einem Engländer entworfen und gebaut worden war, ist es heutzutage kein ausschließlich englischer Urlaubsort. Im Sommer kommen Deutsche und Österreicher zum Wandern und Radfahren, und im Winter kommen Italiener, Franzosen, Japaner, Amerikaner — eigentlich alle, die die Weltsprache grellbunter Freizeitmode beherrschen — zum Skilaufen.

Die Schweizer kommen das ganze Jahr über, um Reibach zu machen. Von November bis April sind die Bedingungen zum Schotterscheffeln einfach ideal, dann gibt es neben den Pisten etliche Einzelhandelsläden und Wechselstuben, und man hegt die Hoffnung, daß das Geldverdienen im nächsten Jahr zur olympischen Disziplin erklärt wird. Wird schließlich auch Zeit. Die Schweizer rechnen sich im stillen große Medaillenchancen aus.

Aber Mürren hat eine Eigenschaft, die das Dorf für Francisco ganz besonders attraktiv macht, denn es handelt sich um unseren ersten Ausflug, und uns allen geht die Düse. Selbst Cyrus, und der ist hart wie Kruppstahl. Da Mürren klein, gesetzestreu, schwer zu erreichen und schweizerisch ist, hat es keine Polizei.

Nicht mal Teilzeitkräfte.

Bernhard und ich kamen heute morgen an und haben unsere Hotels aufgesucht; er wohnt in der Jungfrau, ich im Eiger.

Die junge Frau an der Rezeption untersuchte meinen Paß, als hätte sie noch nie einen gesehen, und brauchte zwanzig Minuten für die phänomenale Fragenliste, die man in Schweizer Hotels ausfüllen muß, bevor man in eins ihrer Betten darf. Ich glaube, ich mußte kurz nachdenken, als es um den Mädchennamen meiner Erdkundelehrerin ging, und bei der Postleitzahl der Hebamme, die bei der Geburt meiner Urgroßmutter assistierte, habe ich auf jeden Fall gezögert, aber der Rest war ein Klacks.

Ich packte aus und zog eine orange, gelb und lila fluoreszierende Skijacke an (so was muß man in Wintersportgebieten tragen, wenn man nicht auffallen will), dann bummelte ich aus dem Hotel und hügelan ins Dorf.

Es war ein herrlicher Nachmittag; er machte einem klar, daß sich Gott manchmal so richtig gut auf Wetter und Landschaft versteht. Zu dieser Tageszeit waren die Idiotenhügel menschenleer, denn bevor die Sonne hinter dem Schilthorn versank, hatte man noch eine gute Stunde Pistenzeit, und plötzlich fiel den Leuten ein, daß sie sich mitten im Dezember gut anderthalbtausend Meter über dem Meeresspiegel befanden.

Ich saß einige Zeit vor einer Kneipe und tat so, als schriebe ich Postkarten, und dabei schaute ich mitunter zu einem Rudel ganz fabelhafter französischer Knirpse hinüber, die einer Skilehrerin in Zweierreihen die Hänge hinab folgten. Jedes Kind hatte vielleicht die Größe eines Feuerlöschers, trug für dreihundert Pfund Gore-tex und Entendaunen, und alle schlitterten und schlängelten sich ihrer Amazonenführerin hinterher, die einen aufrecht, die anderen krumm, und einige so winzig, daß sich kaum sagen ließ, ob sie aufrecht oder krumm auf ihren Brettern standen.

Ich fragte mich, wie lange es wohl noch dauern würde, bis die ersten Schwangeren auf den Skipisten erschienen, auf den Bäuchen hinabrutschten, Anweisungen juchzten und Mozart pfiffen.

In Gesellschaft seiner schottischen Frau Rhona und ihrer beiden jungen Töchter erreichte Dirk van der Hoeve am selben Abend um acht das Edelweiß. Die vier hatten eine lange Fahrt hinter sich, sechs Stunden von Haus zu Haus, und Dirk war müde, gereizt und fett.

Die wenigsten Politiker sind heutzutage noch fett – entweder arbeiten sie mehr als früher, oder moderne Wählerschaften haben ihrer Vorliebe Ausdruck verliehen, beide Seiten der Person, für die sie stimmen, zu sehen, ohne sich vorbeugen zu müssen –, aber Dirk sah aus, als hätte er sich diesem Trend erfolgreich widersetzt. Er war die leibhaftige Erinnerung an ein früheres Jahrhundert, als man die Politik noch nachmittags zwischen zwei und vier erledigte, bevor man sich in eine Kostümhose quetschte und zum Abend mit Piqué und Gänseleberpastete den Salon aufsuchte. Er trug einen Trainingsanzug und Pelzstiefel, was für Holländer gar nicht so ungewöhnlich ist, und auf seiner Brust baumelte eine Brille am rosa Bindfaden.

Rhona und er standen mitten im Foyer und dirigierten den Transport ihrer luxuriösen Gepäckstücke, die ausnahmslos den Aufdruck LOUIS VUITTON trugen, während ihre Töchter sich auf dem Boden anfauchten, traten und im neunten Kreis der Hölle Pubertät schmorten. Ich beobachtete sie von der Bar aus, Bernhard vom Zeitungsstand.

Am nächsten Tag finde die Hauptprobe statt, hatte Francisco gesagt. Geht alles in halbem Tempo durch, Vierteltempo, wenn's sein muß, und wenn ein Problem auftaucht oder etwas, was eins werden könnte, brecht ihr ab und eliminiert es. Am Tag darauf sollte die Generalprobe stattfinden, alles mit normaler Geschwindigkeit und mit einem Skistock als Gewehr, aber heute war Hauptprobe.

Bernhard, Hugo und ich bildeten das Team, Latifa stand in Bereitschaft; wir hofften, daß wir sie nicht brauchen würden, denn sie konnte nicht Ski laufen. Dirk auch nicht – in den Niederlanden gibt es nur wenige Hügel, die höher sind als ein Zigarettenpäckchen –, aber er hatte seinen Urlaub bezahlt, hatte für einen Paparazzo gesorgt, der den sorgenzerfressenen Staatsmann in seiner kargen Freizeit abzulichten hatte, und jetzt sollte es doch mit dem Teufel zugehen, wenn er es nicht probierte.

Wir beobachteten Dirk und Rhona beim Mieten ihrer Ausrüstung, wo sie grunzend in Skistiefeln herumtrampelten; wir beobachteten sie, als sie den Idiotenhügel fünfzig Meter hochstapften und alle paar Schritte stehenblieben, um die Aussicht zu bewundern oder mit der Ausrüstung herumzualbern; wir beobachteten sie, als Rhona ihre Skispitzen hangabwärts ausrichtete und Dirk hundertfünfzig Gründe fand, sich nicht von der Stelle zu rühren; und dann, als uns das lange Stillstehen und Nichtstun schon zum Hals raushing, sahen wir endlich, wie der stellvertretende Finanzminister der Niederlande mit streßbleichem Gesicht zehn Meter den Hügel hinabrutschte und sich auf den Hosenboden setzte. Bernhard und ich sahen uns an. Zum ersten Mal, seit wir angekommen waren, und ich mußte wegsehen und mich am Knie kratzen.

Als ich wieder zu Dirk hinübersah, lachte auch er. Sein Lachen sagte, mir schwappt das Adrenalin literweise aus den Nebennieren, ich dürste nach Gefahr wie andere Männer nach Wein und Weib. Ich gehe unendliche Risiken ein, und von Rechts wegen sollte ich längst tot sein. Meine Uhr ist abgelaufen.

Sie wiederholten die Übung dreimal und wagten sich vor jedem Lauf einen Meter weiter den Hang hinauf, bevor Dirks Fett ihm zu schaffen machte und sie sich zum Mittagessen in ein Café zurückzogen. Als die beiden durch den Schnee davonstampften, sah ich wieder am Berg hoch und suchte ihre Töchter, weil ich wissen wollte, wie gut sie auf Skiern waren und wie weit sie sich also an einem durchschnittlichen Tag vorwagen würden. Wenn sie steif und unbeholfen waren, würden sie wahrscheinlich eher auf den Anfängerhügeln in Reichweite ihrer Eltern bleiben. Wenn sie dagegen gut waren und Dirk und Rhona nur halb so sehr haßten, wie es den Anschein hatte, dann mußten sie jetzt schon in Ungarn sein.

Ich konnte sie nirgends entdecken und wollte mich gerade an die Abfahrt machen, als mir ein Mann ins Auge fiel, der auf dem Kamm über mir stand und ins Tal hinabsah. Er war zu weit weg, als daß ich seine Gesichtszüge hätte erkennen können, aber trotzdem war er grotesk auffällig. Nicht nur, weil er weder Skier noch Skistöcke, Skistiefel oder Sonnenbrille, ja nicht einmal eine Wollmütze trug.

Nein, auffällig machte ihn der braune Regenmantel, den er sich auf die Anzeige auf den letzten Seiten des ‹Sunday Express› hin gekauft hatte.

18

Mich dünkt, die Nacht ist nur ein krankes Taglicht.
Der Kaufmann von Venedig

W er drückt den Abzug?»
Solomon mußte auf die Antwort warten.

Er mußte auf jede Antwort warten, weil ich mit Schlittschuhen auf einer Eislaufbahn unterwegs war und er nicht. Ich brauchte etwa dreißig Sekunden für eine Runde und eine Antwort, also hatte ich reichlich Spielraum, um ihn zu piesacken. Ehrlich gesagt, brauche ich dafür nicht viel Spielraum. Wenn ich nur ein klitzekleines bißchen Spielraum bekomme, nerv ich jeden Menschen zu Tode.

«Meinst du ‹Abzug› im übertragenen Sinn?» fragte ich im Vorbeikommen.

Ich warf einen Blick über die Schulter und sah, daß Solomon wie ein nachsichtiger Vater lächelte und das Kinn etwas vorgeschoben hatte. Dann widmete er sich wieder der Curling-Partie, die er vorgeblich verfolgte.

Nächste Runde. Die Lautsprecher plärrten beschwingte Schweizer Humpta-Musik.

«Ich meine den Abzugabzug. Den konkreten . . .»

«Ich.» Schon war ich wieder weg.

Langsam hatte ich beim Eislaufen den Dreh raus. Ich ahmte sogar die kunstvolle Pirouette eines deutschen Mädchens vor mir nach, und das klappte ganz gut. Außerdem schaffte ich es fast, mit ihr Schritt zu halten, und das freute mich. Sie war ungefähr sechs.

«Die Waffe?» Wieder Solomon, der durch die hohlen Hände sprach, als wollte er sie warmblasen.

Diesmal mußte er länger auf die Antwort warten, weil ich

auf der anderen Seite der Eislaufbahn stürzte und einige Augenblicke lang der festen Überzeugung war, ich hätte mir den Beckenknochen gebrochen. Hatte ich aber nicht. Jammerschade, denn damit wären alle möglichen Probleme aus der Welt gewesen.

Endlich kam ich wieder bei ihm vorbei.

«Kommt morgen», sagte ich.

Das war im Grunde nicht ganz richtig. Aber unter den besonderen Umständen dieser Einsatzbesprechung hätte ich für die Wahrheit anderthalb Wochen gebraucht.

Die Waffe kam nicht erst morgen. Teilweise war sie schon da.

Auf mein massives Soufflieren hin hatte sich Francisco für die PM L96A1 entschieden. Kein schöner Name, ich weiß, und einprägsam ist er auch nicht; aber ihre Aufgabe erfüllte die PM, die bei der britischen Armee den Spitznamen «das grüne Ding» weghatte – wahrscheinlich weil sie sowohl grün als auch ein Ding ist –, ganz ausgezeichnet; diese Aufgabe bestand darin, eine 7.62-mm-Patrone mit solcher Präzision abzufeuern, daß ein kompetenter Sonntagsschütze wie ich auf sechshundert Meter unter Garantie traf.

Da das mit Herstellergarantien immer so eine Sache ist, hatte ich Francisco gesagt, wenn mein Abstand vom Ziel die zweihundert Meter (bei Seitenwind weniger) auch nur einen Zentimeter übersteige, könne er mich als Schützen vergessen.

Er hatte uns ein zerlegbares grünes Ding besorgt; oder, wie das im Katalog hieß, ein «verstecktes Scharfschützengewehrsystem». Darunter verstand man eine Lieferung in Einzelteilen, und die meisten Teile waren bereits im Dorf angekommen. Das kompakte Infrarot-Zielfernrohr war als 200-mm-Objektiv vor Bernhards Kamera angereist, die Halterung im Gehäuse verborgen; die Kammer versah als Griff von Hugos Rasierapparat ihren Dienst, und Latifa hatte jeweils zwei Patronen Remington-Magnum-Munition in den Absätzen ihrer völlig überteuerten Lackschuhe untergebracht. Jetzt fehlte nur noch der Lauf, und der kam auf dem Dachgepäckträger von Franciscos Alfa Romeo nach Wengen – neben allerlei anderen länglichen Metallgegenständen, die man für den Wintersport braucht.

Den Abzug hatte ich in der Hosentasche mitgebracht. Vielleicht ist Kreativität einfach nicht mein Bier.

Auf Schulterstütze und Vorderschaft hatten wir verzichtet, denn beide sind schwer zu verstecken und, bei aller Liebe, entbehrlich. Genauso wie das Dreibein. Eine Schußwaffe besteht im Grunde nur aus einem Rohr, einem Stück Blei und etwas Schießpulver. Kohlenstoffasern und Rallyestreifen in rauhen Mengen machen die getroffene Person auch nicht töter. Die einzige unverzichtbare Zutat, um eine Waffe so richtig tödlich zu machen (und diese Zutat ist Gott sei Dank im irdischen Jammertal immer noch schwer zu kriegen), ist jemand mit dem festen Vorsatz, zu zielen und abzudrücken.

Jemand wie ich.

Solomon hatte mir nichts von Sarah erzählt. Gar nichts. Wie es ihr gehe, wo sie sei – sogar mit der Auskunft, was sie zuletzt angehabt habe, wäre mir gedient gewesen, aber er hatte sie mit keinem Wort erwähnt.

Vielleicht hatte er von den Amerikanern die Anweisung, nichts zu sagen. Weder Gutes noch Schlechtes. «Hören Sie, David, und hören Sie gut zu. Unsere Lang-Analyse zeigt ein negatives Reaktionsprofil auf Intimitätsdateninput.» Etwas in der Art. Angereichert mit ein paar Wendungen à la «Und jetzt zum Arschaufreißen». Aber Solomon kannte mich lange genug, um selbst zu entscheiden, was er mir sagte und was nicht. Und er hatte mir nichts gesagt. Also hatte er entweder keine Neuigkeiten über Sarah, oder seine Neuigkeiten waren schlecht. Da die triftigsten Gründe oft die einfachsten sind, war der triftigste Grund, warum er mir nichts gesagt hatte, vielleicht auch der, daß ich nicht gefragt hatte.

Weiß der Kuckuck, warum nicht.

Nach der Rückkehr vom Eislaufen lag ich im Eiger in der Badewanne, bediente mit den Füßen die Wasserhähne, ließ alle Viertelstunde einen Liter heißes Wasser nachlaufen und dachte über das Warum nach. Vielleicht hatte ich Angst vor der möglichen Auskunft. Das war durchaus denkbar. Vielleicht lag es an dem Risiko, das Solomon und ich mit unseren klammheimlichen Treffen eingingen; wenn ich diese mit dem Austausch von Nachrichten über unsere Lieben daheim noch verlängerte, setzte ich nicht nur mein Leben, sondern auch seins aufs Spiel. Auch das war denkbar, obgleich ein bißchen unwahrscheinlich.

Oder aber – und diese Erklärung entdeckte ich als letztes, schlich vorsichtig um sie herum, linste zu ihr rüber, stocherte ab und zu mit einem spitzen Stock auf sie ein, um zu sehen, ob sie aufspringen und mich beißen würde –, oder aber es war mir egal geworden. Vielleicht hatte ich mir bloß eingeredet, daß ich nur wegen Sarah bei der ganzen Sache mitmachte, während ich jetzt ohne weiteres zugeben konnte, daß ich bessere Freunde kennengelernt, einen tieferen Sinn erkannt und viele gute Gründe gefunden hatte, mich morgens aus dem Bett zu wälzen, seit ich dem Schwert der Gerechtigkeit beigetreten war.

Nein, das war natürlich ganz undenkbar.

Das war absurd.

Ich ging ins Bett und schlief den Schlaf des Geschwächten.

Es war kalt. Das war mein erster Eindruck, als ich die Vorhänge beiseite zog. Eine trockene, graue «Denk dran, daß du in den Alpen bist, Sportsfreund»-Kälte, und das beunruhigte mich etwas. Sicher, die faulen Skiläufer blieben jetzt vielleicht in ihren Betten, und das hatte seine Vorteile; aber die Kälte verlangsamte auch meine Finger auf 33 U / min und machte gutes Scharfschießen schwierig, wenn nicht unmöglich. Noch schlimmer wog, daß der Knall des Schusses weiter zu hören war.

Das grüne Ding ist ein vergleichsweise leises Gewehr – anders als das M 16, das die Leute schon Sekundenbruchteile, bevor sie von der Kugel getroffen werden, zu Tode erschreckt –, aber trotzdem, wenn ausgerechnet man selbst das Ding gerade in der Hand hält und das Fadenkreuz auf einen angesehenen europäischen Staatsmann ausrichtet, dann macht man sich schon so seine Gedanken über Lärm. Zugegeben, man macht sich plötzlich über alles mögliche Gedanken. Man möchte, daß die Leute einen Augenblick wegsehen, wenn's ihnen nichts ausmacht. Man weiß ganz genau, sobald man den Abzug durchdrückt, läßt man im Umkreis von einem Kilometer Tassen auf halbem Weg zum Mund stocken, spitzt die Ohren und zieht die Brauen hoch, und ein paar hundert Mündern entfährt in ein paar Dutzend Sprachen ein «Scheiße, was war denn das?». Und dieses Wissen beeinträchtigt den eigenen Stil etwas. Am Theater nennt man das Lampenfieber. Ich weiß nicht, wie man das bei Attentätern nennt. Wahrscheinlich Lampenfieber.

Ich gönnte mir ein herzhaftes Frühstück, bunkerte Kalorien angesichts der Möglichkeit, daß sich meine Diät in den nächsten vierundzwanzig Stunden radikal änderte und anders blieb, bis mein Bart grau wurde. Dann ging ich in den Skiraum im Keller. Dort stolperte eine französische Familie herum, stritt sich, wer wessen Handschuhe habe, wohin das Sonnenöl verschwunden sei und warum Skistiefel bloß immer so weh täten –, also setzte ich mich auf die entlegenste Bank, die ich finden konnte, und ließ mir Zeit bei der Zusammenstellung meiner Requisiten.

Bernhards Kamera war schwer, unhandlich, rumste schmerzhaft gegen meine Brust und fühlte sich noch unechter an als sie war. Die Gewehrkammer und eine Patrone steckten in einer Gürteltasche aus Nylon, und der Lauf paßte

wie angegossen in einen Skistock – mit einem roten Punkt
am Griff, damit ich einen zweihundert Gramm schweren
Skistock nicht mit einem verwechselte, der fast zwei Kilo
wog. Die anderen drei Patronen hatte ich aus dem Badezim-
merfenster geworfen, weil ich mir sagte, wenn eine Patrone
nicht reichte, steckte ich sowieso in noch größeren Schwierigkeiten – und im Moment hatte ich für noch größere
Schwierigkeiten einfach nichts übrig. Ich wartete eine Minute und reinigte mir mit dem Abzug die Fingernägel, dann
packte ich das kleine Metallscheibchen sorgfältig in eine Pa-
pierserviette und steckte es in die Tasche.

Ich stand auf, holte tief Luft und trampelte an *la famille*
vorbei zur Toilette.

Der Verurteilte erbrach eine herzhafte Henkersmahlzeit.

Latifa hatte ihre Sonnenbrille in die Stirn geschoben, was Bereitschaft, also gar nichts bedeutete. Keine Sonnenbrille: die
van der Hoeves blieben im Hotel und spielten Flohhüpfen.
Sonnenbrille auf der Nase: sie waren auf dem Weg zum Ski-
zirkus.

In die Stirn geschoben, bedeutete die Sonnenbrille: sie
könnten, du könntest, ich könnte, alles könnte.

Ich stapfte über den Auslauf der Idiotenhügel zur Seilbahn. Hugo war schon da, trug Orange und Türkis und hatte
seine Sonnenbrille ebenfalls in die Stirn geschoben.

Als erstes sah er mich an.

Allen Vorträgen zum Trotz, allem Drill, all unserem grimmig zustimmenden Nicken bei Franciscos Trainingstips zum
Trotz sah Hugo mir in die Augen. Ich wußte, daß er mich
unverwandt anstarren würde, bis sich unsere Augen trafen,
also erwiderte ich seinen Blick, damit das vom Tisch war.

Seine Augen glänzten. Es gibt kein anderes Wort dafür. Sie
glänzten voller Spaß und Aufregung und «Los geht's», wie
Kinderaugen an Weihnachten.

Er faßte sich mit einer behandschuhten Hand ans Ohr und

schob den Kopfhörer vom Walkman zurecht. Ein ganz normaler Skifreak, hätte man bei seinem Anblick naserümpfend gedacht; dem reicht es nicht, durch die herrlichste Landschaft auf Gottes schöner Erde zu gleiten, er muß sich auch noch mit Guns 'n' Roses volldröhnen. Mich hätte sein Kopfhörer wahrscheinlich auch genervt, wenn ich nicht gewußt hätte, daß er mit einem Kurzwellenempfänger an seiner Hüfte verbunden war und daß Bernhard am anderen Ende eine Wettervorhersage ganz eigener Art durchgab.

Wir hatten vereinbart, daß ich kein Funkgerät einstecken sollte. Falls ich erwischt werden sollte – als Francisco das in Erwägung zog, hatte Latifa mir tatsächlich den Arm gedrückt –, sollten wenigstens keine Indizien auf Mittäter hinweisen.

Also hatte ich nur Hugo und seine glänzenden Augen.

Oben auf dem Schilthorn, in einer Höhe von gut dreitausend Metern, steht das Restaurant Piz Gloria: eine überwältigende Kreation aus Glas und Stahl, wo man sitzen, einen Kaffee im Gegenwert eines mittelprächtigen Sportwagens trinken und an klaren Tagen die Aussicht auf immerhin sechs Kantone genießen kann.

Wenn sie gewisse Ähnlichkeit mit mir haben, werden Sie den größten Teil des klaren Tages darüber nachgrübeln, welche sechs Kantone das sein sollen, und wenn Ihnen dann noch Zeit bleibt, dürften Sie sich mit einiger Wahrscheinlichkeit fragen, wie um Himmels willen die Mürrener das Gebäude da hochbekommen haben und wie viele von ihnen bei den Bauarbeiten draufgegangen sind. Wenn man diese Konstruktion sieht und sich vergegenwärtigt, daß ein durchschnittlicher britischer Maurer ewig und drei Tage braucht, um einem den Kostenvoranschlag für einen Küchenausbau zu schicken, dann muß man die Schweizer einfach bewundern.

Das Restaurant rühmt sich außerdem, einmal den Drehort für einen James-Bond-Film abgegeben zu haben; seinen

Filmnamen Piz Gloria hat es behalten, und sein Pächter hat das Recht, 007-Memorabilien an jeden zu verhökern, den die Tasse Kaffee noch nicht in den Bankrott getrieben hat.

Kurz und gut, jeder Besucher von Mürren mußte dieses Restaurant einfach gesehen haben, wenn er die Gelegenheit bekam, und die van der Hoeves hatten beim *Bœuf en croûte* am Vorabend entschieden, daß sie diese Gelegenheit definitiv hatten.

An der Bergstation der Seilbahn stiegen Hugo und ich aus und trennten uns. Ich ging nach drinnen, schnappte nach Luft, zeigte mit dem Finger und schüttelte den Kopf darüber, wie geschmackvoll dieser ganze Bergkrempel sei, während Hugo draußen blieb, rauchte und an seinen Bindungen herumhantierte. Er spielte den fanatischen Skiläufer, den es auf schwarze Pisten und in den Pulverschnee trieb, und überhaupt, quatschen Sie mich bloß nicht von der Seite an, denn das Baßsolo bei diesem Stück ist einfach ergreifend. Da genügte mir die Rolle des gaffenden Idioten.

Ich schrieb ein paar Postkarten – aus irgendeinem Grund alle an einen Mann namens Colin –, gelegentlich warf ich einen Blick auf Österreich, Italien oder Frankreich oder sonst ein Fleckchen Erde mit Schnee drauf, bis die Kellner langsam sauer wurden. Ich fragte mich gerade, ob der Etat des Schwerts der Gerechtigkeit eine zweite Tasse Kaffee verkraften könnte, als ich aus dem Augenwinkel bunte Bewegungen sah. Ich blickte hoch und erkannte Hugo, der mir draußen vom Portal aus zuwinkte.

Alle Anwesenden im Restaurant bemerkten ihn. Wahrscheinlich bemerkten ihn Tausende von Menschen in Österreich, Italien und Frankreich. Es war ein schlechthin jämmerlicher Dilettantismus, und wäre Francisco dabeigewesen, hätte er Hugo kräftig eine gelangt, was während der Ausbildung ziemlich oft sein mußte. Aber Francisco war nicht dabei, Hugo machte sich zum kreischbunten Affen, und ich hätte mich ausschütten können vor Lachen. Mich versöhnte einzig und allein, daß keiner der vielen neugierigen Zuschauer genau hätte sagen können, wem oder was er zuwinkte.

Seine Augen verbargen sich nämlich hinter einer Sonnenbrille.

Das erste Pistenstück nahm ich aus zwei Gründen sehr gemächlich: erstens wollte ich, wenn die Zeit für den Schuß kam, nicht aus der Puste sein; zweitens (und wichtiger) war ich nicht gerade wild darauf, mir ein Bein zu brechen und auf einer Trage den Berg hinabtransportiert zu werden, während ich diverse Gewehrteile an mir versteckt hatte.

Also stemmte ich aus und lief Schneepflugbögen, machte die Schwünge möglichst weit und langsam und überquerte sanft den schwärzesten Teil der Piste, bis ich die Baumgrenze erreicht hatte. Der Schwierigkeitsgrad der Abfahrt machte mir Sorgen. Jeder Narr mußte doch merken, daß Dirk und Rhona schlicht und ergreifend zu schlecht waren, um sie ohne zahlreiche Stürze, vielleicht sogar der fataleren Art, zu meistern. Wäre ich Dirk oder Dirks Freund oder auch nur ein mitfühlender Skikollege gewesen, hätte ich ihm geraten, vergiß es. Fahr mit der Seilbahn wieder runter, und such dir was Leichteres.

Aber Francisco war todsicher, was Dirk anging. Er meinte, er kenne seinen Mann. In seiner Analyse war Dirk ein sparsamer Mensch − eine Eigenschaft, die für einen Finanzminister ja wohl auch das mindeste ist −, und falls Dirk und Rhona kneifen sollten, mußten sie eine saftige Strafe in Kauf nehmen, wenn sie mit der Kabine ins Tal zurückfuhren.

Francisco war bereit, mein Leben darauf zu verwetten, daß Dirk es wagen würde.

Um auf Nummer Sicher zu gehen, hatte er am Vorabend jedoch Latifa in die Bar vom Edelweiß geschickt, wo Dirk seine Kehle mit etlichen Brandys durchspülte, und sie über die Tapferkeit jedes Mannes, der sich dem Schilthorn stellte, schnäbeln und gurren lassen. Dirk hatte zunächst besorgt dreingeschaut, aber zu guter Letzt hatten ihn Latifas Wimperngeklimper und ihr wogender Busen umgestimmt, und er hatte versprochen, sie am nächsten Abend zu einem Drink einzuladen, falls er wohlbehalten unten ankommen sollte.

Hinter ihrem Rücken drückte Latifa unserer Aktion die Daumen und versprach, sie werde Punkt neun Uhr auf der Matte stehen.

Hugo hatte die Stelle markiert und wartete schon auf mich, rauchte, grinste und amüsierte sich einfach köstlich. Ich lief an ihm vorbei und kam zehn Meter weiter unten in einer Baumgruppe zum Stehen, einfach um Hugo und mir zu beweisen, daß ich noch nicht vergessen hatte, wie man Entscheidungen trifft. Ich drehte mich um, sah am Berg hoch, prüfte die Stellung, die Winkel, die Deckung – dann riß ich den Kopf zu Hugo herum.

Er schnippte seine Zigarette in den Schnee, zuckte die Achseln und machte sich an die Abfahrt, nutzte einen winzigen Huckel für einen überflüssig extravaganten Sprung und ließ eine Puderwolke aufstieben, indem er hundert Meter weiter unten auf der gegenüberliegenden Pistenseite einen perfekten Parallelschwung hinlegte und hielt. Er drehte sich vor mir weg, öffnete den Reißverschluß seiner Skimontur und fing an gegen einen Felsen zu pinkeln.

Ich wollte auch pinkeln. Aber ich hatte Angst, wenn ich einmal anfinge, würde ich nie mehr aufhören; ich würde einfach immer weiterpissen, bis nur noch ein Kleiderhaufen von mir übrig war.

Ich schraubte das Objektiv von der Kamera, nahm die Kappe ab, richtete es auf den Berg und plinkerte durchs Okular. Die Linse war beschlagen und das Bild verschwommen, also öffnete ich meine Jacke und schob das ganze Zielfernrohr darunter, um es mit meinem Körper aufzuwärmen.

Es war kalt und totenstill, und ich hörte meine zitternden Finger auf dem Metall klappern, als ich das Gewehr zusammensetzte.

Ich hatte ihn im Visier. Vielleicht noch achthundert Meter weit weg. Er war so fett wie eh und je, mit einer Silhouette, von der Heckenschützen nur träumen können. Falls Heckenschützen überhaupt träumen.

Selbst auf diese Entfernung war unübersehbar, daß Dirk Höllenqualen durchlitt. Körpersprachlich formulierte er kurze, abgehackte Sätze. Ich. Werde. Gleich. Sterben. Er schob den Hintern raus, die Brust weit vor, seine Beine waren steif vor Angst und Erschöpfung, und er bewegte sich mit der Langsamkeit eines Gletschers.

Rhona war der Abfahrt etwas besser gewachsen, wenn auch nicht viel. Unbeholfen, ruckartig, aber doch mit einem gewissen Vorankommen trudelte sie möglichst langsam die Piste herab, stets bestrebt, sich nicht zu weit von ihrem bedauernswerten Mann zu entfernen.

Ich wartete.

Bei sechshundert Metern fing ich an, mir die Lungen vollzupumpen, betankte mein Blut mit Sauerstoff, damit ich den Hahn bei dreihundert an die Zapfsäule hängen konnte. Ich atmete durch den Mundwinkel aus, blies sanft vom Fernrohr weg.

In einer Entfernung von vierhundert Metern stürzte Dirk zum ungefähr fünfzehnten Mal und ließ sich Zeit mit dem Aufstehen. Ich sah ihn nach Luft schnappen, zog den geriffelten Griff der Kammer zurück und hörte, wie der Piston mit schallendem Klicken einrastete. Herrgott, dieser Schuß würde vielleicht ein Getöse abgeben. Ich hatte plötzlich Lawinen vor Augen und mußte mich zusammennehmen, damit ich nicht in wilde Phantasien abdriftete, unter Tausenden von Tonnen Schnee begraben zu liegen. Was war, wenn meine Leiche jahrelang unauffindbar blieb? Was war, wenn dieser Anorak längst hoffnungslos veraltet war, wenn sie mich endlich rausholten? Ich zwinkerte fünfmal und versuchte, Atmung, Sicht und Panik zu beruhigen. Es war zu kalt für Lawinen. Für Lawinen braucht man erst viel Schnee und dann viel Sonne. Wir hatten weder noch. Reiß dich zusammen. Ich linste wieder durchs Zielfernrohr und sah, daß sich Dirk aufgerappelt hatte.

Er stand und sah mich an.

Zumindest sah er in meine Richtung, spähte in den Wald herab, während er sich den Schnee von der Skibrille putzte.

Er konnte mich nicht gesehen haben. Das war einfach unmöglich. Ich hatte mich hinter einer Schneeverwehung eingegraben, für das Gewehr nur einen ganz schmalen Kanal gebuddelt, und selbst wenn er Gestalten hätte erkennen wollen, wären sie ihm hinter dem unregelmäßigen Gehölz verborgen geblieben. Er konnte mich nicht gesehen haben.

Was beobachtete er dann aber?

Vorsichtig zog ich den Kopf unter den Kamm der Schneewehe zurück und sah mich nach einsamen Langläufern um, Gemsen auf Abwegen oder den Revuegirls von No, No, Nanette – was immer Dirks Interesse auf sich gezogen haben mochte. Ich hielt den Atem an und drehte den Kopf langsam von links nach rechts, suchte den Hügel nach Geräuschen ab.

Nichts.

Ich kroch langsam auf den Grat der Verwehung zurück und sah wieder durchs Visier. Links, rechts, hoch, runter.

Kein Dirk.

Mein Kopf schnellte hoch, genau so, wie es einem immer verboten wird, und suchte das stechende, flirrende Weiß verzweifelt nach seinem Verbleib ab. Ich schmeckte plötzlich Blut im Mund, und mein Herz hämmerte gegen die Rippen, als wollte es sie durchbrechen.

Da. Dreihundert Meter weit weg. Schneller geworden. Auf einem flacheren Teil der Piste probierte er es mit Schußfahrt, und das hatte ihn auf die andere Seite der Abfahrt gebracht. Ich blinzelte wieder, legte das rechte Auge ans Zielfernrohr und schloß das linke.

Bei zweihundert Metern atmete ich tief und konzentriert ein und hielt die Luft an, nachdem meine Lungen dreiviertelvoll waren.

Dirk kreuzte jetzt. Kreuzte den Hang und meine Schußlinie. Ich behielt ihn mit Leichtigkeit im Visier – hätte jederzeit feuern können –, aber ich wußte, daß das hier der sicherste Schuß meines Lebens werden mußte. Ich schmiegte den Finger um den Abzug, spannte seine Feder mit dem weichen Fleisch zwischen dem zweiten und dritten Fingergelenk und wartete.

Etwa hundertfünfzig Meter von mir entfernt blieb er stehen. Sah den Berg hoch. Den Berg runter. Dann wandte er mir die Brust zu. Er schwitzte Blut und Wasser, keuchte vor Anstrengung, vor Angst, vor dem Wissen. Ich richtete das Fadenkreuz auf seine Brustmitte aus. Das hatte ich Francisco versprochen. Das hatte ich allen versprochen.

Langsam drücken. Nie durchziehen. Drück so langsam und liebevoll ab, wie du kannst.

19

Good evening. This is the
nine o'clock news from the BBC.
Peter Sissons

Auf meinen Vorschlag hin blieben wir noch sechsunddreißig Stunden in Mürren.

Ich hatte Francisco darauf hingewiesen, daß man als aller-
erstes die abfahrenden Züge kontrollieren würde. Jeden, der
in den ersten zwölf Stunden nach dem Anschlag abreiste
oder abreisen wollte, würde man gehörig in die Zange nehmen, ob er nun schuldig war oder nicht.

Francisco hatte einige Zeit auf seiner Lippe herumgekaut
und dann beifällig gelächelt. Im Dorf zu bleiben war für
ihn vermutlich die coolere, waghalsigere Alternative, und
Coolness und Wagemut waren Eigenschaften, die Francisco
definitiv in Verbindung mit seinem Namen in einem
‹Newsweek›-Porträt sehen wollte. Mürrischer Blick in die
Kamera, darunter die Unterschrift: FRANCISCO: COOL
UND WAGHALSIG. So in etwa.

Ich dagegen wollte in Mürren bleiben, damit ich Gelegenheit bekam, Solomon zu sprechen, aber ich dachte, es sei
vielleicht klüger, Francisco nichts davon zu erzählen.

Also vertrieb sich jeder auf seine Weise die Zeit und mischte
sich unter die Schaulustigen, als die Hubschrauber eintra-
fen. Erst die Polizei, dann das Rote Kreuz, schließlich die
unvermeidlichen Fernsehteams. Der Anschlag hatte sich in
Windeseile im Dorf herumgesprochen, aber die meisten
Touristen waren viel zu erschrocken, um ihn aufs Tapet zu
bringen. Sie liefen ziellos hin und her, guckten finster in die
Gegend und ließen ihre Kinder nicht aus den Augen.

Die Schweizer saßen in den Kneipen und flüsterten miteinander; entweder hatten sie ebenfalls Angst, oder sie machten sich Sorgen um das Geschäft. Schwer zu sagen. Zur Sorge bestand natürlich kein Grund. Bei Einbruch der Nacht waren die Bars und Restaurants gerammelt voll. Niemand wollte eine Meinung, ein Gerücht oder einen Interpretationsfetzen verpassen, der sich an dieses gräßliche Blutbad anknüpfen ließ.

Zunächst gab man den Irakern die Schuld; das scheint heutzutage das Standardverfahren zu sein. Diese Theorie konnte sich eine gute Stunde lang halten, bis die ersten Schlaumeier anmerkten, daß es keine Iraker gewesen sein konnten, weil sie im Dorf sofort aufgefallen wären. Akzent, Hautfarbe, Hinknien und Ausrichtung nach Mekka. So etwas entging keinem durchschnittlich gewitzten Schweizer.

Danach kam ein durchgeknallter Fünfkämpfer an die Reihe; erschöpft von dreißig Kilometern Querfeldeinlauf kommt der Mann ins Stolpern, schlägt lang hin, aus seinem .22er Gewehr löst sich ein Schuß und tötet Herrn van der Hoeve in einem Unfall von astronomischer Unwahrscheinlichkeit. Trotz ihrer Ausgefallenheit fand diese Theorie ringsum Unterstützung; vor allem, weil dann keine böse Absicht im Spiel war, und die Schweizer wollten auf gar keinen Fall, daß krimineller Vorsatz in ihrem Wintersportparadies sein Haupt erhob.

Eine Zeitlang taten sich die beiden Gerüchte zusammen und gebaren dann ein wahrhaft abstruses Fabelwesen: Es war ein irakischer Fünfkämpfer, sagten die tumben Toren. Gelb vor Neid über den Erfolg der Skandinavier bei den letzten Olympischen Winterspielen war ein irakischer Fünfkämpfer Amok gelaufen (jemand kannte jemanden, der den Namen Mustafa gehört haben wolle); übrigens war er wahrscheinlich immer noch da draußen und pirschte auf der Suche nach großen blonden Skiläufern über den Berg.

Und dann trat Flaute ein. Die Bars leerten sich, die Cafés

schlossen, und die Kellner sahen sich verblüfft an, weil sie ein unberührtes Gericht nach dem anderen abtrugen.

Auch ich brauchte einige Zeit, um herauszufinden, was dahintersteckte.

Da die meisten im Städtchen kursierenden Erklärungen die Touristen nicht zufriedenstellten, zogen diese sich in ihre Hotelzimmer zurück und knieten einzeln oder paarweise vor dem allmächtigen und allwissenden CNN. Dessen Mann vor Ort, Tom Hamilton, ließ die Welt schon beim Schließen der Zimmertür in den Genuß der «allerletzten Berichte» kommen, «eben eingetroffen».

Latifa und ich hatten uns, bedrängt von einem Dutzend angetrunkener Deutscher, vor dem Fernsehgerät der Bar Zum Wilden Hirsch eingefunden und verfolgten, wie Tom seiner Überzeugung Ausdruck verlieh, «daß dieser Mord das Werk von Aktivisten war» – und für so was bekommt Tom um die 200 000 Dollar im Jahr, schätze ich. Ich hätte ihn ja zu gern gefragt, wie er es geschafft habe, so schonungslos die Möglichkeit auszuräumen, daß der Mord das Werk von Passivisten sei; ich hätte ihn auch ohne weiteres fragen können, denn während wir versuchten, der Invasion der Deutschen standzuhalten, ging Tom in einem Lichtkegel gleißender Wolframscheinwerfer keine zweihundert Meter von uns entfernt seinen Pflichten nach. Vor zwanzig Minuten erst hatte ich zugesehen, wie ein CNN-Techniker ihm ein drahtloses Mikrofon an die Krawatte stecken wollte, und Tom hatte mit der Bemerkung abgewinkt, das mache er selbst, weil er sich den Sitz des Krawattenknotens nicht verderben lassen wolle.

Der Bekenneranruf sollte um zehn Uhr Ortszeit erfolgen. Wenn Cyrus seine Arbeit getan hatte und der Anruf wie geplant durchgekommen war, dann ließ man sich bei CNN Zeit mit der Überprüfung. Das heißt, wenn Toms Stab aus demselben Holz geschnitzt war wie er, dann ließ man sich eher Zeit für die Lektüre. Francisco hatte darauf bestanden, das

Wort «Hegemonie» zu benutzen, und das hatte sie wahrscheinlich erst mal aus den Pantinen gekippt.

Um fünf vor halb zwölf gingen sie damit endlich auf
Sendung, Doug Rose, der Nachrichtensprecher von CNN,
trug den Text langsam und deutlich vor, mit einem saftigen
Beigeschmack von «Herrgott, diese Burschen machen mich
ganz krank».

Das Schwert der Gerechtigkeit.

Mami, schnell, komm her. Wir sind im Fernsehen. Der
Mann spricht über uns.

Ich glaube, hätte ich gewollt, dann hätte ich in jener
Nacht mit Latifa schlafen können.

Die weitere CNN-Berichterstattung bestand vorwiegend aus
Archivmaterial über Terrorismus im Wandel der Zeiten und
beanspruchte das Gedächtnis der Zuschauer bis an die
Grenze seiner Belastbarkeit, als man an das Sprengstoffatten-
tat baskischer Separatisten auf ein Regierungsgebäude in
Barcelona Anfang vergangener Woche erinnerte. Ein bärtiger
Mann trat auf und wollte sein Buch über Fanatismus unter
die Leute bringen, und dann stand wieder das wichtigste
Thema von CNN auf dem Programm: den Zuschauern von
CNN klarzumachen, daß sie in Wahrheit CNN sehen sollen.
Vorzugsweise in einem anderen schicken Hotel als dem, in
dem sie gerade abgestiegen sind.

Ich lag allein auf meinem Bett im Eiger, die eine Hand ver-
sorgte mich mit Whisky, die andere mit Nikotin, und fragte
mich, was einem wohl zustieß, wenn man in dem schicken
Hotel wohnte, für das sie warben, während sie dafür warben.
War man dann gestorben? Oder in ein Paralleluniversum versetzt worden? Oder lief die Zeit dann rückwärts?

Ich wurde zunehmend betrunken, wissen Sie, deswegen
hörte ich das Klopfen nicht gleich. Oder wenn ich es gleich
hörte, dann wollte ich es nicht hören, und so klopfte es
zehn Minuten oder auch zehn Stunden, bis sich mein Ge-

hirn aus seiner CNN-Apathie aufraffte. Ich schwang mich vom Bett.

«Wer ist da?»

Schweigen.

Ich hatte keine Waffe, wollte auch keine benutzen, also öffnete ich die Tür und streckte den Kopf hinaus. Que sera, sera.

Ein sehr kleiner Mann stand im Korridor. Klein genug, um einen Menschen von meiner Größe inständig zu hassen.

«Herr Balfour?»

Einen Augenblick lang übermannte mich vollkommene Orientierungslosigkeit. Diese Orientierungslosigkeit ist bei Undercover-Agenten gar nicht so selten – immer mehr Tassen fehlen im Schrank, man überblickt nicht mehr, wer man sein soll, wer man wirklich ist, ob Linkshänder oder Rechtshänder, und wie Türklinken funktionieren. Das Whiskytrinken, habe ich festgestellt, steigert die Häufigkeit solcher Augenblicke.

Ich merkte, daß er mich anstarrte, also schützte ich einen Hustenanfall vor, während ich mich sammelte. Balfour, ja oder nein? Ich benutzte den Namen Balfour, aber bei wem bloß? Für Solomon war ich Lang, für Francisco Ricky, für die meisten Amerikaner Durrell, und Balfour ... heureka! Balfour war ich im Hotel; und wenn man so wollte, und ich bezweifelte nicht, daß man so wollte, war ich Balfour auch für die Polizei.

Ich nickte.

«Kommen Sie bitte mit.»

Er machte auf dem Absatz kehrt und marschierte den Korridor hinab. Ich schnappte mir Jacke und Zimmerschlüssel und folgte ihm, denn Herr Balfour war ein guter Bürger, der sich an jedes erdenkliche Gesetz hielt und das auch von anderen erwartete. Auf dem Weg zum Fahrstuhl warf ich einen Blick auf die Schuhe meines Begleiters und sah, daß er Plateausohlen trug. Er war wirklich sehr klein.

Draußen schneite es (zugegeben, es schneit meistens draußen, aber vergessen Sie nicht, daß ich mit der Ausnüchterung gerade erst begonnen hatte), riesige weiße Scheiben sanken sanft zu Boden wie die Trümmer einer himmlischen Kissenschlacht, bedeckten alles, dämpften alles und sorgten dafür, daß alles nicht mehr so wichtig war.

Wir liefen etwa zehn Minuten; machte ich einen Schritt, machte er sieben, bis wir eine Hütte am Dorfrand erreichten. Sie war aus Holz, hatte nur ein Stockwerk und mochte uralt sein oder auch nicht. Ihre Fensterläden klapperten, und die Spuren im Schnee verrieten, daß in letzter Zeit viele Besucher hier vorbeigekommen waren. Vielleicht war es auch nur ein einziger, sehr vergeßlicher Besucher.

Es war eine seltsame Erfahrung, diese Hütte zu betreten, und sie hätte kaum an Seltsamkeit verloren, wenn ich nüchtern gewesen wäre. Ich hatte den Eindruck, ich hätte etwas mitbringen sollen; mindestens Gold oder Weihrauch. Wegen der Myrrhe machte ich mir weniger Vorwürfe, weil ich nie geschnallt habe, was das ist.

Der sehr kleine Mann blieb vor einer Seitentür stehen, sah mich über die Schulter hinweg an und klopfte dann. Nach geraumer Zeit wurde ein Riegel zurückgeschoben, dann noch einer, und nach zwei weiteren schwang die Tür endlich auf. Eine grauhaarige Frau musterte den sehr kleinen Mann einen Augenblick lang, musterte mich drei Augenblicke lang, nickte, trat beiseite und ließ uns vorbei.

Dirk van der Hoeve saß auf dem einzigen Stuhl im Zimmer und putzte seine Brille. Er trug einen dicken Mantel, hatte einen Schal um den Hals geschlungen, und seine fetten Füße quollen über die Schuhränder. Er trug teure schwarze Halbschuhe mit Lederschnürsenkeln. Das fiel mir nur auf, weil er selbst sie so kritisch beäugte.

«Herr Minister, das ist Thomas Lang», sagte Solomon, trat aus dem Dunkel und betrachtete mich mehr als Dirk.

Dirk putzte geruhsam die Brille zu Ende und sah auf den Boden, während er sie schließlich behutsam aufsetzte. Endlich hob er den Kopf und sah mich an. Unfreundlich. Er atmete durch den Mund wie ein Kind, dem der Broccoli zu heiß ist.

«Angenehm», sagte ich und streckte ihm die Hand hin.

Dirk sah Solomon an, als hätte ihn niemand gewarnt, daß er mich auch anfassen müsse, dann reichte er mir widerwillig ein schlaffes nasses Etwas mit Fingern dran.

Wir starrten uns eine Zeitlang an.

«Kann ich jetzt gehen?» fragte er dann.

Solomon zögerte einen Moment, traurig, als hätte er gehofft, wir könnten noch beisammenbleiben und eine Partie Whist spielen.

«Selbstverständlich, Sir», sagte er.

Erst als Dirk aufstand, sah ich, daß er zwar fett war – Menschenskind, und wie fett –, aber beileibe nicht so fett wie bei seiner Ankunft in Mürren.

Das haben kugelsichere Westen so an sich, wissen Sie. Sie sind eine wunderbare Erfindung und erfüllen alle Hoffnungen in puncto Lebenserhaltung. Aber schmeichelhaft sind sie nicht. Für die Figur, meine ich. Unter einem Skianzug getragen, sieht ein leicht übergewichtiger Mensch darin sehr fett aus, und ein Mann wie Dirk wirkt wie ein Sperrballon.

Ich hatte nicht den geringsten Anhaltspunkt, was sie mit ihm ausbaldowert hatten. Oder von mir aus mit der Regierung der Niederlande. Mir sagte ja nie einer was. Vielleicht stand ihm gerade ein Urlaubsjahr zu, oder er sollte pensioniert oder gefeuert werden – vielleicht hatte man ihn auch mit einem Dutzend minderjähriger Mädchen im Bett erwischt. Oder aber man hatte ihm einfach eine Menge Geld gegeben. Ich hab mir sagen lassen, daß das bei manchen Leuten Wunder wirkt.

Egal, wie es angezettelt worden war, Dirk mußte etliche Monate von der Bildfläche verschwinden, sich selbst und mir zuliebe. Wenn er nächste Woche auf einem Gipfeltreffen aufkreuzte und ein flexibles Wechselkurssystem für die Staaten Nordeuropas forderte, mußte das einen merkwürdigen Eindruck machen, und die Leute würden sich wundern. Selbst CNN konnte dem nachgehen.

Dirk ging ohne jede Ausrede. Die Grauhaarige quetschte seine Massen durch die Tür, und er verschwand mit dem sehr kleinen Mann in der Nacht.

«Wie fühlt Ihr Euch, Sir?»

Jetzt saß ich auf dem Stuhl, die Manöverkritik war abgehakt, Solomon ging gemessenen Schritts um mich herum und begutachtete meinen Kampfgeist, mein Rückgrat und meinen Rausch. Er hatte einen Finger an die Lippen gelegt und tat so, als wäre ich gar nicht da.

«Danke, gut, David. Und du?»

«Erleichtert, Master. Würde ich sagen. Ja. Auf jeden Fall erleichtert.» Pause. Er dachte weit mehr, als er redete. «Übrigens darf ich Euch zu einem ausgezeichneten Schuß gratulieren, Sir», sagte er schließlich. «Das soll ich Euch von meinen amerikanischen Kollegen ausrichten.»

Solomon schenkte mir ein mattes Lächeln, als wäre die Nettigkeitenschachtel gleich leer und er müsse dann die andere aufmachen.

«Ich bin entzückt, daß man mit mir zufrieden ist», sagte ich. «Und jetzt?»

Ich zündete mir eine Zigarette an und versuchte Rauchringe zu blasen, aber Solomons Wanderungen verdarben mir das Spielfeld. Ich sah den streifigen und mißratenen Rauchschwaden hinterher und merkte schließlich, daß er nicht geantwortet hatte.

«David?»

«Ähm, ja, Master», sagte er nach einer Pause. «Und jetzt?

Das ist in der Tat eine intelligente und unausweichliche Frage, die einer erschöpfenden Antwort bedarf.»

Irgendwas stimmte hier nicht. Solomon sprach sonst nicht so. Ich spreche so, wenn ich blau bin, aber Solomon nie.

«Also?» fragte ich. «Machen wir Feierabend? Schuldigkeit getan, Schurken in flagranti ertappt, Teegebäck und Ritterschläge für alle Beteiligten?»

Er blieb hinter meiner rechten Schulter stehen.

«Um der Wahrheit die Ehre zu geben, Master, die Dinge werden ab sofort etwas peinlich.»

Ich drehte mich zu ihm und schenkte ihm ein Lächeln. Er erwiderte es nicht.

«Mit welchem Adjektiv würdest du denn die Dinge bis hierher beschreiben? Also wenn nichts Peinliches an dem Versuch ist, einen Menschen in einer kugelsicheren Weste zu erschießen ...»

Aber er hörte mir gar nicht zu. Auch das war nicht seine Art.

«Sie möchten, daß Ihr dabeibleibt», sagte er.

Natürlich wollten sie das. Das war doch kalter Kaffee. Die Terroristenhatz war nicht das Ziel der Übung und war es nie gewesen. Sie wollten, daß ich dabeiblieb, sie wollten, daß alles so weiterlief, bis der Rahmen für die große Show stimmte. CNN an Ort und Stelle, Kamera läuft – und nicht erst vier Stunden später.

«Master», sagte Solomon nach einiger Zeit, «ich muß Euch eine Frage stellen, und ich möchte, daß Ihr sie mir offen und ehrlich beantwortet.»

Das war gar nicht nach meinem Geschmack. Das war völlig verkehrt. Das war Rotwein zum Fisch. Das war ein Mann, der braune Schuhe zum Smoking trug. Das Ganze war oberfaul.

«Schieß los», sagte ich.

Er wirkte richtig besorgt.

«Antwortet Ihr auch ehrlich? Das muß ich wissen, bevor ich frage.»

«David, woher soll ich das wissen?» Ich lachte und hoffte, er würde sich entkrampfen, entspannen und aufhören, mich ins Bockshorn zu jagen. «Wenn du wissen willst, ob du Mundgeruch hast, sag ich dir die Wahrheit. Wenn du ... was weiß ich, irgend etwas anderes wissen willst, dann werde ich wahrscheinlich lügen.»

Allem Anschein nach reichte ihm das nicht. Das war natürlich auch kein Wunder, aber was hätte ich denn sonst sagen sollen? Er räusperte sich langsam und bedächtig, als würde er sich nicht so bald wieder räuspern können.

«Was genau verbindet Euch mit Sarah Woolf?»

Damit hatte er mich auf dem falschen Fuß erwischt. Darauf konnte ich mir keinen Reim machen. Also verfolgte ich, wie Solomon langsam hin und her schritt, die Lippen schürzte und stirnrunzelnd zu Boden starrte wie ein Vater, der vor seinem halbwüchsigen Sohn das Thema Masturbation anschneiden möchte. Ich war bei einem solchen Gespräch zwar nie dabeigewesen, kann mir aber vorstellen, daß man andauernd rot wird und herumzappelt, und mikroskopisch kleine Staubkörnchen auf dem Ärmel erfordern plötzlich immense Zuwendung.

«Warum fragst du, David?»

«Bitte, Master.» Das war heute wirklich nicht Davids Tag. Er holte tief Luft. «Antwortet einfach. Bitte.»

Ich sah ihn lange an, ärgerte mich über ihn, bemitleidete ihn gleichzeitig aber auch.

«‹Um der alten Zeiten willen›, wolltest du das sagen?»

«Um wessen willen auch immer», sagte er, «solange Ihr nur meine Frage beantwortet, Master. Alte Zeit, neue Zeit, bloß redet endlich.»

Ich zündete mir noch eine Zigarette an, betrachtete meine Hände und versuchte wie schon so oft, mir selbst diese Frage zu beantworten, bevor ich sie ihm beantwortete.

Sarah Woolf. Graue Augen mit einem Grünstreifen. Schöne Sehnen. O ja, ich erinnerte mich an sie.

Was empfand ich für sie? Liebe? Das konnte ich nicht beurteilen, oder? Das Gefühl war mir viel zu fremd, als daß ich mich aus dem Stegreif darauf festlegen konnte. Liebe ist ein Wort. Ein Klang. Daß man diesen Klang mit einem bestimmten Gefühl verbindet, ist reiner Zufall, unwägbar und letztlich nichtssagend. Nein, darauf muß ich noch mal zurückkommen, wenn's Ihnen nichts ausmacht.

Wie wär's mit Mitleid? Ich habe Mitleid mit Sarah Woolf, weil ... weil was? Sie hat ihren Bruder verloren, dann ihren Vater, und jetzt schmachtet sie im finsteren Turm, weil ihr Märchenprinz den Aufbau der Trittleiter nicht gebacken bekommt. Wahrscheinlich mußte ich sie dafür bemitleiden: daß sie keinen besseren Retter als mich abbekommen hatte.

Freundschaft? Verdammt, ich kenn die Frau doch kaum.

Ja, was war es denn dann?

«Ich liebe sie», sagte jemand, und ich erkannte meine Stimme.

Solomon schloß kurz die Augen, als wäre das schon wieder die falsche Antwort, dann ging er langsam und zögernd zu einem Tisch an der Wand und griff nach einer Plastikbüchse. Er wog sie kurz in der Hand, als überlegte er, ob er sie mir geben oder nicht lieber in den Schnee hinauswerfen sollte, und dann fing er an, seine Taschen zu durchwühlen. Das Gesuchte steckte prompt in der Tasche, in der er als letztes nachsah, und ich freute mich, daß das auch mal jemand anderem passierte. Er zog eine Taschenlampe heraus, reichte sie mir mitsamt der Büchse, wandte sich ab und überließ mir diskret alles Weitere.

Nun, ich öffnete die Büchse. Natürlich. Das macht man nun mal so, wenn einem eine geschlossene Büchse in die Hand gedrückt wird. Man öffnet sie. Ich hob also im wörtlichen wie im übertragenen Sinn den gelben Plastikdeckel ab, und sofort wurde mir das Herz noch ein bißchen schwerer.

Die Büchse war voller Dias, und mir war auf Anhieb klar, daß sie mir gar nicht gefallen würden.

Ich nahm das erste heraus und hielt es vor die Taschenlampe. Sarah Woolf. Gar keine Frage.

Ein sonniger Tag, ein schwarzes Kleid, sie stieg aus einem Londoner Taxi. Alles in Butter. Nichts gegen zu sagen. Sie lächelte – glücklich und über das ganze Gesicht –, aber das ist ja nicht verboten. Das geht schon in Ordnung. Ich erwartete ja nicht, daß sie rund um die Uhr in ihre Spitzenkissen schluchzte. Also. Weiter.

Bezahlt den Fahrer. Auch dagegen war nichts einzuwenden. Man fährt Taxi und muß beim Fahrer bezahlen. So ist das Leben. Das Bild war mit Tele aufgenommen worden, mindestens einem 135-mm-Objektiv, wenn nicht mehr. Und die Dias waren in so schneller Abfolge geschossen worden, daß die Kamera einen Motor haben mußte. Aber wer machte sich denn die Mühe ...

Auf dem nächsten Dia wendet sie sich vom Taxi zum Bordstein. Lachend. Der Fahrer betrachtet ihren Hintern, was ich an seiner Stelle auch getan haben würde. Sie hat seinen Hals betrachtet, er betrachtet ihren Hintern. Ein fairer Tausch. Na gut, vielleicht nicht ganz fair, aber nichts in der Welt ist vollkommen.

Ich sah Solomons Rücken und seinen gesenkten Kopf an.

Das nächste bitte.

Ein Männerarm. Arm und Schulter, genauer gesagt, in einem dunkelgrauen Anzug. Der Arm will ihre Taille umfangen, und sie legt den Kopf in den Nacken, um einen Kuß zu empfangen. Das Lächeln ist noch seliger geworden. Aber wen schert das? Wir sind doch keine Puritaner. Eine Frau kann mit einem Mann essen gehen, höflich sein, kann sich über das Wiedersehen freuen – deswegen muß man doch in drei Teufels Namen nicht gleich die Polizei rufen.

Jetzt liegen sie sich in den Armen. Sie sieht in Richtung

Kamera, sein Gesicht ist daher verdeckt, aber sie umarmen sich zweifellos. Eine ordentliche, ausgewachsene Umarmung. Also ist er vermutlich nicht der Filialleiter ihrer Bank. Na und?

Das nächste Dia zeigt fast dasselbe Motiv, aber sie drehen sich langsam. Sein Kopf löst sich von ihrem Nacken.

Jetzt kommen sie auf den Betrachter zu, immer noch Arm in Arm. Sein Gesicht ist nicht zu erkennen, weil gerade ein Passant die Kamera passiert und das Bild verschwommen ist. Aber ihr Gesicht. Was ist das für ein Gesichtsausdruck? Himmel? Wonne? Frohsinn? Verzückung? Oder nur Höflichkeit? Nächstes und letztes Dia.

Hoppla, dachte ich. Das also war des Pudels Kern.

«Hoppla», sagte ich. «Das also war des Pudels Kern.»

Solomon zeigte keine Reaktion.

Ein Mann und eine Frau kommen dem Betrachter entgegen, und ich kenne alle beide. Ich habe gerade zugegeben, daß ich die Frau liebe, obwohl ich nicht hundertprozentig sicher bin, daß das stimmt, ich gerate sogar immer mehr ins Schwanken, aber der Mann ... tja, dieser Mann.

Er ist groß. Er ist attraktiv, wenn auch etwas verwittert. Er trägt einen teuren Anzug. Und er lächelt ebenfalls. Beide lächeln. Im Großformat. Lächeln so breit, daß sie ohne Ohren im Kreis grinsen würden.

Natürlich wüßte ich verdammt gern, was die beiden bloß so glücklich macht. Wenn's ein Witz ist, will ich ihn auch hören – will selbst beurteilen, ob er's wert ist, daß man sich dafür das Zwerchfell bricht, ob seine Pointe wirklich rechtfertigt, daß man über seinen Nachbarn herfällt und ihn auf diese Weise durchknetet. Oder ihn überhaupt an sich drückt.

Ich kenn den Witz natürlich nicht, aber ich bin sicher, daß ich nicht darüber lachen könnte. Todsicher.

Der Mann auf dem Dia, der den Arm um meine Dame des finsteren Turms legt und sie zum Lachen bringt – sie mit Gelächter erfüllt, sie mit Heiterkeit erfüllt, sie mit Stücken seiner selbst erfüllt, wie ich annehmen muß –, ist Russell P. Barnes.

Wir machen hier eine Pause. Gesellen Sie sich wieder zu uns, nachdem ich die Diabüchse durchs Zimmer geworfen habe.

20

Das Leben zerfällt in Schluchzen,
Schniefen und Strahlen,
aber das Schniefen überwiegt.

O. Henry

Ich erzählte Solomon alles. Ich konnte nicht anders.
Sehen Sie, Solomon ist ein kluger Mann, einer der klügsten, die ich je kennengelernt habe, und der Versuch weiterzustolpern, ohne seinen Intellekt in Anspruch zu nehmen, wäre töricht gewesen. Bevor ich diese Dias zu Gesicht bekommen habe, war ich im großen und ganzen auf mich allein gestellt gewesen und hatte eine einsame Ackerfurche gepflügt, aber jetzt mußte ich einsehen, daß der Pflug im rechten Winkel davongeeiert war und die Scheune gerammt hatte.

Morgens um vier war ich endlich fertig, aber schon lange vorher hatte Solomon seinen Rucksack geöffnet und all die Sachen zutage gefördert, ohne die die Solomons dieser Welt anscheinend nie aus dem Haus gehen. Wir hatten eine Thermoskanne Tee und zwei Plastikbecher dabei, für jeden eine Orange und ein Obstmesser sowie ein halbes Pfund Cadbury's Milchschokolade.

Und beim Essen, Trinken, Rauchen und Naserümpfen übers Rauchen unterbreitete ich Solomon die Geschichte des Graduiertenkollegs vom Anfang bis zur Mitte: daß ich nicht hier war und das, was ich tat, zum Wohl der Demokratie tat, nicht dafür, daß meine Mitbürger ruhig schlafen konnten, und keine glückliche und freie Welt herbeiführte. Seit die ganze Angelegenheit ins Rollen gekommen war, hatte ich nur Waffen verkauft.

Und das hieß, daß auch Solomon sie verkaufte. Ich war der Händler und Vertreter, und er saß irgendwo in der Marketingabteilung. Ich wußte, daß ihm diese Vorstellung Zahnschmerzen bereiten würde.

Solomon war ganz Ohr, nickte und stellte im richtigen Moment die richtigen Fragen in der richtigen Reihenfolge. Ich konnte nicht beurteilen, ob er mir glaubte oder nicht, allerdings konnte ich das bei Solomon noch nie und werde es wohl auch nicht mehr lernen.

Als ich fertig war, lehnte ich mich zurück und spielte mit einem Schokoladenriegel herum. Ich fragte mich, ob die Einfuhr von Cadbury's in die Schweiz wohl das gleiche war, wie Eulen nach Athen zu tragen, antwortete aber mit Nein. Seit meiner Kindheit sitzt Schweizer Schokolade auf dem absteigenden Ast, und heutzutage kann man sie nur noch seiner Tante schenken. Cadbury's hingegen läuft und läuft und läuft, besser und billiger als jede andere Schokolade der Welt. Finde ich jedenfalls.

«Das ist ja eine irrsinnige Geschichte, Master, wenn ich es einmal so formulieren darf.» Solomon stand da und starrte die Wand an. Hätte sie ein Fenster gehabt, hätte er vermutlich durchs Fenster gestarrt, aber sie hatte keins.

«Darfst du», sagte ich.

Dann widmeten wir uns wieder den Dias und überlegten, welche Konsequenzen sie für uns haben mochten. Wir vermuteten und wir ahnten; wir kombinierten und kalkulierten und spekulierten; und als der Schnee schließlich irgendwo das erste Licht aufgabelte, durch die Fensterläden stopfte und unter der Tür durchschob, glaubten wir, alle Eventualitäten berücksichtigt zu haben.

Es gab drei Möglichkeiten.

Natürlich mit Nebenmöglichkeiten in Hülle und Fülle, aber im Moment war uns nicht nach Zwischentönen, also kehrten wir alle Nebenmöglichkeiten zu drei Haufen zusammen, und zwar folgenden: er beschiß sie; sie beschiß ihn; keiner beschiß den anderen, sondern sie waren einfach ver-

liebt ineinander – zwei Amerikaner, die sich die langen
Nachmittage in einer fremden Stadt vertrieben.

«Wenn sie ihn bescheißt», setzte ich zum x-ten Mal an,
«was beabsichtigt sie dann damit? Was führt sie bloß im
Schilde?»

Solomon nickte, rieb sich das Gesicht und kniff die Augen
zusammen.

«Ein postkoitales Geständnis?» Als er merkte, wie sich das
anhörte, verzog er selbst säuerlich das Gesicht. «Sie zeichnet
es auf, filmt es oder hält es sonstwie fest und schickt es der
‹Washington Post›?»

Das fand ich ebensowenig plausibel wie er.

«Ziemlich schwaches Bild, würd ich sagen.»

Solomon nickte wieder. Er pflichtete mir stärker bei, als
ich verdient hatte – wahrscheinlich schlug er drei Kreuze,
daß ich, so wie die Dinge standen und hunderttausend andere lagen, noch nicht durchgedreht war, und wollte mich
zu Besonnenheit und Optimismus zurückmassieren.

«Dann bescheißt er also sie?» fragte er, legte den Kopf auf
die Seite, zog die Augenbrauen hoch und scheuchte mich
durchs Gatter wie ein schlauer Hütehund.

«Möglich wär's», sagte ich. «Eine brave Gefangene macht
weniger Ärger als eine bockige. Oder er hat ihr einen vom
Pferd erzählt, er werde das alles wieder einrenken, er habe
beim Präsidenten einen Stein im Brett, irgendwas in der
Richtung.»

Das klang auch nicht gerade überzeugend.

Also blieb nur Möglichkeit Nummer drei.

Aber warum sollte sich eine Frau wie Sarah Woolf mit
einem Mann wie Russell P. Barnes einlassen? Warum sollte
sie mit ihm spazierengehen, lachen und das Tier mit den vier
Arschbacken machen? Falls sie das machte, aber da war ich
mir relativ sicher.

Na gut, er war attraktiv. Er war durchtrainiert. Er war intelligent, wenn auch von der eher dämlichen Sorte. Er hatte Macht. Er kleidete sich stets nach dem letzten Schrei. Aber was konnte er ihr, von all dem abgesehen, denn schon bieten? Meine Güte, der Mann war alt genug, um ein korrupter Staatsdiener ihres Vaterlandes zu sein.

Über die sexuellen Reize von Russell P. Barnes dachte ich auf dem Rückweg ins Hotel nach. Die Morgendämmerung fuhr jetzt definitiv in den Bahnhof ein, und der frisch gefallene weiße Schnee glitzerte wie elektrisiert. Ich bekam Schnee in die Hose, er knirschte unter meinen Sohlen, und das Stück direkt vor mir sagte immerzu: «Betritt mich nicht, betritt mich bitte nicht ... zu spät.»

Russell Barnes. Am Arsch.

Ich erreichte das Hotel und schlich auf Zehenspitzen zu meinem Zimmer. Ich schloß auf, glitt hinein und erstarrte: stocksteif, mit den Armen noch halb in der Skijacke. Nach dem Marsch durch Schnee und Alpenluft erkannte ich sämtliche hausinternen Gerüche – den abgestandenen Bierdunst aus der Bar, die Reinigungsmittel im Teppich, das Chlor vom Schwimmbad im Souterrain, den sommerlichen Geruch nach Sonnenöl praktisch überall – und jetzt das. Ein Geruch, der in diesem Zimmer nichts zu suchen hatte.

Er hatte hier nichts zu suchen, weil ich ein Einzelzimmer gebucht hatte, und Schweizer Hotels sind berüchtigt für ihr rigoroses Durchgreifen in dieser Hinsicht.

Latifa rekelte sich im Tiefschlaf auf meinem Bett, die Decke hatte sich um ihren nackten Körper zusammengekrumpelt wie auf einem Pasticcio von Rubens.

«Scheiße, wo hast du gesteckt?»

Sie hatte sich aufgesetzt und die Decke bis unters Kinn hochgezogen, während ich am Fußende des Betts saß und mir die Stiefel abstreifte.

«Brauchte Auslauf», sagte ich.

«Auslauf wohin?» keifte Latifa, vom Schlaf noch ganz

zerknittert und sauer auf mich, weil ich sie so zu Gesicht bekam. «Draußen ist nichts als Scheißschnee. Wohin läufst du in dem Scheißschnee? Was hast du gemacht?»

Ich riß den zweiten Stiefel runter und wandte mich langsam zu ihr.

«Ich habe heute einen Mann erschossen, Latifa.» Nur daß ich für sie Ricky war, und der sagte «Laddifa». «Ich hab den Abzug durchgedrückt und einen Mann abgeknallt.» Ich drehte ihr den Rücken zu und starrte auf den Boden, der Soldatendichter, angewidert von den Schrecknissen der Schlacht.

Ich spürte, wie die Decke unter mir nachgab. Nicht viel. Sie musterte mich einige Zeit.

«Du warst die ganze Nacht unterwegs?»

Ich seufzte. «War unterwegs. Hab mich hingesetzt. Nachgedacht. Weißt du, ein Menschenleben ...»

Ich hatte meinen Ricky so angelegt, daß ihm Worte nicht besonders leicht über die Lippen gingen, also brauchte er einige Zeit für seine Antwort. Wir ließen ein Menschenleben einige Zeit im Raum stehen.

«Viele Menschen sterben, Ricky», sagte Latifa. «Mord und Totschlag findest du überall.» Die Decke gab noch etwas nach, und ich sah, wie sich ihre Hand langsam zu meiner am Bettrand vortastete.

Warum mußte ich mir neuerdings eigentlich immerzu denselben blöden Spruch anhören? Das machen doch alle, also zieh hier keine Show ab, pack lieber mit an, damit wir schneller fertig werden. Ich hätte sie ohrfeigen können, hätte ihr am liebsten gesagt, wer ich sei und was ich von der Operation hielte; daß der Mord an Dirk oder sonstwem nichts ändern, sondern allenfalls Franciscos beschissenes Ego noch weiter aufblähen werde, und das war jetzt schon groß genug, um die Armen der Welt zu beherbergen, und ein paar Millionen Kapitalisten paßten dann noch ins Gästezimmer.

Zum Glück bin ich ein vollendeter Profi, daher nickte ich bloß, ließ den Kopf hängen, seufzte noch ein bißchen vor mich hin und verfolgte, wie ihre Hand immer näher kam.

«Es ist schön, daß du dich schlecht fühlst», sagte sie nach einigem Überlegen. Offensichtlich nicht viel Überlegen, aber immerhin. «Wenn du nichts fühlen würdest, hättest du keine Liebe und keine Leidenschaft. Und ohne Leidenschaft sind wir gar nichts.»

Wir machen auch mit Leidenschaft nicht viel her, dachte ich und knöpfte mein Hemd auf.

Schauen Sie, die Dinge änderten sich. Für mich.

Die Dias waren der Tropfen gewesen, der das Faß zum Überlaufen brachte – die Dias hatten mir klargemacht, daß ich mich schon so lange in den Weltbildern anderer Leute bewegte, daß mir längst alles egal war. Murdah und seine Helikopter waren mir egal; Barnes und Sarah Woolf waren mir egal; O'Neal und Solomon waren mir egal und Francisco und das beschissene Schwert der Gerechtigkeit sowieso. Es war mir egal, wer bei dem Streit den kürzeren zog oder wer den Krieg verlor.

Ich selbst war mir ganz besonders egal.

Latifas Finger streiften meinen Handrücken.

Meiner Meinung nach stecken Männer beim Sex in der Zwickmühle zwischen Chauvischwein und Schmusemax.

Die Sexualapparate der beiden Geschlechter sind einfach nicht kompatibel, das ist die grausige Wahrheit. Der eine ist ein kleiner Flitzer, der sich zum Einkaufen und für kurze Fahrten durch die Stadt eignet und mit dem man überall einen Parkplatz findet; der andere ist ein Kombi, der für lange Strecken und schwere Lasten gedacht ist – insgesamt größer, komplexer und teurer im Unterhalt. Man kauft sich keinen Fiat Panda, wenn man Antiquitäten aus Bristol nach Norwich transportieren will, und einen Volvo kauft man sich aus keinem anderen Grund. Es geht nicht darum, daß der eine besser ist als der andere. Sie sind unterschiedlich, und damit basta.

Wir sehen dieser Wahrheit heutzutage ungern ins Auge – denn Gleichheit lautet unsere Religion, und Ketzer sind immer noch so unbeliebt wie früher –, aber ich werde ihr ins Auge schauen, weil ich schon immer fand, daß Bescheidenheit im Angesicht der Fakten das einzige ist, was einen vernünftigen Menschen bei der Stange hält. Stell dich bescheiden den Tatsachen und stolz den Meinungen, wie George Bernard Shaw einmal gesagt hat.

Hat er natürlich nicht. Ich wollte meiner Bemerkung bloß das Gewicht einer Autorität verleihen, weil die Bemerkung Ihnen garantiert nicht gefällt.

Wenn ein Mann einem Anflug der Lust nachgibt, dann, na ja, dann war's das auch schon. Ein Anflug. Ein Anfall. Ein Ereignis ohne Dauer. Versucht er aber, sich zu beherrschen, und sagt sich möglichst viele Bezeichnungen aus den Pantone-Farbtabellen auf oder welche Verzögerungstaktik er sonst am liebsten anwendet, dann wird er als gefühlskalter Techniker beschimpft. Der heterosexuelle Mann muß sich heutzutage unglaublich ins Zeug legen, wenn er beim Matratzenpflügen noch Anerkennung ernten will.

Ja, ich weiß, Anerkennung ist auch nicht der Sinn der Übung. Aber das sagt sich so leicht, wenn man welche bekommt. Anerkennung, meine ich. Und als Mann bekommt man sie heute eben nicht. Bei der sexuellen Mobilmachung entscheiden Frauen über die Tauglichkeit. Da können Sie buhen, protestieren und schmollen, soviel Sie wollen, es bleibt die nackte Wahrheit. (Jetzt kommen Sie mir doch nicht damit, daß Männer andernorts über Frauen urteilen – sie bevormunden, sie tyrannisieren, sie disqualifizieren, sie unterdrücken und ihnen das Leben schwermachen. Wenn es um ekstatische Zuckungen geht, legen Frauen die Meßlatte an. Da muß dann der Fiat Panda versuchen an den Volvo ranzukommen, und nicht umgekehrt.) Kein Mann würde es jemals wagen, eine Frau zur Schnecke zu machen, weil sie eine Viertelstunde bis zum Orgasmus braucht; und falls doch, wirft er ihr bestimmt nicht vor, sie sei schwach, arrogant oder würde immer nur an sich denken. Gewöhnlich steht der Mann da wie ein begossener Pudel und sagt, ja, so ist ihr Körper nun einmal, das wollte sie von mir, und ich konnte es ihr nicht geben. Ich bin der letzte Dreck, und ich hau ab, sobald ich die andere Socke gefunden habe.

Das ist unfair, ehrlich gesagt, und grenzt schon ans Groteske. Genauso grotesk wie die Bemerkung, der Fiat Panda sei als Auto der letzte Dreck, bloß weil man keinen Kleiderschrank in den Kofferraum kriegt. Er mag in vielerlei Hinsicht der letzte Dreck sein – er bleibt ständig liegen, verbraucht zuviel Öl oder ist pastellgrün, und auf der Heckscheibe steht das mitleiderregende Wort TURBO –, aber er ist nicht Dreck, weil ihn das auszeichnet, wofür er in erster Linie entworfen wurde: Kleinheit. Genausowenig ist der Volvo ein Drecksauto, weil man sich damit auf dem Parkplatz von Safeways nicht an der Schranke vorbeimogeln und ohne zu zahlen auf und davon fahren kann.

Sie können mich dafür ruhig auf den Scheiterhaufen schleppen, aber die beiden Fahrzeuge sind einfach grundverschieden, das ist so sicher wie das Amen in der Kirche. Sie sind für verschiedene Zwecke bei verschiedenen Geschwindigkeiten auf verschiedenen Straßen da. Sie sind verschieden. Andersartig. Ungleich.

So, das mußte mal gesagt werden. Jetzt fühl ich mich auch nicht besser.

Latifa und ich schliefen vor dem Frühstück zweimal miteinander, nach dem Frühstück einmal, im Lauf des Vormittags fiel mir noch Umbrabraun ein, und das machte dann einunddreißig, mein persönlicher Rekord.

«Cisco», sagte ich, «ich hab da mal 'ne Frage.»

«Klar, Rick. Nur zu.»

Sein Blick streifte mich, dann langte er zum Armaturenbrett und drückte auf den Zigarettenanzünder.

Ich überlegte einen langen, langsamen, minnesotischen Augenblick.

«Wo kommt das Geld her?»

Wir waren schon zwei Kilometer weiter, bevor er antwortete.

Wir saßen in Franciscos Alfa Romeo, nur wir beide, rollten Stück für Stück die *autoroute de soleil* von Marseille nach Paris auf, und wenn er die Kassette mit «Born In The USA» noch einmal umdrehte, bekäme ich wahrscheinlich Nasenbluten.

Seit dem Attentat auf Dirk van der Hoeve waren drei Tage vergangen. Das Schwert der Gerechtigkeit fühlte sich ziemlich unbesiegbar, denn die Zeitungen brachten inzwischen andere Nachrichten, und bei der Polizei kratzte man sich angesichts des umfassenden Spurenmangels die computerisierten, datensammelnden Köpfe.

«Wo das Geld herkommt?» wiederholte Francisco schließlich, und seine Finger trommelten am Lenkrad.

«Genau.»

Die Autobahn zog vorbei. Breit, schnurgerade, französisch.

«Warum interessiert dich das?»

Ich zuckte die Achseln.

«Nur so ... weißte ... dachte bloß.»

Er lachte wie ein verrückter Rock 'n' Roller.

«Laß das Denken, Ricky, mein Freund. Du bist fürs Tun da. Das ist dein Spezialgebiet. Bleib dabei.»

Ich lachte mit, weil ich mich immer wohl fühlte, wenn Francisco mich so behandelte. Fünfzehn Zentimeter größer, und er wäre mir wie ein gutmütiger großer Bruder durchs Haar gefahren.

«Klar. Ich dachte eben bloß ...»

Ich verschluckte den Rest. Dreißig Sekungen lang setzten

wir uns etwas aufrechter hin, während ein dunkelblauer Peugeot der Gendarmerie an uns vorbeizog. Francisco ging einen Millimeter vom Gas und ließ ihn ziehen.

«Ich dachte», sagte ich, «also, als ich da den Scheck ausgestellt hab, weißte, im Hotel ... da hab ich gedacht ... ich mein ... das is' 'ne Menge Asche ... weißte ... ich mein, wir sind zu sechst ... Hotels und so ... Flugtickets ... echt 'n Haufen Kohle. Und ich hab gedacht ... ich mein, wo kommt das alles her? Weißte, das muß doch wer bezahlen, was?»

Francisco nickte weise, als versuchte er, mir bei einem komplizierten Problem zu helfen, bei dem es um Freundinnen ging.

«Klar, Ricky. Das bezahlt auch wer. Irgendwer muß immer bezahlen.»

«Genau», sagte ich. «Hab ich mir auch gedacht. Irgendwer muß bezahlen. Und, ich mein, also ... weißte ... wer?»

Er sah einige Zeit geradeaus, dann drehte er sich zu mir und sah mich an. Lange. So lange, daß ich zwischendurch nach vorn schaute, um sicherzugehen, daß uns nicht schon eine Flotte quergestellter LKW-Anhänger erwartete.

Sonst hielt ich seinem Blick mit meiner entwaffnendsten Idiotie stand. Ricky ist ungefährlich, wollte ich signalisieren. Ricky ist ein ehrlicher Fußsoldat, ein schlichtes Gemüt, das bloß wissen will, wer ihm den Sold zahlt. Ricky ist keine Gefahr, war nie eine und wird nie eine.

Ich lachte nervös.

«Das mit der Straße hast du im Griff, ja?» sagte ich. «Ich mein, also ... weißte.»

Francisco zweifelte noch etwas, stimmte dann aber in mein Lachen ein und schaute wieder in Fahrtrichtung.

«Erinnerst du dich an Greg?» fragte er in fröhlichem Singsang.

Ich runzelte ausgiebig die Stirn, denn Ricky hatte ein

schlechtes Gedächtnis für Dinge, die länger als ein paar Stunden her waren.

«Greg», sagte Francisco wieder. «Der mit dem Porsche. Und den Zigarren. Der das Paßfoto von dir gemacht hat.»

Ich wartete noch etwas und nickte dann energisch.

«Greg, klar erinner ich mich an den», sagte ich. «Der hatte 'nen Porsche.»

Francisco lächelte. Vielleicht sagte er sich, daß es eh keine Rolle spielte, was er mir anvertraute, weil ich bis Paris sowieso alles vergessen hätte.

«Genau der. Na ja, und Greg ist ein echt schlauer Fuchs.»

«Ach ja?» sagte ich, als wäre mir das völlig neu.

«Und wie», sagte Francisco. «Oberschlau. Ein schlauer Fuchs mit Geld. Ein schlauer Fuchs mit einer Menge Dinge.»

Ich dachte darüber nach.

«Ich fand, er war 'n Arschloch», sagte ich.

Francisco sah mich verblüfft an, dann lachte er schallend und bearbeitete mit der Faust das Lenkrad.

«Klar ist er ein Arschloch», schrie er. «Ein verdammtes Arschloch, na logo.»

Ich stimmte in sein Lachen ein und glühte vor Stolz, weil ich etwas gesagt hatte, was meinem Boß gefiel. Allmählich beruhigten wir uns, dann griff er zum Kassettenrecorder und stellte Bruce Springsteen ab. Ich hätte ihn küssen können.

«Greg hat einen Partner», sagte Francisco mit unvermittelt ernstem Gesicht. «In Zürich. Die beiden sind richtige Finanzbosse. Verschieben Gelder, machen Geschäfte und stecken ganz dick drin. Drehen alle möglichen Dinger. Verstehst du?» Er sah mich an, ich erwiderte seinen Blick mit gerunzelter Stirn und zeigte ihm, wie sehr ich mich konzentrierte. Genau das wurde offensichtlich von mir erwartet. «Bei Greg klingelt also das Telefon. Das Geld kommt. Mach damit das und das. Leg's auf die hohe Kante. Gib's aus. Kommt ganz drauf an.»

«Heißt das ... also ... wir haben ein Bankkonto?» fragte ich grinsend.

Francisco grinste auch.

«Klar haben wir ein Bankkonto, Ricky. Wir haben jede Menge Konten.»

Ich schüttelte den Kopf, sprachlos über soviel Genialität, dann legte ich wieder die Stirn in Falten.

«Also Greg bezahlt uns? Aber doch nicht von seinem Geld!»

«Nein, nicht von seinem Geld. Er legt es an und bekommt seinen Anteil. Einen saftigen Anteil, könnt ich mir denken, schließlich fährt er 'nen Porsche und ich nur diesen popligen Alfa. Aber sein Geld ist es nicht.»

«Wessen dann?» fragte ich. Wahrscheinlich zu schnell. «Ich mein, wie läuft das ... ist das nur ein Typ? Oder mehrere ... wie läuft das?»

«Nur ein Typ», sagte Francisco, sah mich noch einmal lange und abschließend an — prüfte mich, taxierte mich — und verrechnete den angenehmen Ricky mit dem unangenehmen; überlegte, ob ich diese Information, auf die ich prinzipiell kein Anrecht besaß, überhaupt verdient hatte. Dann zog er die Nase hoch, was Francisco immer tat, wenn er im Begriff stand, etwas Wichtiges zu sagen.

«Ich weiß nicht, wie er heißt», sagte er. «Wie er wirklich heißt, mein ich. Aber er hat einen Decknamen für die Konten. Bei den Banken.»

«Nämlich?» fragte ich.

Ich versuchte, mir nicht anmerken zu lassen, wie atemlos ich zuhörte. Cisco wollte mich verschaukeln und zog die Sache absichtlich in die Länge.

«Nämlich?» wiederholte ich.

«Er nennt sich Lucas», sagte er endlich. «Michael Lucas.»

Ich nickte.

«Cool», sagte ich.

Bald darauf lehnte ich den Kopf ans Fenster und gab vor zu schlafen.

Das hatte was, dachte ich, während wir auf Paris zubrummten. Weiß der Geier was, aber dahinter steckte eine abgefahrene praktische Philosophie, und bis dahin hatte ich nur nichts davon gemerkt.

Ich hatte immer gedacht, *du sollst nicht töten* stünde ganz oben auf der Liste. Auf Platz eins. Klar, das Begehren von seines Nächsten Esel war tunlichst zu vermeiden; desgleichen Ehebruch, und schließlich sollte man noch seinen Vater und seine Mutter ehren und sich kein Bildnis machen.

Aber *du sollst nicht töten*. Das war doch mal ein Gebot. Das vergaß keiner so schnell, weil es einfach so richtig, so wahr und so unumstößlich klang.

Als letztes erinnert man sich immer an das mit dem *falsch Zeugnis reden wider seinen Nächsten*. Im Vergleich zu *du sollst nicht töten* wirkt das armselig. Pingelig. Ein Kavaliersdelikt.

Aber wenn es einem vor den Latz geknallt wird, wenn einem schon schlecht wird, bevor der Verstand verdaut hat, was ihm da zu Ohren gekommen ist, dann geht einem auf, daß Leben, Moral und Werte – daß nichts davon so funktioniert, wie man ein Leben lang geglaubt hat.

Murdah hatte Mike Lucas durch die Kehle geschossen, und das gehörte zum Niederträchtigsten, was ich je gesehen hatte, und mein Leben war nicht gerade arm an Niedertracht. Aber wenn Murdah sich entschied (ob nun aus Gründen der Annehmlichkeit, der Unterhaltung oder einfach damit alles seine Ordnung hatte), falsch Zeugnis zu reden wider den Mann, den er ermordet hatte; wenn er sich entschied, ihm nicht nur das eigene Leben zu nehmen, sondern auch das Nachleben; sein Fortleben, sein Andenken, seinen Ruf; wenn er seinen Namen in den Schmutz zerrte, um seine eigenen

Spuren zu verwischen; wenn er alle noch ausstehenden Ereignisse einem achtundzwanzig Jahre alten CIA-Mann, der nicht ganz richtig tickte, in die Schuhe schob, also dann war für mich der Ofen aus.

Dann wurde ich richtig wütend.

21

Ich glaube, mir ist ein Knopf von der Hose geplatzt.
Mick Jagger

Francisco gab uns zehn Tage Fronturlaub.
Bernhard wollte seinen in Hamburg abfeiern, und sein Gesichtsausdruck ließ ahnen, daß dort auch in Sachen Sex einiges laufen würde; Cyrus reiste nach Evian-les-Bains, weil seine Mutter im Sterben lag – später stellte sich allerdings heraus, daß sie in Lissabon gestorben war, und Cyrus wollte bloß möglichst weit weg sein, wenn es schließlich soweit war; Benjamin und Hugo flogen nach Haifa zum Tauchen; und Francisco würde im Pariser Haus herumlungern und als einsamer Befehlshaber posieren.

Ich sagte, ich wollte nach London, und Latifa sagte, au fein, sie komme mit.

«In London kann man tierisch was losmachen. Ich zeig dir wie und wo. London ist 'ne echt klasse Stadt.» Sie lachte mich an, und ihre Wimpern flatterten durchs Zimmer.

«Verpiß dich», sagte ich, «das hat mir grade noch gefehlt, daß du mir ständig am Rockschoß hängst.»

Das waren natürlich schroffe Worte, und ich sagte sie wirklich ungern. Aber das Risiko war einfach zu groß, daß mich beim London-Spaziergang mit Latifa plötzlich irgendein Dödel auf der Straße anquatschte: «Thomas, wie läuft's denn? Wer ist die Perle?» Ich brauchte Ellbogenfreiheit, und die bekam ich nur, wenn ich Latifa in die Wüste schickte.

Ich hätte mir natürlich auch die Geschichte aus den Fingern saugen können, ich müsse meine Großeltern oder meine sieben Kinder oder meinen Schankerschamanen besuchen, aber im Endeffekt fand ich «Verpiß dich» bequemer.

Ich flog mit Balfours Paß von Paris nach Amsterdam und schüttelte eine Stunde lang Amerikaner ab, die mir etwa gefolgt waren. Sie hatten allerdings keinen großen Grund dazu. Seit dem Anschlag von Mürren waren die meisten von ihnen der festen Überzeugung, daß ich soliden Teamgeist mitbrachte, und Solomon hatte bis zum nächsten Kontakt sowieso zu einer langen Leine geraten.

Trotzdem wollte ich, daß einige Tage lang mal keine Augenbraue hochgezogen wurde und daß niemand, egal aus welchem Lager, plötzlich mit den Worten auf mich zukam: «Hallo, was soll denn das da werden?», weil ich irgend etwas tat oder irgendwohin wollte. Also kaufte ich mir am Flughafen Schiphol ein Flugticket nach Oslo und warf es weg, kaufte mir Kleidung zum Wechseln und eine neue Sonnenbrille und vertrödelte einige Zeit auf der Herrentoilette, bevor ich als Thomas Lang wieder in Erscheinung trat, der allseits bekannte Fremde.

Um achtzehn Uhr kam ich in Heathrow an und nahm mir ein Zimmer im Post House Hotel; das liegt ideal, weil es nicht weit zum Flughafen ist, und katastrophal, weil es nicht weit zum Flughafen ist.

Ich gönnte mir ein langes Bad, plumpste dann mit einem Päckchen Zigaretten und einem Aschenbecher aufs Bett und rief Ronnie an. Sehen Sie, ich mußte sie um einen Gefallen bitten – einen von diesen Gefallen, bei denen man schlecht mit der Tür ins Haus fallen kann –, also machte ich mich auf ein längeres Gespräch gefaßt.

Es wurde ein sehr langes Gespräch, und das war nett; nett an und für sich, aber besonders nett, weil auf längere Sicht Murdah den Anruf bezahlen würde. Er würde auch den Champagner und das Steak bezahlen, die ich mir vom Zimmerservice kommen ließ, und die Lampe, die dran glauben mußte, weil ich über die Bettkante stolperte. Mir war natürlich klar, daß er über den Daumen gepeilt eine Hundertstelsekunde brauchte, bis er genug Geld verdient hatte, um für all das aufzukommen – aber wenn man in den Krieg zieht, nimmt man jeden Sieg mit, den man kriegen kann.

Während man auf den großen wartet.

«Mr. Collins. Bitte nehmen Sie Platz.»

Die Empfangsdame drückte auf einen Knopf und sprach in die Luft hinein.

«Mr. Barraclough, Mr. Collins ist da.»

Es war natürlich keine Luft. Es war vielmehr ein dünnes Drahtmikrofon, das mit einem unter der riesigen Haarpracht verborgenen Kopfhörer verbunden war. Aber dieses Licht ging mir erst nach gut fünf Minuten auf, und solange wollte ich jemanden verständigen, daß die Empfangsdame an mittelschweren Halluzinationen litt.

«Kommt sofort», sagte sie. Ob zu mir oder dem Mikrofon, entzieht sich meiner Kenntnis.

Wir befanden uns in den Büroräumen von Smeets Velde Kerkplein, womit man bei einer Partie Scrabble bestimmt ordentlich Punkte einheimst; ich war Arthur Collins, ein Maler aus Taunton.

Ich wußte nicht, ob sich Philip an Arthur Collins erinnern würde; aber wenn nicht, war das auch kein Drama. Ich brauchte bloß einen Fuß in der Tür, um bis in den zwölften Stock hier vorzudringen, und Collins hatte dafür genau die richtige Schuhgröße. Es war allemal besser als «ein Typ, der mal Ihre Verlobte gevögelt hat».

Ich stand auf, wandelte durchs Zimmer und legte angesichts der verschiedenen Firmenkunstschinken an den Wänden den Kopf malermäßig auf die Seite. Fast alle waren riesige Sudeleien aus Grau und Türkis mit diagonalen oder jedenfalls schrägen Rotstreifen. Sie sahen aus wie im Labor entworfen, und wahrscheinlich waren sie das auch, zur Maximierung von Zuversicht und Optimismus in der Brust jedes Erstinvestors, der bei SVK durch die Tür schritt. Bei mir versagten sie, aber ich war ja auch aus anderen Gründen hier.

Eine gelbe Eichentür schwang auf, und Philip lugte heraus. Im ersten Moment blinzelte er, dann trat er vor und hielt mir die Tür auf.

«Arthur», sagte er, noch etwas zögernd. «Wie geht's denn so?»

Er trug kanariengelbe Hosenträger.

Philip kehrte mir den Rücken zu und goß mir gerade eine Tasse Kaffee ein.

«Ich heiße nicht Arthur», sagte ich und ließ mich auf einen Stuhl fallen.

Sein Kopf fuhr herum und blitzschnell zurück.

«Scheiße», sagte er und saugte an seinem Hemdsärmel. Dann drehte er sich zur offenen Tür und rief: «Jane, könnten Sie wohl bitte so lieb sein und uns ein Tuch holen?» Er besah sich die Schweinerei aus Kaffee, Milch und Matschekeksen und entschied, daß ihm das völlig egal war.

«Entschuldigung», sagte er und nuckelte immer noch am Ärmel, «was sagten Sie gerade?» Er schlenderte an mir vorbei und suchte Zuflucht hinter seinem Schreibtisch. Dort setzte er sich ganz langsam. Er hatte entweder Hämorrhoiden oder Angst vor mir. Ich lächelte, um klarzustellen, daß er Hämorrhoiden hatte.

«Ich heiße nicht Arthur», wiederholte ich.

In der anschließenden Pause klackten Tausende von möglichen Antworten durch Philips Hirn, wirbelten vor seinen Augen vorbei wie bei einem Spielautomaten.

«Ach nein?» sagte er schließlich.

Zwei Zitronen und ein Bund Kirschen. Drücken Sie wieder auf Start.

«Ich fürchte, Ronnie hat Sie damals angelogen», sagte ich bedauernd.

Er kippte mit seinem Stuhl nach hinten, seine Miene war in kühlem und höflichem Lächeln erstarrt, dem «Sie können mich durch nichts aus der Ruhe bringen»-Lächeln.

«Ach ja?» Pause. «Das war ja ganz schön dreist von ihr.»

«Sie hatte kein schlechtes Gewissen. Es war gar nichts zwischen uns vorgefallen, müssen Sie wissen.» Ich machte eine Pause – ungefähr so lange, wie man für die Worte «Ich machte eine Pause» braucht –, dann legte ich die Pointe nach. «Noch nicht.»

Er zuckte sichtbar zusammen. Natürlich sichtbar. Andernfalls hätte ich es ja nicht mitbekommen. Ich will damit sagen, er zuckte heftig zusammen, er sprang fast auf. Den Mitspielern beim Mikado hätte es auf jeden Fall gereicht.

Er betrachtete seine Hosenträger und schabte mit dem Fingernagel über eine Messingklemme.

«Noch nicht. Verstehe.» Dann sah er hoch. «Es tut mir leid», sagte er, «aber ich glaube, ich sollte mich nach Ihrem richtigen Namen erkundigen, bevor wir fortfahren. Wissen Sie, wenn Sie nicht Arthur Collins sind, dann ...» Er verstummte, verzweifelt und kurz vor der Panik, wollte sich das aber um nichts in der Welt anmerken lassen. Jedenfalls nicht vor mir.

«Ich heiße Lang», sagte ich. «Thomas Lang. Und ich darf Ihnen versichern, daß ich mir durchaus darüber im klaren bin, welch ein Schock das für Sie sein muß.»

Er tat meine zaghafte Entschuldigung mit einer Handbewegung ab und saß einfach nur da, saugte am Knöchel und überlegte, was jetzt von ihm erwartet wurde.

Fünf Minuten später saß er immer noch so da, als plötzlich die Tür aufging und eine junge Frau, vermutlich Jane, in einer gestreiften Bluse und mit einem Geschirrtuch in der Hand, auftauchte. Neben ihr stand Ronnie.

Die beiden Frauen blieben an der Tür stehen und schauten sich um, Philip und ich standen auf und hielten unsere eigene Umschau. Ein Filmregisseur wäre ziemlich ratlos gewesen, wohin er die Kamera als erstes ausrichten sollte. Das Tableau veränderte sich nicht, alle krümmten sich unter den Tantalusqualen derselben Umgangsformen, bis Ronnie das Schweigen brach.

«Liebster», sagte sie.

Woraufhin Philip, der arme Esel, einen Schritt vortrat.

Ronnie kam indes zielstrebig auf meine Tischseite zu, und Philip mußte seinen Schritt in eine vage Geste an Janes Adresse abbiegen, und dann ist der Kaffee hier lang gelaufen, und jetzt sehen Sie sich die Bescherung bloß an, und wären Sie vielleicht womöglich unter Umständen ein echter Schatz?

Als er damit durch war und sich zu uns wandte, hing Ronnie mir am Hals und umarmte mich mit der Heftigkeit eines Schnellzugs. Ich umarmte zurück, weil die Situation das einfach verlangte und weil es Spaß machte. Sie roch so gut.

Nach einiger Zeit löste sich Ronnie von mir und lehnte sich zurück, um mich anzusehen. Ich glaube, sie hatte sogar Tränen in den Augen, sie war wirklich mit Leib und Seele dabei. Dann drehte sie sich zu Philip.

«Philip ... was soll ich sagen?» sagte sie, denn mehr sollte sie nicht sagen.

Philip kratzte sich am Hals, errötete und widmete sich wieder dem Kaffeefleck am Ärmel. Jeder Zoll ein Engländer.

«Wir lassen es wohl vorläufig dabei bewenden, was, Jane?» sagte er, ohne hochzusehen. Das war Musik in ihren Ohren, und sie war im Handumdrehen verschwunden. Philip versuchte ein heldenhaftes Lachen.

«Also», sagte er.

«Ja», antwortete ich, «also.» Ich lachte ebenfalls linkisch. «Ich glaube, das war's dann gewissermaßen. Es tut mir leid, Philip. Wissen Sie ...»

Wir standen eine weitere Ewigkeit so da und warteten auf einen Souffleur, der uns das Stichwort zuflüsterte. Dann sah Ronnie mich an, und ihre Augen sagten «Jetzt».

Ich holte tief Luft. «Ach, Philip, übrigens», sagte ich, löste mich von Ronnie und trat an seinen Tisch, «ich hab mich gefragt, ob ich mich wohl an Sie wenden kann ... wissen Sie ... ob Sie mir vielleicht einen Gefallen tun könnten.»

Philip sah mich an, als hätte ich ihm gerade einen Wolkenkratzer übergebraten.

«Einen Gefallen?» wiederholte er, und die Überlegung stand ihm ins Gesicht geschrieben, ob er jetzt wohl aus der Haut fahren durfte oder lieber nicht.

Ronnie räusperte sich hinter mir.

«Thomas, nicht», sagte sie. Philip sah sie mit leicht gerunzelter Stirn an, aber sie beachtete ihn gar nicht. «Du hast es mir versprochen», flüsterte sie.

Sie hatte ein phantastisches Timing.

Philip witterte plötzlich Morgenluft, denn nachdem wir ihm vor dreißig Sekunden noch zu verstehen gegeben hatten, daß Ronnie und ich hier das glückliche Paar waren, schien sich jetzt schon unsere erste Szene anzubahnen.

«Was denn für einen Gefallen?» fragte er und kreuzte die Arme vor der Brust.

«Thomas, ich hab nein gesagt.» Wieder Ronnie, jetzt schon richtig aufgebracht.

Ich drehte mich etwas zu ihr, sah beim Sprechen aber die Tür an, als hätten wir diese Auseinandersetzung doch wirklich oft genug geführt.

«Hör mal, er kann nein sagen, oder?» sagte ich. «Herrgott, man wird doch noch fragen dürfen.»

Ronnie machte ein paar Schritte und schob sich um eine Tischecke herum, bis sie ziemlich genau zwischen uns stand. Philip betrachtete ihre Schenkel, und ich merkte, daß er sich seine Chancen ausrechnete. Ich bin noch nicht aus dem Rennen, dachte er offensichtlich.

«Du kannst ihn nicht so ausnutzen, Thomas», sagte sie und kam noch ein Stück um den Tisch herum. «Das tut man einfach nicht. Es wäre nicht fair. Nicht nach allem, was geschehen ist.»

«Herrgott noch mal», sagte ich und ließ den Kopf sinken.

«Was denn für einen Gefallen?» fragte Philip noch einmal und schöpfte spürbar neue Hoffnung.

Ronnie kam wieder näher.

«Nein, laß nur, Philip», sagte sie. «Mach das nicht. Wir gehen jetzt und lassen dich ...»

«Paß auf», sagte ich, immer noch mit gesenktem Kopf, «so eine Chance krieg ich vielleicht nie wieder. Ich muß ihn fragen. Das ist mein Job, hast du das schon vergessen? Ich interviewe die Leute.» Ich wurde sarkastisch und hinterfotzig, und Philip genoß jede Sekunde.

«Hör gar nicht auf ihn, Philip, es tut mir leid ...» Ronnie warf mir einen wütenden Blick zu.

«Nein, keine Ursache», sagte Philip. Er sah mich wieder an, ließ sich Zeit und wußte, wenn er jetzt keinen Fehler machte, war die Sache geritzt. «Was machen Sie denn beruflich, Thomas?»

Das «Thomas» war nett von ihm. Die liebe, freundliche und souveräne Tour bei einem Mann, der einem gerade die Verlobte ausgespannt hat.

«Er ist Journalist», sagte Ronnie, bevor ich noch den Mund aufbekam. Bei ihr klang das nach einem scheußlichen Beruf. Und im Grunde ...

«Sie sind Journalist, und Sie wollen mich etwas fragen?» sagte Philip. «Na, dann schießen Sie mal los.» Philip lächelte. Ging hoch erhobenen Hauptes unter. Ein echter Gentleman eben.

«Thomas, wenn du ihn jetzt fragst, in dieser Situation, obwohl wir abgemacht hatten ...» Sie beendete den Satz nicht. Philip wollte sie aussprechen lassen.

«Was dann?» fragte ich pampig.

Ronnie starrte mich stocksauer an, wirbelte dann auf dem Absatz herum und starrte die Wand an. Dabei streifte sie Philips Ellbogen, und ich sah ihn ganz leicht zurückweichen. Sie legte eine Glanzleistung hin. Gleich hab ich's geschafft, muß er gedacht haben. Jetzt bloß nichts übers Knie brechen.

«Ich stelle Recherchen an für einen Text über den Niedergang des Nationalstaats», sagte ich lustlos, wie betrunken. Die wenigen Journalisten, mit denen ich es im Lauf der Jahre zu tun bekam, hatten eines gemeinsam: eine Pose ständiger Erschöpfung, weil sie immerzu mit Leuten zu tun hatten, die ihrer Einmaligkeit nicht das Wasser reichen konnten. Diese Pose versuchte ich zu kopieren, und anscheinend gelang mir das recht überzeugend. «Supranationalität der Multis», nuschelte ich, als müßte auch der letzte Stoffel längst wissen, daß dieses Thema jetzt brandaktuell war.

«Und für welche Zeitung wäre das, Thomas?»

Ich sackte wieder auf den Stuhl. Die beiden standen nebeneinander auf der anderen Tischseite, und ich lümmelte mich auf meiner. Ich mußte nur noch ein paarmal rülpsen und mir Spinatreste aus den Zähnen pulen, und Philip wußte, daß er das große Los gezogen hatte.

«Eigentlich für jede, die es abdruckt», sagte ich unter mürrischem Achselzucken.

Mittlerweile tat ich Philip leid, und er wunderte sich, wie er mich je für eine Bedrohung hatte halten können.

«Und Sie suchen was? Informationen?» Er lief in die Zielgerade ein.

«Genau», sagte ich. «Hauptsächlich zu internationalen Finanztransfers. Wie die Leute die verschiedenen Devisenbestimmungen umgehen und Gelder verschieben, ohne daß es jemandem auffällt. Es geht mir in erster Linie um Hintergrundinformationen, aber es gibt da ein, zwei konkrete Fälle, die ich gern *en détail* beleuchten würde.»

Als ich das sagte, rülpste ich tatsächlich leise. Ronnie hörte es und nahm mich wieder aufs Korn.

«Philip, um alles in der Welt, sag dem Kerl, er soll verschwinden», sagte sie. Sie funkelte mich an. Es war richtig beängstigend. «Der Typ platzt hier einfach rein ...»

«Paß auf, kümmere du dich gefälligst um deinen eigenen Scheiß, ja?» giftete ich ruppig zurück, und jeder Unbeteiligte hätte geschworen, daß wir seit Jahren eine unglückliche Ehe führten. «Philip macht das nichts aus, oder, Phil?»

Philip wollte gerade sagen, das mache ihm nicht das geringste aus, von seiner Warte aus laufe die Angelegenheit wie am Schnürchen, aber Ronnie ließ ihn nicht zu Wort kommen. Sie spuckte Gift und Galle.

«Er ist höflich, du Holzkopf», stänkerte sie. «Philip weiß sich nämlich zu benehmen.»

«Im Gegensatz zu mir?»

«Du sagst es.»

«Dann kannst du's dir ja sparen.»

«Mensch, du bist ja so sensibel.»

Wir stritten, daß die Fetzen flogen. Obwohl wir kaum geprobt hatten.

Es gab eine lange, häßliche Pause, und vielleicht bekam Philip Angst, im letzten Moment könnte ihm noch alles durch die Lappen gehen, jedenfalls sagte er:

«Untersuchen Sie bestimmte Aspekte internationaler Finanztransfers, Thomas? Oder geht es Ihnen um die allgemeinen Mechanismen, die dabei zum Zuge kommen?»

Volltreffer.

«Im Idealfall beides, Phil», sagte ich.

Anderthalb Stunden später ließ ich Philip vor seinem Computerbildschirm allein, hatte eine Liste mit «echt fähigen Kumpeln, bei denen ich was gut habe» unter den Arm geklemmt und ging durch die City of London nach Whitehall, wo ich mich zu einem absolut widerlichen Mittagessen mit O'Neal traf. Das heißt, daß Essen schmeckte ganz lecker.

Wir unterhielten uns eine Zeitlang über Gott und die Welt, und dann wurde ich Zeuge, wie O'Neal erst rosa, dann weiß und schließlich grün wurde, während ich ihn in das bisherige Geschehen einweihte. Als ich am Ende meiner Nacherzählung zum Knalleffekt kam, wurde er aschgrau.

«Lang», krächzte er beim Kaffee, «Sie können doch nicht ... ich meine ... ich sehe nicht die geringste Möglichkeit, wie ich Ihnen ...»

«Mr. O'Neal», unterbrach ich ihn, «ich bitte Sie nicht um Erlaubnis.»

Er hörte auf zu krächzen, saß einfach nur da, und sein Mund klappte auf und zu. «Ich erzählte Ihnen, was meiner Ansicht nach geschehen wird. Als Gefälligkeit.» Zugegeben, angesichts der Umstände ein merkwürdiges Wort. «Ich möchte, daß Sie, Solomon und Ihre Abteilung am Ende nicht gar zu belemmert aus der Wäsche gucken. Was Sie jetzt damit anfangen, ist Ihre Sache.»

«Aber ...», haspelte er weiter, «Sie können doch nicht ... ich meine, ich könnte Sie anzeigen lassen.» Ich glaube, er merkte selber, wie läppisch das klang.

«Natürlich könnten Sie das», sagte ich. «Wenn Sie so scharf darauf sind, daß man Ihre Abteilung binnen achtundvierzig Stunden dichtmacht und Ihre Büros in eine Kinderkrippe des Ministeriums für Landwirtschaft und Fischerei umwandelt, dann sollten Sie mich in der Tat anzeigen. Also was ist, haben Sie die Adresse?»

Sein Mund spielte noch ein bißchen Flunder, dann riß er sich zusammen, traf eine Entscheidung und sah sich in theatralischer Heimlichkeit im Restaurant um, damit allen Speisenden klar wurde: «Ich gebe diesem Mann jetzt ein wichtiges Stück Papier.»

Ich steckte die Adresse ein, trank meinen Kaffee aus und stand auf. Als ich mich an der Tür noch einmal umsah, hatte ich den Eindruck, daß O'Neal verzweifelt nach einer Möglichkeit suchte, die nächsten vier Wochen im Urlaub zu verbringen.

Die Adresse brachte mich nach Kentish Town zu einem Nest flacher Sozialwohnungen aus den Sechzigern mit frischgestrichenen Holzverschalungen, Blumenkästen, gestutzten

Hecken und einer Reihe Rauhputzgaragen an der Seite. Sogar der Fahrstuhl funktionierte.

Ich wartete im zweiten Stock in der Loggia und versuchte mir vorzustellen, welche fürchterlichen Verwaltungsirrtümer diese Siedlung bloß so hervorragend in Schuß gehalten hatten. Normalerweise werden in London die Mülltonnen aus den gutbürgerlichen Gegenden abgeholt und vor den Sozialwohnungen ausgekippt, und als Zugabe steckt man auf den Gehwegen noch ein paar Ford Cortinas in Brand. Hier offenbar nicht. Hier funktionierte ein solcher Komplex, seine Bewohner lebten mit einer gewissen Würde und mußten nicht das Gefühl haben, die restliche Gesellschaft verschwände in einem Sightseeingbus am Horizont. Ich wollte irgend jemandem einen geharnischten Brief schreiben. Und ihn dann zerreißen und die Schnipsel unten auf dem Rasen verstreuen.

Bei Nummer vierzehn ging die Tür mit der Glasfüllung auf, und eine Frau stand vor mir.

«Guten Tag», sagte ich. «Mein Name ist Thomas Lang. Ich möchte zu Mr. Rayner.»

Bob Rayner fütterte Goldfische, während ich meine Bitte vorbrachte.

Heute trug er eine Brille und eine gelbe Strickjacke, was harte Männer wohl nur an ihren freien Tagen dürfen, und ließ mir von seiner Frau Tee und Kekse bringen. Die ersten zehn Minuten waren ziemlich unbehaglich. Ich erkundigte mich, wie es seinem Kopf gehe, und er meinte, gelegentlich habe er noch Kopfschmerzen, ich sagte, das tue mir leid, und er sagte, ich solle mir keine Vorwürfe machen, Kopfschmerzen habe er schon gehabt, bevor ich ihn verletzt habe.

Und das war's dann. Seitdem war viel Wasser den Bach runtergeflossen. Bob war ein Profi, wissen Sie.

«Meinen Sie, Sie kommen da ran?» fragte ich.

Er klopfte ans Aquarium, aber den Fischen war das völlig egal.

«Wird teuer für Sie», meinte er nach einiger Zeit.

«Macht nichts», sagte ich.

Machte auch nichts. Murdah würde zahlen.

22

Die Professoren von Oxford
Kennen jedes Buch, jeden Strich.
Aber keiner weiß auch nur halb soviel
Wie ich, der kluge Kröterich.

Kenneth Grahame

Der Rest meines Londonausflugs ging mit Vorbereitungen verschiedenster Art drauf.

Ich tippte eine lange und unverständliche Aussage, beschränkte mich auf die Teile meiner Abenteuer, wo ich anständig und umsichtig gehandelt hatte, und deponierte sie bei Mr. Halkerston von der National Westminster Bank am Swiss Cottage. Sie war lang geworden, weil ich keine Zeit hatte, mich kurz zu fassen, und unverständlich, weil meine Schreibmaschine kein d hat.

Halkerston wirkte beunruhigt; ob das an mir lag oder an dem dicken braunen Umschlag, den ich ihm in die Hand drückte, weiß ich nicht. Er erkundigte sich, ob ich besondere Verfügungen hinsichtlich der Umstände hätte, unter denen der Umschlag geöffnet werden solle, aber als ich meinte, da vertraue ich voll und ganz seiner Urteilskraft, ließ er ihn wie eine heiße Kartoffel fallen und rief jemanden ins Zimmer, der den Umschlag im Tresor verwahren sollte.

Außerdem konvertierte ich mein verbliebenes Guthaben von Woolfs damaliger Überweisung in Travellerschecks.

Als ich somit gut bei Kasse war, schaute ich bei Blitz Electronics auf der Tottenham Court Road vorbei und sprach eine geschlagene Stunde mit einem freundlichen Turbanträger über Funkfrequenzen. Er versicherte mir, mit dem Sennheiser Mikroport SK 2012 sei ich auf dem allerneusten Stand und solle mich mit nichts Geringerem begnügen, und das tat ich dann auch nicht.

Als nächstes fuhr ich nach Islington zu meinem Anwalt,

331

der mir enthusiastisch die Hand schüttelte und eine Viertelstunde lang beteuerte, wir müßten unbedingt mal wieder Golf spielen. Ich zeigte mich von dieser Idee ganz begeistert, gab aber zu bedenken, daß wir genaugenommen erst einmal Golf spielen sollten, bevor wir wieder einmal Golf spielten. Er wurde rot und meinte, er habe mich wohl mit einem Robert Lang verwechselt. Ich meinte, ja, das habe er wohl, und dann setzte ich ein Testament auf, in dem ich all meine bewegliche und unbewegliche Habe dem Kinderschutzbund vermachte, und unterzeichnete es.

Und als mir nur noch achtundvierzig Stunden blieben, bevor ich mich im Schützengraben zum Rapport melden mußte, fuhr ich Sarah Woolf über den Haufen.

Ich fuhr sie buchstäblich über den Haufen.

Ich hatte mir für ein paar Tage einen Ford Fiesta gemietet, um mich frei durch London bewegen zu können, während ich mit meinem Schöpfer und meinen Gläubigern Frieden schloß, und bei meinen Besorgungen kam ich in Sehnsuchtsweite der Cork Street. Aus keinem Grund, den ich freiwillig zugeben würde, bog ich links ab, dann rechts, noch einmal links, brauste unversehens an den − meist geschlossenen − Galerien vorbei und gedachte glücklicherer Tage. Faktisch waren sie bestimmt nicht glücklicher gewesen. Aber Sarah war durch jene Tage geschritten, und mehr hatte es nicht bedurft.

Die Sonne stand tief und leuchtend am Horizont, aus dem Radio perlte vermutlich «Isn't She Lovely», als ich einen Sekundenbruchteil den Kopf zu Glass' Galerie wandte. Ich drehte ihn zurück, als vor mir etwas Blaues hinter einem Lieferwagen hervorstürzte.

Jedenfalls hätte ich «hervorstürzte» auf das Formular für die Beschreibung des Unfallhergangs geschrieben. Aber ich fürchte, «spazierte», «schlenderte», «flanierte», ja selbst «ging» entsprach eher den Tatsachen.

Ich ging viel zu spät in die Eisen und sah in ohnmächtigem Entsetzen mit an, wie das blaue Etwas erst Platz machen wollte, dann stehenblieb und schließlich mit den Fäusten auf die Kühlerhaube des Fiesta eintrommelte, dessen vordere Stoßstange auf seine Schienbeine zuhielt.

Es hatte keinen Spielraum gegeben. Absolut keinen. Wäre die Stoßstange dreckig gewesen, hätte ich das blaue Etwas getroffen. Aber es gab keinen Dreck, also hatte ich mir auch nichts vorzuwerfen und konnte übergangslos explodieren. Ich hatte die Tür aufgerissen, war halb aus dem Wagen und wollte gerade losbrüllen, sagen Sie mal, sind Sie nicht ganz bei Trost, als mir die Beine, die ich da fast gebrochen hatte, plötzlich bekannt vorkamen. Ich sah hoch und entdeckte, daß das blaue Etwas ein Gesicht besaß, aufregende graue Augen, die erwachsene Männer dazu bringen konnten, dummes Zeug zu reden, sowie blendendweiße Zähne, von denen etliche jetzt zu sehen waren.

«Ach du meine Güte», sagte ich, «Sarah.»

Sie starrte mich mit kalkweißem Gesicht an. Halb im Schock und halb – na ja: auch im Schock.

«Thomas?»

Wir sahen uns an.

Während wir im strahlenden Sonnenschein auf der Cork Street, London, England, standen und uns in die Augen sahen, während Stevie Wonder im Wagen Schmalz absonderte, verwandelte sich die Welt um uns herum.

Ich weiß nicht, wie sie das anstellten, aber in diesen wenigen Sekunden verschwanden all die Kauflustigen, Geschäftsleute, Bauarbeiter, Touristen und Verkehrspolizisten einfach, sie verschwanden mitsamt ihren Schuhen und Strümpfen, Hosen und Hemden, Trachten und Tüten, Partnern und PKWs, Häusern und Hypotheken, Appetiten und Ambitionen.

Nur Sarah und ich standen noch in dieser lautlosen Welt.

«Ist Ihnen etwas passiert?» fragte ich tausend Jahre später.

Irgend etwas mußte ich ja sagen. Ich weiß nicht mal, was ich damit meinte. Befürchtete ich, daß ich ihr etwas getan hatte oder daß diverse andere Leute ihr etwas getan hatten?

Sarah sah mich an, als ob sie das genausowenig wüßte, aber nach einiger Zeit müssen wir uns für Option A entschieden haben.

«Nein, nichts passiert», sagte sie.

Dann setzten sich die Komparsen unseres Films wieder in Bewegung und gaben Geräusche von sich, als wäre ihre Mittagspause vorbei. Sie schwatzten, schlurften, husteten und ließen Dinge fallen. Sarah rieb sich behutsam die Hände. Ich sah mich nach der Motorhaube um. Sie hatte Dellen bekommen.

«Sind Sie sicher?» fragte ich. «Ich meine, Sie müssen doch ...»

«Ehrlich, Thomas, nichts passiert.» Es entstand eine Pause, die sie damit verbrachte, ihr Kleid zurechtzuzupfen, und die ich damit verbrachte, ihr dabei zuzusehen. Dann sah sie mich an. «Und Sie?»

«Ich?» sagte ich. «Och, ich ...»

Je nun, was sollte ich sagen? Wo sollte ich anfangen?

Wir gingen in einen Pub. Den Duke of Irgendwoshire, der sich in die Ecke einer Nebenstraße am Berkeley Square schmiegte.

Sarah setzte sich an einen Tisch, öffnete ihre Handtasche und kramte darin herum wie alle Frauen. Ich fragte, was sie trinken wolle. Sie sagte, einen großen Whisky. Ich hatte vergessen, ob man Menschen unter Schock Alkohol einflößen sollte oder gerade nicht, aber da ich keine Lust hatte, in einem Londoner Pub um heißen, süßen Tee zu bitten, trat ich an die Bar und bestellte zwei doppelte Macallans.

Ich betrachtete sie, die Fenster und die Tür.

Die mußten sie einfach beschatten. Etwas anderes blieb ihnen gar nicht übrig.

Da einiges für die auf dem Spiel stand, war es mir unvorstellbar, daß die sie unbewacht herumlaufen lassen sollten. Ich war der Löwe, wenn Sie sich das einen Augenblick lang vorstellen können, und sie war die angebundene Ziege. Es wäre Wahnsinn gewesen, sie frei herumstreunen zu lassen.

Außer.

Niemand kam herein, niemand spähte herein, niemand lief vorbei und warf einen Blick herein. Nichts. Ich sah Sarah an.

Sie brauchte ihre Handtasche nicht mehr, saß einfach nur und sah gleichgültig ins Leere. Sie war benommen und dachte an gar nichts. Oder sie saß in der Klemme und dachte an alles. Das konnte ich nicht beurteilen. Ich war einigermaßen sicher, daß sie wußte, daß ich sie ansah, also war es komisch, daß sie meinen Blick nicht erwiderte. Aber Komik ist kein Verbrechen.

Ich nahm die Drinks entgegen und ging zum Tisch zurück.

«Danke», sagte sie, nahm mir ein Glas ab und kippte sich den Whisky auf ex hinter die Kiemen.

«Immer mit der Ruhe», sagte ich.

Einen Augenblick lang sah sie mich richtig aggressiv an, als wäre ich ein weiterer Mensch in einer langen Schlange von Menschen, die ihr in die Quere kämen und ihr etwas vorschreiben wollten. Aber dann fiel ihr ein, wer ich war – oder ihr fiel ein, daß sie so tun mußte, als fiele es ihr ein –, und sie lächelte. Ich lächelte ebenfalls.

«Da reift der nun zwölf Jahre lang in einem Sherryfaß», sagte ich quietschfidel, «mopst sich jahraus, jahrein an einem Hang in den Highlands und wartet auf den großen Tag – und dann, peng, rauscht er einfach so durch. Wer möchte da schon Single Malt sein?»

Ich laberte natürlich drauflos. Aber unter diesen Umstän-

335

den war das mein gutes Recht, fand ich. Ich war angeschossen, verprügelt, vom Motorrad gestoßen, eingelocht, belogen, bedroht, benutzt und beschlafen worden, und ich mußte auf Leute schießen, die ich nie zuvor gesehen hatte. Ich hatte monatelang mein Leben aufs Spiel gesetzt, und in ein paar Stunden würde ich es wieder ins Kasino tragen, nebst Unmengen anderer Leben, teilweise von Menschen, die ich sehr gern hatte.

Und der Grund dafür – der Preis am Ende dieser japanischen Gameshow, in der ich mich schon seit Ewigkeiten herumtrieb – saß mir jetzt in einem sicheren, warmen Londoner Pub gegenüber und trank einen Whisky, während draußen die Menschen vorbeiliefen, Manschettenknöpfe kauften und sich über das außergewöhnlich schöne Wetter ausließen.

Hätten Sie da vielleicht nicht gelabert?

Wir gingen zum Ford zurück, und ich fuhr uns durch die Gegend.

Sarah war immer noch wortkarg und sagte nur, daß sie sicher sei, nicht verfolgt zu werden. Ich meinte, prima, da sei ich aber froh, und glaubte ihr kein Wort. Also gondelte ich durch die Gegend und behielt den Rückspiegel im Auge. Ich fuhr durch enge Einbahnstraßen und grüne verkehrsarme Alleen, flog auf dem Westway Ausweichmanöver von Spur zu Spur und entdeckte nichts. Ich sagte mir, scheiß auf die Kosten, fuhr in zwei mehrgeschossige Parkhäuser und gleich wieder hinaus, denn das ist für die Verfolger immer ein Alptraum. Nichts.

Sarah blieb im Wagen, ich stieg aus und tastete unter Stoßstangen und Kotflügeln eine Viertelstunde lang nach einem Magnetpeilsender, bis meine letzten Zweifel ausgeräumt waren. Ich hatte sogar ein paarmal angehalten und den Himmel nach schwirrenden Polizeihubschraubern abgesucht.

Nichts.

Wäre ich ein Wetter gewesen und hätte ich etwas zum Wetten gehabt, dann hätte ich alles darauf gesetzt, daß wir sauber waren, weder verfolgt noch beobachtet wurden.

Allein in einer totenstillen Welt.

Man redet vom Einbruch der Nacht, was mir immer schon spanisch vorkam. Vielleicht war man früher der Meinung, daß sie über uns hereinbräche. Oder dieser ominöse «man» glaubte, die Sonne bräche ein, fiele vom Himmel in die Tiefe. Von mir aus, nur müßte man dann auch vom Einbruch des Tages reden. Über Paddington dem Bären brach der Tag ein. Aber wenn wir schon mal ein Buch gelesen haben, wissen wir, daß der Tag nicht einbricht. Er bricht an. In Büchern bricht der Tag an und die Nacht ein.

In Wahrheit steigt die Nacht wie der Nebel aus der Erde. Der Tag klammert sich nach Leibeskräften fest, hell und strahlend, hat sich in den Kopf gesetzt, die Party als letzter zu verlassen, während der Boden schon dunkel wird, die Nacht einem um die Knöchel wabert, für alle Zeiten die runtergefallene Kontaktlinse verschluckt und dafür sorgt, daß man als Gully im Cricket beim letzten Wurf vom Over den flachen Ball nicht fängt.

Auf Hampstead Heath stieg die Nacht auf, als Sarah und ich dort spazierengingen, mal Händchen hielten und mal nicht.

Wir redeten nicht viel, lauschten nur den Geräuschen unserer Füße auf dem Gras, dem Modder und den Steinen. Schwalben schossen hin und her, füllten wieder Busch und Tal wie verstohlene Homosexuelle, während die verstohlenen Homosexuellen ganz wie die Schwalben hin und her schossen. Auf der Heide herrschte an jenem Abend Hochbetrieb. Vielleicht ist das auch jeden Abend so. Überall waren Männer unterwegs, allein, paarweise, im Dreiergespann und in größeren Gruppen, prüften, winkten, feilschten und vögelten: verkorkten sich, um jene sekundenlange Entladung zu spenden oder zu empfangen, damit sie wieder nach Hause gehen und sich auf die neue Folge von Inspector Morse konzentrieren konnten, ohne kribbelig zu werden.

So sind sie, die Männer, dachte ich. Das nenn ich noch echte männliche Sexualität. Nicht ohne Liebe, aber getrennt von Liebe. Schnell, ordentlich und gründlich. Die Fiat Panda eben.

«Woran denkst du?» fragte Sarah und heftete beim Gehen ihren Blick auf den Boden.

«An dich», sagte ich fast ohne Stocken.

«An mich?» fragte sie, und wir liefen wortlos weiter. Dann: «Gutes oder Schlechtes?»

«Oh, eindeutig Gutes.» Ich sah sie an, aber sie sah immer noch stirnrunzelnd zu Boden. «Eindeutig Gutes», wiederholte ich.

Wir kamen an einen Weiher, blieben stehen, starrten aufs Wasser, ließen Kieselsteine darüber hinflitschen und bedankten uns allgemein für jenen archaischen Mechanismus, der die Menschen zum Wasser zieht. Ich erinnerte mich an unseren letzten gemeinsamen Abend am Flußufer bei Henley. Vor Prag, vor dem Schwert, vor allen möglichen Dingen.

«Thomas», sagte sie.

Ich drehte mich zu ihr und fixierte sie, weil ich auf einmal das Gefühl hatte, sie hätte sich etwas zurechtgelegt und wollte es jetzt so schnell wie möglich loswerden.

«Sarah», sagte ich.

Sie sah weiterhin auf die Erde.

«Thomas, was hältst du davon, wenn wir fliehen?»

Sie stockte, bedachte mich endlich mit einem Augenaufschlag – oh, diese wunderschönen grauen Augen! –, und ich sah die Verzweiflung in ihrem Blick, sowohl in der Tiefe als auch an der Oberfläche. «Zusammen», sagte sie. «So schnell wie möglich davonlaufen.»

Ich sah sie an und seufzte. In einer anderen Welt wäre sie

damit vielleicht durchgekommen, dachte ich. In einer anderen Welt, einem anderen Universum, einer anderen Zeit, als zwei andere Menschen hätten wir das alles vielleicht hinter uns lassen können, hätten uns auf eine sonnenüberflutete Insel in der Karibik abgesetzt und den lieben langen Tag an Sex und Ananassaft gelabt.

Vieles, was ich lange nur vermutet hatte, wußte ich jetzt; und das Wissen um vieles, was ich schon lange gewußt hatte, haßte ich jetzt.

Ich holte tief Luft.

«Wie gut kennst du Russell Barnes?» fragte ich.

Sie zwinkerte.

«Was?»

«Ich habe dich gefragt, wie gut du Russell Barnes kennst.»

Sie starrte mich kurz an und stieß dann ein Lachen aus; so wie ich, wenn ich merke, daß ich in Teufels Küche geraten bin.

«Barnes», sagte sie, vermied meinen Blick, schüttelte den Kopf und tat so, als hätte ich bloß gefragt, ob sie lieber Coca-Cola oder Pepsi trank. «Was zum Teufel hat der denn ...»

Ich packte sie am Ellbogen und riß sie herum, damit sie mir ins Gesicht sehen mußte.

«Krieg ich vielleicht heute noch 'ne Antwort – bitte schön?»

Die Verzweiflung in ihren Augen wich der Panik. Ich machte ihr angst. Ehrlich gesagt machte ich mir selber angst.

«Thomas, ich versteh überhaupt nicht, wovon du redest.»

Das war's dann ja wohl.

Damit erlosch mein letzter Hoffnungsschimmer. Als sie mich dort am Ufer in der aufsteigenden Nacht anlog, da war mir alles klar.

«Du hast sie angerufen, stimmt's?»

Sie wollte sich losreißen und lachte wieder.

«Thomas, du bist so ... was ist denn plötzlich in dich gefahren?»

«Sarah, bitte», sagte ich, ließ ihren Arm aber nicht los,
«jetzt tu doch nicht so.»

Langsam hatte sie echte Angst und versuchte ihren Arm
loszureißen. Ich gab nicht nach.

«Herrgott ...», setzte sie an, aber ich schüttelte den Kopf,
und sie verstummte. Ich schüttelte den Kopf, als sie es mit
Stirnrunzeln probierte, und ich schüttelte den Kopf, als die
Furcht wieder dran war. Ich wartete, bis sie alle Posen durch-
hatte.

«Sarah», sagte ich schließlich, «jetzt hör mir mal gut zu.
Du weißt doch, wer Meg Ryan ist, oder?» Sie nickte. «Nun,
Meg Ryan bekommt Millionen Dollar für das, was du mir da
gerade vorstümperst. Zig Millionen. Und weißt du auch,
warum?» Sie starrte mich bloß an. «Weil es sehr schwer ist
und weil es auf der ganzen Welt nur etwa ein Dutzend Leute
gibt, die es auf diese Entfernung überzeugend hinkriegen.
Also laß das Schauspielern, laß das Heucheln, laß das Lügen.»

Sie schloß den Mund und erschlaffte plötzlich. Ich lok-
kerte meinen Griff und ließ sie dann ganz los. Wir standen
uns wie Erwachsene gegenüber.

«Du hast sie angerufen», wiederholte ich. «Du hast sie
am allerersten Abend angerufen, als ich bei euch zu Hause
war. Du hast sie vom Restaurant aus angerufen, an dem
Abend, als sie mein Motorrad gerammt haben.»

Das letzte Stück hätte ich uns beiden gern erspart, aber
irgend jemand mußte es ja sagen.

«Und du hast sie auch angerufen», sagte ich, «bevor sie
dann deinen Vater umgebracht haben.»

Sie weinte eine Stunde lang, auf Hampstead Heath, auf einer
Bank, im Mondschein, in meinen Armen. Alle Tränen die-
ser Welt strömten ihr über das Gesicht und versickerten im
Boden.

Einmal wurde ihr Weinen so heftig und so laut, daß sich in einiger Entfernung die ersten Zuschauer versammelten und halblaut beratschlagten, ob man die Polizei rufen solle, es sich aber anders überlegten. Warum nahm ich sie in die Arme? Warum zog ich eine Frau an mich, die ihren Vater verraten und mich wie ein Kleenex benutzt und weggeworfen hatte?

Wenn ich das wüßte.

Auch als ihre Tränen schließlich versiegten, hielt ich sie noch fest und spürte ihren Körper, der von einem Schluckauf zitterte und bebte, wie Kinder ihn nach dem Weinen bekommen.

«Er sollte nicht sterben», sagte sie plötzlich mit klarer und fester Stimme, die gar nicht zu ihrer Verfassung paßte. Vielleicht war es auch nicht ihre Stimme. «Soweit sollte es nie kommen.» Sie wischte sich mit dem Ärmel die Nase. «Sie hatten mir sogar versprochen, daß sie ihm nichts tun würden. Sie haben gesagt, falls sie ihn aufhalten könnten, würde ihm kein Haar gekrümmt. Dann wären wir beide in Sicherheit, und wir wären beide ...»

Sie zögerte, und ihre ruhige Stimme konnte nicht verhehlen, daß sie unter Schuldgefühlen fast zerbrach.

«Ihr wärt beide was?» fragte ich.

Sie legte den Kopf in den Nacken, dehnte ihren langen Hals und entblößte ihre Kehle jemand anderem.

Dann lachte sie.

«Reich», sagte sie.

Fast hätte ich mitgelacht. Es war ein dermaßen lächerliches Wort. So ein lächerlicher Wunsch. Es klang wie ein Name oder ein Land oder eine Salatsorte. Das Wort mochte alles mögliche bedeuten, aber doch nicht den Besitz einer Menge Geld. Es war, in einem Wort, lächerlich.

«Sie haben euch Reichtum versprochen?» fragte ich nach.

Sie holte tief Luft und seufzte, und ihr Lachen verschwand so schnell, als wäre es nie dagewesen.

«Genau», sagte sie. «Reichtum, Geld. Sie sagten, wir würden reich werden.»

«Wem haben sie das gesagt? Euch beiden?»

«Gott bewahre, nein. Dad hätte nie im Leben ...» Sie stockte wieder, und ihr Körper erschauerte. Dann hob sie den Kopf und schloß die Augen. «Er war weit darüber hinaus, auf so etwas noch zu hören.»

Ich sah sein Gesicht vor mir. Den ehrgeizigen, entschlossenen, wiedergeborenen Blick. Den Blick eines Mannes, der sein ganzes Leben mit Geldverdienen zugebracht hatte, der seinen Weg gemacht hatte und seine Rechnungen bezahlt hatte und gerade noch rechtzeitig entdeckt hatte, daß das gar nicht der Sinn des Ganzen war. Und der eine Chance zur Wiedergutmachung sah.

Sind Sie ein guter Mensch, Thomas?

«Sie haben dir also Geld geboten», sagte ich.

Sie öffnete die Augen und lächelte kurz, dann wischte sie sich wieder die Nase.

«Sie haben mir alles mögliche geboten. Alles, wovon ein Mädchen nur träumen kann. Alles, was ein Mädchen schon hatte, bevor sein Vater entschied, es ihm wegzunehmen.»

Wir saßen eine Zeitlang da, hielten uns an den Händen, dachten an und sprachen über ihr Verhalten. Aber wir kamen nicht weit.

Am Anfang dachten wir, dies würde das ausführlichste, vertraulichste und längste Gespräch, das wir je mit einem Menschen geführt hatten. Wir merkten sofort, daß wir uns etwas vormachten. Es war sinnlos. Es gab so viel zu sagen, so ein Riesenhaufen Erklärungen mußte durchgepflügt werden, obwohl im Grunde nichts davon gesagt werden mußte.

Also werde ich es sagen.

Unter Alexander Woolfs Management produzierte das Unternehmen Gaine Parker Inc. Sprungfedern, Brechstangen, Türklinken, Reisetaschen, Gürtelschnallen und all den

Krimskrams, der das Leben im Westen so angenehm macht. Es fabrizierte Plastikprodukte, Metallwaren, Elektrogeräte und mechanische Artikel, teils für den Einzelhandel, teils für andere Hersteller und teils für die Regierung der Vereinigten Staaten.

Am Anfang profitierte Gaine Parker davon. Wenn man eine Toilettenbrille herstellt, die dem Chefeinkäufer von Woolworth gefällt, kommt man auf einen grünen Zweig. Wenn man jedoch eine herstellt, die der Regierung der Vereinigten Staaten gefällt, weil sie den Vorschriften für militärische Toilettenbrillen genügt – und glauben Sie mir, militärische Toilettenbrillen gibt es ebenso wie Vorschriften dafür, und diese sind schätzungsweise dreißig DIN-A4-Seiten lang –, wenn man diese Toilettenbrille herstellt, dann kommt man nicht nur auf einen grünen Zweig, sondern einen Baum oder ganzen Wald.

Nun produzierte Gaine Parker keine Toilettenbrillen. Sie produzierten einen winzig kleinen Schalter, der zusammen mit Halbleitern sagenhafte Dinge anstellte. Der Schalter war nicht nur unentbehrlich für die Hersteller von Thermostaten in Klimaanlagen, sondern eignete sich auch ganz hervorragend für die Kühlanlage eines neuartigen Dieselgenerators, der seinerseits militärischen Vorschriften genügte. Und so begab es sich im Februar 1972, daß Gaine Parker und Alexander Woolf Subunternehmer des Verteidigungsministeriums der Vereinigten Staaten wurden.

Die Segnungen dieses Vertrages waren Legion. Nicht nur erlaubte, ja ermutigte er Gaine Parker, achtzig Dollar für einen Gegenstand zu berechnen, der auf dem freien Markt höchstens fünf kostete, er diente auch als Gütesiegel für qualitativ hochwertig, erstklassige Ware und führte dazu, daß aus der ganzen weiten Welt Kunden für kleine, kluge Schalter Woolf den Palast einrannten.

Von dem Moment an konnte nichts mehr schiefgehen, und es ging auch nichts schief. Woolfs Ansehen in der Branche für Kriegsversorgungsgüter wuchs unaufhörlich, und damit wuchs auch sein Zugang zu den VIPs, die jene Welt beherrschten – und von denen man also mit Fug und Recht sagen darf, daß sie die *ganze* Welt beherrschen. Sie lächelten ihm zu, man erzählte sich Witze, und er wurde zum Mitglied im St. Regis Golfclub auf Long Island ernannt. Mitten in der Nacht riefen sie ihn an, und man unterhielt sich über dies und jenes. Sie luden ihn ein, in den Hamptons mit ihnen segeln zu gehen, und – wichtiger noch – sagten zu, wenn er die Einladung erwiderte. Sie schickten seiner Familie erst Weihnachtskarten, dann Weihnachtsgeschenke, und schließlich ebneten sie ihm den Zugang zu Galaveranstaltungen der Republikaner mit zweihundert geladenen Gästen, wo Themen wie das Haushaltsdefizit oder die wirtschaftliche Gesundung Amerikas heiß debattiert wurden. Je höher er aufstieg, desto mehr Verträge wurden ihm zugeschanzt und desto kleiner und intimer wurden die Abendveranstaltungen. Bis sie am Ende gar nichts mehr mit Parteipolitik zu tun hatten. Sie hatten eher mit der Politik des gesunden Menschenverstands zu tun, wenn Sie verstehen, was ich meine.

Am Ende eines solchen Abends erzählte ein Mitwirtschaftskapitän, dessen Urteilsvermögen von einigen Litern Bordeaux leicht getrübt war, Woolf ein Gerücht, das jenem kurz zuvor zu Ohren gekommen war. Das Gerücht war so abenteuerlich, daß Woolfs kein Wort davon glaubte. Er fand es sogar komisch. So komisch, daß er einen seiner VIPs bei einem ihrer mitternächtlichen Zwiegespräche mitlachen lassen wollte – und feststellen mußte, daß der andere plötzlich auflegte, obwohl Woolf so gut aufgelegt war.

Der Tag, an dem Alexander Woolf beschloß, sich mit dem militärisch-industriellen Komplex anzulegen, sollte alles verändern. Für ihn, seine Familie und seine Firma. Die Dinge veränderten sich schnell und unwiderruflich. Aus seinem Winterschlaf erwacht, hob der militärisch-industrielle Komplex eine große träge Tatze und fegte ihn hinweg, als wäre er bloß ein Mensch.

Man stornierte bereits unterzeichnete Verträge und zog Vertragsangebote zurück. Man trieb seine Lieferanten in den Bankrott, brachte seine Belegschaft gegen ihn auf und ließ wegen Steuerhinterziehung gegen ihn ermitteln. Über einige Monate verteilt, kaufte man die Aktien seines Unternehmens auf und stieß sie nach ein paar Stunden wieder ab, und als das noch nicht reichte, zeigte man ihn als Drogendealer an. Man ließ ihn sogar aus dem St. Regis hinauswerfen, weil er am Fairway ein Grasstück nicht wieder zurückgelegt hatte.

Alexander Woolf machte das alles nichts aus; er hatte das Licht gesehen, und das Licht war grün. Aber seiner Tochter machte es etwas aus, und das war dem Moloch bekannt. Der Moloch wußte, daß Alexander Woolf im Leben mit Deutsch als Muttersprache und Amerika als Religion angetreten war; daß er mit siebzehn Jahren Vollwaise geworden war, keine zehn Dollar sein eigen genannt, von der Ladefläche eines LKW herab Kleiderbügel verkauft und in einem Kellerraum in Lowes, New Hampshire, sein kümmerliches Dasein gefristet hatte. Aus diesem Milieu stammte Alexander Woolf, und dorthin würde er zurückkehren, sollten die Umstände es erfordern. Für Alexander Woolf war Armut kein Fremdwort; nichts, wovor man Angst haben mußte. Zu keiner Zeit.

Seine Tochter war da anders. Seine Tochter hatte ausschließlich große Häuser kennengelernt, große Swimmingpools, große Autos und große Behandlungen beim Kieferorthopäden, und die drohende Verarmung versetzte sie in Todesangst. Die Angst vor dem Unbekannten machte sie verwundbar, und auch das war dem Moloch bekannt.

Ein Mann hatte ihr einen Vorschlag gemacht.

«Das war's», sagte sie.

«Verstehe», sagte ich.

Ihr klapperten die Zähne, und da merkte ich erst, wie lange wir schon so gesessen hatten. Und wieviel ich noch zu erledigen hatte.

«Ich bring dich besser nach Hause», sagte ich und erhob mich.

Statt ebenfalls aufzustehen, krümmte sie sich auf der Bank zusammen und schlang die Arme um den Bauch, als ob sie Schmerzen hätte. Weil sie Schmerzen hatte. Als sie sprach, war ihre Stimme so leise, daß ich mich hinhocken mußte, um sie zu verstehen. Je tiefer ich mich zu ihr beugte, desto mehr senkte sie den Kopf, um mir nicht in die Augen sehen zu müssen.

«Verurteil mich nicht», sagte sie. «Verurteil mich nicht für den Tod meines Vaters, Thomas, das mach ich nämlich schon selbst.»

«Ich verurteile dich nicht, Sarah», sagte ich. «Ich will dich bloß nach Hause fahren.»

Sie hob den Kopf und sah mich an, und ich sah neue Furcht in ihren Augen.

«Aber warum?» fragte sie. «Wir sind jetzt hier. Zusammen. Wir können machen, was wir wollen. Hinfahren, wohin wir wollen.»

Ich sah auf den Boden. Sie hatte noch immer nicht verstanden.

«Und wo möchtest du hin?» fragte ich.

«Das ist doch völlig egal, oder nicht?» sagte sie, und ihre Lautstärke stieg mit ihrer Verzweiflung. «Wichtig ist doch bloß, daß wir gehen können. Herrgott, Thomas, du weißt doch ... sie konnten dich kontrollieren, weil sie mich bedrohten, und sie konnten mich kontrollieren, weil sie dich bedrohten. Das war ihr ganzer Trick. Und das ist jetzt vorbei. Wir können weggehen. Wegfliegen.»

Ich schüttelte den Kopf.

«Ich fürchte, so einfach ist das nicht mehr», sagte ich. «Falls es das je war.»

Ich stockte und überlegte, wieviel ich ihr sagen durfte. Strenggenommen durfte ich ihr gar nichts sagen. Aber scheiß drauf.

«Es geht nicht nur um uns», sagte ich. «Wenn wir einfach wegrennen, werden andere Menschen sterben. Unseretwegen.»

«Andere Menschen?» fragte Sarah. «Was redest du denn da? Was für andere Menschen?»

Ich lächelte sie an, weil ich ihr Mut machen und Hoffnung geben wollte und weil ich mich an all diese Menschen erinnerte.

«Sarah», sagte ich. «Du und ich ...»

Ich zögerte.

«Was?» fragte sie.

Ich holte tief Luft. Man konnte es nicht anders sagen.

«Wir müssen das Rechte tun», sagte ich.

23

Doch gibt es weder Ost noch West noch Grenze, Erziehung, Geburt,
Wenn sich zwei starke Männer gegenüberstehen,
Kämen sie auch von den Enden der Welt!
Rudyard Kipling

Wollen Sie nach Casablanca? Schlagen Sie sich die Vorstellung aus dem Kopf, daß es aussieht wie im Film.

Oder besser, wenn Sie nicht zuviel zu tun haben und Ihr Zeitplan es erlaubt, schlagen Sie sich Casablanca aus dem Kopf.

Nigeria und die benachbarten Küstenstaaten bezeichnet man häufig als Afrikas Achselhöhle. Das ist nicht ganz fair, denn meiner Erfahrung nach sind Menschen, Kultur, Landschaft und Bier dieser Region nur vom Feinsten. Eines stimmt allerdings: Wenn Sie mit halbgeschlossenen Augen in einem dunklen Zimmer bei einer Partie «Woran erinnert dich dieser Küstenstreifen?» eine Landkarte betrachten, dann könnten Sie versucht sein zuzugeben, daß Nigeria einen entfernt achselhöhlenartigen Küstenverlauf hat.

Pech gehabt, Nigeria.

Aber wenn Nigeria die Achselhöhle ist, dann ist Marokko die Schulter. Und wenn Marokko die Schulter ist, dann ist Casablanca ein großer, roter, unschöner Pickel auf dieser Schulter, der ausgerechnet dann auftaucht, wenn Sie mit Ihrem oder Ihrer Zukünftigen gerade an den Strand gehen wollen. Ein Pickel, der schmerzhaft unter dem BH-Träger oder den Hosenträgern scheuert (hängt ganz von Ihrem Geschlecht ab) und Sie feierlich geloben läßt, in Zukunft aber wirklich mehr frisches Gemüse zu essen.

Casablanca ist riesig, wuchert wie wild und hat zuviel Industrie; eine Stadt aus Zementstaub und Dieselabgasen, wo die Sonne die Farben ausbleicht, statt sie leuchten zu lassen.

Es gibt keine einzige Sehenswürdigkeit, es sei denn, eine halbe Million armer Schlucker, die in einem Slumlabyrinth aus Pappe und Wellblech ums Überleben kämpfen, läßt Sie sofort die Koffer packen und den nächstbesten Flug dorthin buchen. Soweit ich weiß, hat Casablanca nicht mal ein Museum.

Jetzt haben Sie vielleicht den Eindruck, daß ich Casablanca nicht mag. Sie argwöhnen, ich wolle Ihnen ein Urlaubsziel vermiesen oder Ihnen die Entscheidung abnehmen; aber das liegt mir fern. Es ist bloß folgendermaßen: Wenn ich von mir auf andere schließen darf und Sie Ihr ganzes Leben lang, egal wo Sie gerade waren, die Tür der Bar, des Cafés, Pubs, Hotels oder der Zahnarztpraxis angestarrt haben, immer in der Hoffnung, im nächsten Moment werde Ingrid Bergman in einem cremefarbenen Kleid hereinrauschen, Ihnen tief in die Augen sehen, erröten und ihren Busen auf eine Art und Weise durch die Gegend wogen lassen, die besagt, Gott sei Dank, nun hat mein Leben endlich seinen Sinn gefunden – wenn diese Selbstbeschreibung Ihnen auch nur vage bekannt vorkommt, dann wird Casablanca eine große Enttäuschung für Sie sein.

Wir hatten uns in zwei Mannschaften aufgeteilt. Helle Haut und Olivenhaut.

Francisco, Latifa, Benjamin und Hugo waren die Oliven, Bernhard, Cyrus und ich gaben die Hellen ab.

Das mag unmodern oder gar schockierend klingen. Sie dachten womöglich, Terrororganisationen seien Arbeitgeber, die Chancengleichheit praktizieren, und Unterscheidungen nach Hautfarben fielen bei uns schlichtweg unter den Tisch. In der besten aller Welten mögen Terroristen künftig so auftreten, aber in Casablanca hat es damit eine andere Bewandtnis.

Mit heller Haut kann man in Casablanca nicht auf die Straße gehen.

Oder man kann schon, aber nur wenn man bereit ist, einen Pulk von fünfzig johlenden Kindern hinter sich herzuziehen, die rufen, schreien, zeigen, lachen und amerikanische Dollar zu *gutt Kurs, best Kurs* tauschen wollen, und für Haschisch gilt das gleiche.

Als Tourist mit heller Haut beugen Sie sich diesem Schicksal. Was sonst? Sie erwidern das Lächeln, schütteln den Kopf und sagen *la, shokran* – damit rufen Sie noch mehr Gelächter und Geschrei und Zeigen hervor, woraufhin sich weitere fünfzig Kinder Ihrer Rattenfängerflöte anschließen, die Ihnen komischerweise ebenfalls alle *best Kurs* für amerikanische Dollar bieten –, und Sie tun ihr Bestes, um dieses Erlebnis zu genießen. Schließlich machen Sie hier Urlaub, Sie sehen seltsam und exotisch aus, tragen wahrscheinlich Shorts und ein lachhaftes Hawaiihemd, warum zum Geier sollte man also nicht auf Sie zeigen? Warum sollten die fünfzig Meter zum Tabakladen keine Dreiviertelstunde dauern, den gesamten Verkehr zum Erliegen bringen und es fast noch in die Abendausgabe der Lokalzeitungen schaffen? Deswegen sind Sie schließlich ins Ausland gereist. Um im Ausland zu sein.

So sieht das für den Touristen aus.

Wenn Sie jedoch ins Ausland gegangen sind, um mit Schnellfeuerwaffen ein amerikanisches Konsulat zu besetzen, den Konsul und sein Personal als Geiseln zu nehmen, zehn Millionen Dollar und die sofortige Freilassung von zweihundertdreißig politischen Häftlingen zu fordern und sich mit einem Privatflugzeug abzusetzen, nachdem Sie das Gebäude mit sechzig Kilo C4-Plastiksprengstoff vermint haben – wenn Sie um ein Haar dies alles auf dem Einreiseformular in die Rubrik «Zweck des Besuchs» eingetragen hätten, sich aber gerade noch beherrschen konnten, weil Sie ein hochkarätiger Profi sind, dem keine solchen Fehler unterlaufen – dann können Sie auf das Gaffen und Zeigen der Straßenkinder getrost verzichten.

Also übernahmen die Oliven das Observieren, und die Hellen bereiteten den Anschlag vor.

Wir hatten uns in einer aufgegebenen Schule im Stadtviertel Hay Mohammedia breitgemacht. Einst war das vielleicht eine noble grüne Vorstadt gewesen, aber das war lange her. Das Grün war von den Wellblechfachleuten überbaut worden, die Kanalisation bestand aus Gräben am Straßenrand, und die Straße würde eines schönen Tages vielleicht befestigt. Inschallah.

Es war eine ärmliche Gegend mit ärmlichen Bewohnern. Nahrungsmittel waren schlecht und knapp, und frisches Wasser gab es nur in den Geschichten, die die alten Leute an langen Winterabenden ihren Enkelkindern erzählten. Nicht, daß es in Hay Mohammedia viele alte Leute gab. Die Rolle alter Leute wurde hier üblicherweise von Fünfundvierzigjährigen übernommen, zahnlos dank des schmerzhaft süßen Pfefferminztees, der als Luxus galt.

Die Schule war ziemlich groß. Ein zweistöckiges Hufeisen, das man um einen Betonhof herumgebaut hatte, in dem die Schüler früher Fußball gespielt oder Gebete aufgesagt oder Unterricht darin bekommen hatten, wie man Europäer nervte; die vierte Seite bestand aus einer fünf Meter hohen Mauer, in der es nur ein einziges Tor aus Stahlplatten gab, durch das man in den Hof gelangte.

Hier konnten wir planen, trainieren und auf der faulen Haut liegen.

Und uns fürchterlich in die Haare kriegen.

Die Streitigkeiten ergaben sich aus völligen Banalitäten. Plötzliche Gereiztheit, wenn jemand rauchte oder den letzten Kaffee weggetrunken hatte oder im Landrover schon wieder vorn sitzen wollte. Aber nach und nach nahm die Aggressivität zu.

Erst dachte ich, unsere Nerven lägen blank, weil das Ding, das wir hier drehen wollten, größer, weitaus größer war als all unsere bisherigen Aktivitäten. Mürren war im Vergleich dazu ein Kinderspiel gewesen, ohne die anschließende Haue vom großen Bruder.

In Casablanca drohte die Haue von der Polizei, und vielleicht war sie für die wachsenden Spannungen, den Groll und die Gereiztheit verantwortlich. Denn die Polizei war allgegenwärtig. Es gab sie in den verschiedensten Formen und Farben und den verschiedensten Uniformen, die auf die verschiedensten Mächte und Autoritäten hinwiesen. Aber letztlich lief alles darauf hinaus, daß man sie bloß schief anzuschauen brauchte, und schon hauten sie einen nachhaltig in die Pfanne.

Vor jedem einzelnen Polizeirevier in Casablanca standen beispielsweise zwei Männer mit Maschinenpistolen.

Zwei Männer. Maschinenpistolen. Warum?

Man konnte sich hinstellen und sie rund um die Uhr beobachten. Sie fingen deutlich sichtbar keinen einzigen Verbrecher, schlugen keinen einzigen Aufstand nieder, wehrten keine einzige Invasion des feindlichen Auslands ab – kurz, sie taten nichts, was dem Durchschnittsmarokkaner das Leben erleichtert hätte.

Egal, wer soviel Geld für diese Männer verballert hatte – er hatte unter anderem verfügt, ihre Uniformen von einem Mailänder Couturier entwerfen zu lassen, und alle Sonnenbrillen mußten vollverspiegelt sein –, er hätte wahrscheinlich gesagt: «Was wollen Sie denn? Natürlich hat uns das feindliche Ausland nicht angegriffen, wir haben ja auch vor jedem Polizeirevier zwei Männer mit Maschinenpistolen und Hemden stehen, die ihnen zwei Nummern zu klein sind.» Und da konnte man nur noch dienern und rückwärts das Büro verlassen, denn gegen eine solche Logik kommt man nicht an.

In Marokko ist die Polizei ein besonderes Kennzeichen des Staates. Sie müssen sich den Staat als Hünen in einer Kneipe vorstellen und die marokkanische Bevölkerung als ein schmächtiges Männchen. Der Hüne entblößt einen tätowier-

352

ten Bizeps und fragt das Männchen: «Hast du mein Bier ver-
schüttet?»

Die marokkanische Polizei ist die Tätowierung.

Und für uns waren sie eindeutig ein Problem. Zu viele
Marokennamen, zu viele von jeder Marke, zu schwer bewaffnet, zu ... was weiß ich.

Vielleicht waren wir deshalb so angespannt. Vielleicht
hatte mich Benjamin – Benjamin mit der sanften Stimme,
der Schachliebhaber, der in grauer Vorzeit Rabbi werden
wollte –, vielleicht hatte mich Benjamin vor fünf Tagen deshalb ein gottverfluchtes Arschloch genannt.

Wir saßen am Tapeziertisch im Speisesaal, löffelten eine Tajine, die Cyrus und Latifa gekocht hatten, und niemandem
war groß nach Konversation zumute. Die Hellen hatten im
Lauf des Tages die Konsulatsfassade in Originalgröße nach-
gebaut, und jetzt waren wir müde und stanken nach Holz.

Das Modell stand hinter uns wie die Kulisse einer Laien-
spielschar, und gelegentlich sah jemand vom Essen hoch,
warf einen Blick darauf und fragte sich, ob er wohl je das
Original zu Gesicht bekäme, und wenn ja, ob er danach
noch je etwas anderes zu Gesicht bekäme.

«Du bist ein gottverfluchtes Arschloch», sagte Benjamin,
sprang auf und stand da, ballte und lockerte abwechselnd die
Fäuste.

Pause. Es dauerte einige Zeit, bis alle gemerkt hatten, wen
er dabei ansah.

«Wie hast du mich genannt?» fragte Ricky und richtete
sich etwas auf – ein Mann, der seinen Zorn lange im Zaum
hielt, aber wehe, wenn er losgelassen!

«Du hast mich schon verstanden», sagte Benjamin.

Einen Augenblick lang wußte ich nicht, ob er zuschlagen
oder in Tränen ausbrechen würde.

Ich sah Francisco in der Erwartung an, er würde Benjamin
auffordern, sich hinzusetzen oder zu verschwinden oder

sonstwas, aber Fransicso beobachtete mich bloß und aß weiter.

«Scheiße, Mann, hab ich dir was getan, oder was?» fragte Ricky und drehte sich wieder zu Benjamin.

Aber der stand einfach nur da, funkelte mich an und ballte die Fäuste, bis Hugo die unbehagliche Stille brach und die Tajine lobte. Alle stimmten erleichtert zu und meinten, ja, die sei ganz phantastisch, und nein, die sei keine Spur versalzen. Alle bis auf Benjamin und mich, wohlgemerkt. Wir starrten uns unverwandt an, und anscheinend wußte nur er, was der ganze Zirkus sollte.

Dann kehrte er uns abrupt den Rücken und stürzte aus dem Saal. Kurz darauf hörten wir, wie das Stahltor dröhnend aufgeschoben wurde und der Landrover zum Leben erwachte.

Francisco fixierte mich die ganze Zeit.

Das ist fünf Tage her, Benjamin hat es ein paarmal über sich gebracht, mich anzulächeln, und jetzt sitzen wir alle in den Startlöchern. Wir haben das Modell zerlegt, die Koffer gepackt, alle Brücken hinter uns abgebrochen und unsere Gebete gesprochen. Es ist richtig aufregend.

Morgen früh um neun Uhr fünfunddreißig wird sich Latifa im amerikanischen Konsulat um ein Visum bemühen. Um neun Uhr vierzig werden Bernhard und ich uns zu einem Termin bei Mr. Roger Buchanan, dem Handelsattaché, einstellen. Um neun Uhr siebenundvierzig werden Francisco und Hugo auf einer Sackkarre vier Plastikfässer Mineralwasser zustellen, deren Lieferschein auf Sylvie Horvath vom konsularischen Dienst ausgestellt ist.

Das Wasser hat Sylvie tatsächlich bestellt – die sechs Pappkartons, auf denen die Fässer ruhen, allerdings nicht.

Und um neun Uhr fünfundfünfzig plusminus ein paar Sekunden werden Cyrus und Benjamin mit dem Landrover gegen die Westmauer des Konsulats krachen.

«Warum das?» fragte Solomon.

«Warum was?» fragte ich.

«Der Unfall mit dem Landrover.» Er nahm den Bleistift aus dem Mund und deutete auf die Zeichnungen. «So kommt Ihr keinesfalls durch die Mauer. Sie besteht aus sechzig Zentimeter dickem armiertem Beton, und überdies habt Ihr entlang der ganzen Mauer noch diese Poller. Selbst wenn Ihr die schaffen solltet, ist die Wucht danach raus.»

Ich schüttelte den Kopf.

«Reines Ablenkungsmanöver», sagte ich. «Sie schlagen Krach, blockieren die Hupe, Benjamin fällt mit über und über blutbeschmiertem Hemd vom Fahrersitz, und Cyrus schreit nach einem Arzt. Wir wollen möglichst viele Schaulustige an die Westseite des Konsulats locken.»

«Gibt's im Konsulat Verbandszeug?» fragte Solomon.

«Im Erdgeschoß. Lagerraum neben dem Treppenhaus.»

«Ausgebildete Sanitäter?»

«Das gesamte amerikanische Personal hat Erste-Hilfe-Kurse absolviert, aber in diesem Fall kommt am ehesten Jack in Frage.»

«Jack?»

«Webber», sagte ich. «Konsulatsgarde. Achtzehn Jahre beim US Marine Corps. Trägt eine 9-mm-Dienstberetta an der rechten Hüfte.»

Ich zögerte, weil ich wußte, woran Solomon dachte.

«Und?» fragte er.

«Latifa hat CS-Gas dabei», sagte ich.

Er notierte sich etwas – aber langsam und im Bewußtsein, daß sein Vermerk auch nicht viel helfen würde.

Ich wußte das auch.

«Und eine Micro-Uzi in der Umhängetasche», sagte ich.

Wir saßen in Solomons Miet-Peugeot, der auf einer Anhöhe bei La Squala parkte – ein zerbröckelndes Gebäude aus dem achtzehnten Jahrhundert, das früher die wichtigste Artilleriestellung der Stadt beherbergt hatte. Von hier oben ließ sich der gesamte Hafen unter Beschuß nehmen. Vor uns erstreckte sich das schönste Panorama von ganz Casablanca, aber im Moment hatten wir kein Auge dafür.

«Und was passiert jetzt?» fragte ich und zündete mir mit Solomons Armaturenbrett eine Zigarette an. Ganz recht, denn der größte Teil des Armaturenbretts ging mit ab, nachdem ich am Zigarettenanzünder gezogen hatte, und ich brauchte eine Weile, um das Ganze wieder zu reparieren. Dann inhalierte ich und versuchte ziemlich vergebens, den Rauch durchs offene Fenster zu blasen.

Solomon starrte weiterhin seine Notizen an.

«Also ich nehme an», soufflierte ich, «daß sich eine Brigade von marokkanischen Polizisten und CIA-Leuten in den Lüftungsschächten versteckt. Ich nehme auch an, sobald wir zur Attacke blasen, springen sie heraus und nehmen uns fest. Ich nehme außerdem an, daß das Schwert der Gerechtigkeit sowie jedermann, der in letzter Zeit Umgang mit seinen Mitgliedern gepflegt hat, demnächst vor einem Gericht ganz in der Nähe dieses Kinos erscheinen wird. Ich nehme schließlich an, all dies wird geschehen, ohne daß sich auch nur ein Mensch den Ellbogen aufschürft.»

Solomon holte tief Luft und atmete langsam aus. Dann begann er, sich den Bauch zu reiben, was ich seit zehn Jahren nicht mehr bei ihm gesehen hatte. Sein Zwölffingerdarmgeschwür war das einzige, was ihn von der Arbeit abhalten konnte.

Er drehte sich zu mir und sah mich an.

«Man schickt mich nach Hause», sagte er.

Wir starrten uns einige Zeit an. Dann fing ich an zu lachen. Die Situation hatte eigentlich nichts Komisches – das Lachen drang mir rein zufällig aus dem Mund.

«Natürlich», sagte ich schließlich, «natürlich wirst du nach Hause geschickt. Das paßt doch bestens ins Bild.»

«Paß auf, Thomas», sagte er, und ich sah ihm deutlich an, wie sehr er diesen Moment haßte.

«‹Danke für Ihre hervorragende Mitarbeit, Mr. Solomon›», sagte ich mit meiner besten Russell-Barnes-Stimme. «‹Wir sind Ihnen für Ihren Professionalismus und Ihr Engagement zu Dank verpflichtet, aber wir übernehmen jetzt, wenn's recht ist.› Besser hätte es gar nicht kommen können.»

«Thomas, jetzt hör mir doch mal zu.» Er hatte mich in dreißig Sekunden zweimal geduzt. «Verdrück dich einfach. Renn um dein Leben, ja?»

Ich grinste ihn an, woraufhin er noch hastiger sprach.

«Ich kann dich bis nach Tanger mitnehmen», sagte er. «Von dort fährst du nach Ceuta weiter und nimmst die Fähre nach Spanien. Ich sorge bei der dortigen Polizei dafür, daß man dir einen Lieferwagen vors Konsulat stellt, und wir warten, bis über die ganze Sache Gras gewachsen ist. Nichts davon ist je passiert.»

Ich sah ihm in die Augen und spürte seine Aufgewühltheit. Ich sah, daß er sich schämte und sich Vorwürfe machte – ich sah ein Zwölffingerdarmgeschwür in seinen Augen.

Ich warf die Kippe aus dem Fenster.

«Komisch», sagte ich. «Sarah Woolf hat mich um dasselbe gebeten. Hau ab, sagte sie. Such dir einen Platz an der Sonne, fern vom rasenden CIA.»

Solomon fragte nicht, wann ich sie getroffen oder warum ich nicht auf sie gehört hatte. Dafür machte ihm sein Gewissen zu sehr zu schaffen. Auf dem er mich bald haben mochte.

«Und?» fragte er. «Um Himmels willen, Thomas, dann tu das doch.» Er packte meinen Arm. «Die ganze Angelegenheit ist purer Wahnsinn. Wenn du jetzt in das Konsulat marschierst, kommst du da nicht lebend wieder raus. Das weißt du doch.» Ich saß einfach nur da, und schließlich platzte ihm der Kragen. «Herrgott noch mal, das hast du selbst die ganze Zeit gesagt. Du hast es von Anfang an gewußt.»

«Jetzt tu nicht so, David. Du hast es genauso gewußt.»

Ich sah ihn bei diesen Worten genau an. Er hatte etwa eine Hundertstelsekunde, um die Stirn zu runzeln, erstaunt den Mund zu öffnen oder zu sagen: «Was redest du denn da», und er verpaßte sie. Als die Hundertstelsekunde vorbei war, wußte ich Bescheid, und das wiederum wußte er.

«Die Fotos von Sarah und Barnes Arm in Arm», sagte ich, aber Solomons Miene blieb leer. «Du wußtest, was das bedeutete. Du wußtest, daß es dafür nur eine Erklärung gab.»

Endlich schlug er die Augen nieder und ließ meinen Arm los.

«Wie konnten sich die beiden bloß mögen nach allem, was geschehen war?» sagte ich. «Dafür gibt es nur eine Erklärung. Es war nicht danach. Es war vorher. Die Bilder wurden aufgenommen, bevor Alexander Woolf ermordet wurde. Du hast gewußt, was Barnes vorhatte, und du hast gewußt oder geahnt, was Sarah vorhatte. Du hast mir bloß nichts gesagt.» Er schloß die Augen. Wenn er um Vergebung bat, dann nicht laut und nicht mich.

«Wo ist UCLA jetzt?» fragte ich nach einiger Zeit.

Solomon schüttelte leicht den Kopf.

«Mir ist von einem solchen Vehikel nichts bekannt», sagte er, ohne die Augen zu öffnen.

«David ...», setzte ich an, aber er fiel mir ins Wort.

«Bitte», sagte er.

Also ließ ich ihn in Ruhe nachdenken und in Ruhe seine Entscheidungen treffen.

«Master», sagte er schließlich, und plötzlich war er wieder ganz der Alte, «ich weiß bloß, daß heute mittag ein Transportflugzeug der US Air Force auf dem Stützpunkt der Royal Air Force auf Gibraltar gelandet ist und eine gewisse Menge Maschinenteile ausgeladen hat.»

Ich nickte. Solomon hatte die Augen geöffnet.

«Wie groß war diese Menge?»

Solomon holte wieder tief Luft; er wollte die ganze Sache auf einmal loswerden.

«Der Freund eines Freundes eines Freundes war dabei und hat zwei Kisten gesehen, jede etwa sieben mal drei mal drei Meter groß. Begleitet wurden sie von sechzehn männlichen Passagieren, davon neun in Uniform. Diese Männer nahmen die Kisten sofort in Beschlag und brachten sie in einen Hangar an der Umzäunung, den man extra für sie geräumt hatte.»

«Barnes?» fragte ich.

Solomon dachte einen Augenblick nach.

«Das kann ich nicht sagen, Master. Aber jener Freund glaubt, in dem Trupp einen amerikanischen Diplomaten erkannt zu haben.»

Diplomat. Am Arsch. Ein Arschloch von Diplomat, genauer gesagt.

«Jenem Freund zufolge», fuhr Solomon fort, «befand sich in der Gruppe des weiteren ein Mann in unverkennbarer Zivilkleidung.»

Ich fuhr hoch und hatte plötzlich schweißnasse Hände.

«Unverkennbar heißt?» fragte ich.

Solomon legte den Kopf zur Seite, als müßte er sich die Einzelheiten erst wieder ins Gedächtnis rufen. Als hätte er das nötig.

«Schwarzes Jackett, schwarzgestreifte Hose», sagte er. «Der Freund verglich ihn mit einem Hotelpikkolo.»

Und dann der Glanz auf der Haut. Der Glanz des Geldes. Murdahs Glanz.

Alles paletti, dachte ich. Die ganze Blase war angerückt.

Auf der Rückfahrt ins Stadtzentrum legte ich Solomon auseinander, was ich vorhatte und was ich dafür von ihm brauchte.

Hin und wieder nickte er, nichts davon paßte ihm in den Kram, aber er mußte eigentlich merken, daß ich nicht direkt Luftschlangen blies.

Als wir uns dem Konsulat näherten, verlangsamte Solomon, fuhr den Peugeot einmal um den Block und hielt vor einer Andentanne. Wir sahen eine Zeitlang in ihren hohen, rauschenden Wipfel, dann nickte ich ihm zu, wir stiegen aus, und er schloß den Kofferraum auf.

Ich sah zwei Pakete vor mir. Einen Kasten von der Größe eines Schuhkartons und eine über anderthalb Meter lange Röhre. Beide waren in braunes, wasserabweisendes Papier verpackt. Sie trugen keine Beschriftung, keine Seriennummern, keine Verfallsdaten.

Solomon ließ sich deutlich anmerken, daß er sie nicht anrühren würde, also beugte ich mich vor und wuchtete sie selbst aus dem Wagen.

Er warf die Autotür zu und ließ den Motor an, während ich zur Konsulatsmauer ging.

24

Doch horch! Mein Herz schlägt meinem Nahn
Der Trommel gleich den Rhythmus an.
Bishop Henry King

Das amerikanische Konsulat von Casablanca liegt mitten auf dem grünen Boulevard Moulay Yousses, eine winzige, vollkommene Enklave der französischen Prachtentfaltung im neunzehnten Jahrhundert, erbaut, um dem ermatteten Kolonialisten nach seinem harten Tagwerk der Infrastrukturgestaltung bei der Entspannung zu helfen.

Die Franzosen kamen nach Marokko und schufen Straßen, Eisenbahnen, Krankenhäuser, Schulen sowie einen Sinn für Mode – was für den Durchschnittsfranzosen eben so alles zur modernen Zivilisation gehört –, und als der Feierabend nahte, sahen die Franzosen alles an, was sie gemacht hatten, und siehe, es war sehr gut, und sie sagten sich, wir haben es verdammt noch mal verdient, wie die Maharadschas zu leben. Und so lebten sie auch. Eine Zeitlang.

Aber als ihnen das benachbarte Algerien um die Ohren flog, erkannten die Franzosen, daß man nicht immer so gierig sein sollte; und so öffneten sie ihre Louis Vuittons, packten ihre Flakons mit Rasierwasser ein, die anderen Flakons mit Rasierwasser auch, schließlich noch das Extrafläschchen, das irgendwie hinter den Toilettenspülkasten gerutscht war und sich bei näherer Prüfung als Rasierwasser erwies, und stahlen sich in die Nacht hinaus.

Die Erben der von den Franzosen hinterlassenen riesigen Stuckpaläste waren weder Prinzen noch Sultane oder Wirtschaftsmagnaten. Sie waren auch keine Nachtclubsänger, Fußballprofis, Gangster oder Seifenopernstars. Es waren dank eines unglaublichen Zufalls Diplomaten.

Ein unglaublicher Zufall ist das, weil diese überall so absgesahnt haben. In jeder Stadt und jedem Land der Welt leben und arbeiten die Diplomaten in den kostbarsten und begehrtesten Liegenschaften überhaupt. Ob Herrenhäuser, Schlösser, Paläste oder Zwanzigzimmervillen mit angeschlossenem Wildpark, egal, worum es sich handelt, die Diplomaten kommen, sehen sich einmal um und sagen, ja, ich glaube, hier läßt sich's aushalten.

Bernhard und ich rückten unsere Krawatten zurecht, verglichen unsere Uhren und stiegen die Treppe zum Haupteingang hoch.

«Also dann, meine Herren, was kann ich für Sie tun?»

Für-Sie-Roger Buchanan war Anfang Fünfzig und hatte im diplomatischen Korps Amerikas den Zenit seiner beruflichen Laufbahn erreicht. Seine letzte Versetzung hatte ihn nach Casablanca gebracht, er lebte jetzt seit drei Jahren hier und war's zufrieden, aber klar doch. Prächtiges Land, prächtige Leute, die Küche vielleicht etwas fetthaltig, aber sonst einfach spitze.

Das fette Essen hatte Für-Sie-Rogers Appetit offenbar nicht nachhaltig beeinträchtigt, denn er brachte mindestens hundert Kilo auf die Waage, was für etwa eins fünfundsiebzig eine beachtliche Leistung ist.

Bernhard und ich sahen uns mit hochgezogenen Augenbrauen an, als spielte es eigentlich keine Rolle, wer als erster das Wort ergriff.

«Mr. Buchanan», sagte ich würdevoll, «wie mein Kollege und ich in unserem Brief bereits erwähnt haben, produzieren wir die nach unserem Dafürhalten besten Gummihandschuhe von ganz Nordafrika.»

Bernhard nickte bedächtig, als würde er diese Einschätzung unter Umständen auf die ganze Welt ausdehnen, fände das aber nicht so wichtig.

Ich fuhr fort: «Wir haben Produktionsanlagen in Fez und

Rabat und eröffnen demnächst ein Werk am Stadtrand von Marrakesch. Unser Produkt ist ein erstklassiges Produkt, das steht für uns außer Frage. Vielleicht haben Sie davon gehört, vielleicht haben Sie es sogar schon benutzt, wenn Sie ein sogenannter ‹neuer Mann› sind.»

Ich wieherte wie ein Bekloppter, und Bernhard und Roger stimmten ein. Männer. Mit Gummihandschuhen. Der war gut. Bernhard nahm den Faden auf, beugte sich im Sessel vor und sprach mit gravitätischem, respektablem deutschem Akzent.

«Unsere Produktionskapazitäten», sagte er, «haben inzwischen einen Punkt erreicht, an dem wir eine Exportlizenz für den nordamerikanischen Markt ins Auge fassen. Und wir wenden uns an Sie, Sir, weil wir Sie um Unterstützung bei dem damit auf uns zukommenden Papierkrieg bitten möchten.»

Für-Sie-Roger nickte und notierte etwas auf einem Block. Vor ihm auf dem Schreibtisch erkannte ich unseren Brief, und er hatte anscheinend das Wort «Gummi» eingekreist. Ich hätte ihn gern nach dem Grund gefragt, aber jetzt war dafür wohl kaum der rechte Zeitpunkt.

«Roger», sagte ich und erhob mich, «bevor wir uns eingehender damit befassen ...»

Roger sah von seinem Block hoch.

«Den Flur runter die zweite Tür rechts.»

«Danke», sagte ich.

Die Toilette war leer und roch nach Pinien. Ich schloß ab, sah auf die Uhr, stieg auf die Klobrille und hebelte das Fenster auf.

Links benetzte ein Sprenger eine gepflegte Rasenfläche in anmutigen Wasserbögen. Eine Frau in einem Kattunkleid stand neben der Mauer und putzte sich die Fingernägel, während ein paar Meter weiter ein Hündchen hingebungsvoll sein Geschäft verrichtete. Hinten in der Ecke kniete ein

Gärtner in Shorts und gelbem T-Shirt und hantierte mit irgendwelchen Sträuchern.

Rechts nichts.

Noch mehr Mauer. Noch mehr Rasen. Noch mehr Blumenbeete.

Und eine Andentanne.

Ich sprang von der Klobrille herunter, sah wieder auf die Uhr, öffnete die Tür und trat in den Korridor hinaus.

Niemand da.

Ich ging zügig zur Treppe und sprang unbeschwert hinunter, nahm zwei Stufen auf einmal und schlug auf dem Geländer den Takt zu einer mir unbekannten Melodie. Ich kam an einem hemdsärmeligen Mann mit Aktenstößen vorbei und sagte laut «Morgen», bevor er überhaupt den Mund aufbekam.

Ich erreichte den ersten Stock und sah nach rechts. Hier herrschte schon mehr Leben. Einige Meter weiter im Flur standen zwei Frauen ins Gespräch vertieft, und links von mir schloß ein Mann eine Bürotür auf oder zu.

Ich sah auf die Uhr und wurde etwas ruhiger, tastete in den Hosentaschen nach etwas, was ich vielleicht irgendwo vergessen hatte und wenn nicht dort, dann irgendwo anders, vielleicht hatte ich es auch gar nicht eingesteckt, aber falls dem so wäre, sollte ich dann nicht lieber zurückgehen und nachschauen? Ich stand stirnrunzelnd mitten im Flur, der Mann links von mir hatte die Bürotür geöffnet, sah mich an und wollte gerade fragen, ob ich mich verlaufen hätte.

Ich zog die Hand aus der Tasche, lachte ihn an und hielt einen Schlüsselbund hoch.

«Da ist er ja», sagte ich, und er nickte mir flüchtig und unsicher zu, bevor ich weiterging.

Am Ende des Korridors ertönte eine Klingel, ich ging etwas schneller und ließ mit der rechten Hand den Schlüsselbund klimpern. Die Fahrstuhltüren öffneten sich, und eine Sackkarre wurde in den Korridor geschoben.

Francisco und Hugo, beide in sauberen Blaumännern, rollten sie vorsichtig aus dem Fahrstuhl. Francisco schob, und Hugo sicherte mit beiden Händen die Wasserfässer. Cool bleiben, hätte ich ihm am liebsten zugeraunt, als ich die beiden vorließ. Meine Güte, das ist doch bloß Wasser. Du gehst damit um, als wäre es deine Frau auf dem Weg in den Kreißsaal.

Francisco ließ sich Zeit, studierte die Zimmernummern der Büros und machte einen überzeugenden Eindruck, während sich Hugo immerzu umsah und die Lippen leckte.

Ich blieb vor einem Schwarzen Brett stehen und las mir die Aushänge durch. Drei Zettel riß ich ab, zwei enthielten Anweisungen für den Feueralarm, der dritte war eine allgemeine Einladung zum Barbecue bei Bob und Tina ab Sonntag mittag. Ich stand da und las, als gäbe es nichts Wichtigeres, dann sah ich auf die Uhr. Sie hatten Verspätung.

Fünfundvierzig Sekunden Verspätung.

Es war zum Mäusemelken. Nach allem, was wir vereinbart und geübt und verflucht und noch einmal geübt hatten, kamen die kleinen Scheißer zu spät.

«Ja bitte?» fragte eine Stimme.

Fünfundfünfzig Sekunden.

Ich sah den Korridor hinab. Francisco und Hugo waren im offenen Empfangsbereich angelangt. An der Rezeption saß eine Frau und betrachtete sie über ihre großen Brillengläser hinweg.

Fünfundsechzig Scheißsekunden.

«*Salem aleikum*», sagte Francisco leise.

«*Aleikum salem*», antwortete die Frau.

Siebzig.

Hugo schlug mit der Hand auf die Wasserfässer, drehte sich um und sah mich an.

Ich setzte mich in Bewegung, aber schon nach zwei Schritten hörte ich es.

Hörte und spürte es. Es war wie eine Explosion.

Wenn man im Fernsehen zwei Autos zusammenstoßen sieht, servieren die Tontechniker einem einen bestimmten Geräuschpegel, und man sagt sich, ja stimmt, genau so hört sich ein Autounfall an. Man vergißt dabei (wenn man ein Glückskind ist, hat man es nie gewußt), wieviel Energie frei wird, wenn eine halbe Tonne Metall auf eine halbe Tonne Metall prallt. Oder auf eine Hauswand. Riesige Energiemengen, die einen von Kopf bis Fuß durchschütteln, selbst wenn man hundert Meter weit weg ist.

Die Hupe vom Landrover, die Cyrus mit seinem Messer festgeklemmt hatte, gellte durch die Stille wie die Todesschreie eines Tiers. Dann verhallte sie, wurde übertönt von den Geräuschen, mit denen Türen auf und zu schlugen, Stühle zurückgeschoben wurden und Körper sich plötzlich an Türen und Fenstern aufbauten – sich ansahen und wieder den Korridor hinabsahen.

Alle redeten durcheinander, die meisten machten Bemerkungen wie «Herrgott» oder «Da leck mich doch einer» oder «Scheiße, was is 'n jetzt los?», und plötzlich sah ich ein Dutzend Menschen von hinten, sie hasteten von uns fort, trippelten, sprangen und stolperten übereinander, um zur Treppe zu kommen.

«Meinen Sie, wir sollten mal nachsehen?» fragte Francisco die Dame am Tisch.

Sie sah erst ihn an und dann den Korridor hinab.

«Ich kann hier nicht ... wissen Sie ...», sagte sie, und ihre Hand glitt zum Telefon. Ich weiß nicht, wen sie eigentlich anrufen wollte.

Francisco und ich sahen uns etwa eine Hundertstelsekunde lang an.

«War das ...», setzte ich an und musterte die Frau nervös, «ich meine, klang das nicht wie eine Bombe?»

Sie legte eine Hand aufs Telefon und streckte die andere mit der Handfläche nach außen zum Fenster, flehte die Welt an, kurz anzuhalten, bis sie sich wieder gesammelt habe.

Irgendwo schrie jemand auf.

Entweder hatte der oder die Betreffende Benjamin gesehen oder war hingefallen oder hatte einfach Lust zu schreien, und die Frau schnellte hoch.

«Was kann das bloß sein?» fragte Francisco, während Hugo langsam um den Tisch herumging.

Diesmal sah sie ihn nicht an.

«Das wird man uns schon sagen», sagte sie und blickte an mir vorbei den Korridor hinab. «Wir bleiben, wo wir sind, dann wird man uns schon sagen, was wir tun sollen.»

Sie hatte noch gar nicht ausgesprochen, da ertönte ein metallisches Klicken, und die Frau begriff sofort, daß dieses Klicken hier nichts zu suchen hatte; es gibt nämlich gutes Klicken und böses Klicken, und das hier gehörte zur schlimmsten Sorte.

Sie fuhr herum und sah Hugo vor sich.

«Lady», sagte er, und seine Augen glänzten, «Sie haben Ihre Chance vertan.»

Da wären wir also.

Sitzen da wie die Made im Speck und fühlen uns prima.

Wir haben das Gebäude seit fünfunddreißig Minuten unter Kontrolle, und alles ist glimpflich verlaufen.

Die marokkanischen Angestellten sind aus dem Erdgeschoß verschwunden, Hugo und Cyrus haben den ersten und zweiten Stock vom einen Ende zum anderen durchgekämmt, die Männer und Frauen die Haupttreppe hinunter und dann mit viel Geschrei und überflüssigen Kommandos wie «Marsch, marsch» und «Wird's bald» auf die Straße gescheucht.

Benjamin und Latifa sind im Foyer postiert, weil sie sich von dort im Ernstfall sofort auf die Rückseite des Gebäudes zurückziehen können. Aber wir haben keinen Ernstfall. Jedenfalls noch nicht.

Die Polizei ist aufgetaucht. Erst einzelne Streifenpolizisten, dann Jeeps, schließlich ganze Wagenladungen. Scharenweise stehen sie in ihren engen Hemden vor dem Konsulat, brüllen, schaffen Fahrzeuge aus dem Weg und haben sich noch nicht festgelegt, ob sie die Straße leger überqueren sollen oder lieber geduckt und Haken schlagend, um Heckenschützen kein Ziel zu bieten. Wahrscheinlich haben sie Bernhard auf dem Dach gesehen, wissen aber nicht, wer er ist und was er dort zu suchen hat.

Francisco und ich sitzen im Büro des Konsuls.

Wir haben insgesamt acht Geiseln – fünf Männer und drei Frauen, die wir mit Bernhards Polizeihandschellen aneinandergekettet haben –, und wir haben uns erkundigt, ob es ihnen etwas ausmachen würde, auf dem wirklich exquisiten Kelimteppich Platz zu nehmen. Wenn jemand den Teppich verlassen sollte, haben wir ihnen erklärt, gehe er das Risiko ein, von Francisco oder mir mit Hilfe eines Paars Steyr-Maschinenpistolen, die wir vorsichtshalber mitgebracht haben, totgeschossen zu werden.

Nur beim Konsul machen wir eine Ausnahme, wir sind schließlich keine Tiere – wir haben ein Gespür für Rang und Protokoll und möchten nicht, daß sich ein bedeutender Mann im Schneidersitz auf den Fußboden setzen muß –, außerdem muß er das Telefon bedienen.

Benjamin hat die Verbindungsstelle manipuliert und uns versichert, daß alle Anrufer, egal, zu welchem Konsulatsapparat sie wollen, in diesem Büro landen.

Mr. James Beamon, der ordnungsgemäß bestellte Repräsentant der Regierung der Vereinigten Staaten in Casablanca, der auf marokkanischem Boden nur noch den Botschafter in Rabat über sich hat, sitzt jetzt also an seinem Schreibtisch, läßt Francisco nicht aus den Augen und fragt sich, wie er ihn nehmen muß.

Wie unsere Nachforschungen ergeben haben, ist Beamon Berufsdiplomat. Er ist keineswegs der pensionierte Schuhvertreter, den man auf einem solchen Posten erwarten würde – ein Mann, der der Wahlkampfkasse des Präsidenten fünfzig Millionen Dollar gespendet hat und dafür mit einem überdimensionierten Schreibtisch und dreihundert Gratismahlzeiten im Jahr belohnt wird. Beamon ist Ende Fünfzig, groß, massiv gebaut und von rascher Auffassungsgabe. Er wird in dieser Situation behutsam und verantwortungsbewußt handeln.

Und genau das brauchen wir.

«Was ist mit Toilettengängen?» möchte er wissen.

«Eine Person alle halbe Stunde», antwortet Francisco. «Die Reihenfolge legen Sie fest, einer von uns geht mit, Sie schließen nicht ab.»

Francisco tritt ans Fenster und sieht auf die Straße. Dann schaut er durch ein Fernglas.

Ich sehe auf die Uhr. Zehn Uhr einundvierzig.

Sie werden im Morgengrauen kommen, sage ich mir. Wie es alle Angreifer gehalten haben, seit das Angreifen erfunden wurde.

Im Morgengrauen. Wenn Müdigkeit, Hunger, Langeweile und Furcht uns übermannt haben.

Sie werden im Morgengrauen kommen, und sie werden von Osten aus der Sonne kommen.

Um elf Uhr zwanzig wollte der erste Anrufer den Konsul sprechen.

Wafiq Hassan, der Polizeipräsident, stellte sich Francisco vor und begrüßte dann Beamon. Er hatte nichts Besonderes zu vermelden, drang lediglich darauf, man möge sich umsichtig verhalten und die Angelegenheit gütlich klären. Hinterher lobte Francisco sein gutes Englisch, und Beamon sagte, er sei vorgestern bei Hassan zum Abendessen gewesen. Sie hätten sich darüber unterhalten, wie ruhig es in Casablanca sei.

Um elf Uhr vierzig meldete sich die Presse. Tue ihnen ja

leid, uns zu stören, aber ob wir nicht eine Erklärung abgeben wollten. Francisco buchstabierte zweimal seinen Namen und sagte, die schriftliche Erklärung würden wir dem Repräsentanten von CNN zukommen lassen, sobald der hier eintreffe.

Fünf vor zwölf klingelte es wieder. Beamon hob ab und sagte, dazu könne er sich momentan nicht äußern, aber sein Gesprächspartner möge es doch morgen oder übermorgen noch einmal versuchen. Francisco nahm ihm den Hörer ab, hörte einige Sekunden zu und prustete dann los: Ein Tourist aus North Carolina wollte wissen, ob das Konsulat die Trinkwasserqualität im Regency Hotel garantieren könne.

Darüber mußte sogar Beamon schmunzeln.

Um vierzehn Uhr fünfzehn schickte man uns ein Mittagessen. Hammeleintopf mit Gemüse und einen großen Topf Kuskus. Benjamin nahm oben an der Treppe alles entgegen, während Latifa an der Tür nervös mit ihrer Uzi herumfuchtelte.

Cyrus fand irgendwo Pappteller, aber kein Besteck, also ließen wir die Mahlzeit abkühlen, bis wir mit den Fingern essen konnten.

In Anbetracht der Umstände schmeckte es prima.

Um fünfzehn Uhr zehn hörten wir die Laster anspringen, und Francisco lief ans Fenster.

Wir sahen zu, wie die Polizeifahrer zurücksetzten und Getriebe aufjaulen ließen, hin und her rangierten und das Wenden in zehn Zügen probten.

«Warum fahren die?» sagte Francisco, während er durchs Fernglas linste.

Ich zuckte die Achseln.

«Verkehrspolizei?»

Er sah mich gereizt an.

«Scheiße, woher soll ich 'n das wissen?» meinte ich. «Dann fahren sie eben. Vielleicht wollen sie auch nur Krach machen, während sie 'nen Tunnel graben. Wir können jedenfalls nichts dran ändern.»

Francisco überlegte einen Augenblick lang, dann ging er zum Schreibtisch. Er hob den Telefonhörer ab und wählte die Nummer vom Foyer. Latifa mußte rangegangen sein.

«Lat, halt die Augen offen», sagte Francisco. «Wenn du was Auffälliges siehst und hörst, ruf mich sofort an.»

Aufgebracht knallte er den Hörer auf die Gabel.

Deine Abgebrühtheit war immer nur Pose, dachte ich.

Ab sechzehn Uhr klingelte das Telefon am laufenden Band; alle fünf Minuten riefen Marokkaner oder Amerikaner an und wollten nie den sprechen, der abgehoben hatte.

Francisco fand, es sei Zeit, die Teams zu wechseln, also rief er Cyrus und Benjamin in den ersten Stock und schickte mich zu Latifa runter.

Sie stand mitten im Foyer, spähte durch die Fenster, hüpfte von einem Bein aufs andere und ließ die kleine Uzi von einer Hand in die andere wandern.

«Was ist los?» fragte ich. «Mußt du aufs Klo?»

Sie sah mich an und nickte, und ich meinte, dann solle sie gefälligst abzischen und sich nicht so anstellen.

«Die Sonne geht unter», sagte Latifa eine halbe Zigarettenpackung später.

Ich sah auf die Uhr, dann durch die nach hinten hinausgehenden Fenster, und voilà: die sinkende Sonne und die steigende Nacht.

«Yeah», sagte ich.

Larifa richtete sich die Haare und kontrollierte ihr Aussehen in der Glasscheibe am Empfang.

«Ich geh mal raus», sagte ich.

Sie fuhr erschrocken herum.

«Was? Spinnst du?»

«Will mich bloß mal umsehen, das ist alles.»

«Was willste dir denn ansehen?» fragte Latifa. Ich merkte, daß sie sauer auf mich war, als wollte ich sie endgültig im

Stich lassen. «Bernhard ist auf dem Dach und sieht mehr als jeder andere. Was hast du da draußen zu suchen?»

Ich pfiff durch die Zähne und sah wieder auf die Uhr.

«Der Baum da stört mich», sagte ich.

«Du willst dir einen beschissenen Baum ansehen?» fragte Latifa.

«Die Zweige reichen über die Mauer. Das paßt mir nicht.»

Sie trat neben mich und sah aus dem Fenster. Der Rasensprenger lief noch.

«Welcher Baum?»

«Der da drüben», sagte ich. «Die Andentanne.»

Siebzehn Uhr zehn.

Die Sonne hatte ihren Untergang halb hinter sich.

Latifa saß am Fuß der großen Treppe, scharrte mit dem Stiefel über den Marmorboden und spielte an der Uzi herum.

Ich sah sie an und dachte natürlich an unseren Sex – aber auch an gemeinsames Lachen, Enttäuschungen und Spaghetti. Latifa konnte einen manchmal verrückt machen. Sie war total verkorkst und in jeder Hinsicht hoffnungslos. Aber sie hatte auch Klasse.

«Wird schon alles gutgehen», meinte ich.

Sie hob den Kopf und erwiderte meinen Blick.

Ich fragte mich, ob sie wohl an dieselben Dinge dachte.

«Hat vielleicht wer was anderes behauptet?» blaffte sie, fuhr sich mit den Fingern durchs Haar und zog eine Strähne vors Gesicht, um mich auszusperren.

Ich lachte.

«Ricky», rief Cyrus und beugte sich im ersten Stock über das Treppengeländer.

«Was denn?» fragte ich.

«Komm rauf. Cisco will was von dir.»

Die Geiseln hatten sich auf den Teppich gelegt, Köpfe in Schößen oder Rücken an Rücken. Die Zügel schleiften so

weit, daß die ersten es wagten, die Beine über den Teppichrand auszustrecken. Drei oder vier sangen leise und halbher-
zig «Swanee River».

«Was ist?» fragte ich.

Francisco deutete auf Beamon, der mir den Telefonhörer
hinhielt. Ich runzelte die Stirn und winkte ab, als könnte nur
meine Frau dran sein, obwohl ich in einer halben Stunde zu
Hause wäre. Aber Beamon hielt ihn mir trotzdem hin.

«Sie wissen, daß Sie Amerikaner sind», sagte er.

Ich zuckte mit den Schultern. Na und?

«Red mit ihnen, Ricky», sagte Francisco. «Ist doch nichts
dabei.»

Ich zuckte wieder mit den Schultern, unwirsch, meine
Güte, was für 'ne Zeitverschwendung, und schlenderte an
den Tisch. Beamon funkelte mich an, als ich den Hörer ent-
gegennahm.

«Ein gottverdammter Amerikaner», zischte er.

«Leck mich», sagte ich und hielt den Hörer ans Ohr.
«Ja?»

Klicken, Summen, noch ein Klicken.

«Lang», sagte eine Stimme.

Sieh mal einer an, dachte ich.

«Yeah», sagte Ricky.

«Wie geht's denn so?»

Es war Russell P. Barnes' Stimme, das Arschloch vom
Dienst, und seiner schulterklopfenden Zuversicht konnten
auch die atmosphärischen Störungen nichts anhaben.

«Scheiße, was wolln Sie?» fragte Ricky.

«Ein Winken, Thomas», sagte Barnes.

Ich sah Francisco an, deutete auf sein Fernglas, und er
reichte es mir über den Tisch. Ich trat ans Fenster.

«Wie wär's, wenn Sie mal nach links schauen?» sagte
Barnes.

Lust dazu hatte ich nicht gerade.

An der Straßenecke stand eine Männergruppe in einer

Wagenburg aus Jeeps und Army-Lastern. Einige trugen Uniform, andere nicht.

Ich hob das Fernglas, sah Bäume und Häuser vergrößert vorbeihuschen, dann glitt Barnes über die Linse. Ich kehrte zu ihm zurück und nahm ihn wieder ins Visier, Hörer am Ohr, Fernglas vor dem Gesicht. Er winkte tatsächlich.

Ich sah mir den Rest der Gruppe an, aber eine graugestreifte Hose war nicht dabei.

«Wollte bloß mal guten Tag sagen, Tom», meinte Barnes.

«Klar, Mann», sagte Ricky.

Die Verbindung knisterte und knackte, während wir warteten. Ich wußte, daß er beim Warten den kürzeren ziehen würde.

«Also wie steht's, Tom?» fragte er schließlich. «Wann dürfen wir hier draußen mit Ihnen rechnen?»

Ich ließ das Fernglas sinken und sah Francisco, Beamon und die Geiseln an. Ich sah sie an und dachte an die anderen.

«Wir kommen nicht raus», sagte Ricky, und Francisco nickte beifällig.

Ich sah wieder durchs Fernglas; Barnes lachte. Ich hörte es nicht, weil er den Hörer vom Kopf weghielt, aber ich sah, wie er den Kopf zurückwarf und die Zähne bleckte. Dann wandte er sich an die Umstehenden und sagte etwas, und auch von denen lachten einige.

«Na klar, Tom. Also wann ...»

«Ich mein's ernst», sagte Ricky, aber Barnes lächelte standhaft weiter. «Egal, wer Sie sind, Ihre schmutzigen Tricks können Sie sich abschminken.»

Barnes schüttelte den Kopf und genoß meine Vorstellung.

«Sie sind vielleicht ein schlauer Fuchs», sagte ich und sah ihn nicken. «Sie sind vielleicht ein gebildeter Mann und haben vielleicht sogar ein Graduiertenkolleg besucht.»

Sein Lächeln verblaßte etwas. So gefiel er mir schon besser.

«Aber Ihre schmutzigen Tricks können Sie sich abschminken.» Er ließ das Fernglas sinken und starrte herüber. Nicht weil er mich sehen wollte, sondern damit ich ihn sehen konnte. Sein Gesicht war versteinert. «Glauben Sie mir, Mr. Graduiert.»

Wie eine Bildsäule stand er da, und seine Augen durchlaserten die zweihundert Meter zwischen uns. Dann sah ich ihn etwas rufen, und er hielt den Hörer wieder ans Ohr.

«Jetzt sperren Sie mal die Ohren auf, Sie Hornochse, es ist mir scheißegal, ob Sie da rauskommen oder nicht. Und wenn Sie rauskommen, ist es mir scheißegal, ob Sie noch laufen können oder in einem großen Plastiksack liegen oder in vielen kleinen Plastiktüten. Aber ich warne Sie, Lang ...» Er preßte die Sprechmuschel an den Mund, und ich hörte seine Spucke. «Dem Fortschritt stellt man sich nicht in den Weg. Verstanden? Der Fortschritt läßt sich nämlich nicht aufhalten.»

«Klar», sagte Ricky.

«Klar», sagte Barnes.

Ich sah, wie er zur Seite sah und nickte.

«Schauen Sie mal rechts rüber, Lang. 'n blauer Toyota.»

Ich tat wie befohlen, und eine Windschutzscheibe witschte durchs Fernglas. Ich richtete es darauf aus.

Naimh Murdah und Sarah Woolf saßen nebeneinander vorn im Toyota und tranken etwas Heißes aus Plastikbechern. Warteten auf den Anpfiff zum Pokalendspiel. Sarah starrte auf den Boden oder ins Leere, und Murdah begutachtete im Rückspiegel sein Gesicht. Ihm schien es zu gefallen, was er dort vorfand.

«Fortschritt, Lang», sagte Barnes' Stimme. «Der Fortschritt dient dem Gemeinwohl.»

Er verstummte, ich schwenkte das Fernglas wieder nach links und erwischte noch sein Lächeln.

«Hören Sie», sagte ich und ließ meine Stimme möglichst belegt klingen, «lassen Sie mich wenigstens kurz mit ihr sprechen, ja?»

Aus dem Augenwinkel sah ich, wie sich Francisco aufsetzte. Ich mußte ihn in Sicherheit wiegen, also ließ ich den Hörer sinken und grinste ihn verlegen über die Schulter an.

«Meine Mom», sagte ich. «Macht sich Sorgen um mich.» Darüber lachten wir beide.

Ich sah wieder durchs Fernglas. Barnes war zum Toyota gegangen. Im Wagen hielt Sarah den Hörer ans Ohr. Murdah hatte sich zu ihr gedreht und beobachtete sie.

«Thomas?» sagte sie. Ihre Stimme war leise und rauh.

«Hi», sagte ich.

Dann legten wir eine Pause ein und tauschten durch die knisternde Leitung so manch interessanten Gedanken aus. Schließlich sagte sie: «Ich warte auf dich.»

Das wollte ich hören.

Murdah sagte etwas, aber das bekam ich nicht mit, und dann griff Barnes durchs Fenster und nahm Sarah den Hörer weg.

«Dafür ist jetzt keine Zeit, Tom. Sie können noch reden, soviel Sie wollen, wenn Sie da raus sind.» Er lächelte. «Also, wollen Sie jetzt noch irgendwas loswerden, Thomas? Ein einziges Wörtchen? Ja oder nein beispielsweise?»

Ich stand da, beobachtete Barnes dabei, wie er mich beobachtete, und wartete, solange ich wagte. Ich wollte, daß er die Tragweite meiner Entscheidung spürte. Sarah wartete auf mich.

Himmel hilf, daß das hier aufgeht!

«Ja», sagte ich.

25

Sei bloß vorsichtig damit,
Das Zeug ist irre klebrig.
Valerie Singleton

Ich überredete Francisco, mit der Erklärung noch zu warten.

Er wollte sie sofort abgeben, aber ich meinte, ein paar Stunden Ungewißheit seien doch kein Beinbruch. Sobald sie wüßten, mit wem sie es zu tun hätten, und uns einen Namen geben könnten, sei die Sache nur noch halb so spannend. Selbst wenn es später noch ein Feuerwerk gebe, habe sich das Geheimnis verflüchtigt.

Nur noch ein paar Stunden, sagte ich.

Also warteten wir die ganze Nacht lang und wechselten uns auf den verschiedenen Wachposten ab. Das Dach war am unbeliebtesten, da oben war es kalt und einsam, und niemanden hielt es dort länger als eine Stunde. Ansonsten aßen wir, schwatzten und schwiegen, dachten über unser Leben nach und warum es uns hierher verschlagen hatte. Und ob wir die Gefangenen oder die Aufseher waren.

Am Abend und in der Nacht bekamen wir kein Essen mehr geliefert, aber Hugo entdeckte in der Kantine gefrorene Hamburgerbrötchen, die wir zum Auftauen auf Beamons Schreibtisch legten. Ab und zu stocherten wir darauf herum, wenn uns nichts Besseres einfiel.

Die Geiseln dösten und hielten meist Händchen. Francisco hatte zunächst überlegt, sie in kleineren Gruppen über das Haus zu verteilen, schließlich aber eingesehen, daß man dann mehr Leute zu ihrer Bewachung brauchte, und damit hatte er wohl recht. Francisco hatte überhaupt in vielen Dingen recht. Auch weil er plötzlich auf Ratschläge hörte, was eine Abwechslung war. Ich nehme an, es gibt auf der Welt nur wenige Terroristen, die mit Geiselnahmen so vertraut sind, daß sie sich Dogmatismus leisten und sagen können: «Nee, wir machen das nun einmal soundso.» Francisco betrat hier genauso Neuland wie wir anderen, und irgendwie machte ihn das sympathisch.

Kurz nach vier, als ich es gerade so gedeichselt hatte, daß ich mit Latifa unten im Foyer Wache schob, kam Francisco mit der Presseerklärung die Treppe heruntergehumpelt.

«Lat», sagte er und schenkte ihr ein charmantes Lächeln, «geh und erzähl der Welt von uns.»

Latifa erwiderte sein Lächeln, freudig erregt, daß der weise große Bruder ihr diese Ehre übertragen hatte, aber das wollte sie sich nicht anmerken lassen. Sie nahm den Umschlag und sah voller Liebe zu, wie Francisco zur Treppe zurückhinkte.

«Sie warten schon auf dich», sagte er, ohne sich umzudrehen. «Gib sie ihnen, sag ihnen, daß sie ausschließlich für CNN bestimmt ist, sonst niemanden, und wenn sie sie nicht Wort für Wort verlesen, dann gibt's hier drinnen tote Amerikaner.» Auf dem ersten Treppenabsatz drehte er sich zu uns um. «Du gibst ihr volle Deckung, Ricky.»

Ich nickte, wir sahen zu, wie er verschwand, dann seufzte Latifa. Welch ein Mann, dachte sie. Mein Held, und er hat mich auserkoren.

In Wahrheit hatte Francisco Latifa natürlich nur gewählt, weil er sich sagte, ein Sturmangriff der ritterlichen Marokkaner werde vielleicht eine Spur unwahrscheinlicher, wenn sie erfuhren, daß wir Frauen im Team hätten. Aber ich wollte ihr den großen Moment nicht mit so profanen Vorbehalten verderben.

Latifa drehte sich zum Haupteingang, hielt den Umschlag umklammert und blinzelte ins grelle Scheinwerferlicht der Kamerateams. Sie fuhr sich durchs Haar.

«Sonn dich in deinem Ruhm», sagte ich, und sie streckte mir die Zunge raus.

Sie ging zum Empfangstisch und zupfte vor ihrem Spiegelbild in der Glasscheibe an ihrem Hemd herum. Ich folgte ihr.

«Laß mich mal», sagte ich, nahm ihr den Umschlag ab, steckte ihn in meine Tasche und half ihr, den Hemdkragen cool zu drapieren. Ich löste das zusammengebundene Haar und wischte ihr etwas Schmutz von der Wange. Sie stand da und ließ alles über sich ergehen. Es hatte nichts Intimes, war eher wie bei einem Boxer in seiner Ecke, den seine Sekundanten für die nächste Runde fit machen, ihn bespritzen, massieren, abwischen und aufmöbeln.

Ich griff in die Tasche, zog den Umschlag wieder heraus und gab ihn ihr. Sie holte ein paarmal tief Luft.

Ich drückte ihr die Schulter.

«Hals- und Beinbruch», sagte ich.

«Ich war noch nie im Fernsehen», sagte sie.

Morgengrauen, Sonnenaufgang. Tagesanbruch. Ganz egal, was. Das Ende des Gesichtskreises liegt noch im Dunkel, ist aber schon orange verschmiert. Die Nacht zieht sich in die Erde zurück, während die Sonne am Horizont nach Halt tastet.

Die meisten Geiseln schlafen. Im Lauf der Nacht sind sie näher zusammengerückt, weil es kälter geworden ist, als wir alle erwartet haben. Kein Bein lümmelt sich mehr über den Teppichrand.

Francisco sieht müde aus, als er mir den Hörer hinhält. Er hat die Füße auf eine Ecke von Beamons Schreibtisch gelegt und sieht CNN. Den Ton hat er aus Rücksicht auf den schlafenden Beamon leise gestellt.

Ich bin natürlich genauso müde, aber im Moment habe ich vielleicht etwas mehr Adrenalin in den Adern. Ich nehme den Hörer entgegen.

«Ja?»

Statische Knacksgeräusche. Dann Barnes.

«Ihr Weckdienst. Halb sechs», sagt er mit einem Lächeln in der Stimme.

«Was wollen Sie?» Im selben Moment merke ich, daß ich mit englischem Akzent spreche. Ich werfe einen Blick auf Francisco, aber dem ist es offenbar entgangen. Also schaue ich wieder aus dem Fenster und höre Barnes einige Zeit zu. Als er fertig ist, hole ich tief Luft, im selben Moment zuversichtlich und völlig gleichgültig.

«Wann?» frage ich.

Barnes lacht. Ich lache auch, ohne eindeutigen Akzent.

«In fünfzig Minuten», sagt er und legt auf.

Als ich mich vom Fenster abwende, werde ich von Francisco beobachtet. Seine Wimpern wirken länger als je zuvor.

Sarah wartet auf mich.

«Sie bringen das Frühstück», sage ich und achte diesmal auf minnesotisch gedehnte Vokale.

Francisco nickt.

Die Sonne wird bald hochkrabbeln, sich Schritt für Schritt am Fenstersims emporziehen. Ich verlasse die Geiseln, Beamon und Francisco, der vor CNN einnickt. Ich lasse das Büro hinter mir und nehme den Fahrstuhl zum Dach.

Drei Minuten später, siebenundvierzig bleiben noch, ist alles bereit. Ich laufe die Treppe zum Foyer runter.

Leerer Korridor, leeres Treppenhaus, leerer Magen. Mir rauscht das Blut in den Ohren, viel lauter als das Geräusch meiner Schuhe auf dem Teppich. Auf dem Absatz vor dem ersten Stock bleibe ich stehen und sehe auf die Straße.

Ganz schön viel Kommen und Gehen für diese Tageszeit.

Ich hatte an die Zukunft gedacht und deswegen die Gegenwart vergessen. Die Gegenwart ist nicht geschehen und geschieht nicht, es gibt nur die Zukunft. Leben und Tod. Leben oder Tod. Sehen Sie, das sind die großen Fragen. Viel größer als Schritte. Schritte sind Kleinigkeiten, verglichen mit dem Vergessen.

Ich war eine halbe Treppe weitergegangen und wollte auf den Treppenabsatz treten, als ich sie endlich hörte und merkte, daß etwas nicht stimmte – es waren Laufschritte, und in diesem Haus hatte niemand zu laufen. Noch nicht. Nicht solange uns noch sechsundvierzig Minuten blieben.

Benjamin kam um die Ecke und blieb stehen.

«Was ist denn los, Benj?» fragte ich, so cool ich konnte.

Er starrte mich einen Augenblick an. Atmete schwer.

«Scheiße, Mann, wo hast du gesteckt?» fragte er.

Ich runzelte die Stirn.

«Auf dem Dach», sagte ich. «Ich hab ...»

«Latifa ist auf dem Dach», schnauzte er mich an.

Wir standen uns Aug' in Aug' gegenüber. Er atmete keuchend durch den Mund, teils vor Anstrengung, teils vor Wut.

«Nicht mehr, Benj, ich hab sie nämlich ins Foyer geschickt. Das Frühstück kommt ...»

Plötzlich legte Benjamin mit einer zornigen Bewegung die Steyr an die Schulter, die rechte Wange an den Schaft, und seine Fäuste ballten sich um die Griffstöcke.

Und der MP-Lauf war verschwunden.

Wie ist denn das möglich? fragte ich mich. Wie kann denn der Lauf einer Steyr – 420 mm lang, sechs Züge, Rechtsdrall –, wie kann der denn einfach so verschwinden?

Er konnte natürlich nicht verschwinden, und er war auch nicht verschwunden.

Alles eine Frage der Perspektive.

«Du gottverfluchtes Arschloch», sagt Benjamin.

Ich stehe da und starre in ein schwarzes Loch.

Noch fünfundvierzig Minuten; so ziemlich der schlechteste Augenblick, den sich Benjamin aussuchen kann, um ein so großes, breites und vielköpfiges Thema wie VERRAT anzuschneiden. Höflich – hoffe ich jedenfalls – schlage ich ihm vor, diese Diskussion zu verschieben; aber Benjamin findet, jetzt sei der ideale Moment.

«Du gottverfluchtes Arschloch» sind seine Worte dafür.

Teilweise liegt das Problem darin, daß Benjamin mir noch nie über den Weg getraut hat. Das ist vielleicht sogar der springende Punkt. Benjamin war vom ersten Moment an mißtrauisch, und er möchte mir jetzt haarklein erläutern, warum, falls ich Lust bekommen sollte, mit ihm zu streiten.

Alles habe mit meinen militärischen Vorkenntnissen angefangen, sagt er.

Tatsächlich, Benj?

Ja, tatsächlich.

Benjamin hatte nachts wachgelegen, sein Zeltdach angestarrt und sich gefragt, wie und wo ein zurückgebliebener Minnesoter gelernt haben wollte, ein M16 mit verbundenen Augen doppelt so schnell zu demontieren wie jeder andere. Als nächstes hatte er sich über meinen Akzent und meinen Klamotten- und Musikgeschmack gewundert. Und warum verfuhr ich mit dem Landrover so viele Kilometer, wenn ich bloß Bier holte?

Das alles sind natürlich Lappalien, und bis jetzt hätte Ricky sie ohne weiteres unter den Tisch fallenlassen können.

Aber der andere Teil des Problems – im Moment, zugegeben, der gravierendere Teil – ist, daß sich Benjamin während meines Gesprächs mit Barnes in die Verbindung eingeklinkt hat.

Einundvierzig Minuten.

«Und wie soll's jetzt weitergehen, Benj?» frage ich.

Er preßt die Wange fester an den Schaft, und ich glaube zu sehen, daß sein Knöchel am Abzug weiß wird.

«Willst du mich erschießen?» frage ich. «Jetzt? Den Abzug da ziehen?»

Er leckt sich die Lippen. Er weiß, woran ich denke.

Er zuckt etwas, löst das Gesicht von der Steyr, läßt mich aber nicht aus seinen riesigen Augen.

«Latifa», ruft er über die Schulter. Laut. Aber nicht laut genug. Mit seiner Stimme scheint etwas nicht in Ordnung zu sein.

«Schüsse hören sie draußen, Benj», sage ich. «Sie werden glauben, du hättest eine Geisel erschossen. Sie werden das Gebäude stürmen. Und uns alle erschießen.»

Bei dem Wort «erschießen» steht er kurz davor abzudrükken. «Latifa», ruft er wieder. Diesmal lauter, und damit muß Schluß sein. Ich darf ihn kein drittes Mal rufen lassen. In Zeitlupe gleite ich auf ihn zu. Meine linke Hand ist die lockerste Hand aller Zeiten.

«Da draußen lauern Unmengen von Burschen, Benj», sage ich und schiebe mich weiter vor, «die sich im Moment nichts Schöneres vorstellen können als einen Schuß. Gönnst du ihnen das etwa?»

Er leckt sich wieder die Lippen. Einmal. Zweimal. Dreht den Kopf zur Treppe.

Mit der linken Hand packe ich den Lauf und stoße ihm die Waffe in die Schulter. Ich habe keine andere Wahl. Wenn ich ihm die MP wegziehe, drückt er ab und mir aufs Gemüt. Also stoße ich sie zurück und zur Seite, und als sich Benjamins Gesicht vom Schaft löst, treibe ich ihm den rechten Handballen mit aller Kraft unter die Nase.

Er sackt weg wie ein Stein — schneller als jeder Stein, als würde ihn eine ungeheure Kraft zu Boden zwingen —, und im ersten Moment habe ich Angst, daß ich ihn umgebracht habe. Aber dann schlägt sein Kopf hin und her, und ich sehe, wie ihm das Blut aus der Nase rinnt.

Ich entwinde ihm die Steyr und lege die Sicherheitsrast um, als Latifa vom Fuß der Treppe heraufruft.

«Was ist denn?»

Ich höre ihre Schritte auf den Stufen. Nicht schnell, aber auch nicht langsam.

Ich sehe auf Benjamin hinab.

Das ist Demokratie, Benj. Ein Mann gegen alle.

Latifa umrundet das letzte Stück der Treppe, die Uzi baumelt an ihrer Schulter.

«Ach du Scheiße», sagt sie, nachdem sie das Blut sieht. «Was ist denn hier passiert?»

«Keine Ahnung», sage ich, ohne sie anzusehen. Ich beuge mich über Benjamin und sehe ihm erschrocken ins Gesicht. «Er muß gestürzt sein.»

Latifa schiebt sich an mir vorbei und hockt sich neben Benjamin, und dabei sehe ich auf die Uhr.

Neununddreißig Minuten.

Sie dreht sich um und sieht zu mir hoch.

«Ich mach das schon», sagt sie. «Übernimm du das Foyer, Rick.»

Nichts lieber als das.

Ich übernehme das Foyer, den Haupteingang, die Treppe und die 167 Meter von der Treppe zum Polizeikordon.

Als ich dort ankomme, habe ich einen heißen Kopf, weil ich meine Hände darauf verschränkt habe.

Es überraschte mich nicht gerade, daß sie mich filzten, als machten sie ein Filz-Examen. Für die Staatliche Akademie des Filzens. Fünfmal, von Kopf bis Fuß, Mund, Ohren, Schritt, Schuhsohlen. Sie rissen mir einen Großteil der Kleidung vom Leib, und am Ende stand ich da wie ein ausgepacktes Weihnachtsgeschenk.

Sie brauchten sechzehn Minuten.

Fünf weitere mußte ich mit gespreizten Armen und Beinen an einem Mannschaftswagen lehnen, während sie schrieen und durcheinanderwimmelten. Ich blickte zu Boden. Sarah wartet auf mich.

Herrgott, hoffentlich.

Noch eine Minute verging mit Schreien und Wimmeln, ich sah mich um und sagte mir, wenn hier nicht bald etwas

geschehe, müßte ich die Initiative ergreifen. Dieser gottver-
dammte Benjamin. Langsam taten mir von meinem Körper-
gewicht die Schultern weh.

«Gut gemacht, Thomas», sagte eine Stimme.

Ich sah unter meinem linken Arm durch und entdeckte
ein Paar abgewetzte Red-Wing-Stiefel. Der eine flach auf
dem Boden, der andere quer davor, die Spitze in den Staub
gebohrt. Ich richtete mich langsam auf und entdeckte auch
den Rest von Russell Barnes.

Er lehnte an der Tür des Mannschaftswagens, lächelte und
hielt mir ein Päckchen Marlboro hin. Er trug eine lederne
Pilotenweste, deren Brusttasche mit dem Namen CONNOR
bestickt war. Wer war denn das nun wieder?

Die Filzer waren – anscheinend aus Respekt vor Barnes –
ein Stück zurückgewichen, wenn auch nicht weit. Viele nahmen mich weiterhin aufs Korn. Vielleicht dachten sie, sie
hätten was übersehen.

Ich lehnte die Zigaretten kopfschüttelnd ab.

«Ich will sie sehen», sagte ich.

Denn sie wartet auf mich.

Barnes sah mich prüfend an, dann lächelte er wieder. Er
fühlte sich wohl, war entspannt und locker. Für ihn war das
Spiel gelaufen.

Er sah nach links.

«Klar», sagte er.

Er stieß sich lässig von der Tür des Mannschaftswagens
ab, woraufhin ihre Metallhaut in ihre Ausgangslage zurück-
federte, und winkte mir, ihm zu folgen. Das Meer der engen Hemden und vollverspiegelten Sonnenbrillen teilte
sich, während wir langsam auf den blauen Toyota zuschrit-
ten.

Rechts von uns hatten sich hinter einer Absperrung die
Kamerateams aufgebaut, ihre Kabel schlängelten sich um
ihre Füße, und ihre blauweißen Scheinwerfer durchbohrten
die Reste der Nacht. Als ich vorbeiging, richteten sich einige

Kameras auf mich, aber die meisten behielten das Gebäude im Visier.

CNN schien die beste Position zu haben.

Murdah stieg als erster aus dem Wagen, während Sarah sitzen blieb und wartete, mit gefalteten Händen im Schoß durch die Windschutzscheibe starr geradeaus sah. Wir waren bis auf ein paar Meter herangekommen, da sah sie mich an und versuchte zu lächeln.

Ich warte auf dich, Thomas.

«Mr. Lang», sagte Murdah, kam um den Kofferraum herum und trat zwischen Sarah und mich. Er trug einen anthrazitgrauen Mantel über einem weißen Hemd ohne Krawatte. Der Glanz auf seiner Stirn kam mir matter vor als in meiner Erinnerung, und am Kiefer zeigte er einige Stunden alte Stoppeln, aber davon abgesehen sah er gut aus.

Warum sollte er auch nicht?

Er starrte mir ein paar Sekunden ins Gesicht und nickte dann kurz und zufrieden. Als hätte ich lediglich seinen Rasen ganz passabel gemäht.

«Gut», sagte er schließlich.

Ich erwiderte sein Starren. Ausdruckslos, denn gegenwärtig hatte ich ehrlich gesagt keine Lust, mehr preiszugeben.

«Was ist gut?» fragte ich.

Aber Murdah sah über meine Schulter, gab jemandem ein Zeichen, und ich spürte eine Bewegung hinter mir.

«Bis dann, Tom», sagte Barnes.

Ich sah mich um. Er entfernte sich, ging in lockerem, schlaksigem Wirst-mir-fehlen-Stil rückwärts. Als sich unsere Augen trafen, erwies er mir einen spöttischen kleinen Salut, schwenkte ab und ging zu einem Army-Jeep, der ganz hinten im Fahrzeugauflauf stand. Ein blonder Mann in Zivil ließ den Motor an, als Barnes auf ihn zukam, und hupte zweimal, um die Menge vor dem Jeep zu zerstreuen. Ich wandte mich wieder Murdah zu.

386

Er musterte mein Gesicht, eindringlicher und professioneller als zuvor. Wie ein Schönheitschirurg.

«Was ist gut?» wiederholte ich und wartete, bis die Frage die unendlichen Weiten zwischen unseren beiden Welten durchquert hatte.

«Sie haben meine Wünsche befolgt», sagte Murdah endlich. «Wie ich es vorausgesagt hatte.»

Er nickte erneut. Doch, wenn wir hier was wegschnippeln und da was festklemmen – dann läßt sich aus dem Gesicht was machen, glaub ich.

«Manche Leute», fuhr er fort, «manche Freunde haben mich gewarnt, Sie könnten problematisch werden, Mr. Lang. Sie seien ein Mann, der womöglich übers Ziel hinausschlage.» Er holte tief Luft. «Aber ich habe recht behalten. Und das ist gut.»

Ohne mich aus den Augen zu lassen, trat er beiseite und öffnete die Beifahrertür des Toyota.

Ich sah zu, wie sich Sarah langsam auf dem Sitz drehte und ausstieg. Sie richtete sich auf, kreuzte die Arme vor der Brust, als wollte sie die Morgenkälte abwehren, hob den Kopf und sah mich an.

Wir waren uns so nah.

«Thomas», sagte sie, und eine Sekunde lang tauchte ich tief in diese Augen ein und spürte, was mich hierher gebracht hatte. Niemals würde ich jenen Kuß vergessen.

«Sarah», sagte ich.

Ich nahm sie in die Arme – beschirmte sie, umhüllte sie, versteckte sie vor allem und jedem –, und sie stand einfach nur da, die Hände vor dem Körper.

Ich ließ die rechte Hand fallen und schob sie zwischen unsere Körper, unsere Bäuche, tastete und suchte Kontakt.

Ich berührte sie. Hielt sie fest.

«Lebwohl», flüsterte ich.

Sie sah zu mir auf.

«Lebwohl», sagte sie.

Die Waffe hatte die Wärme ihres Körpers.

Ich ließ sie los und drehte mich langsam zu Murdah.

Er sprach leise in ein Handy und erwiderte meinen Blick mit seitlich geneigtem Kopf. Als er meine Miene sah, dämmerte ihm, daß etwas nicht stimmte. Er sah auf meine Hand, und sein Lächeln verflog wie Orangenschalen, die man auf der Autobahn aus dem Fenster wirft.

«Gott behüte», sagte eine Stimme hinter mir. Anscheinend hatte noch jemand den Revolver bemerkt. Ich konnte mich nicht vergewissern, weil ich zu sehr damit beschäftigt war, Murdah in die Augen zu starren.

«Bei uns heißt es schießen», sagte ich.

Murdah starrte zurück und ließ das Handy sinken.

«Schießen», wiederholte ich, «nicht schlagen.»

«Was ... wovon reden Sie überhaupt?» brachte er heraus.

Er stand da, sah den Revolver an, und das Wissen um die Waffe und die Schönheit unseres kleinen Tableaus kräuselte nach und nach das Meer der engen Hemden.

Ich sagte: «Die Wendung lautet ‹übers Ziel hinausschießen›.»

26

Die Sonne trägt ihr Hütchen,
Hipp, hipp, hipp, hurra.
L. Arthur Rose und Douglas Furber

Wir befinden uns wieder auf dem Konsulatsdach. Nur damit Sie Bescheid wissen.

Die Sonne steckt ihren Kopf bereits über den Horizont und verdampft die Silhouetten dunkler Fliesen in einen diesigen Weißstreifen. Wenn ich das Sagen hätte, geht mir durch den Kopf, dann wäre der Helikopter jetzt schon in der Luft. Die Sonne ist so stechend grell und hoffnungslos blendend, daß er auch längst dasein könnte – fünfzig Helikopter könnten zwanzig Meter vor mir in der Sonne schweben und zuschauen, wie ich zwei Pakete aus ihrem braunen, wasserabweisenden Papier wickle.

Nur würde ich sie natürlich hören.

Hoffe ich.

«Was wollen Sie?» fragt Murdah.

Er ist hinter mir, vielleicht sieben Meter weit weg. Ich habe ihn mit Handschellen an die Feuertreppe gekettet, damit ich den Haushalt erledigen kann, und das schmeckt ihm nicht. Er ist richtig außer sich.

«Was wollen Sie?» brüllt er.

Ich antworte nicht, und er brüllt weiter. Eigentlich keine Worte. Zumindest keine, die ich kenne. Ich pfeife irgend etwas vor mich hin, um den Lärm zu übertönen, montiere weiter Ladestreifen A an Verriegelungswarze B und achte darauf, daß Kabel C sich nicht in Gabel D verheddert.

«Ich will, daß Sie ihn kommen sehen», sage ich schließlich. «Das ist alles.»

Ich drehe mich zu ihm um, weil ich wissen will, wie schlecht es ihm geht. Sehr schlecht, und ich merke, daß mich das nicht im geringsten kratzt.

«Sie sind verrückt», schreit er und zerrt an den Handschellen. «Ich bin hier. Sehen Sie?» Er lacht ansatzweise, weil er meine Dämlichkeit nicht fassen kann. «Ich bin doch hier. Der Graduierte kommt nicht, solange ich hier bin.»

Ich drehe mich wieder weg und blinzle in die niedrigstehende Sonne.

«Das will ich hoffen, Naimh», sage ich. «Das hoffe ich sehr. Ich hoffe, Sie haben noch mehr als eine Stimme.»

Eine Pause entsteht, und als ich mich wieder zu ihm drehe, hat sich sein Stirnglanz zu Runzeln zusammengefaltet.

«Stimme», sagt er endlich leise.

«Stimme», bekräftige ich.

Murdah beobachtet mich aufmerksam.

«Ich verstehe Sie nicht», sagt er.

Also hole ich tief Luft und versuche, es ihm zu erklären.

«Sie sind kein Waffenhändler, Naimh», sage ich. «Jetzt nicht mehr. Dieses Privileg habe ich Ihnen entzogen. Auf daß Gott Ihnen vergeben möge. Sie haben keinen Reichtum mehr, keine Macht, keine Verbindungen und keine Krawatte vom Garrick.» Darauf reagiert er nicht, vielleicht war er also gar kein Mitglied. «Im Moment sind Sie einfach nur ein Mensch. Wie wir alle. Und als Mensch haben Sie nur eine Stimme. Wenn überhaupt.»

Er denkt lange nach, bevor er antwortet. Er weiß, daß ich wahnsinnig bin und daß er mich wie ein rohes Ei behandeln muß.

«Ich weiß nicht, worauf Sie hinauswollen», sagt er.

«Doch, das wissen Sie», sage ich. «Sie wissen bloß nicht, ob ich weiß, worauf ich hinauswill.» Die Sonne schiebt sich millimeterweise höher, stellt sich auf Zehenspitzen, um uns besser sehen zu können. «Ich will auf die sechsundzwanzig anderen hinaus, die direkt vom Erfolg des Graduierten profitieren werden, und die Hunderte, vielleicht Tausende, die indirekt profitieren. Menschen, die geschuftet, geklüngelt, geschmiert, gedroht und sogar gemordet haben, um soweit zu kommen. Auch sie alle haben Stimmen. Barnes unterhält sich wahrscheinlich gerade mit ihnen, will ein Ja oder Nein von ihnen hören, und wissen Sie vielleicht, wie die Umfrage ausgeht?»

Murdah ist plötzlich verstummt. Er hat die Augen aufgerissen, und sein Mund steht sperrangelweit offen, als hätte er gerade etwas Scheußliches gekostet.

«Sechsundzwanzig», sagt er kaum vernehmlich. «Woher wissen Sie, daß es sechsundzwanzig sind? Woher wissen Sie das?»

Ich gebe mich bescheiden.

«Ich war mal Wirtschaftsjournalist», sage ich. «Ungefähr eine Stunde lang. Ein Mann bei Smeets Velde Kerplein hat Ihr Geld für mich verfolgt. Seine Entdeckungen waren sehr aufschlußreich.»

Er senkt den Blick, muß sich konzentrieren. Sein Verstand hat ihm diese Suppe eingebrockt, sein Verstand soll sie gefälligst auch auslöffeln.

«Vielleicht behalten Sie ja recht», sage ich und bringe ihn auf den richtigen Weg zurück. «Vielleicht stellen sich die sechsundzwanzig hinter Sie, blasen die Sache ab und schreiben ihr Geld in den Wind, was weiß denn ich. Meine Hand würd ich allerdings nicht dafür ins Feuer legen.»

Ich mache eine Pause, weil ich finde, daß ich in verschiedener Hinsicht eine verdient habe.

«Ihre dafür um so lieber», sage ich.

Das rüttelt ihn aus seiner Benommenheit auf.

«Sie sind verrückt», schreit er. «Wissen Sie das? Wissen Sie, daß Sie verrückt sind?»

«Nur zu», sage ich. «Rufen Sie sie an. Rufen Sie Barnes an, und sagen Sie ihm, er soll die Sache abblasen. Sie stehen mit einem Wahnsinnigen auf dem Dach, und die Fete wird abgeblasen. Nutzen Sie Ihr Stimmrecht.»

Er schüttelt den Kopf.

«Sie werden nicht kommen», sagt er. Und dann, sehr viel leiser: «Sie werden nicht kommen, weil ich hier bin.»

Ich zucke mit den Schultern, weil mir nichts Besseres einfällt. Mir ist im Moment einfach nach Schulterzucken. Vor Fallschirmsprüngen hab ich mich auch immer so gefühlt.

«Sagen Sie mir, was Sie wollen», brüllt Murdah plötzlich, zerrt an den Handschellen und bringt die eiserne Feuertreppe zum Dröhnen. Als ich wieder zu ihm rübersehe, hat er frisches helles Blut an den Handgelenken.

Armes Würstchen.

«Ich will zusehen, wie die Sonne aufgeht», sage ich.

Francisco, Cyrus, Latifa, Bernhard und ein blutverkrusteter Benjamin haben sich bei uns auf dem Dach eingefunden, weil dort im Moment die interessanteren Leute anzutreffen sind. Sie sind in unterschiedlichem Ausmaß verängstigt und verwirrt, verstehen nicht, was hier eigentlich gespielt wird; sie haben ihre Stelle im Drehbuch verloren und hoffen inständig, daß ihnen endlich jemand die richtige Seitenzahl zuruft.

Die Bemerkung ist wohl überflüssig, daß Benjamin sein Bestes getan hat, um die anderen gegen mich aufzuhetzen. Aber sein Bestes reichte nicht mehr, als sie sahen, daß ich Murdah einen Revolver an den Hals hielt und ins Konsulat zurückkam. Das fanden sie merkwürdig. Eigenartig. Es paßte nicht zu Benjamins wilden Verratstheorien.

Und jetzt stehen sie vor mir und schauen abwechselnd Murdah und mich an; sie wollen rausfinden, woher der Wind weht, und Benjamin zittert vor Anstrengung, mich nicht über den Haufen zu knallen.

«Was zum Teufel ist hier eigentlich los, Ricky?» fragt Francisco.

Ich erhebe mich langsam, spüre etwas in den Knien knacken und trete einen Schritt zurück, um das Ergebnis meiner Mühen zu bewundern.

Dann wende ich mich halb von ihnen ab und deute auf Murdah. Ich habe diese Ansprache so oft geprobt, daß ich sie fast auswendig kann.

«Dieser Mann ist ein ehemaliger Waffenhändler», erkläre ich ihnen. Ich gehe ein paar Schritte auf die Feuertreppe zu, damit auch alle mitkriegen, was ich zu sagen habe. «Er heißt Naimh Murdah, ist Generaldirektor von sieben verschiedenen Firmen und Mehrheitsaktionär bei weiteren einundvierzig. Er besitzt Häuser in London, New York, Kalifornien, Südfrankreich, Westschottland und jedem beliebigen Norden, Swimmingpool inklusive. Sein Gesamtvermögen beträgt knapp über eine Milliarde Dollar.» Ich drehe mich zu Murdah: «Das muß ein aufregender Tag gewesen sein, Naimh. Da gab's bestimmt 'ne Riesentorte.» Ich blicke wieder mein Publikum an. «Für uns ist aber noch wichtiger, daß er der einzige Zeichnungsberechtigte von über neunzig verschiedenen Bankkonten ist, und eins davon hat uns seit sechs Monaten den Sold gezahlt.»

Niemand fällt mir ins Wort, also muß ich die Pointe selbst beisteuern.

«Dieser Mann ist der Erfinder, Koordinator, Waffenlieferant und Geldgeber des Schwerts der Gerechtigkeit.»

Pause. Nur Latifa gibt ein Geräusch von sich; ein kleines ungläubiges Schnauben, vielleicht ist es auch Angst oder Wut. Die anderen schweigen.

Lange Zeit starren wir alle Murdah an. Ich sehe, daß er auch am Hals Blutspuren aufweist – vielleicht habe ich ihn etwas unsanft die Treppe hochgestoßen –, aber davon abgesehen sieht er gut aus. Warum auch nicht?

«Bockmist», sagt Latifa endlich.

«Stimmt», sage ich. «Bockmist. Mr. Murdah, das ist Bockmist. Würden Sie uns da zustimmen?»

Murdah starrt uns bloß an und versucht verzweifelt dahinterzukommen, wer von uns wohl noch am normalsten ist.

«Würden Sie uns da zustimmen?» wiederhole ich.

«Wir sind eine revolutionäre Bewegung», sagt Cyrus plötzlich, woraufhin ich Francisco anschaue – eigentlich ist das sein Text. Aber Francisco runzelt die Stirn, sieht sich um, und ihm ist anzusehen, daß er über den Unterschied zwischen Aktionsplanung und Aktionsverlauf nachdenkt. Davon stand nichts im Prospekt, lautet seine Beschwerde.

«Daran ändert sich auch nichts», sage ich. «Wir sind eine revolutionäre Bewegung mit einem Sponsor aus der freien Wirtschaft. Und damit hat es sich. Dieser Mann», ich deute möglichst theatralisch auf Murdah, «hat euch alle aufs Kreuz gelegt, hat uns und die ganze Welt aufs Kreuz gelegt, damit er seine Waffen verkaufen kann.» Sie werden unruhig. «Das nennt man Marketing. Aggressives Marketing. Man schafft Nachfrage für ein Produkt, wo einstmals nur Narzissen blühten. Das ist der Beruf dieses Mannes.»

Ich drehe mich um und sehe ihn in der Hoffnung an, daß er sich einschaltet und sagt: «Ja, es stimmt, jedes Wort ist wahr.» Aber Murdah ist nicht in Redelaune, statt dessen entsteht eine lange Pause. Zahllose Brownsche Gedanken flitzen herum und stoßen zusammen.

«Waffen», sagt Francisco schließlich. Seine Stimme ist leise und weich, er könnte kilometerweit weg sein. «Was für Waffen?»

Jetzt kommt's. Das ist der große Augenblick, wo ich ihnen alles erkläre und sie überzeugen muß.

«Ein Helikopter», sage ich, und jetzt sehen mich alle an. Auch Murdah. «Sie schicken einen Helikopter, der uns umbringen soll.»

Murdah räuspert sich. «Er wird nicht kommen», sagt er, ohne daß sich entscheiden ließe, ob er mich oder sich überreden will. «Ich bin hier, und daher wird er nicht kommen.»

Ich wende mich an die anderen.

«Jeden Moment wird dort ein Helikopter sichtbar werden», sage ich und zeige in die Sonne. Bernhard ist der einzige, der sich umdreht. Die anderen sehen mich unverwandt an. «Ein Helikopter, der kleiner, schneller und besser bewaffnet ist als alles, was ihr je im Leben gesehen habt. Er wird jeden Augenblick hier sein und uns alle vom Dach fegen. Wahrscheinlich fegt er das Dach und die beiden obersten Stockwerke gleich mit weg, denn diese Maschine hat eine unglaubliche Durchschlagskraft.»

In der nächsten Pause sehen ein paar von ihnen betreten zu Boden. Benjamin will etwas sagen oder wahrscheinlich eher brüllen, aber Francisco legt ihm die Hand auf die Schulter und sieht mich an.

«Wir wissen, daß sie einen Helikopter schicken, Ricky», sagt er.

Hoppla.

Damit hatte ich nicht gerechnet. Nicht im entferntesten. Ich sehe den anderen in die Augen, und als ich zu Benjamin komme, kann er sich nicht mehr beherrschen.

«Kapierst du jetzt endlich, du blödes Arschloch?» kreischt er und lacht dabei fast, so sehr haßt er mich. «Wir haben es geschafft.» Er fängt an, auf und ab zu hüpfen, und bekommt wieder Nasenbluten. «Wir haben es geschafft, und dein Verrat war völlig umsonst.»

Ich sehe Francisco an.

«Sie haben uns angerufen, Ricky», sagt er, seine Stimme ist immer noch leise und weit weg. «Vor zehn Minuten.»

«Und?» frage ich.

Alle sehen mich an, während Francisco weiterspricht.

«Sie schicken einen Hubschrauber, der uns zum Flughafen bringt», sagt er und läßt mit einem Seufzen die Schultern sinken. «Wir haben gesiegt.»

Ach du Scheiße, denk ich bloß.

Da stehen wir also in einer Wüste aus splittbedecktem Asphalt, Abzugsrohre der Klimaanlage spielen die Palmen, und wir warten auf Leben oder Tod. Einen Platz an der Sonne oder einen Platz in der ewigen Nacht.

Ich muß etwas sagen. Ich wollte mir schon ein paarmal Gehör verschaffen, aber meine törichten Genossen besprachen gerade, ob sie mich vom Dach werfen sollten, also hielt ich mich wohlweislich zurück. Inzwischen ist der Stand der Sonne perfekt. Gott hat sich gebückt, die Sonne aufs Tee gelegt und wühlt jetzt in der Tasche nach dem Schläger. Einen besseren Zeitpunkt gibt es nicht, und ich muß etwas sagen.

«Und was machen wir jetzt?» frage ich.

Ich bekomme keine Antwort, weil es einfach keine Antwort gibt. Wir wissen natürlich alle, was wir jetzt machen wollen, aber Wollen allein genügt nicht. Zwischen die Idee und die irdischen Dinge fällt ein Schatten, das ganze Blabla. Von allen Seiten wirft man mir Blicke zu. Ich nehme sie zur Kenntnis.

«Wir hängen hier einfach rum, ja?»

«Halt die Schnauze», sagt Benjamin.

Ich überhöre ihn. Muß ihn überhören.

«Wir sollen hier auf dem Dach auf einen Hubschrauber warten. Das haben sie gesagt?» Noch immer keine Antwort. «Haben sie zufällig auch darum gebeten, daß wir uns in einer Reihe aufstellen, mit feuerroten Kreisen um uns rum?» Schweigen. «Ich überlege ja bloß, wie wir ihnen möglichst viel Arbeit abnehmen können.»

Ich wende mich besonders an Bernhard, weil ich den Eindruck habe, daß er als einziger noch unschlüssig ist. Die anderen klammern sich an diesen Strohhalm. Sie sind aufgeregt und hoffnungsvoll, überlegen sich schon, ob sie am Fenster sitzen wollen oder nicht und ob sie wohl noch Zeit für den Duty-free-Shop haben – aber Bernhard hat genau wie ich gelegentlich in die Sonne geblinzelt, und vielleicht sagt auch er sich, daß jetzt die ideale Angriffszeit sei. Eine bessere gibt es nicht, und Bernhard fühlt sich auf dem Dach verwundbar.

Ich wende mich an Murdah.

«Sagen Sie es ihnen», sage ich.

Er schüttelt den Kopf. Keine Weigerung. Bloß Verwirrung, Angst und noch einiges andere. Ich gehe auf ihn zu, und Benjamin spießt mit der Steyr die Luft auf.

Ich muß weitergehen.

«Sagen Sie ihnen, daß ich recht habe», dränge ich. «Sagen Sie ihnen, wer Sie sind.»

Murdah schließt einen Moment die Augen, dann reißt er sie weit auf. Vielleicht hat er gehofft, sauber gerechte Rasenflächen und Kellner in weißen Jacketts oder die Decke eines seiner Schlafzimmer vorzufinden; als er statt dessen nur eine Handvoll verdreckter, hungriger, angsterfüllter Leute mit Maschinenpistolen sieht, sackt er gegen die Brüstung.

«Sie wissen, daß ich recht habe», sage ich. «Sie wissen, welche Aufgabe dieser Helikopter erfüllen soll. Was er tun soll. Sie müssen es ihnen sagen.» Ich gehe noch ein Stück weiter. «Sagen Sie ihnen, was geschehen ist und warum sie sterben müssen. Nutzen Sie Ihre Stimme.»

Aber Murdah pfeift aus dem letzten Loch. Das Kinn ist ihm auf die Brust gesunken, und seine Augen haben sich wieder geschlossen.

«Murdah ...», sage ich und stocke, weil jemand ein kurzes Zischen von sich gibt. Es stammt von Bernhard, er steht still, sieht vor sich aufs Dach und hat den Kopf auf die Seite gelegt.

«Ich höre ihn», sagt er.

Niemand rührt sich. Alle sind vor Schrecken starr.

Dann höre ich ihn auch. Dann Latifa und Francisco.

Eine ferne Fliege in einer fernen Flasche.

Entweder hat Murdah es auch gehört, oder er glaubt, daß wir alle es hören. Er hebt das Kinn von der Brust und öffnet weit die Augen.

Aber ich kann nicht auf ihn warten. Ich gehe an die Brüstung.

«Was hast du vor?» fragt Francisco.

«Diese Maschine wird uns töten», sage ich.

«Sie wird uns retten, Ricky.»

«Uns töten, Francisco.»

«Du verdammtes Arschloch», kreischt Benjamin. «Was hast du vor?»

Alle sehen mich an. Hören mir zu und sehen mich an. Weil ich mich über mein kleines Zelt aus braunem, wasserabweisendem Papier gebeugt und die Schätze darunter enthüllt habe.

Die Javelin, made in Britain, ist eine leichte, mobile Boden-Luft-Rakete, die Überschallgeschwindigkeit erreicht. Sie hat einen Zweiphasen-Feststoffantrieb und eine Reichweite zwischen fünf und sechs Kilometer, sie wiegt alles in allem sechzig Pfund und ein paar Zerquetschte, und man kriegt sie in jeder beliebigen Farbe, solange sie oliv ist.

Das Raketensystem besteht aus zwei handlichen Einheiten, dem verplombten Abschußrohr, das die eigentliche Rakete enthält, und der halbautomatischen Zielsuchlenkung, die mit sehr kleiner, sehr intelligenter und sehr teurer Elektronik vollgestopft ist. Einmal zusammengebaut, versteht sich die Javelin ganz hervorragend auf eine Tätigkeit.

Hubschrauber abzuschießen.

Deswegen wollte ich sie haben, verstehen Sie. Hätte ich Bob Rayner die entsprechende Summe in die Hand gedrückt, dann hätte er mir auch eine Kaffeemaschine, einen Fön oder ein BMW-Kabrio besorgt.

Aber ich sagte, nein, Bob. Führe mich nicht in Versuchung. Ich will ein großes Spielzeug. Ich will eine Javelin.

Dieses spezielle Exemplar war Bob zufolge von der Ladefläche eines Lasters gefallen, der zum Nachschubdepot der Army bei Colchester unterwegs war. Sie mögen sich wundern, daß so etwas in unseren modernen Zeiten noch vorkommt, wo es doch computerisierte Inventuren und Empfangsscheine und schwerbewaffnete Männer an den Toren gibt – aber ich kann Ihnen versichern, die Army unterscheidet sich in dieser Hinsicht nicht von Harrods. Vor Bestandsschwund ist niemand gefeit.

Freunde von Rayner hatten die Javelin sorgfältig aufgehoben und unter einem VW-Bus befestigt, wo sie die 1200 Kilometer lange Fahrt nach Tanger Gott sei Dank unbeschadet überstanden hatte.

Ich weiß nicht, ob das Paar, das den Bus fuhr, von ihr wußte. Ich weiß nur, daß die beiden aus Neuseeland stammten.

«Leg das sofort hin», kreischt Benjamin.

«Oder?» frage ich.

«Oder ich bring dich um, du Schwein», gellt er und kommt auf den Dachrand zu.

Die darauffolgende Pause wird nur von Summen erfüllt. Die Fliege in der Flasche ist wütend.

«Das ist mir egal», sage ich. «Total egal. Wenn ich das hier hinlege, bin ich sowieso ein toter Mann. Also halt ich mich lieber dran fest, danke für das Angebot.»

«Cisco», schreit Benjamin verzweifelt. «Wir haben gesiegt. Du hast gesagt, wir haben gesiegt.» Niemand antwortet ihm, und er fängt wieder an, auf der Stelle zu hüpfen. «Wenn er auf den Hubschrauber schießt, bringen sie uns um.»

Jetzt schreien auch die anderen. Laut und durcheinander. Aus welcher Richtung welche Schreie kommen, läßt sich nicht mehr entscheiden, weil sich das Summen immer mehr in ein Wummern verwandelt. Ein Wummern aus der Sonne.

«Ricky», sagt Francisco, und da merke ich erst, daß er unmittelbar neben mir steht. «Leg das hin.»

«Er wird uns umbringen, Francisco», sage ich.

«Leg das hin, Ricky. Ich zähl bis fünf. Du legst das hin, oder ich knall dich ab. Ich mein's ernst.»

Das glaube ich ihm aufs Wort. Wahrscheinlich glaubt er wirklich, daß dieser Lärm und diese Flügelschläge der Rotoren die Gnade bedeuten und nicht den Tod.

«Eins», sagt er.

«Das ist Ihr Stichwort, Naimh», sage ich und lege das rechte Auge an die Gummiblende des Visiers. «Sagen Sie ihnen die Wahrheit. Sagen Sie ihnen, was das für eine Maschine ist und was sie vorhat.»

«Er wird uns alle umbringen», kreischt Benjamin, und ich glaube aus dem Augenwinkel zu erkennen, daß er links von mir herumhüpft.

«Zwei», sagt Francisco.

Ich schalte die Zielelektronik ein. Das Summen ist verschwunden, übertönt von den niedrigen Frequenzen des Hubschrauberlärms. Baßtöne. Flügelschläge.

«Sagen Sie's ihnen, Naimh. Wenn sie mich erschießen, sterben alle. Sagen Sie ihnen die Wahrheit.»

Die Sonne füllt den Himmel aus. Gleißend und gnadenlos. Es gibt nur noch Sonne und Wummern.

«Drei», sagt Francisco, und plötzlich spüre ich Metall hinter dem linken Ohr. Könnte ein Löffel sein, aber wer's glaubt, wird selig.

«Ja oder nein, Naimh, wie steht's?»

«Vier», sagt Francisco.

Der Lärm wächst ins Unermeßliche. Unermeßlich wie die Sonne.

«Knall ihn ab», sagt Francisco.

Nur sagt das nicht Francisco. Das sagt Murdah. Und er sagt es nicht, er schreit es. Wie wahnsinnig. Er rüttelt an den Handschellen, blutet, schreit, strampelt und tritt Schotter übers Dach. Ich glaube, Francisco schreit zurück, herrscht ihn an, er solle die Klappe halten, während Bernhard und Latifa sich oder mich anschreien.

Das glaube ich, aber sicher bin ich nicht. Sie alle treten in den Hintergrund, wissen Sie. Verhallen und lassen mich in einer totenstillen Welt zurück.

Denn jetzt kann ich ihn sehen.

Klein, schwarz, schnell. Könnte ein Käfer vorn auf dem Visier sein.

Der Graduierte.

Hydra-Raketen. Hellfire-Luft-Boden-Granaten. Kaliber-.50-MGs. Höchstgeschwindigkeit 650 Kilometer pro Stunde. Nur eine Chance.

Er wird über uns kommen und sich seine Ziele aussuchen. Er hat von uns nichts zu befürchten. Ein Haufen durchgeknallter Terroristen, die mit automatischen Gewehren durch die Gegend ballern. Zu blöd, ein Scheunentor zu treffen.

Der Graduierte dagegen kann mit einem Knopfdruck ein ganzes Zimmer aus einem Haus stanzen.

Nur eine Chance.

Diese verdammte Sonne. Lodert mich an, brennt das Bild im Visier durch.

Der Himmel ist so strahlend hell, daß mir Tränen in die Augen schießen, aber ich zwinkere nicht einmal.

Leg sie hin, sagt Benjamin. Schreit es mir ins Ohr, aus tausend Kilometer Entfernung. Leg sie hin.

Herrgott, ist der schnell. Er saust um die Dächer, nicht mal mehr einen Kilometer weg.

Du gottverfluchtes Arschloch.

Kalt und hart am Hals. Irgendwer will mich tatsächlich hindern. Drückt mir einen Lauf in den Hals.

Ich knall dich ab, kreischt Benjamin.

Entfernen Sie die Sicherungskappe, und legen Sie den Stift um. Ihre Javelin ist jetzt scharf, meine Herren.

Lampenfieber.

Leg sie hin.

Das Dach explodierte. Löste sich einfach auf. Sekundenbruchteile später war das MG-Feuer zu hören. Ein unglaublicher, betäubender, den ganzen Körper durchschüttelnder Krach. Steinsplitter spritzten hoch und weg, jeder einzelne genauso tödlich wie die Kugeln, die ihn verursachten. Staub, Gewalt und Zerstörung. Ich duckte mich, drehte mich weg, und die Tränen liefen mir übers Gesicht, nachdem die Sonne mich wieder freiließ.

Das war sein erster Ausfall gewesen. Mit ungeheurer Geschwindigkeit. Schneller als alles, was ich je gesehen hatte, der reine Kämpfer. Und sein Wendemanöver war phantastisch. Er absolvierte einfach eine Haarnadel und kam zurück. Voll aufdrehen, wenden, voll aufdrehen. Nichts dazwischen.

Ich roch seine Abgase.

Ich hob die Javelin wieder und sah zehn Meter weiter Benjamins Kopf und Schultern. Weiß der Geier, wo sein Rest abgeblieben war.

Francisco schrie wieder auf mich ein, aber diesmal auf spanisch, und ich werde nie erfahren, was er von mir wollte.

Da kommt er. Vierhundert Meter.

Und diesmal kann ich ihn erkennen.

Die Sonne steht hinter mir, steigt, kommt auf Touren, bescheint mit voller Kraft das kleine schwarze Haßpaket, das auf mich zukommt.

Fadenkreuz. Schwarzer Punkt.

Fliegt direkten Kurs. Kein Ausweichmanöver. Warum nicht? Ein Haufen durchgeknallter Terroristen. Nichts zu befürchten.

Ich kann das Gesicht des Piloten erkennen. Nicht im Visier, im Kopf. Beim ersten Ausfall hat es sich mir eingeprägt.

Auf geht's.

Ich drücke ab, zünde die thermische Batterie und stemme die Füße ins Dach, als mich die erste Antriebsstufe mit der

vollen Wucht des Raketenabschusses an die Brüstung zu-
rückstößt.

Newton, denke ich.

Wieder im Anflug. Schnell wie eh und je, aber diesmal
kann ich dich sehen.

Ich kann dich erkennen, du gottverdammtes Arschloch.

Die zweite Antriebsstufe zündet, und die Javelin schießt
gierig und scharf davon. Zeig dem Hund das Kaninchen.

Ich muß bloß festhalten. Muß ihn im Fadenkreuz behalten.

Die Kamera der Zieleinheit verfolgt die Lohe am Raketen-
schwanz und vergleicht sie mit den Daten aus der Zielvor-
richtung – bei jeder Abweichung wird ein Kurskorrektur-
signal an die Rakete gefunkt.

Ich muß ihn nur im Fadenkreuz behalten.

Zwei Sekunden.

Eine Sekunde.

Latifas Wange war von herumspritzendem Mauerwerk getroffen worden und blutete heftig.

Wir saßen in Beamons Büro. Ich versuchte die Blutung
mit einem Handtuch zu stillen, und Beamon hielt uns mit
Hugos Steyr in Schach.

Auch andere Geiseln hatten Waffen ergattert, sich im
Raum verteilt und spähten nervös aus den Fenstern. Ich betrachtete ihre angespannten Gesichter und merkte plötzlich,
wie erschöpft ich war. Und hungrig. Ich hatte einen Bären-
hunger.

Im Korridor wurde es laut. Schritte. Arabische, französische und dann auch englische Rufe.

«Könnten Sie das wohl lauter stellen?» fragte ich Beamon.

Er sah über die Schulter zum Fernsehapparat, auf dessen

Bildschirm eine Blondine die Lippen bewegte. Darunter wurde eingeblendet: CONNIE FAIRFAX – CASABLANCA. Sie las etwas ab.

Beamon trat vor und drehte die Lautstärke auf.

Connie hatte eine einnehmende Stimme.

Latifa hatte ein einnehmendes Gesicht. Die Blutung ließ allmählich nach.

«... wurde CNN vor drei Stunden von einer jungen Frau mit arabischem Erscheinungsbild übermittelt», sagte Connie, dann wurde zu einem kleinen, schwarzen Helikopter geschnitten, der offensichtlich in ernsthafte Schwierigkeiten geriet. Connie las aus dem Off weiter vor.

«‹Mein Name ist Thomas Lang›», sagte sie. «‹Ich bin von Agenten der amerikanischen Geheimdienste zu dieser Aktion gezwungen worden. Ihr vorgebliches Ziel war die Unterwanderung einer terroristischen Organisation namens Schwert der Gerechtigkeit.›» Schnitt zurück auf Connie, die hochsah und auf ihren Ohrhörer drückte.

Eine Männerstimme sagte: «Connie, hatten die sich nicht zu dem Attentat in Österreich bekannt?»

Connie sagte, ja, das stimme. Nur daß es sich dabei um die Schweiz gehandelt habe.

Dann sah sie wieder auf ihren Zettel.

«‹Das Schwert der Gerechtigkeit wird in Wahrheit von einem westlichen Waffenhändler in Zusammenarbeit mit Verrätern aus den Reihen der CIA finanziert.›»

Das Geschrei im Korridor hatte sich gelegt, und als ich zur Tür sah, stand Solomon dort und beobachtete mich. Er nickte einmal und kam dann langsam ins Zimmer, bahnte sich seinen Weg durch die Möbelreste. Hinter ihm erschien ein Trupp enger Hemden.

«Das ist die Wahrheit», kreischte Murdah, und ich drehte mich zum Fernseher, weil ich neugierig auf die Qualität war, mit der sie sein Geständnis auf dem Dach aufgezeichnet hatten. Offen gesagt war sie nicht besonders. Man sah ein paar Köpfe von oben, die sich ab und zu bewegten. Murdahs Stimme war verzerrt, von Hintergrundgeräuschen überlagert, weil ich das Funkmikrofon nicht näher an die Feuertreppe herangebracht hatte. Aber wenn ich seine Stimme trotzdem erkennen konnte, dann konnten das auch andere.

«Am Schluß seiner Erklärung nannte Mr. Lang CNN eine Wellenlänge von 254,125 Megahertz», sagte Connie, «der UKW-Frequenz, auf der diese Aufnahmen entstanden. Die betreffenden Stimmen konnten bislang nicht identifiziert werden, aber allem Anschein nach ...»

Ich gab Beamon ein Zeichen.

«Meinetwegen können Sie jetzt abschalten», sagte ich. Aber er ließ den Fernseher laufen, und ich hatte keine Lust, mich mit ihm anzulegen.

Solomon setzte sich auf die Kante von Beamons Schreibtisch. Er betrachtete erst Latifa, dann mich.

«Solltest du nicht die üblichen Verdächtigen verhaften?» sagte ich.

Solomon lächelte dünn.

«Mr. Murdah ist gegenwärtig in der Tat sehr verdächtig», sagte er. «Und Miss Woolf befindet sich in guten Händen. Was hingegen Mr. Russell P. Barnes betrifft ...»

«Er flog den Graduierten», sagte ich.

Solomon zog eine Augenbraue hoch. Oder besser, er ließ sie, wo sie war, und sein Körper sackte zusammen. Für heute hatte er wohl genug Überraschungen erlebt.

«Rusty war früher Hubschrauberpilot bei den Marines», sagte ich. «Deswegen ist er überhaupt in die Angelegenheit verwickelt worden.» Ich löste vorsichtig das Handtuch von Latifas Wunde und sah, daß die Blutung zum Stillstand gekommen war. «Meinst du, daß ich von hier aus telefonieren kann?»

Zehn Tage später flogen wir in einer Hercules der Royal Air Force nach England zurück. Die Sitze waren hart, der Passagierraum war laut, und es gab keinen Film. Ich war trotzdem glücklich.

Ich war glücklich, weil ich Solomon, der sich auf der anderen Seite hingelegt hatte, schlafen sah. Seinen braunen Regenmantel hatte er zusammengefaltet unter den Kopf gelegt und die Hände über dem Bauch verschränkt. Solomon war immer ein guter Freund, aber wenn er schlief, liebte ich ihn fast.

Vielleicht machte meine Liebesapparatur auch nur Aufwärmübungen für jemand anderen.

Ja, das war wohl plausibler.

Kurz nach Mitternacht setzten wir auf dem Luftwaffenstützpunkt von Coltishall auf. Als wir zum Hangar ausrollten, wurden wir von einer Autoherde verfolgt. Nach einiger Zeit öffnete sich dröhnend die Tür, und die kalte Luft Norfolks kletterte an Bord. Ich nahm einen tiefen Zug.

Draußen wartete O'Neal, die Hände tief in den Manteltaschen vergraben und den Kopf so weit eingezogen, daß sich Ohren und Schultern fast berührten. Er machte eine auffordernde Kopfbewegung, und Solomon und ich folgten ihm zu einem Rover.

Solomon und O'Neal stiegen vorn ein, und ich setzte mich hinter sie. Langsam, um den Augenblick auszukosten.

«Hallo», sagte ich.

«Hallo», sagte Ronnie.

Es entstand eine Pause der angenehmen Sorte; Ronnie und ich lächelten uns an und nickten.

«Es war Miss Crichtons größter Wunsch, bei Ihrer Rückkehr hier zu sein», sagte O'Neal und wischte mit dem Handschuh die beschlagene Scheibe frei.

«Ehrlich?» fragte ich.

«Ehrlich», sagte Ronnie.

O'Neal ließ den Motor an, und Solomon machte sich am Gebläse zu schaffen.

«Nun», sagte ich, «wenn Miss Crichton das wünscht, darf man ihr diesen Wunsch keinesfalls abschlagen.»

Ronnie und ich lächelten weiter, und der Rover schoß aus dem Stützpunkt hinaus in die Nacht über Norfolk.

Im nächsten halben Jahr stiegen die Verkaufszahlen der Javelin Boden-Luft-Rakete in Übersee um mehr als vierzig Prozent.

ENDE

Danksagung

Ich bin dem Schriftsteller und Schauspieler Stephen Fry für seine Kommentare zu Dank verpflichtet; Kim Harris und Sarah Williams für ihren überwältigend guten Geschmack und ihr Verständnis; meinem Literaturagenten Anthony Goff für vorbehaltlose Unterstützung und Ermutigung; meiner Theateragentin Lorraine Hamilton, weil sie nichts dagegen hatte, daß ich auch einen Literaturagenten zu Rate ziehe, und meiner Frau Jo für Dinge, die aufzuzählen dieses Buch zu kurz wäre.

Anmerkung des Übersetzers:
Ich danke Gregor Zeitvogel für seine unermüdliche Beratung in Sachen kleiner und überdimensionaler Feuerwaffen.

Romane und Erzählungen

Julian Barnes
Flauberts Papagei *Roman*
(rororo 22133)
«Dieses Buch gehört zur Gattung der Glücksfälle.» *Süddeutsche Zeitung*

Denis Belloc
Suzanne *Roman*
(rororo 13797)
«Suzanne» ist die Geschichte von Bellocs Mutter: Das Schicksal eines Armeleutekinds in schlechten Zeiten. «Denis Belloc ist der Shootingstar der französischen Literatur.» *Tempo*

Andre Dubus
Sie leben jetzt in Texas *Short Stories*
(rororo 13925)
«Seine Geschichten sind bewegend und tief empfunden.» *John Irving*

Michael Frayn
Sonnenlandung *Roman*
(rororo 13920)
«Spritziges, fesselndes, zum Nachdenken anregendes Lesefutter. Kaum ein Roman macht so viel Spaß wie dieser.» *The Times*

Peter Høeg
Der Plan von der Abschaffung des Dunkels *Roman*
(rororo 13790)
«Eine ungeheuer spannende Geschichte.» *Die Zeit*
Fräulein Smillas Gespür für Schnee *Roman*
(rororo 13599)
Fräulein Smilla verfolgt die Spuren eines Mörders bis ins Eismeer Grönlands. «Eine aberwitzige Verbindung von Thriller und hoher Literatur.» *Der Spiegel*

Stewart O'Nan
Engel im Schnee *Roman*
(rororo 22363)
«Stewart O'Nans spannendes Erzählwerk ist zum Heulen traurig und voller Schönheit, seine Sprache genau und von bestechender Charme. Die literarische Szene ist um einen exzellenten Erzähler reicher geworden.» *Der Spiegel*

Daniel Douglas Wissmann
Dillingers Luftschiff *Roman*
(rororo 13923)
«Dillingers Luftschiff» ist eine romantische Liebesgeschichte und zugleich eine verrückte Komödie voll schrägem Witz, unbekümmert um die Grenzen zwischen Literatur und Unterhaltung.

Tobias Wolff
Das Blaue vom Himmel *Roman einer Jugend in Amerika*
(rororo 22254)
«Wunderbar komisch – zugleich tieftraurig und auf sehr subtile Weise moralisch.» *Newsweek*

rororo Literatur

3287/5

Peter Høeg

Peter Høeg, geboren am 7. Mai 1957 in Kopenhagen, studierte Literaturwissenschaft und trat als Tänzer und Schauspieler an dänischen und schwedischen Bühnen auf. Er schrieb Theaterstücke, Romane und Erzählungen. Peter Høeg lebt in Brumleby auf Østerbro (Dänemark).

Vorstellung vom zwanzigsten Jahrhundert *Roman*
(rororo 13348)
«Eine blitzgescheite Gesellschaftssatire.»
Frankfurter Allgemeine Zeitung

Fräulein Smillas Gespür für Schnee *Roman*
(rororo 13599)
Der internationale Erfolg dieses literarischen Thrillers hat neben der faszinierenden Geschichte vor allem mit seiner Heldin zu tun: der wunderbar ruppigen, unangepaßten und zugleich zarten und verletzlichen Smilla.
«Eine aberwitzige Verbindung von Thriller und hoher Literatur.»
Der Spiegel

Der Plan von der Abschaffung des Dunkels *Roman*
(rororo 13790)
Peter Høegs Roman geht unter die Haut – als Anklage eines unmenschlichen Schulsystems, als philosophische Betrachtung über die Zeit, als autobiographische Bewältigung und als ganz zarte Liebesgeschichte.
«Ein Buch für die Ewigkeit!»
stern

Von der Liebe und ihren Bedingungen in der Nacht des 19. März 1929
(rororo 22314)
Sechs Geschichten von der Liebe, und alle spielen in derselben Nacht. Ein Geschichtenzyklus als kleines Welttheater, das von Dänemark bis Indien, von Lissabon bis Zentralafrika reicht.
»Vielleicht helfen Geschichten wie diese, mit der Verlorenheit der Welt fertig zu werden. Peter Høeg kann sie erzählen.«
Frankfurter Rundschau

Ein Gesamtverzeichnis aller lieferbaren Titel der *Rowohlt Verlage*, *Wunderlich* und *Wunderlich Taschenbuch* finden Sie in der *Rowohlt Revue*. Vierteljährlich neu. Kostenlos in Ihrer Buchhandlung.

Rowohlt im Internet:
www.rowohlt.de

rororo Literatur

Film und Fernsehen

Paul Auster
Smoke. Blue in the Face *Zwei Filme*
(rororo 13666)

Chris Carter
Akte X: Der Film *Der Roman zum Kinofilm*
(rororo 22420)
Akte X: Der Film *Der Jugendroman zum Kinofilm*
(rororo 20934)
Die offiziellen Romane zum großen Kinoereignis: die FBI Agenten Dana Scully und Fox Mulder stehen vor ihrer größten Herausforderung.

Dean Devlin / Roland Emmerich / Stephen Molstad
Independence Day. Der Tag, an dem wir zurückschlagen *Der Roman zum Film*
(rororo 13949)

Stephen Molstad
Independence Day Was geschah in Area 51? *Nach einer Idee von Dean Delvin und Roland Emmerich*
(rororo 22346)

Tom Tykwer
Lola rennt *Mit Bildern von Frank Griebe. Das Buch zum Film. Mit Mini-CD*
(rororo 22455)
Manni sitzt in der Patsche, und Lola muß ihn retten. Sie hat zwanzig Minuten. Und drei Chancen ...
Nach «Winterschläfer» Tom Tykwers neuer Film mit Moritz Bleibtreu und Franka Potente in den Hauptrollen.

Carolly Erickson
Katharina die Große *Eine deutsche Prinzessin auf dem Zarenthron. Mit Fotos aus dem ZDF-Film*
(rororo 13935)

rororo Unterhaltung

Stephen McCauley
Liebe in jeder Beziehung *Der Roman zum Film von Nicholas Hytner*
(rororo 22517)
George lernt Nina auf einer Party kennen, als ihm gerade sein Freund Robert den Laufpaß gibt. Kurzentschlossen nimmt er Ninas Angebot an und zieht zu ihr: der Beginn einer wunderbaren Freundschaft. Dann ist Nina schwanger. Doch statt sich mit Howard, dem Vater, auf das Kind zu freuen, entscheidet Nina, das Kind mit George aufzuziehen. Der fällt aus allen Wolken, schließlich waren Frau und Kind bisher in seiner Lebensplanung nicht vorgesehen ...
In den Hauptrollen der brillanten Beziehungskomödie: Jennifer Aniston und Paul Rudd.

H. B. Gilmour
Tage wie dieser ... *Roman zum Film*
(rororo 22203)

Rowohlt im Internet:
www.rowohlt.de

3290/5

Laurie R. King

«Wenn jemand die Nachfolge von P. D. James antritt, dann **Laurie R. King**.»
Boston Globe

Die Gehilfin des Bienenzüchters
Kriminalroman
(rororo 13885)
Der erste Roman einer Serie, in der Laurie R. King das männliche Detektivpaar Sherlock Holmes und Dr. Watson durch eine neue Konstellation ersetzt: dem berühmten Detektiv wird eine Assistentin – Mary Russell – zur Seite gestellt. «Laurie King hat eine wundervoll originelle und unterhaltsame Geschichte geschrieben.» *Booklist*

Tödliches Testament
Kriminalroman
(rororo 13889)
Die zweite Russell-Holmes-Geschichte.

Die Apostelin *Kriminalroman*
(rororo 22182)
Mary Russell und Sherlock Holmes, der wohl eingeschworenste Junggeselle der Weltliteratur, haben geheiratet. Aber statt das Familienidyll zu pflegen, ist das Paar auch in dem dritten Band über den berühmten Detektiv und seine Assistentin wieder mit einem Mordfall beschäftigt.
«*Die Apostelin* ist ein wundervolles Buch, charmant, geistreich und spannend zugleich. Laurie R. King verschafft dem berühmtesten Detektiv der englischen Literatur einen meisterhaften Auftritt. Ich habe diesen Roman geliebt.»
Elisabeth George

Die Farbe des Todes *Thriller*
(rororo 22204)
Drei kleine Mädchen sind ermordet worden. Kein leichter Fall für Kate Martinelli, die Heldin einer neuen kleinen Serie von Laurie R. King, die gerade erst in die Mordkommission versetzt wurde und noch mit der Skepsis ihres Kollegen Hawkin zu kämpfen hat. Nach den historischen Russell-Holmes-Geschichten ein zeitgenössischer Frauen-Krimi – nicht nur für Frauen!

Die Maske des Narren *Thriller*
(rororo 22205)
Kate Martinelli und Al Hawkin übernehmen ihren zweiten gemeinsamen Fall.

rororo Unterhaltung

Ein Gesamtverzeichnis aller lieferbaren Titel der *Rowohlt Verlage*, *Wunderlich* und *Wunderlich Taschenbuch* finden Sie in der *Rowohlt Revue*. Vierteljährlich neu. Kostenlos in Ihrer Buchhandlung.
Rowohlt im Internet:
www.rowohlt.de

Colum McCann

Colum Mc Cann wurde 1965 in Dublin geboren. Er arbeitete als Journalist, Farmarbeiter und Lehrer und unternahm lange Reisen durch Asien, Europa und Amerika. Für seine Erzählungen erhielt McCann, der heute in New York lebt, zahlreiche Literaturpreise, unter anderem den *Hennessy Award for Irish Literature* sowie den *Rooney Prize*.

Gesang der Kojoten *Roman*
Deutsch von
Matthias Müller
272 Seiten. Gebunden und als rororo Band 22288
Ein an historische Ereignisse angelehnter Roman über die Indianerkriege und die amerikanische Expansion nach Westen, voller Gewalt und Grausamkeit, ein mythisches Weltuntergangsepos wie nach Bildern von Bosch und Dalí.
«McCann erzählt so spannend wie Joseph Conrad und so elegant wie William Faulkner.»
Der Spiegel

Fischen im tiefschwarzen Fluß
Stories
Deutsch von
Matthias Müller
220 Seiten. Gebunden
«Colum McCann schöpft seine Welt aus einer kraftvollen und magischen Prosa, so ungewöhnlich und so originär, so verführerisch und so einleuchtend, daß der Leser nach der Lektüre glaubt, alles in einem neuen Licht zu sehen, dankbar erhellt und bereit, das Mysterium des Lebens anzunehmen.» *Der Tagesspiegel*

Der Himmel unter der Stadt
Roman
Deutsch von
Matthias Müller
352 Seiten. Gebunden
Der Roman führt uns in eine unbekannte Welt voll brutaler Magie, eine Stadt unter der Stadt, in der jene Menschen hausen, die das Schicksal in den Bauch des Moloch gespült hat. Und er erzählt vom Leben jener Arbeiter, den Iren, Italienern, Farbigen und Indianern, die zu Beginn des Jahrhunderts den Bau Manhattans vorantrieben und doch nie von seinem Wachstum profitierten.

Ein Gesamtverzeichnis aller lieferbaren Titel der *Rowohlt Verlage*, *Wunderlich* und *Wunderlich Taschenbuch* finden Sie in der *Rowohlt Revue*. Vierteljährlich neu. Kostenlos in Ihrer Buchhandlung.
Rowohlt im Internet:
www.rowohlt.de

rororo Literatur

Paare

Himmlische Liebe, höllischer Hass. Lebensläufe berühmter Paare bei rororo:

Dagmar von Gersdorff
Königin Luise und Friedrich Wilhelm III.
(rororo 22532)

Carola Stern
Isadora Duncan und Sergej Jessenin
(rororo 22531)

Alan Poesener
John F. und Jacqueline Kennedy
(rororo 22538)
Jack und Jackie – das ungekrönte Königspaar im Weißen Haus, die perfekte Verbindung von Macht und Glamour. Kaum eine Präsidentschaft war so brillant in Szene gesetzt – und kaum eine Präsidentenehe. Für die Öffentlichkeit spielten sie die liebenden Gatten und fürsorglichen Eltern. Privat blieben sie einander fremd. Krisen und Affären hatten die Ehe längst ruiniert.

Joachim Köhler
Friedrich Nietzsche und Cosima Wagner
(rororo 22534)

Christa Maerker
Marilyn Monroe und Arthur Miller
(rororo 22533)
Mit der Hochzeit ging für beide ein Traum in Erfüllung. Viereinhalb Jahre später ist er ausgeträumt. Was ist Wahrheit und was Legende in diesem Drama?

Kyra Stromberg
Zelda und F. Scott Fitzgerald
(rororo 22539)

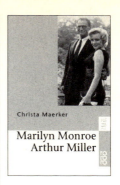

Christa Maerker
Marilyn Monroe
Arthur Miller

Helma Sanders-Brahms
Else Lasker-Schüler und Gottfried Benn
(rororo 22535)

James Woodall
John Lennon und Yoko Ono
(rororo 22536)
«Ich mußte mich entscheiden, mit den Beatles oder mit Yoko Ono verheiratet zu sein.» *John Lennon*

Friedrich Rothe
Arthur Schnitzler und Adele Sandrock
(rororo 22537)

Matthias Wegner
Klabund und Carola Neher
(rororo 22540)

rororo

Ein Gesamtverzeichnis aller lieferbaren Titel der *Rowohlt Verlage*, *Wunderlich* und *Wunderlich Taschenbuch* finden Sie in der *Rowohlt Revue*. Vierteljährlich neu. Kostenlos in Ihrer Buchhandlung.
Rowohlt im Internet:
www.rowohlt.de

Neue englische Literatur

Julian Barnes
Metroland
Vor meiner Zeit
Flauberts Papagei
In die Sonne sehen
Eine Geschichte der Welt
in 10 1/2 Kapiteln
Darüber reden
Das Stachelschwein
Briefe aus London
Dover – Calais

**John Cleese &
Connie Booth**
Fawltys Hotel

Andrew Cowan
Schwein

Stephen Fry
Der Lügner
Das Nilpferd
Paperweight
Geschichte machen
Columbus war ein Engländer

David Huggins
Der große Kuß

Hugh Laurie
Der Waffenhändler

David Lodge
Ins Freie
Ortswechsel
Kleine Welt
Saubere Arbeit
Neueste Paradies Nachrichten
Literaten-Spiele
Die Kunst des Erzählens
Therapie
Sommergeschichten –
Wintermärchen

Jonathan Lynn
Mayday

Moy McCrory
Der Schrein
Nancy und der allerletzte
Affe

Spike Milligan
Puckoon

Monty Python
Flying Circus:
Sämtliche Worte I & II
Fliegender Zirkus:
Die deutschen Shows
Der Heilige Gral
Das Leben Brians
Der Sinn des Lebens

Tom Murphy
Die Verführung der
Moral

Kim Newman
Anno Dracula

Geoff Nicholson
Alles und noch mehr

Michael Palin
Hemingways Stuhl
Von Pol zu Pol
Rund um den Pazifik

David Thomas
Girl

Tim Waterstone
Lebensläufe

Nigel Williams
2 1/2 Männer im Boot

Haffmans Verlag